贵州大学中国文化书院
贵州省高等学校人文社科基地中华传统文化与贵州地域文化研究中心 主办

人文世界
——区域·传统·文化

【第四辑】　　主编＼张新民

四川出版集团　巴蜀书社

人文世界——区域·传统·文化（第四辑）

编辑委员会

顾　　　问	龙超云
主　　　任	封孝伦
委　　　员	张新民　王良范　陶渝苏　王晓卫
	徐之明　龚妮丽　杨军昌　龚晓康
	周光琴　黄　诚　李红毅　马国君
	张　明　罗正副　廖　峰

主　　　编	张新民
副 主 编	黄　诚　龚晓康
执 行 编 委	龚妮丽　马国君
学术联系人	王凤梅　罗　旋

贵州大学中国文化书院
贵州省高等学校人文社科基地中华传统文化与贵州地域文化研究中心 主办

人文世界
——区域·传统·文化

【第四辑】　　主编＼张新民

四川出版集团　巴蜀书社

人文世界——区域·传统·文化（第四辑）

编辑委员会

顾　　　问	龙超云
主　　　任	封孝伦
委　　　员	张新民　王良范　陶渝苏　王晓卫
	徐之明　龚妮丽　杨军昌　龚晓康
	周光琴　黄　诚　李红毅　马国君
	张　明　罗正副　廖　峰
主　　　编	张新民
副 主 编	黄　诚　龚晓康
执 行 编 委	龚妮丽　马国君
学术联系人	王凤梅　罗　旋

本辑作者简介

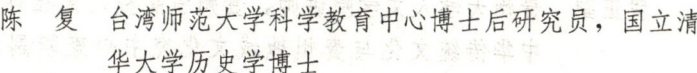

陈　复　台湾师范大学科学教育中心博士后研究员，国立清华大学历史学博士

张新民　贵州大学中国文化书院教授，贵州省高校人文社科基地中华传统文化与贵州地域文化研究中心主任

韩　星　陕西师范大学儒学－儒教研究所所长，历史文化学院教授，历史学博士

王路平　贵州省社会科学院哲学研究所所长、研究员，贵州省高校人文社科基地中华传统文化与贵州地域文化研究中心兼职研究员

何　锐　巴蜀书社编审，贵州大学中国文化书院兼职教授，文献学硕士

任　林　旅美中国文化研究学者，贵州省高校人文社科基地中华传统文化与贵州地域文化研究中心兼职研究员

林　芊　贵州大学人文学院历史系教授，贵州省高校人文社科基地中华传统文化与贵州地域文化研究中心兼职研究员

谭佛佑　贵州文史馆研究馆员，贵州省高校人文社科基地中华传统文化与贵州地域文化研究中心兼职研究员

吴声军　贺州学院民族学硕士

黄　诚　贵州大学中国文化书院副教授，贵州省高校人文社科基地中华传统文化与贵州地域文化研究中心兼职

　　　　副研究员，哲学博士
马国君　贵州大学中国文化书院副教授，贵州省高校人文社
　　　　科基地中华传统文化与贵州地域文化研究中心兼职
　　　　副研究员，历史学博士
刘　益　西华师范大学数学与信息学院副教授
陈寒鸣　天津市工会管理干部学院副教授
欧阳万钧　天津市工会管理干部学院副教授
罗正副　贵州大学人文学院讲师，贵州省高校人文社科基地
　　　　中华传统文化与贵州地域文化究中心兼职副研究
　　　　员，人类学博士
朱美禄　贵州财经学院文化与传播学院副教授，东南大学艺
　　　　术学博士后
张　明　贵州大学人文学院讲师，贵州省高校人文社科基地
　　　　中华传统文化与贵州地域文化究中心兼职副研究
　　　　员，美国夏威夷大学教育学硕士
苏　颖　中国政法大学研究生院 2008 级政治学理论专业硕
　　　　士研究生
耿加进　淮阴工学院人文学院讲师，哲学博士
汪显超　浙江师范大学法政学院副教授，贵州省高校人文社
　　　　科基地中华传统文化与贵州地域文化研究中心兼职
　　　　研究员，哲学博士
张宏敏　浙江省儒学学会学术秘书，哲学硕士
敖　素　贵州大学人文学院哲学系讲师
袁轶峰　贵州大学人文学院历史系讲师，历史学硕士
史达宁　贵州大学出版社编辑，历史学硕士
廖　波　贵州大学中国古代史 2008 级硕士研究生
金满银　贵州师范大学教育学硕士
李红香　贵州大学人文学院民族学 2008 级硕士研究生

本辑主要
论文简介

方东美先生对王阳明心学的评价——由机体主义的角度来认识

  对于方东美先生作为民国新儒家,这几年已经有人开始质疑。然而,方先生作为新儒家,其特征并不在于固著既有的儒家思想,而在其泛滥各种中西思想,凝铸出广大和谐(comprehensive harmony)的新系统,这背后是其作为儒者(同时是学者)对承担中华文化继往开来的使命。方东美先生把这种凝铸各家的思想机制称作"机体主义"。王阳明的心学,在方先生的诠释里,正是机体主义的呈现。机体主义通观承认不止一种哲学,而是多重多面哲学的观点或看法,兼容并包,并处处拿价值做中心枢纽,这使得方东美先生从不认为接受儒家的中心论旨,就得要排除其他各家(如道家或佛家),他笃信机体主义有一个重大价值,那就是其能结合这些种种相映对照的殊异观点或看法,使其既能独彰异彩,又无损其个别特色。

  本文除指出方东美先生的家学首开其心学外,还要冀图论证方东美先生的哲学就是"拿王学做基调的继续发展",透过阐释方先生对西洋哲学与文化的批评,尤其是其善于把精神与物质截然两断,致使任何现象都被肢解出对立的二元来彼此斗争,来反照出方东美先生认知的广大和谐的中华文化对人类的可贵,而王阳明兼容释道的本体论,既是这广大和谐的中华文化的巅峰呈现，更与方东美先生的哲学完全投契。这里细致检视方东美先生对王学的评价，因此文内有对心学与理学在方先生的概念里的歧义做出厘清，并对他认为阳明亲于神秀而远于慧能做出评论，我们宜认识到阳明先生在"渐悟"与"顿悟"有双重路径的把握，纔能了解到心学的机体主义究竟如何在完整运作。方东美先生由机体主义的角度来阐发王学，更能看出他自己的思想如何拿王学做基调而获得继续发展。

王阳明"龙场悟道"对现代人精神追求的启示

王阳明龙场悟道所焕发出来的大智大勇精神，对我们寻求生命意义的现代人来说，具有深刻的启示，这些启示是：一、良知是人类最后的希望：人间正道致良知；二、榜样的力量是无穷的：厄运和苦难压不倒英雄豪杰；三、先立乎其大者：高举理想主义大旗；四、自由选择：环境的不可选择性与行为的可选择性；五、舍得一切的大无畏精神：凤凰涅槃获新生；六、悟道行道：开启人生之路，塑造理想人格；七、尽人事而待天命：忍耐必有希望，坚持就是胜利。

论邹东廓对江右王学的影响

邹东廓，名字益，字谦之，江西吉安人，是王阳明的重要弟子，是江右地区最重要的阳明学领袖，其一生以弘扬阳明心学为己任，为阳明学的传播作出了巨大的贡献。东廓崇信阳明良知说，并完全内化为自己的思想，有自己独特的言说方式，故在会讲活动中并不执著于阳明的具体言论，而是自然发挥，随机点化，故令人信服，从而影响深远。东廓通过会讲活动不仅影响一般会众，而且对知识精英也产生了深远的影响。本人以罗念庵为例来说明邹东廓对江右王学所产生的影响。

刘基儒学思想研究

刘基作为传统儒者，博览全书，涉猎广泛，对经史子集、诸子百家皆有研究，可以说是一位"通天地人"的"通儒"之士。

难能可贵的是，刘基将这些学说、理论成功地运用到元明之际的政治实践与政权建设之中。刘基的儒学思想主要包括对孔孟之道的推崇，从而对儒家君臣之道、孝道、交友之道的思考，以及以民本思想为内核的德政理论都有所贡献。本文通过对刘基儒学思想的全面梳理，有理由得出如下结论：刘基是一位"学以致用的古典儒家"

儒经与中国文化的核心价值

孔子整理六经，开创了儒家学统，使儒经成为中国文化的代表性经典，成为中国古代学术的主流，而诸子百家则是六经之流裔。经是常道，说明儒经中包含了某些永恒、普遍的核心价值，有超越时空的意义，亦即经是可以被不断诠释和丰富的。儒经所体现的道统就是今天所说的核心价值。优秀的传统文化与中国社会主义核心价值观是"源"和"流"的关系。儒经与中国文化的复兴有密切的关系：回归元典，正本清源；与时偕行，返本开新；经以载道，确立主体；多元整合，道集大成。

关于儒学现代发展的有关问题

一部儒学史生动而有力地表明：儒学具有一种能够适应现实社会的发展变化而及时作出自身调适，不断创新性发展的内在生命力。正是这种内在生命力，使得儒学能够适应不同历史发展时期的社会生活实际需要。因此，实现儒学的现代化，谋求儒学的现代发展，并使之在当代中国社会——文化建构中发挥作用，其关键在于切实体认儒学固有的内在精神，重振儒学的内在生命力，依据当代中国社会生产、生活实践来开辟儒学的发展新路，逐渐形成发展起同当代中国社会现实需要相适应并能反映当代中国广大民众利益意愿的新儒学。

同一还是差异——社群主义的"社群"与传统儒家的"群体"之比较

本文在"社群主义与儒家政治哲学"这一问题背景下，以社群主义的"社群"观和传统儒家的"群体"观之间的对比为核心,说明廓清两者之间的同异对于理解社群主义和儒家政治哲学之间的关系的重要性,并试图表明尽管儒家政治哲学也强调"社群"的重要性和优先性,从而似乎与社群主义有着亲和性和相通之处,但从社群的范围和性质以及各自的传统来看,它们的"社群"所指和意义是不同的。这一不同启示我们:群体固然有其价值,但若缺乏对群体本身的反思,那么最后也可能会导致严重的后果,就此而言,两者之间的差异性更应引起我们的重视。

通往良知的人类拯救之路——在现代性危机与人类良知学术讲会上的发言

本文从中西哲学思想比照互观的方法论原则出发,考察了人类现代社会存在的各种弊端或危机,分析了大量一流哲学家的致思理路或解决方案,认为只有良知才代表了历史文化的未来希望,能够维护人的生存和生活必需的高贵和庄严。全文既有现象学的分析,也有哲理性的探讨。观照的范围既广,思考的力度亦深。涉及的问题主要有:(一)讲会活动的历史性缘起和现代性展开;(二)理性神话与现代人的异化;(三)目的王国与手段王国的错位颠倒;(四)重返良知呈现的生命实践之路;(五)人性光辉的一面意味着人类仍有希望;(六)让良知的光辉普照人类社会。

健康、平安、地震——在贵州大学及西南交大的演讲

生命本质上都是平等的,也是值得保护的。怨毒来源于生命的不公平待遇,造成我们至今尚不能完全了解的各种污染。以仁爱之心尊重一切生命,提倡素食,建立互爱的社会关系,不仅有利于我们的健康,而且裨益于环境的改善。美好的心灵与美好的环境有着良性互动的关系。善意的脑波的发动不仅能净化自己的心灵,同时也能净化我们生存于其中的环境。宇宙中没有绝对的实体,即使物质世界也是空态的。生命是波的运动,生命停止即

意味着波的停止。波的运动也是原子态运动,恰好表征了物质的本体状态。场的运动是波粒二相性的表现,即使地震也与波的运动有关。生命的转换延续实际是波的运动形式的转换延续,所谓心心相印亦为心波运动的结果。这实际即意味着"人和"的意义极为重要,"天时"、"地利"相对而言都不过发挥辅助的作用而已。善良是人类最伟大的力量,理所当然地应当成为生活世界的主宰,如此世界才会更和谐,人类才能更平安。

禅者之"手"与海德格尔之"手"

本文依据禅宗典籍,对禅宗中禅者以"手"说法的现象进行了详细的讨论,指出禅者的"手"实际述说的是一种浩大的不空之空,并将其与德国哲学家海德格尔在其著作中阐述的以"手"思空,以"手"说空的思想进行了对比分析,提供出禅宗思想与海德格尔思想之间相互联系与相互印证的一种可能性。

思想文化史视域中的"三教关系"与信仰世界——以黔地儒释道"三教关系"与地方宗教文化信仰为个案

儒释道三教既是大传统文化的主体,也是古代思想文化的核心。唐宋以来,黔地虽明显出现了中原佛教和道教传播的足迹,然仍主要是与地方民间宗教交织互动,被巫化的发展趋势十分突出。虽然中原佛教和道教的内容和形式已逐渐融入少数民族文化,且文化自身也在新的文化语境中获得一定的发展,但佛教和道教的宗教形式亦产生了明显的异化。黔地宋代就有了同时崇尚儒释道三教的历史人物。历代士大夫贬官入黔者以及地方知识精英群体,也对当地的社会生活产生了重要影响,极大地推动了学术思想的转变。由于大、小传统文化长期交织互动,彼此都在朝着适合对方的方向发展,遂形成了黔地多彩多样的宗教人文世界面相和民众信仰世界多元化的文化格局。无论宗教文化如何变迁,儒释道三家具有开宗创派意义的人物,已在不知不觉中进入了地方民众的神仙崇拜系谱,成为经过他们重新认定改塑的形

象。黔地虽然地处边缘，但仍长期受到中原儒释道三教文化的影响，形成了民间社会广泛性的儒释道三教共奉同尊的信仰，这不仅与中原历史文化的内涵有着渊源上的密契关系，而且也与少数民族巫文化鬼神崇拜糅合混杂，体现了明显的地域特点或民族特征。

梵净山历代高僧考略

梵净山不仅是贵州第一名山和西南佛教圣地，而且还是中国著名的弥勒菩萨道场。梵净山历代人文荟萃，高僧辈出。惜近代战乱频仍，碑碣文献散失，故至今未有专门考证梵净山高僧的文章发表。本文依据有关史料，初步考证梵净山自明初至清末民初共六百年间的二十二位高僧，表彰其开辟山林、兴建寺庙、开宗演派、传法授徒、教化民众、大振宗风之功劳。由此可见佛教在贵州佛教发展史上的一个侧影，并足以证明历代高僧对梵净山作为"中国弥勒菩萨道场"的形成过程中具有举足轻重的作用和不可磨灭的功绩。

千年蝴蝶梦

梦境是潜意识的自由表达。通过对蝴蝶具有的心理意象的分析，解析了"庄周梦蝶"中蝴蝶的内涵。通过对梦境中"人蝶幻化"这一自我原形的转换的心理学分析，解读庄子学说中的物化、齐物、逍遥意境。"庄周梦蝶"对中国"集体无意识"产生了重要影响，是中华文化的符号象征之一。但后世对庄子学说的解读存在误解，即将"庄周梦蝶"置换为"人生如梦"的消极思想。在后现代化背景中，人们对"庄周梦蝶"的新误解是"虚拟与现实"的边界模糊。

陶渊明的固穷诗

固穷诗约占陶渊明三分之一的诗歌版图，是他生活状态的真实反映，也是他傲世情结与人格理想的折射，同时还反映出陶渊明受儒家文化影响至深。在当下，陶渊明的固穷诗，对我们个人

修养的完善以及和谐社会的建设亦不无启示意义。

春风恨不到天涯——《一地风吟》序

这是为 2008 年 10 月巴蜀书社版丁武光先生的地方历史文化随笔《一地风吟》所撰的《序》。原书还有一个副题《安顺明清人文之旅》。是书以人系事，回溯追忆明清时期安顺士人和来往安顺人士的举止言行，收录了三十三篇非虚构性的散文随笔。三十万言的锦绣文字、铺叙、评议当时的文治武功，奇人逸闻，显露的是作者刻意关注人文，着意描述人心，抒情写意，切身动情。作者是本《序》笔者的同乡挚友，应邀作序，自然是紧扣故乡人文，忆古抚今，将真情实意赋予故园山川的兄弟姐妹。

孝的隐喻——明清贵州因应虎患观念的演变

明清时期虎患成为贵州地区严重的动物灾害，它严重地损害和干扰了人类的正常生活。面对各地频频发生的虎患，地方社会采取各种应对办法：捕杀是最有效的方法，它能直接消除虎患。但捕杀虎是不易的，只有采取防御的办法——作驱虎文，教谕大众通过"德"和"孝"的手段对虎进行感化，以达到"驱虎"的目的。当然，这些办法是不可能真正起作用的。从捕杀—驱虎—感化的过程可以看出：明清时期贵州的虎患的历史记录和记忆逐渐转化成了孝的隐喻。

明清以来泸江流域水灾与环境变迁

南盘江从明清以来，就是云南水患频繁的河流之一。而作为南盘江的重要支流泸江流域所流经的石屏、建水、阿迷等州县是受灾尤其严重的地区。通过梳理明清实录、官方档案、地方志等文献资料中的有关记载发现，自从明代设立屯军以来，一直到清末，水灾发生的频率越发频繁，从单一的区域水患，发展到整个泸江流域群发的趋势。究其原因就是人类不合理的开发利用，使自然环境不能适应的结果。本文以泸江为研究对象，来探究包括水利在内的一系列社会应对机制，及其反映的环境变迁。

从宪政发展论清末民初的贵州地方自治

清末民初贵州以地方自治的形式实施了一次资产阶级民主政治实践。从清末遵义、平坝和绥阳等地以"城乡"为目标的地方自治分析,虽然未能触及专制制度根基,却也在国家最基层组织上进行了一定的政治权力分配,在中央专制及附着在地方家长制社会传统上推行了"民选"方式,更重要的是为新生的知识分子及绅商提供了政治参与的空间;民国初年贵州省《贵州立法院拟定宪法大纲》中之"贵州国"概念,借助美国联邦宪法国家与州权限关系充分表达了贵州政治家以宪政思想建设"新贵州"的企望,贵州"联省自治运动"对省宪的议题,省第二届议会选举时代表捍卫民权所体现出来的民主张力,都可视为贵州宪政发展的深化。

清水江流域林木生产的社会控制研究

清水江流域是我国杉木原材的重点产区之一。从明代始,这里的木材就开始由清水江运送到中原地区作为建筑材料,甚至还为京城皇宫的建筑作出了重要贡献。由于木材质量优良,大量的木商来到清水江中下游进行木材贸易,锦屏成了清水江木材贸易中心。巨大的木材利润使当地侗族、苗族同胞热衷于栽杉造林,因而出现了长期的、大规模的人工造林,人工营林业已成为当地人赖以生存,社会得以发展的支柱产业。这样一来,也就导致了非常频繁的林地产权复杂转换关系。相应地,民间就签订了大量的山林权属买卖、活立木转让、佃山造林等契约文书,这些契约一部分至今还被当地的乡民保存下来。这些契约被发现以来,在学术界出现了清水江文书研究热。但是目前所研究的成果或停留在资料收集整理层面,或停留在简单的罗列史料介绍层面,或停留在法律、技术管理层面,因而也就无法将文书中所涉及到民族习惯法、技术管理制度落实到具体的林业生产的社会控制中去,实现林业生产和社会控制两方面的完美结合。

林木生产的社会控制机制是维持林木生产过程正常运转的重要保障。清水江流域是一个民族社区，在林木生产过程中当事人之间所形成的担保制度、产权分配等内部社会控制机制，对清水江流域林业生产的稳定性和周期性发挥了积极的支持作用，进而成了贵州省林木生产和生态维护相互兼容的典范。因此揭示清水江流域林木管理的内部社会机制，不仅对贵州省，而且还对当前我国的生态建设和经济建设都有着积极的启迪价值。

清水江借贷契约初探

借贷契约是清水江文书中数量相对较少，然而较为重要的一类，反映了贵州东南部商品经济较发达，受中原文化影响较深的民族地区社会生活中的一个方面。本文即以黔东南苗族侗族自治州锦屏县文斗寨的借贷契约为个案，从借贷手续，借债与还债方式及担保措施诸方面分析，并与相邻地区苗族村寨相比较，展现当地民间借贷行为受中原文化影响，而又不失民族特色与地域特点的风貌。

英雄祖先与一体宇宙观——布依族《造万物》古歌的文化哲学探析

作为布依族的一部叙事古歌和长篇史诗，《造万物》细致清晰地叙述了布依族始祖布灵和勒灵创造宇宙万物的本源和支流。布灵和勒灵或以个人的身体部位，或凭自己的生存智慧所创造的宇宙万物图，既有天地、日月、星辰等天上各物，又包括山川河流、飞禽走兽、花草树木等陆地生灵，甚至包括江河湖海及其生活于其中的鱼虾，而且还有年月、季节、稻麦、弓弩、乐器等等人造之物，凡人世间的"万物"均为英雄祖先所造。为人们展示着一幅独特的布依族英雄祖先信仰体系和文化哲思"一体"宇宙观的画卷。

近五年来原生态文化研究综述

"原生态文化"一词从出现就引起学界关注，学者相继撰文

发表自己的观点。透过这些研究,发现其主要集中在"原生态文化"的界定、"原生态文化"的保护和利用等方面,然而就何为"原生态文化"、如何保护、开发和利用原生态文化,至今尚无定论。因此有必要搜集、整理和系统探讨这些研究成果,希望对当前我国的非物质文化遗产的申报和保护能够提供可资借鉴的经验。

目录

阳明学研究

方东美先生对王阳明心学的评价
　　——由机体主义的角度来认识 …………… 陈　复 3
王阳明"龙场悟道"对现代人精神
　　追求的启示 ………………………… 王路平 54
论王阳明对明代贵州文化的影响 ……… 金满银 64
论邹东廓对江右王学的影响 …………… 耿加进 94

儒学与历史人物研究

孔子"幽赞而达乎数，明数而达乎德"含义考释
　　——兼论孔子的易学方法论 …………… 汪显超 117
刘基儒学思想研究 ……………………… 张宏敏 131
论李端棻对中国近代教育改革的重大贡献 …… 谭佛佑 149
儒经与中国文化的核心价值 …………… 韩　星 159
关于儒学现代发展的有关问题 …… 陈寒鸣　欧阳万钧 175

同一还是差异
　　——社群主义的"社群"与传统儒家的"群体"
　　之比较 ………………………………… 敖　素 201

学人演讲

通往良知的人类拯救之路
　　——在现代性危机与人类良知学术讲会上的发言
　　……………………………………… 张新民 217
健康、平安、地震
　　——在贵州大学及西南交大的演讲 ……… 任　林 244

佛教文化研究

禅者之"手"与海德格尔之"手"　　　　刘　益 273
思想文化史视域中的"三教关系"与信仰世界
　　——以黔地儒释道"三教关系"与宗教文化
　　信仰为个案 ……………………………… 黄　诚 290
梵净山历代高僧考略 ……………………… 张　明 318

文学研究

千年蝴蝶梦 ………………………………… 苏　颖 349
陶渊明的固穷诗 …………………………… 朱美禄 358
春风恨不到天涯
　　——《一地风吟》序 …………………… 何　锐 368

区域史研究

孝的隐喻
——明清贵州因应虎患观念的演变 …………… 袁轶峰 381
明清以来泸江流域水灾与环境变迁 …………… 廖 波 396
从宪政发展论清末民初的贵州地方自治 …… 林 芊 417

清水江学研究

清水江流域林木生产的社会控制研究
………………………………… 吴声军 马国君 435
清水江借贷契约初探 ………………… 史达宁 508

民族文化研究

英雄祖先与一体宇宙观
——布依族《造万物》古歌的文化哲学探析…… 罗正副 523

学术动态

近五年来原生态文化研究综述 ………… 李红香 561

编后记 ………………………………………… 573

阳明学研究

◆ 方东美先生对王阳明心学的评价
　　——由机体主义的角度来认识

◆ 王阳明"龙场悟道"对现代人精神追求的启示

◆ 论王阳明对明代贵州文化的影响

◆ 论邹东廓对江右王学的影响

方东美先生对王阳明心学的评价
——由机体主义的角度来认识

◆陈　复

一、前言：民国新儒家与家学

民国而降，仅有为数有限的有心人士，不堪故国失魂与失节，愿意扛着儒家的大纛，替中华文化保存命脉，这就是"民国新儒家"。随着中国内部因不同的意识形态决裂，国共两党隔着台湾海峡而治，多数新儒家中青年学者飘零在港台，仅有数位新儒家老一辈学者因故没有离开大陆，这使得新儒家同样因政治因素而可被区隔出"港台新儒家"与"大陆新儒家"，而前者却竟然生根发芽，在港台成为阐发中华文化慧命的主流。在大陆经历"文化大革命"的刨根岁月里，港台新儒家的存在，确实曾经提供极其重大的贡献，直至大陆宣布改革开放，重新接纳与承认中华文化，而台湾反而开始展开如火如荼的"去中国化思潮"

为止。

方东美先生是民国时期很罕见的一流哲学家,尤其在台湾,曾经有人说,西方与美国会承认台湾有哲学,正是因为台湾有方东美,甚至还有美国学者盛赞其为中国最伟大的哲学家①。现在的学者,尤其是大陆的学者常把他归纳做"当代新儒家",而与熊牟这系的新儒家并置齐论。方东美先生是不是"新儒家"呢?我们觉得称作新儒家,就要对儒家思想与精神有不同程度的信仰或景仰,能终身在生活里热忱实践,而不仅是在做研究而已,就这点来看,现在很多被归类做新儒家的学者,或不见得适合被简化称作新儒家(譬如冯友兰与贺麟两位先生②),再反过来看,不强调自己是儒家的方东美先生,却更应该是新儒家。

关于方东美先生思想的学术名相归属,容或有各种不同的意见,譬如举敝人的三位老师(他们同时是方东美先生的学生)来说,就有三种歧义的看法:林照田先生认为方东美先生一生的学问路数不断在改变,尚未酝酿出具有完整系统性的观点;张永儁先生则就亲炙十四年的经验,认为方东美先生终究是个新儒家;

---

① 详细内容,见《国际哲学界对本书及著者评价举隅》,附录九,《中国哲学精神及其发展》,(下),《方东美全集》,台北,黎明文化公司,2005年11月初版,293—295页。

② 其实,不仅如此,如果只是拿西洋哲学的模型套来研究儒家的哲学,而没有在日常生活里落实儒家的精神,这种学术工作者并不适合称作新儒家,然而这却是现在被称作为新儒家的学者的主轴现象。方东美先生就曾经表达过如此忧虑,他曾说:"近代把中国的学问不从中国的精神看,而是把它化成西方学术的附庸来看,拿西方的套子套中国的思想,结果把中国哲学家的这种内在精神,全部湮没掉了!"他强调这种内在精神来自面对生活做深切体验。见其《中国哲学之适性与特点》,《方东美先生演讲集》,《方东美全集》,台北,黎明文化公司,2005年8月初版,124页。

但是，陈鼓应先生则觉得就精神气质来说，方东美先生是个新道家①。这些论断可能都指向方先生不同的侧面，不过，这几年来针对方先生的学术展开的客观化研究，已开始把他由过去笼统称呼的"新儒家"改称作"新道家"，这虽然是更细腻的判断，然而值得再继续探索。

譬如，叶海烟先生指出，对方东美先生而言，在儒释道三家中，最能扣紧宇宙人生，而直接显示旁通统贯的原理与心物一体的原则者，他应该最属意于道家，这是叶先生论证方先生属于新道家的最主要理据。不过，他同样承认方东美先生将原始儒家与原始道家，还有大乘佛学汇归于一类，用道论统贯起来②。能不能因为方东美先生有着"统贯的道论"，就称其为"新道家"，这本身都还值得再讨论，毕竟儒家最晚在明朝晚期就已经综合三教于一炉了。而且，叶海烟先生或可能并未认识到那旁通统贯的原理与心物一体的原则，其背后有个更贯通的整体思维（详见后面），而这思维最精湛的呈现，其实是王学。

胡军先生则认为方东美先生对于孔子而后的儒家传统持批评的态度，尤其对儒家的道统观念强烈抨击，而对于道家哲学在历

---

① 这是敝人曾拿本文草稿向三位老师请益的总结，他们都曾针对往年师事于方东美先生的经验发表感想，三位老师对方东美先生的学术倾向容有歧义，却都对其人格风范有极高推崇。值得注意者，精研于数理逻辑的林老师对方先生的学术评价，可能不只是方东美先生个人的问题，而是中国型的学问呈现出的特征，就数理逻辑的角度而言，这或许是中国型的学问普遍存在的问题。

② 见其《方东美的新道家哲学》，《道家文化研究》第二十辑，陈鼓应主编，北京，三联书店，2000年9月第一版，126—144页。

史的积极作用却推崇备至①。方先生对道统观念的抨击确是事实,然而,胡军先生或忽略方东美先生讲原始儒家的时候都在引用《尚书》与《周易》的书籍来讲"儒家思想",却不引用《论语》与《孟子》,他因此批评方先生明知老子早于孔子,却偏要开头先讲儒家,且拿这些中国最早的文献来处理中国哲学的起源,借此梳理原始儒家,他认为这在史料的运用来说欠缺根据。这或许有其道理,不过,这正表现出方东美先生对儒家的态度:儒家并不是依孔孟为限的儒家,而是等同指称中华文化。

我们得知道,民国而降的新儒家,与宋明时期的新儒家,思想脉络最大的不同,在于宋明时期的新儒家或会强烈反对佛教与道家(尽管由其间汲取大量的思想质素),而民国新儒家则不仅不反对佛教与道家,还承认佛教与道家的思想里的积极元素,或者仅反对佛教或道家对儒家采取贬抑的态度,而不反对佛教或道家的思想,并与儒家思想做尽可能的融合,成为一个具有统整性的"中华文化"概念,因此,这个时期的新儒家,其实是完全容纳儒释道"三种教化"于一炉的儒家,甚至还吸纳西洋哲学里能与中华文化兼容的元素,展开对中国思想史的重新诠释工程,酿

---

① 见其《方东美的道儒释会通论及其庄学精神》,《道家文化研究》第二十辑,145—173页。胡军先生在文内有指出方东美先生对孟子、荀子、董仲舒与宋儒的批评,借此证成方先生并不肯定儒家,然而,胡先生对方东美先生引《尚书》与《周易》来讲原始儒家的质疑,其实反而证实方东美先生心里认同的儒家其范围更宽广,而且,我们应该要意识到方东美先生的学术观念里,有个很重要的特征,就是思想的独立与自由,他是个认真的学者,本不受原教旨主义(或称基本教义派,fundamentalism)的制约,好像人认同儒家就不能批评儒家,故而不能拿他对后来个别儒者的批评来认为他反对儒家,或不认同儒家。

就出某种具有认识论意义的"中国哲学"。①

方东美先生就是如此,按照他自己的说法:"在家庭传统上我是儒家,在性情契合上我是道家,在宗教启发上我是佛教徒,但就后天训练而言,我是一个西方人。"② 他还曾说:"一个中国的学者,如果他没有超然的思想,没有宗教的至诚,没有生命实证的道德意识,将不会被尊敬为一位纯正的雅儒。"③ 因此,身为一个纯正的雅儒,应该是要将儒释道三家思想融合,方东美先生说:"儒家意在显扬圣者气象,道家陶醉于诗艺化境,佛家则

---

① 中国的思想或许具有认识论的实质意蕴,然而中国的思想家几乎都不由认识论的角度去认识宇宙的存在,提出相应的知识系统,酿就出世界的存在,中国的思想主轴是"情的哲学"而不是"理的哲学"。方东美先生对此表示说:"在中国哲学上面,很少从知识论上面把世界的客体,化成观念的系统;然后从观念的系统所形成的知识去笼罩一个世界。这个叫做 idealism(观念论)。这个 idealism 叫做 epistemological idealism(知识论的观念论)。在中国很缺乏这一类的东西!所谓 epistemological idealism 很少很少,而大部分都是要把人的生命展开来去契合宇宙——表现'天人合德','天人合一','天人不二'。这一种说法都是要把哲学体系展开来去证明人与世界可以化为同体。"见其《中国哲学之通性与特点》,153 页。化为同体就无法被区隔出主体与客体,主客体的差异已经被消融,而呈现出互感的状态。因此,由认识论的角度架构出的"中国哲学",我们得先承认这已经违离中华文化的主流精神,然后再给予这种违离的做法合理的陈述,让人能接受其违离确实自有存在的意义,而不是硬说"这就是中国哲学",这才是真正符合认识论里"客观"的态度。

② 见其《中国哲学之通性与特点》,99—100 页。

③ 见其《从比较哲学旷观中国文化里的人与自然》,《生生之德》,《方东美全集》,325 页。

以苦心慧心谋求人类精神之灵明内照①。"这三种类型各自象征着"圣人，诗人，先知"，他认为人类的共同向往正就是这三种德性的合体。

这就是民国新儒家的典型特征，一种平日奔放在各家思想的盛境，于极高明处回归于平实的儒家②，换个话来理解，如果民国新儒家就是不再拿儒家的名相来自我标榜，而能鉴赏各家优点

---

① 转引自傅佩荣《广大和谐的哲学境界：《方东美全集》校订版介绍》，《中国人生哲学》，《方东美全集》，17页。相关的内容阐释详见于《中国哲学之通性与特点》，124—127页。敝人特别要指出，方东美先生在该文里表示，他曾经思考何种类型的人才配挺身而出，揭发中国智慧，而成为其代言人？他说诚如英国剑桥大学康佛教授（Prof F. M. Cornford）说，那得要能集"先知，诗人与圣贤"于一身的人物，才能去做这件事情。在中国全部伟大的哲学系统的建立者，都得要一身而兼这三重角色，才能宣泄他们的哲学睿见，104页。方先生的相关说法，还可见其《中国哲学精神及其发展·导论》，（上），84—85页。

② 方东美先生认为儒家同样有高明面，差异点只在于儒家更实质在参赞宇宙创化的历程，这或许能看出其对原始儒家更赞叹的态度。他说："道家之终，即是儒家之始。与道家形成尖锐强烈之对照者，是儒家之徒往往从天地开阖之'无门关'上脱颖而出，运无入有，以设想万有之灵变生奇，实皆导源于创造赓绩，妙用无穷之天道。天德施生，地德成化，腾为万有，非惟不减不灭，而且生生不已，寓诸无竟。因此呈现于吾人之前者，遂为浩瀚无涯、大化流衍之全幅生命景象，人亦得以参与此永恒无限、生生不已之创化历程，并在此'动而健'之宇宙创化历程中取得中枢地位。总而言之，儒家之宇宙观，视世界为一创化而健动不息的大天地，宇宙布濩大生机，生存其间的个人生命可有无限的建树。"见其《中国形上学中之宇宙与个人》，《生生之德》，351页。这里"道家之终，即是儒家之始"的语意还需要再解释，这并不是说儒家并没有涵盖着"道家之终"那前面的环节，而是指儒家的"贯通上下"，尤在其能参与整个万有生生不息的流程。

的儒家,那方东美先生就是这种儒家①。美国著名的哲学家韩路易曾经称赞方东美先生不愧体现他自己的人格理想,集"圣人,诗人,先知"三重复合人格于一身②,敝人揣想,这不仅是方东美先生个人向往的人格理想,还是他对明朝大儒王阳明先生的评价。在方东美先生的生平著作里讨论王阳明显然多过于其他宋明诸大儒,这样的现象往日并没有被学者特别重视,然而这却是正确评估方东美先生的哲学的重要基点。

因为,就个人因素来看,比较罕人注意的层面,就在于方东美先生曾经亲口说过自己的儒家思想得自于家学,方东美先生是安徽桐城人,其桐城方家出现甚多名满天下的硕学鸿儒,而这家学的奠立,首得自于十一世祖方学渐(1540—1615),此人正是王阳明的四传弟子,曾经讲学于东林书院,属于泰州学派③。家学或许对于其他人只是种溢美的口头言语,然而,对于方东美先生这种出身于桐城学派的望族,家学积淀格外深厚的人来说,这当然还是种极度沉重的责任。因此,晚年方东美先生对于自己的

---

① 方东美先生曾说:"宋以后,中国的哲学变成一种折衷主义的哲学气氛。尽管只大体上说起来,宋明儒都说他是儒家,其实我们把宋明儒的代表作仔细一看,就像程伊川评论张横渠的话:'其学自博杂中来!'其实这一句话可以扩而充之,安在许多宋明儒的上面。宋明儒号称为儒家,其实在许多地方受了道家的影响,许多的地方又受佛家的影响。所以一切的宋明儒,我们都可总而言之、统而言之,指证'其学自博杂中来',因为他有道家、佛家、儒家的成分。"详见其《中国哲学之通性与特点》,149—150页。敝人认为这样的观点同样能解释包括方东美先生自己在内的民国新儒家。

② 见其《方东美先生与中国哲学精神:"方东美哲学首届国际研讨会"开幕致辞》,该文收于《中国哲学及其发展》(上),34页。

③ 见其《中国哲学精神及其发展·自序》,译注五(上),12页。还可见于《大哲风貌剪影:东美先生其人及其志业》,《中国哲学精神及其发展》(下),231—232页。

子嗣都去学理工，无法继承家学感触甚深，而把他的学生视作自己学术的继承人①。

因此，我们应该能这样说：方东美先生的家学，就是王学。王学能反映出方东美先生要传达的中国哲学的真正精神！由此路径来检视方先生在《中国哲学之通性与特点》这篇演讲里，特别提到王阳明，指出其在天泉证道的几个阶段，已经到达"无善无恶"的境界，无善无恶的境界不可能是原始儒家的境界，原始儒家的境界都是善的境界，假使倾心于"无善无恶"，那就得熟读《老子》第二章："天下皆知美之为美，斯恶已！皆知善之为善，斯不善已！"把全部相对的艺术境界与道德境界都阅历过后，晓得那不是最高的境界，真正最高的境界要超越普通的善恶，因此，王阳明如果不曾熟读《老子》，就不能讲出这样的话。

方东美先生表示，"无善无恶"的世界是道家的思想，就是佛家的智慧，同样要到很高的境界，才能体会到那一层②。因此，就方东美先生来看，王阳明的思想已经综合儒释道三家，才能臻于"无善无恶"的高层智慧。我们在这里想展开两个角度的探索：其一，方东美先生的哲学就是王学，固然由家学来看已经获得基本的确认，能否再由其哲学文字里，获得更坚实的佐证？其二，方东美先生如何评价王学，尤其是王阳明本人的哲学在中国哲学里的存在意蕴？这两个角度其实在我们讨论的脉络里会化作同一件事情的不同侧面，通过这样的过程，我们当能看出方东美先生对自己哲学在中国哲学里的存在意蕴。

---

① 这是方东美先生在1973年6月8日讲学五十周年退休纪念庆祝茶会上发表的谈话，当夜于茶会中手持蜡烛，一一传给与会的中外各国诸同学，象征学问的薪火相传，场面极为感人，见其《传灯微言》，《方东美先生演讲集》，366—370页。

② 见其《中国哲学之通性与特点》，150页。

二、对西洋哲学与文化的批评

我们如果想认识方东美先生自己的哲学,与其对王学的评价,就不能不先认识方东美先生对西洋哲学的批评。这在敝人来看,该是方东美先生阐发哲学的起点,因为西洋哲学的二元论观点,完全抹杀掉中国哲学需要的同体同感与盎然生机。他表示,中国哲学同西洋哲学,尤其近代的西洋哲学,有个显著的差别,就在西洋的思想要从思想的客观系统中设法把人的性情品格情操化除掉,于是依据方法学或逻辑把要架构的思想,拿客观的论证一层一层显现出来。但,在中国哲学里,譬如宋儒程颐说:"有有德之言,有造道之言。"换句话说,有德的言论就是圣人的言论,造道的言论就是贤人的言论。

方先生还说,中国哲学不是只把思想与观念系统表达出来,就达到目的,中国哲学的中心点集中在生命,任何思想体系都是生命精神的抒发。这一个生命精神就根据这位思想家的性情品格,才能把他的真相全盘揭露出来①!西洋的二元论是什么形态的观点呢?那就是精神与物质的截然两断。方东美先生说,近代大多数的欧洲哲学家因为深受物质科学的影响,不得不认定宇宙只是一个"冥顽的物质系统",按照他们的讲法,这宇宙只是由质与能的单位,依照刻板的机械规律在那儿离合变化而产生,无可讳言,这种讲法如果由科学验证的角度来看,确实能成功引发许多抽象精密的思想系统。

但,如果拿这种科学唯物论来解释人生,那就极为枯燥困难,格格不入,因此近代欧洲哲学家为了圆满探索人生的意义与

---

① 《中国哲学之通性与特点》,127页。

价值，就得要另起炉灶不可。最麻烦在于他们总在精神与物质间画出一条鸿沟，这清晰的壁垒无法融合，由西洋哲学史可知，他们绞尽脑汁，想要建立一种哲学体系，使得自己的世界观与人生观能和谐并进，但方先生担忧他们的奋勉，即便不失败，也会产生矛盾①。这是为什么呢？方东美先生说："'对立感'乃是西洋人根深蒂固的特性，影响所及，促使他们的生命虽然充满起伏之趣，但更充满紧张与苦恼。"② 这对立感正就是把精神与物质割裂后的效应，物质是物质，精神是精神，彼此毫不相干。

方先生还说，西洋人，尤其是欧洲人，向来具有这种"二分法"的本能，全部事物都被一分为二，彼此敌对。因此整全的人格被划出"身"与"心"的区隔，很难再贯通，像近代的知识论的理论就是如此。再者，完整的国家被分化出"统治者"与"被统治者"，仿佛两者亘古就在对立与互斗。全体宇宙又被割裂出表象与实体，现象与本体，或者自然与超自然，不论是如何的名目，都是先把一割裂为二，然后就很难再和谐沟通，这种思想，一旦拘泥而不消化，就会使西洋人与自然隔阂很深③。由方先生这样的角度来看，那就难怪20世纪而降，会有两度的世界大战，

---

① 见其《中国人的人生观》第二章《宇宙论的精义》，见于《中国人生哲学》，《方东美全集》，174页。

② 同上书，第四章《广大和谐的生命精神》，235页。

③ 同上书，236页。方东美先生把西洋哲学的"二分法"视作一种极其偏颇的幻想妄见，他还曾说："人类大思想家中，其深溺于二分法之谬误者，固大不乏其人。宛若神话中之巨灵一般，方其观待万物也，无不带有双重影像之倾向。据其幻想妄见而窥测之，宇宙乃呈现为两橛二分状态：处处尽是二元对立，积不相容，循至绝对实有与绝对虚无之间，固形成有无二界之对反，而存在本身复又剖成真妄二界之对立，生命本身更与周遭世界之诸自然缘件相脱节，世人惟藉抵死，方践其生，或如苏格拉底所言，人惟经历长时期之习死工夫，乃足以言生云。"见其《中国哲学精神及其发展》第一章《中国哲学之通性与特点》（上），100—101页。

与地球自然环境的高度被破坏了。

因为,这全部都净是在斗争,人与天斗,人与人斗,国家与国家斗,国家内不同的阶级再互斗,因为对立,因此就得斗争,因为这是斗争,不论谁胜利谁失败,失败者固然物质损伤惨重,胜利者同样得消耗剧烈的精神。这在中国哲学来说绝无法理解与想象,正因无法理解与想象,因此中国哲学在民国初年的学术领域立即被迫下台退隐,而由西洋哲学独占鳌头,因为这真正的中国哲学毫不具"竞争性",如果还想与西洋哲学一较雄长,就得改头换面,展现出对立与互斗的特性,否则就会被学者视为"尚未现代化"的"古董",那就是学者会拿西洋哲学的模型套在中国哲学的背景,因为要挣扎替中国哲学觅个"局部复活"。

方东美先生对此深感痛恨,他觉得西洋的病因在于天人交战,难得和谐,天的美德,人不能共有;人的善行,天不能同情,人生天地间,其善不能与天地继承不绝,因此西洋人的道德,只靠个人主观的特立独行,不能在宇宙间有根深蒂固的客观基石,况且,天人对敌的思想习惯一旦被养出来,很容易转到人生上,引发许多无谓的抗衡,滋生纷争,破坏同情。其中必然的一个后果,就是引发许多"霸权"的道德观,近代历史已经证明"欧洲人"(当然还是有例外)往往好行不义,强行自认为的仁,他质疑,这种"道德"算是什么道德[①]?这可看出只有伦理学的理论,而没有天人合德伦理的问题。

对照美国这些年来自恃军事霸权,强行在中东国家推广自己认为的民主,却搞得那些国家生灵涂炭,我们不得不觉得方东美先生的控诉确实有道理。方东美先生表示,在中国哲学家来看,人与宇宙的观念,不同于西洋哲学,充满着圆融和谐。人的小我生命一旦融进宇宙的大我生命,两者同情交感一体俱化,就会浑

---

① 见其《中国人的人生观》第四章《广大和谐的生命精神》,248 页。

然同体浩然同流，绝无敌对与矛盾①。他特别针对"宇宙"的观念给出清晰的解释，他说，宇宙，在中文里原是指"空间"和"时间"，上下四方的三度空间称作"宇"，古往今来的一系变化称作"宙"，宇和宙合在一起讲，就表示这是时空系统的原始统会。

方先生还说，如"宇宙"两字的中间如果没有连号，就表示这是一个整合的系统，只有在后来个别认识的时候才会去说空间和时间，因此，即使把"空间—时间"中间加个连字号，都无法完全表现出"宇宙"这个词汇里时空的不可割裂性②。他说，在中国哲学家来看，"宇宙"包容的不只是物质世界，还有精神世界，两者浑然一体，不可被割裂；不像西洋思想的二分法，彼此对立，截出互相排斥的两个片断。在中国，宇宙绝不是一个战场，借由博格森的话来说，不能有"生命与物质的交战"，在这综合的宇宙全体中，同样还是会有某些分际，就像是《易经·系辞传》说："形而上者谓之道，形而下者谓之器。"

然而，这样的理论不能与西方形上学的二元论混为一谈，更不能矫揉削弱，曲解成偏狭的唯心论或唯物论。他说，"宇宙"在中国人来看，这是精神与物质浩然同流的生命境界，在波澜壮阔的创造过程中生生不息，宣畅出一种日新又新的完满自由，绝不受任何空间或时间的束缚③。他把中国的宇宙观区隔出三层来讨论，首先，宇宙并不只是一个机械物质活动的场合，而是普遍生命流行不已的境界，这种理论可被称作"万物有生论"，在世界里，没有一件东西是真正的死，全部现象里都蕴藏着无限生意。因此，物质条件与精神现象融会贯通，彼此毫无隔绝，物质能表现精神意义，精神同样能灌注物质核心。

---

① 其《中国人的人生观》第四章《广大和谐的生命精神》，236页。
② 见其《中国人的人生观》第二章《宇宙论的精义》，171—172页。
③ 同上书，172页。

精神与物质恰如水乳交融,圆融无碍,共同维系着宇宙与人类的生命①。再者,宇宙是一种冷虚中和的系统,其在物质的形式可能有限,但在观念的应用却无穷。中国的宇宙论,就"体"而言是个有限观,就"用"而言却是个无穷观。中国人凡是遇着有形、有障碍的东西,都不会沾滞,总是把他们点化出极空灵极冲虚的现象,在物理世界里掩其实体,显其虚灵,世界真相因此而完整展现,"真"的领域因此而显豁,"善"的提升因此而完满,"美"的创造因此而实现,物质世界都被哲学心灵点化出空灵胜境②。这固然或是中国人"善于想象"的缘故,然而同样要正视中国思想相信:纯粹的意念常会开展出相应的真实③。

他还引《中庸》第一章说:"中也者,天下之大本也,和也者,天下之达道也。"他表示正因我们能守护住这"中和"的至高美德,眼光绝不偏颇自私,心胸绝不狭窄顽固,行动能够保持大本,生命能够遵循达道,因此,我们了解的宇宙绝不是一个封

---

① 见其《中国人的人生观》第二章《宇宙论的精义》,173—174 页。方东美先生在这里引一部章回小说《镜花缘》,里面说当三月的春天来临时,西方的王母娘娘在昆仑山上设宴做寿,全部自然万有,与超自然的万有,像小神仙们,半神半人的年轻女孩子们,大自然的众神与妖怪,及其它奇奇怪怪的神仙们,包括北斗宫的魁星夫人,空中的"风姨",天上的月姐,蓬莱山上的百花仙子、百兽大仙与百鸟大仙云云都来与会,方东美先生借此说:"这种文学上的幻想直把世界上冥顽不灵的东西都看做生香活态的现象,虽然哲学不能像文化幻想一样具体描写世界的生态,但也可以假定有一种普遍流行的盎然生意贯彻于宇宙全境。"方东美先生只要把"假定"两字去掉,当能更完整表达出"万物有生论"的意思,万物有生论与基于恐惧而产生信仰的"泛灵论"不同,就中国的宇宙论来说,这就是精神与物质交融无间的事实存在。

② 同上书,181 页。

③ 《中庸》第一章说:"致中和,天地位焉,万物育焉。"这"致中和"正就是种纯净意念的工夫,而子思子相信将意念回中致和,能使得天地都跟着各就各位,万物都获得生长化育。

闭的系统,而是一个生生不息的开放世界。"生命"对我们中国人来说,绝不是呆滞僵化,而是"邀请我们"去参赞化育,与宇宙共同创生进展,臻于无穷,因此孔子会说:"君子无入而不自得①。"第三,"宇宙"在中国的智慧来看,充满着道德性和艺术性,因此基本来说,这是个价值领域,和西洋哲学大不相同②。

方东美先生精通于西洋哲学,深知其病,因此批评更见犀利!

西洋哲学自设出的"客观",其实并不见得真是客观,强把认识宇宙画出客体与主体两块壁垒,先预设被观察的对象是个有着规律变化的"死物",不会受自己的观察的影响,接着预设自己的观察绝对不带有私人情感的存意,并在这样的预设里完全漠视自己的观察背后隐藏的"态度",致使人的观察带着极其粗糙的思维机制(不承认自己存在着情感的事实,殊不知即使中性的态度,或者,只要是态度,就有着情感),并把观察的过程咬紧在极其狭隘的范围内,由此而获得的答案,难道不会只是在配合着自己的主观需要?这是客观展现出的吊诡,这使得自认客观的人往往最是主观的人。

三、机体主义与唯心论的厘清

如果宇宙其实正是一个大生机的呈现,已经否认每个物质里都有其精神,或者每个精神都能呈现出物质,由此继续展开探

---

① 见其《中国人的人生观》第二章《宇宙论的精义》,181页。在这里做个补语,"君子无入而不自得"一语出自于《中庸》第十四章,并不是文献里孔子说的话,说者或该是子思子(现已由郭店楚简获得证实),方东美先生或是误植或概称。

② 同上书,182页。

索,难道不会越来越远离真相?这就是方东美先生对后来的西洋哲学与文化的忧虑了。方东美先生将这种思想,这种把宇宙都当作物质的机械系统,即使有时遇着生命现象,譬如在地球上或是在火星上的生命现象,都会被化约作物理条件,来迎合物理化学这些科学定律的研究,称作"宇宙无生论"①,这显然与"万物有生论"是绝对冲突,着实无法调和了。然而,这种无法调和,并不是中华文化欠缺调和的机制,而是西洋哲学与文化奠立在根本就否认有其他可能性的封闭观念基点上②。

　　方东美先生表示,几乎所有的中国哲学都把宇宙看作普遍生命的流行,其中物质条件与精神现象融会贯通,浑然一体,毫无隔绝,全部至善至美的价值理想,皆能随生命的流行而获得展现。宇宙,当我们透过中国哲学来看它,会发觉这是一个沛然的

---

①　见其《中国人的人生观》第二章《宇宙论的精义》,174—175页。相关阐释,还可见于《中国人生哲学》第二章《中国先哲的宇宙观》,56页。

②　这种问题,同样呈现在宗教层面,譬如上帝的存在具有普遍性与包容性,而基督教或天主教的传播形态则往往不具有普遍性与包容性,因为其常不易承认与上帝沟通的其他可能性(意指除其《圣经》与设定的沟通形态外),它们都自认其观念具有绝对完整性,甚至彼此不承认彼此,更不用说承认中国人自商周时期而降就有崇奉上帝的礼仪与经典了。然而,对中华文化来说,自唐朝而降,包容基督教与天主教来中国传播,却是自然而然的事情,对回教信仰的宽大接纳同样如此,反过来看,欧洲或美国,能包容同样信仰上帝的回教在其各自国内自由传播吗?这里问题的症结究竟出自哪里,值得我们思索!

道德园地,也是一个盎然的艺术意境①。方先生征引《庄子·知北游》说:"圣人者,原天地之美而达万物之理。"当庄子说这段话的时候,可说充分展现中国人的深邃灵性。中国人在成思想家前必先是艺术家,我们对事情的观察,往往是先直透美的本质②。对于这种普遍生命流行的观点,方东美先生特别给出个词汇,称作"机体主义"(organism)。

其实,机体主义的思想,首先出自于新实在论(neo-realism)的哲学家怀德海(A. N. Whitehead)提出的"机体哲学"(the philosophy),方东美先生最早自民国十五年讲学于南京中央大学哲学系开始,就在《科学哲学与人生》这本书里对怀德海大加赞赏。傅佩荣先生则指出,方东美先生再三讨论西洋哲学的二分法困境,意即由古希腊时期的逻辑采取主述语句,陷溺在实体与属性的二元对立,导致知识的分而不合,人生中的理想与现实无法协调,这种困境固然要到20世纪早期因怀德海主张万物要相互摄受,才终于出现转变的契机。但,方东美先生晚年会大量讨论华严宗的哲学,正是因为华严宗早就提出这种观点③。

美国哲学学者刘易斯汉姆(Lewis E. Hahn)却认为,机体主义是方东美先生独到发展出的见解,其对方先生特具的吸引,

---

① 见其《中国人的人生观》第二章《宇宙论的精义》,182页。他在其他章则说:"宇宙,在中国哲学家看来,绝不是物质的机械系统,而是一个大生机,在这个宇宙里面,我们可以发现旁通统贯的生命。它的意义是精神的,它的价值是向善的,唯其是精神的,所以生命本身自有创造才能,不至为他力胁迫而沉沦。唯其是向善的,所以生命前途自有远大希望,不致为魔障锢蔽而堕落。我们的环境是广大悉备的生命领域,我们的宇宙是浑浩周遍的价值园地。"见其《中国人的人生观》第四章《广大和谐的生命精神》,256页。

② 同上书,183页。

③ 见其《广大和谐的哲学境界:〈方东美全集〉校订版介绍》,23—24页。

在于机体主义通观承认不止一种哲学,而是多重多面哲学的观点或看法,兼容并包,并处处拿价值做中心枢纽,这使得方东美先生从不认为接受儒家的中心论旨,就得要排除其他各家(如道家或佛家),他笃信机体主义有一个重大价值,那就是其能结合这些种种相映对照的殊异观点或看法,使其既能独彰异彩,又无损其个别特色①。这使得我们能合理估计:方东美先生如使用机体主义去称呼某家的思想,那就明显意味着其对这思想有着极正面的评价。

方东美先生说,中国哲学里的全部思想观念,无不按通贯的整体为其基本核心,故可借机体主义的观点而阐释。这样的思想,早在商朝时期,就已经体现在宗教信仰里,呈现出"万有通神论"的宇宙观,上帝或天,既超越且内在于人②。机体主义作

---

① 汉姆说:"他(方东美)发展了一派独到的机体主义,蔚然显学,演自斯蒂芬·斐伯在《世界观假设》一书所谓的'有机体'或'有机整体'为'藏喻'(即根本譬喻),the root-metaphor。"他还说:"东美先生早年专研黑格尔、伯格森、怀德海以及其他各家等,再配合以其儒家思想为底子——可谓家学渊源——,使其机体主义乃是以大易历程传统为中心取向的。"见其《方东美先生与中国哲学精神》,《方东美先生的哲学》,国际方东美哲学研讨会执行委员会主编,台北,幼狮文化公司,1989年7月出版,7页。

② 方东美先生说:"就理论层面而观之,中国上古宗教含藏一套饶有机体主义精神之宇宙观,不以现实人生之此界与超神神力之彼界为两者悬隔,如希伯来或基督教所云。此外,人生界与客观自然界亦了无间隔,盖人与自然同为一大神圣宏力所弥贯,故为二者所同具。神、人、自然,三者合一,形成不可分割之有机整体,虽有威权、尊严、实在、价值等程度之别,而毕竟一以贯之。上帝,就其本身之为一超越动能而言,神运无方,鼓万物,贻天地,故能于自然层界与人生层界澈通不隔,匪不毕具。上帝或天乃是既超越且内在者,而非超绝。"见其《中国哲学及其发展》第二章《原始儒家:第一期从神秘宗教到理性哲学》(上),156页。这个观点可与敝人前面谈宗教议题的内容互相对照来思考。

为一种思想模型而论,大概会有两种特色:自其消极面来说,其一,否认可将人与物对峙,视为绝对孤立系统;其二,否认可将宇宙大千世界化为意蕴贫瘠的机械秩序,视为纯由诸种基本元素辐辏拼列而成;其三,否认可将变动不居的宇宙本身,压缩成一套紧密的封闭系统,视为毫无再可发展的余地,更没有创进不息生生不已的可能。

自其积极面来说,机体主义的宗旨端在:有个生命的机体,统摄万有,包举万象,而"一以贯之"的把全部的存在都给统摄起来。当其观照万物,无不自其丰富性与充实性的全貌着眼,故能"统之有宗,会之有元",而不落于抽象与空疏,宇宙万象,迹然纷呈,征诸我们生活的体验,会发现处处都有这机体统一的迹象可寻,诸如本体的统一、存在的统一、生命的统一与价值的统一……这类森罗杂陈的统一体系,彼此感应交织,重重无尽,如光的相网,水的浸润,相与洽而俱化,酿就一个在本质上交融互摄,旁通统贯的广大和谐系统①。这就是方东美先生说的机体主义。

他还曾经说过,"机体主义"一词,可拿来解说中国哲学的主流与特色,视其为全部思想形态的核心,这个思想形态,就其发挥为种种旁通统贯的整体,或表现为种种完整立体的结构统一,深蕴于中国各派第一流哲人的胸臆底,可谓千圣一脉的传承不断②。王阳明如此,方东美先生自己何尝不是如此?其内蕴的本体论,方东美先生称作"超越形上学"(transcendental metapysics),这种形上学深植根基于现实世界底,却腾冲超拔,趋往崇高理想的胜境而点化现实。现实与理想至此再没有距离,宇宙与生活于其间的个人,雍容洽化,可视为一个大完整立体的统一

---

① 见其《中国形上学中之宇宙与个人》,349 页。
② 见其《从历史透视看阳明哲学精义》:《生生之德》,442—443 页。

结构。

方东美先生表示,其中拿种种互相绵密关联的基本事素为基石,再根据缔造种种复杂缤纷的上层结构,由卑至高,直到盖顶石落定为止。按照全部现实经验领域的事实为起点,吾人因此得拾级而攀,层层上跻,昂首云天,向往无上理境的极诣。同时,再据观照获得的理趣,居高临下,使吾人遂得凭借逐渐清晰化的理念,来阐释宇宙存在的神奇奥秘,与人类生活的伟大成就,而曲尽其存在的深意①。我想,方东美先生这些文字,只要拿些生活的例子来了解,就会变得亲和如在目前了。譬如说,中国人心底最高意境的住宅,莫过于园林建筑了,人住在美如画的住宅里,山水环绕着生命,这既是现实,同样是理想。

因此,当方东美先生认为王阳明的思想就是机体主义的呈现,我们就能体会出这是对王阳明最高的推崇了,尤其当他表示朱熹的哲学呈现出逻辑矛盾性,却未曾指出阳明本人的思想有任何问题,当能由此更了解他的评价②。他表示,这种机体主义的哲学观,早期被中国哲学家视为哲学推理的结论,然而却成为王阳明思想凭借的重要起点,由于王阳明觉得"身、心、意、知、物"只是一件,浑然一体,不可割裂,机体主义因此表现出一种极复杂的概念,容有种种不同角度,不同层面的解释,诸如实有的统一、存在的统一、生命的统一与价值的统一,都需要借由本

---

① 见其《中国形上学中之宇宙与个人》,348 页。
② 他说:"朱熹哲学乃系汇聚众说之集合论,而非独自创获之一贯系统。其所凭藉者,乃采自周敦颐、张载、二程、李侗等诸前辈。总而言之,贯乎其形上学理论者约有五大基本概念:(一)天道之总体;(二)歧义之理性;(三)人性之生成;(四)'中'之内省体验;(五)心灵之主宰。朱熹漫将此组五大概念合冶一炉,使之纵横贯穿,而视作可以辗转交替之同一体,因之时时陷于逻辑矛盾性。"见其《中国哲学精神及其发展·导论》(上),95 页。

体论、宇宙论与哲学人类学的理论系统来阐释①。

这其中,方东美先生特别重视"价值的统一"这个环节,西洋大哲如柏拉图在了解真善美的绝对本质后,持续不断在探索的议题,就是价值的最高统会,就此解决本体与现象,睿知与感官的分离问题(the problem of separation),却苦于百思不得其解,至为困惑,然而王阳明却由于确信良知直观睿见的普遍妥当有效性与真实无妄,对这个问题就能当下了然于心,由王阳明来看,价值的最高统会实为内在于心灵的本觉,不假外求,借着良知的发用,圣人因此能在精神上超脱任何障碍。按照方东美先生的观点,价值领域实属中华文化关注的主轴,王阳明对良知的发现与阐发,使得这价值领域有了根本依据。

不过,我们得知道,方东美先生相当反对西洋哲学里将精神与物质两隔,由此而产生的唯心论与唯物论,他认为两者都是种狭隘的偏见。唯物论的偏见就不用多说了,方东美先生曾经不只说过社会主义全都是"谎言",还说马克思的共产主义偷拿错误的方法论(科学唯物论)来作为自己的辩证法,套用古典主义的因果律的科学定律,来解释经济、社会与政治的发展,甚至全部

---

① 见其《从历史透视看阳明哲学精义》,443页。

的人类历史,这难道不是莫大的武断①? 但,反过来看,他说西洋哲学里有各种不同的唯心论,其中有一种认识论称作"主观唯心论",譬如柏克莱与休谟,他们不能持平承认物质的存在,反而说根本没有物质这个东西,全都是心灵起的反应。

方东美先生表示,如果哲学家只会这一套精神语言,完全不承认物质,即使面对现在的机械能与原子能,他都不认为这是真正的现象,只因为这些都不能化作单纯或复杂的"观念",如果他在哲学只能用这一套语言,那就无法在哲学表现很高的智慧,不能架构出哲学的真理②。然而,面对宋明清新儒家哲学,他区隔出三种形态:其一,唯实主义形态,由周敦颐至朱熹;其二,唯心主义形态,由陆象山至王阳明;其三,自然主义形态,由王廷相至戴震③。并且,他还曾经举证历历指出王阳明的思想是"彻底唯心论",其"心外无物,心外无理"的说法,阐发早于柏克莱,这难道意味着他与王阳明的思想有根本歧异?

首先,我们得了解唯实主义与唯心主义有什么差异。方东美

---

① 见其《当前世界思潮概要》,《方东美先生演讲集》311—314 页。方东美先生强烈反对"科学主义",他说:"'科学'固然有宝贵的成就,是人类知识的宝藏。但是如果一个科学家不守他的本位,不守他的分寸,不守他的范围,跨越了他的范围而表现狂妄的态度,把其它的生命现象也化成物质现象,把精神现象也化成物质现象,把价值现象也化作物质现象,那么这就不是真正的讲科学,而是科学不守它的范围,不守它的领域,不守它在方法学的限制所产生的一种狂妄的思想,这就是'科学主义'。'科学'是宝贵的,但'科学主义'却是要不得的。近代许许多多后起的科学,都是在那个地方不是讲真正的科学,而是讲'科学主义'这个错误的思想。像现在不少讲行为科学的人,只讲行为不讲价值,不少以白老鼠实验讲心理学的人也是如此。"见上书,306—307 页。这是方东美先生相当犀利指出"科学主义"弊端的箴言。

② 见其《当前世界思潮概要》,307—309 页。

③ 见其《中国哲学精神及其发展》第十二章《概述》(下),29 页。

先生对唯实主义的解释有四点：其一，就形上学而言，究极本体，全部建立于宇宙的客观世界，而可由其本身内具的理来阐发，由此参与大全的本体。其二，就价值论而言，全幅真际本体，有各种不同的存在意境，我们要从其中观察全部的相对价值，促进至善的圆满实现。其三，就知识论而言，人类各种知识，都有意向性，都指向着客观真实，知识的存在就在了知实然。其四，就人性论而言，笃信人类的精神崇高伟大，在理论层面与本体及其价值全域合一不二，在实际层面更浑然同体。这就是唯实主义。

至于唯心主义，在其第一点、第二点与第四点都与唯实主义相同。只有在知识论上，则拿心体做全部存在的支点或枢纽，同时并不排除知识的客观性，其心体固然有个人性，更含有社会、客观与普遍性，宇宙的大全本体，都涵具在心体内。因此，中国的唯理主义与唯心主义的差异，在方东美先生来看，仅只是对知识的客观性的偏重程度的差异，并不是机体主义这个根本基点的歧义①。

这里有个观念需要厘清："哲学家"与"哲学史家"的差异。方东美先生是个对中华文化深怀崇敬心理意识的儒者，他亲身在实践中华文化的价值，这点已经获得前面讨论的确认，他对中国哲学的"描写"（请容我们特意使用描写这个词汇），只是在忠实传达他对中华文化精神的了解，这并不是某种"创见"，或者说，方先生本无意于特别发展出某种哲学体系，严格来说，姑且挪用

---

① 见其《中国哲学精神》第十六章《新儒家哲学：唯心主义型态》（下），122页。

阳明学研究

冯友兰先生曾经说讲哲学有"接着讲"与"照着讲"两种①，方东美先生比较偏向于照着讲，照着讲的状态，其实该属于哲学史家，而不是哲学家。其实，仔细说来，民国新儒家哪个先生能说是严格意义里的哲学家呢？

正因如此，我们或许很难咬死方东美先生的究竟认同，我们只能说方东美先生对中华文化的整体有着毋庸置疑的认同，却很难说方东美先生对任何一个中国哲学家（或思想家）有着毋庸置

---

① 冯友兰先生在《新理学》开头就说："本书是'接着'宋明以来底理学讲底，而不是'照着'宋明以来底理学讲底。"他还在《中国哲学新编》里说："中国需要近代化，哲学也需要近代化。近代化的中国哲学，并不是凭空创造一个新的中国哲学，那是不可能的。新的近代化的中国哲学，只能是用近代逻辑学的成就，分析中国传统哲学中的概念，使那些似乎是含混不清的概念明确起来，这就是'接着讲'与'照着讲'的分别。"见《中国哲学史新编》第七十九章：中国哲学近代化时代中的理学：冯友兰的哲学体系（下），台北，蓝灯文化公司，1991年12月初版，165—166页。冯先生这种说法，或许在当时尚且合用，在我们现在来看则会有个问题，那就是根本已经没有冯先生说的"照着讲"，而全都是在"接着讲"，而且，使用各种新奇的西洋哲学概念去接着讲（洋派的格义），结果反而把很多原本义理清晰的概念搅得含混不清，那就还不如照着讲了。因此，如果这两个词汇还有现实意义，那就应该把其定义都稍做修改，把"接着讲"拿来指继承中国哲学的传统而创发新思想；而把"照着讲"拿来指维护中国哲学的义理而阐发旧宗趣，这两者都是具有创造性的工作，而该是哲学与哲学史这两种不同领域的真正差异，我们确实有好些孤心宏诣在"照着讲"的哲学史大师，譬如方东美先生或牟宗三先生，然而我们着实难见"接着讲"的哲学大师，前者固然能替故国召魂或换血，而值得后人敬重景仰不已，而后者却是开启整个文化载体获得全然新生的人，这样的人要能更精确吸纳西洋哲学的精华，而能恢复中国哲学本来的活泼性，这才是精神能量真正能光照百世的大儒。这在中国的思想史或哲学史里屡见不鲜，譬如朱熹或王阳明，却在目前的时空着实难见，这就是现阶段"文化贫血"的缘故，需要我们有意识去改变。由此我们反而更敬重景仰往日那些还愿意"照着讲"的大儒了。

疑的认同，面对后者，他就是一位忠实的哲学史家，对各家思想都展开认真而尽可能公允的讨论，因此，他会对王阳明的思想评论说："此种'彻底唯心论'立场，犹不免见讥于近代之'唯实论者'，被斥为不脱'自我中心论断之窘局'。"① 但，继续反过来看，敝人却有三点反证，能指出方先生确实还是倾向于王学，这要由前面说的新儒家三种形态着眼，才能厘清方东美先生的真正态度。

第一，前面引方东美先生说的这段话，只是在说"不免见讥于近代之'唯实论者'"，然而却不见得是方先生本人的态度，因为他并没有说过自己是个唯实论者。对方东美先生来说，唯实论其实就是理学的异辞，其对朱熹哲学的问题已说过，他还批评唯实论者的大家程颐已陷于二元论的困惑②。并且，他认为早期的理学在人性论上，都还徘徊于孟荀两说间，依违莫决，直至王阳明出现才解决这个问题③。第二，方东美先生表示，不论是初期或后期的新儒家，只有陆王例外，全都有阴阳五行的思想，要不

---

① 见其《中国哲学精神及其发展》第十六章《新儒家哲学：唯心主义形态》(下)，140页。

② 方东美先生面对二程，比较肯定大程，而否定小程，却认为他们的推理都会导向荀子，方东美先生说："大程子崇信机体主义哲学，其真理可由内心体验，而笃行履践之。小程子却好抽象空疏为说，形成一套唯理一元论，率以逻辑上之同一性出之，复陷于内在矛盾，处处扞格不通矣。揆其初旨，二子皆欲直有以接于孟子精神之传，然其推理，抑又与荀子无殊。"见《中国哲学精神及其发展》第十四章《新儒家哲学：唯实主义型态》(乙式·下)，72页。这是首度最直接指出理学直通于荀子而远于孟子的观点。方先生还曾经更直接论断说："唯实主义型态之新儒家，多为一套提倡天理与人欲对反之伦理学二元论所困惑。"见同书第十六章《新儒家哲学：唯心主义形态》(下)，130—131页。由这里更可看出，方东美先生确实认为只要倾向于心学思维，就会贴靠机体主义。

③ 见其《中国哲学精神及其发展》第十二章《概述》(下)，28页。

流于结构并不完整统一的杂家,要不就流于唯物论,后期的自然主义者尤其如此①。第三,前面曾指出,方东美先生说唯心主义并不排除知识的客观性,而方先生认真讨论过的唯心主义哲学家,仅有陆九渊与王阳明两人,而陆九渊在方东美先生的论点里,仅能说是在替阳明心学的开展预作铺路的工作②,因此,方东美先生会说王阳明有"彻底唯心论"的态度,显然只是指其某个角度的思想侧面,仅是基于事实的点出,并不具有全盘评价的意蕴(后面还会详说)。基于这三个论点,我们有理由相信,相对来说,方东美先生确实对王阳明思想抱持相当正面的态度,这是因为其最完整体现出机体主义的特征,而这就是我们要认识他评论王阳明思想的主轴③。

---

① 见其《中国哲学精神及其发展》第十二章《概述》(下),28页。
② 方东美先生对陆九渊的评价不如王阳明来得高,还有则证据,在于他认为朱陆两人都有歧离于孔子,虽然对方东美先生来说,歧离于孔子并不见得就是意境较低,且方先生曾表示王阳明已经跨越儒释道三家的藩篱,然而,我们由语意能看出,方东美先生认为朱陆各有长短,不如王阳明的思想来得利落,方东美先生说:"朱熹之学,出于李侗、罗从彦、杨时、程颐(伊川)、张载与周敦颐等,终乃形成其汇聚众说式之集合论。象山则受谢良佐、程颐(明道)与孟子之影响甚深。二氏皆自命学宗孔子,得其真传。自余观之,其对孔子精神所见,互有出入。朱熹歧离孔子之处,俱见上章;至于象山,则其果为孔子思想之嫡传否?是犹待考。"见其《中国哲学及其发展》第十六章《新儒家哲学:唯心主义形态》(下),123页。方东美先生最终并未回答这个问题。
③ 按照敝人的看法,其实这种"唯心论"与"唯物论"的论断,根本远离西洋哲学史的实际脉络,唯心论的英文应该是 idealism,其正确的翻译应该是"观念论"会更精确,而观念论的重点在理型的有无,其意思根本与心性无关,会把陆王心学称作唯心论,或者,会有唯心论与唯物论的对比,这是"五四"而降学者的常态归类法,而方东美先生受激于该时空的思潮激荡,因此不自觉从俗使用这个当日盛行的词汇,尽管先生已经赋予不同的意思了。

四、阳明心学对陆九渊的继承

王阳明对陆九渊的继承,并不是线性的继承,而是来自对本体的领悟,自然而然的相应与相映。因此,方东美先生征引王阳明说:"圣人只是顺其良知之发用,天地万物,俱在我良知的发用流行中,何尝又有一物超于良知之外,能作得障碍?"他评论说:"阳明此语,虽直接陆象山心学之宗传,然实已百尺竿头,超迈前贤矣!"①他认为陆九渊主张"超越理想性原理",把超越的理想与卑陋的现实还是当作"二元对峙",还不能消融两者而俱化。反而是王阳明于《大学问》中,彻底解决这个问题,把陆九渊的想法消化出"内在理想性原理"(the principle of immanent ideality)。

陆九渊的"超越理想性原理",又被称作"理想价值超越论",方东美先生认为有六点要义:第一,整个宇宙除低层下界外,还有个高层上界,这就是道德存在的领域,我们生活于其中,应该要由自然人的存在,不断提升至理想完美的胜境,如同圣人般。第二,我们要按这个领域的高标准,恪遵理性做天地人三极并立的共准,这意味着天地按照理性而彰显其廓然至公,人既然德合天地,就要按着理性而行,彰显同一种大公无私的精神。第三,坚持道德立场并不是一件容易的事情,世间的诱惑如此大量,在在都能诱惑人掉落至罪恶欲望的陷阱,要能参透习俗,凝睇理想,自然要有一番豪杰气概。因此,难怪陆九渊会这样说:"豪杰而不圣人者有之,未有圣人而不豪杰者也。"②第

---

① 见其《从历史透视看阳明哲学精义》,444页。
② 陆九渊:《陆九渊集·语录》卷三十五,中华书局,1980年版。

四,道德高尚的人,要奋勉变作万物的主宰,这只有借着凝神致一,精粹锤炼内在生命才能臻至于此。第五,如果想获得道德自由,其先决条件在于崇信"性善"为天给我的心体,人人如果能各尽其心体,就能上与天同①。第六,强烈反对天理与人欲对立的伦理学二元论,把一个本心剖开出道心与人心两种,认为这种静态的人性论,实在违背人格的完整与天人合一。方东美先生称这六点就是陆九渊的"价值理想超越性原理",按着这层道理来实践,则人当可做圣贤②。

陆九渊推崇的圣人,或许不是如尼采设想的那种超人,睥睨在众人的头顶上。方东美先生认为陆九渊有着"人心平等观",他征引陆九渊的弟子杨简综合其师说:"道心大同,人自区别。人心自善,人心自灵,人心自明,人心即神,人心即道,安睹乖殊?贤非有余,愚鄙非不足,何以证其然?心皆有恻隐之心,皆有羞恶之心,皆有恭敬之心,皆有是非之心。恻隐,仁;羞恶,义;辞让,礼;是非,智。仁义礼智,愚夫愚妇咸有之,岂特圣贤有之?"③陆九渊虽然接受价值理想的超越领域,却并不是没有目睹世俗领域,面对社会士风败坏,他认为症结在于思想的

---

① 方东美先生在这里说:"新旧儒家于其哲学思想方式中,所以力辟任何'原罪说',并根绝一切耻辱形态之文化者,其根本理由,胥在是矣。"见其《中国哲学精神及其发展》第十六章《新儒家哲学:唯心主义形态》(下),130页。
② 有关这六点,详见上书,129—131页。
③ 《陆九渊集·行状·复斋象山二先生祠记》卷三十六。

败坏①。

回过来说，王阳明对陆九渊的继承在哪里呢？方东美先生表示，人性，是指生命的完成，天理，则指人心昧于私欲时的谴责，程颐与朱熹按人性本质的仁心与天理同体，到陆象山绝对唯心论出现，才坚决反对将天理与人欲隔开，他将知识、存在与价值一概视作心灵真相的展现，而完成其心灵与宇宙同体的唯心论，王阳明与其整个明朝王学就继承这个唯心论，而发展出人与天地万物一体的哲学，认为广大同情之心照烛着万有，晖丽全部现象，备天地而兼万物，其胸中一体的仁（良知），当下就能验证无遗，而自觉身心意知四者与其对境都能相互连贯，两端消融而顿然化做一体②。

方东美先生还表示，价值的最高统会，完整呈显于吾心，同时呈露于遍在万有的"心体"，而成为全部万有同具者，这是王阳明对陆九渊的继承，这个意思寓含两大要旨：第一，人心存着天理，关注在这心体内的天理，不向外追逐，才能不受役使。方东美先生征引王阳明的话说："一者，天理。主一是一心在天理上。若只知主一，不知一即是理，有事时便是逐物，无事时便是着空。唯其有事无事，一心皆在天理上用功，所以居敬亦即是穷理：就穷理专一处说，便谓之居敬；就居敬精密处说，便谓之穷理，却不是居敬了别有个心穷理，穷理时别有个心居敬，名虽不

---

① 方东美先生说："盖思想败坏，则心官尽丧，理性全隐，唯余无耻，而诈伪斯兴，足使狐狸虽狡，犹自愧弗如也。使此辈败坏之知识分子，一旦当权在位，则其全套狡黠伎俩将遍施于人，而人亦将毁于其诡计机关之下矣。"只要生活在衰世，都能了解方东美先生此言，而深有同感。详见《其中国哲学精神及其发展》第十六章《新儒家哲学：唯心主义形态》（下），131—135页。

② 见其《中国人生哲学》第四章《广大和谐的生命精神》，245页。

同,功夫只是一事。"①

第二,存在与价值合一,性天不二②。方东美先生征引王阳明的话说:"至善是心知本体,只是明明德到至精至一处便是。然亦未尝离却事物。"③ 在敝人来看,这段话意指彰显每个人内在的德性就能体会最高深的智慧,而最高深的智慧就蕴藏在最寻常的事物上。方东美先生认为,王阳明那"以天地万物为一体,从心之灵明发窍处感应,而一视同仁"的主旨,这是中国古今各派哲学家的共同宗趣,儒家、道家、大乘佛家与宋明新儒,无论各派系统间的根本差异如何,都崇信"混化万物,一体同仁"的教化,都体认道的大化流行,兴天地万物一体同仁的感觉,这就是入圣的快捷方式④。

他还表示,这种"万物一体同仁"的情感,存养扩充,发挥极致就是圣智圆满,岂止是入圣的征兆,简直是当下就是圣人了。他特别指出圣人只是兢兢业业在生活里不息的实践与认识良知,而征引王阳明说:"'惟天下之圣,为能聪明睿智',旧看何等玄妙,今看来原是人人自有的。耳原是聪,目原是明,心思原是睿智,圣人只是一能之尔。能处正是良知,众人不能,只是个不致知,何等明白简易!"⑤ 还有:"这良知人人皆有,圣人只是保全,无些障蔽,兢兢业业,门门翼翼,自然不息,便也是学;只是生的分数多,所以谓之生知安行。"⑥

圣人只重有没有认真做工夫,众人却斤斤计较于有没有收获

---

① 王阳明:《传习录·上卷》,第一二〇条,上海古籍出版社,2006年版。
② 见其《从历史透视看阳明哲学精义》,444页。
③ 王阳明:《传习录·上卷》第二条。
④ 见其《从历史透视看阳明哲学精义》,444—445页。
⑤ 王阳明:《传习录·下卷》第八十三条。
⑥ 《传习录·下卷》第二十一条。

与效果,如果能撇开这层意识,那圣人与众人都有着灵明的心体,都能致良知。方东美先生征引王阳明说:"盖天地万物与人原是一体,其发窍之最精处,是人心一点灵明。风雨露雷、日月星辰、禽兽草木、山川土石,与人原只一体。"① 因此,王阳明豁然顿悟"大学之道,在明明德"的意思,他会在《大学问》说:"大人者,以天地万物一体者也,其视天下犹一家,中国犹一人焉。若夫间形骸而分尔我者,小人矣。"当万物再没有任何区隔,没有高低贵贱,没有任何计较,全都只是良知的扩充展现,那就是圣人的意境了②。

这些阳明心学的高明处,都可看出其对陆九渊思想的完善化。

五、论阳明思想里的机体主义

王阳明对小人与大人的判断,在于有无私欲的障蔽。他在《大学问》说:"是故苟无私欲之蔽,则虽小人之心,而其一体之仁犹大人也;一有私欲之蔽,则虽大人之心,而其分隔隘陋犹小人矣。故夫为大人之学者,亦惟去其私欲之蔽,以自明其明德,复其天地万物一体之本然而已耳;非能于本体之外而有所增益之也。"而有没有私欲的差别,只在于有没有擦亮内在自具的德性,因此,德性在这里被内在化了,重点不再是表现于外在的道德行径,而是良知有没有被自己给洞见,如果能洞见,则自然会知道如何展现出道德的行径,如果不能,则光按照习俗表现出道德的行径,还是枉然!

---

① 王阳明:《传习录·下卷》第七十四条。
② 见其《从历史透视看阳明哲学精义》,445 页。

他还在《大学问》说:"明明德者,立其天地万物一体之体也。亲民者,达其天地万物一体之用也。故明明德必在于亲民,而亲民乃所以明其明德也。是故亲吾之父,以及人之父,以及天下人之父,而后吾之仁实与吾之父、人之父与天下人之父而为一体矣;实与之为一体,而后孝之明德始明矣!"因此,掌握内在的德性,就掌握住"体",由此发散出的"用",就会是与人和谐相爱,因为你不再是与他人和谐相爱,你正在与你自己和谐相爱,或,你不再是与你自己和谐相爱,因为你正在与整个宇宙和谐相爱!因此哪里还有你的父亲或我的父亲的差异,全部都只是一个整体,正因如此,你反而知道如何去爱你的父亲。

这就是孝顺了!在敝人来看,王阳明不仅统合儒释道三家思想,他甚至一举去除原始儒家与墨家的歧义,那"等差爱"与"平等爱"的争议至此被抹灭,全都只是个良知的洞见,自然知道如何善待,善待人(不论亲疏)、善待天与善待自己,至此都只是一件事情。方东美先生表示,道德实践,推而致于整个广大社会人伦与自然天地,都莫不尽然,这就是在"尽性"。这,都是阳明用来宣示"明明德于天下"的主旨,来证明其在《大学问》里说"至善者,明德亲民之极则"与"止至善者,复其本体之本然"。由这里来看,能验证出至善就是价值的最高统会,而至善就是本体的本然呈现。

王阳明在《大学问》里说:"天命之性,粹然至善,其灵昭不昧者,此其至善之发现,是乃明德之本体,而即所谓良知也。"本体呈现于我们心里最精微的深处,何尝更需于此心外,再寻觅本体于超越领域?这就是方东美先生说的"内在理想性原理",同时就是"本体当下就是原理"①。在敝人来看,包括方东美先生在内的民国新儒家,常太过于强调这良知的内在性,把这内在

---

① 见其《从历史透视看阳明哲学精义》,446 页。

视作饱满洋溢着理性,借此来间接暗示天的本体不再有认识的意义(因为这会开启信仰领域,而这正是自认理性的学者的大忌),这其实并不是王阳明的本意,如果天人真无二,那内在与超越有什么差异呢?

继续说来,重点同样不在认识天的本体(称作宇宙本体,有别于人内在的良知,这良知又称作自性本体),而在当王阳明说那本体"灵昭不昧"的时候,他是在指理性吗?方东美先生说:"自欲将理性作用推之向外,是成'理学';余如阳明、象山等则属于内倾型,其理性之范围,乃内在于心界,虽然,心摄宇宙全体,是成'心学'①。"敝人认为灵性与理性实属不同层面的特质,关于心体如何向外展现出道德的举止,这固然需要理性,然而,对于如何掌握心体,这工夫,与终至领会本体的刹那,却是灵性,而不是理性,过度强调理性,恐怕与民国新儒家普遍只口头或文字论学,而罕有练习静坐的经验有关。

说良知就是内摄的理性,这确实符合正全面经历西洋哲学洗礼的中国哲学的阶段性需要,然而,这是否符合良知的本意,或王阳明阐发的良知的本意,我们对此如果表现出模糊退让的态度,那就会泯灭掉中国哲学的高深意境,更会让成圣的路就此阻断。相信这同样不为方东美先生乐见,而仅是因时空的翻转变化,使得我们后人有机会继续产生新的省思。王阳明领悟良知的过程,本来着实不在书斋里,而是经历各种磨难终获顿悟。再回过来看,方东美先生由这个"内在理想性原理",再引申出"二元相对性统一原理"(the principle of unity in duality),他认为这散见于王阳明的思想里,呈现出七种对反的统合。

首先,心外无事,即存在即价值,这就是第一种对反的统合。一般事物都是单纯的事素,其本身是中性存在,辐辏并列纷

---

① 见其《中国哲学精神及其发展》第十二章《概述》(下),29页。

呈,毫无个别特殊的意义与价值可言。价值是人心构想的结果,而后附丽于万物单纯存在时空间架上。因此,价值与存在往往被解剖出上下两橛,彼此不相应,这是自认客观的角度酿就的典型问题。从王阳明来看,价值与存在,彻上彻下,一体俱融,两者都拿心体做支点而统于至善,而至善就是心的本体,心的发用与流行,同时贞定出价值与存在,而相互贯通交流,因此阳明会说"心外无物"与"心外无事",这种了解不是心仅透过思虑而能掌握①。

心即理,心外无理,这是第二种对反的统合。前面说过,人认知的"心"与在事物的"理",酿就出"心理二元对立"的问题,常人面对这个问题,会滋生各种疑惑。王阳明说:"此心无私欲之蔽,即是天理,不须外面添一分。以此纯乎天理之心,发之事父便是孝,发之事君便是忠,发之交友治民便是信与仁。只在此心去人欲、存天理上用功便是。"② 这就是方东美先生会说他有"彻底唯心论"的立场。反过来看,王阳明同样说过:"夫物理不外于吾心,外吾心而求物理,无物理矣;遗物理而求吾心,吾心又何物邪?心之体,性也;性即理也。"③

外在的物理与内在的心悟,都是性(本体)呈现出的不同侧面,只不过心体是我们确实可把握的东西,因此能由心悟来了解物理,由此来看,王阳明应该不是方东美先生说的那种彻底唯心论者了④。王阳明说:"先生游南镇,一友指岩中花树问曰:'天下无心外之物,如此花树,在深山中自开自落,于我心亦何相关?'先生曰:'你未看此花时,此花与汝心同归于寂。你来看此

---

① 见其《从历史透视看阳明哲学精义》,447 页。
② 王阳明:《传习录·上卷》第三条。
③ 王阳明:《传习录·上卷·答顾东桥书》第四条。
④ 见其《从历史透视看阳明哲学精义》,466 页。该文章后面的注⑭里"译者复案"与敝人抱持相同论点。

花时，则此花颜色一时明白起来。便知此花不在你的心外。'"①方东美觉得王阳明这种"心外无物，心外无理"的说法，发明早于英国哲学家柏克莱两百余年②。

知行合一，这是第三种对反的统合。王阳明说："知是行的主意，行是知的功夫。知是行之始，行是知之成。"③还说："行之明觉精察处，便是知；知之真切笃实处，便是行。"④方东美先生表示，如果行而不能精察明觉，就是"冥行"；如果知而不能真切笃实，就是"妄想"，这两者都无当于理。"知行合一"论，对伦理学有其特殊意义，现在的学者狃于知行的区隔，不冀图于妄念尚未萌芽的时刻，立即斩断，世人再把知行斩做先后两个片段，把妄念只当作一念，何需要挂怀⑤？这就是在把思想给虚化，无视思想的真实性。

殊不知，诚如王阳明曾说："必欲此心纯乎天理，而无一毫人欲之私，非防于未萌之先，而克于方萌之际不能也。"⑥妄念开始萌芽，就已经是行动的发端，因此得连根拔除净尽，否则接着就会有相映的事情随着意念而发生，世界的运转，会随着个人的意念而变化，这是有修行经验的人都知道的现象，王阳明说的"知行合一"其实该这样理解。再者，心即性，性即天，这是第四种对反的统合。阳明的形上学思想，体大思精，然其基本核心，在于肯定"心即性，心外无性"，"性即天，性外无天"的宗旨，再层层拓展，发挥得淋漓尽致。

由"心物一源"而"格致无间"，倡"格物在致知，致知在

---

① 《传习录·下卷》第七十五条。
② 见其《从历史透视看阳明哲学精义》，447—448页。
③ 王阳明：《传习录·上卷》第五条，后段再见于第二十九条。
④ 王阳明：《传习录·上卷·答顾东桥书》第四条。
⑤ 见其《从历史透视看阳明哲学精义》，448页。
⑥ 王阳明：《传习录·中卷·答陆原静书》第十条。

格物"。阳明将这"身、心、意、知、物"统化为"一件",视为浑然一体,不可分割,揭示其机体主义的立场,充分发挥其机体的统一。因此,王阳明会说:"故无心则无身,无身则无心。但指其充塞处言之谓之身,指其主宰处言之谓之心,指心之发动处谓之意,指意之灵明处谓之知,指意之涉着处谓之物,只是一件。"① 方东美先生表示,阳明思想的全部过程,可借种种相待互涵关系的阐释:第一,身心相待互涵,这就是"身心合一";第二,意知相待互涵,这就是"意知合一";第三,知物相待互涵,这就是"知物合一"。

方东美先生说,这关键在"意",因为"心"的发出就是"意","意"的彰显就是"物",良知就是意念的本体,现象就是意念的彰显,因此会说"心外无物"②。再者,针对语言层面的差别与知行问题(第五种对反的统合),方先生表示,王阳明认为朱熹明显制造语言层面混淆的谬误,误拿阐释事实的常人语言来说圣人的心体,因此不免误铨圣人的心意。他觉得朱熹狃于唯实主义二元论的立场,主张格物致知都需要于心外面觅个理,而有三个知识论错误:第一,往价值漂白的事实领域去寻觅理,使用价值中立的事实陈述语言,来描绘各种价值意境;第二,致知是止于至善的工夫,然而至善是心的本体,在内不在外。致知是心体的发用,借着良知直观睿见,而自我呈现其心体的本然,然而朱熹竟然根据知识的外驰性,将至善内外颠倒,忽略心体的自发作用,其"泛客体主义"的"真理说"(就是"理在外说")忽略知识架构的基本要素为"主体性原理",同时其价值中立说的知识论根本破坏掉价值论的基石;第三,由于朱熹的"致知说"使其犯最大的错误,那就是把"初学之士"(学者)与精神智慧

---

① 王阳明:《传习录·下卷》第一条。
② 见其《从历史透视看阳明哲学精义》,449—450 页。

修养都登峰造极的"圣人"混做一谈。王阳明认为人格类型有三等：就是圣人、贤人与学者，这是不同的实践层面，应该有不同的价值标准，才能让各自安心，这是很务实的做法①。

关于这段话的原文，王阳明说："朱子以'尽心，知性，知天'为'物格，知致'，以'存心，养性，事天'为'诚意，正心，修身'，以'夭寿不贰，修身以俟'为'知至，仁尽'圣人之事。若鄙人之见，则与朱子正相反矣。夫'尽心，知性，知天'者，生知安行，圣人之事也；'存心，养性，事天'者，学知利行，贤人之事也；'夭寿不贰，修身以俟'者，困知勉行，学者之事也。岂可专以'尽心，知性'为知，'存心，养性'为行乎？"王阳明还说："使初学之士尚未能不贰其心者，而遽责之以圣人生知安行之事，如捕风捉影，茫然莫知所措其心。"②

第六个对反的统合，就是"唯心一元论"，方东美先生表示，这是要与朱熹的"唯实二元论"对抗，主张由"诚意"着眼做工夫，这就是《大学》的要领，而与《中庸》的"诚身"意思一样，王阳明说："《大学》工夫即是明明德；明明德只是个诚意；诚意的工夫只是格物致知。若以诚意为主，去用格物致知的工夫，即工夫始有下落，即为善去恶无非是诚意的事。"他还说："所以提出个诚意来说，正是学问的大头脑处。于此不察，直所谓毫厘之差，千里之谬。大抵《中庸》工夫只是诚身，诚身之极，便是至诚；《大学》工夫只是诚意，诚意之极便是至善：工夫总是一般。"③

"诚意"与"诚身"都是在指端正自己的意念。方东美先生表示，王阳明认为自己与朱熹的差异在"入门下手处"，这点尤甚于思想心态，方东美先生则认为这两人的差异不仅如此，朱熹

---

① 见其《从历史透视看阳明哲学精义》，450—451页。
② 王阳明：《传习录·中卷·答顾东桥书》第五条。
③ 王阳明：《传习录·上卷》第一百三十二条。

阳明学研究

在认识论是二元论者，其宇宙论则是"客观实在论者"，承认宇宙天地有其客观独立的存在，同时承认人心秉承天地的心而参赞化育，曲成万物。就知识二元论的想法来说，朱熹不但承认各物间有根本差异，而且认为感官知识与睿知思考有根本不同，这与王阳明的唯心一元论不同，而哲学史的"最后审判日"尚未来临①。乍读方东美先生的观点，他好像想表示并没有任何个人的倾向或态度，而只是个事实阐释。

不过，他已经在前面反复表示过，一元论就是他说的中华文化的主流，机体主义。那唯心论该是什么呢？我们不得不指出，这里的词汇背后的观念有些纠缠，唯心论（或唯心主义）在英文该翻译做观念论（idealism）；"唯心论"这三个字则在共产主义传来中国后，已经被解释做万物出自于人心，客观存在已被抹煞，而对共产主义来说这是完全背离科学事实的观念；再者，对方东美先生来说，他在使用唯心论的时候，既有时有第二种意思（然而不见得有负面的态度），有时又认为这就是内外一体天人无二的机体主义，这后两者义理的纠缠性，究竟出自于方东美先生，还是这就是王阳明本人思想的不同层面脉络？

我们应该这样说，王阳明确实把这两者视为同一件事情（指唯心论与机体主义），他确实认为物理来自心理，而心理来自天理，勉强来看，前者是说"客观来自主观"，后者是说"主观来自客观"，其实，没有客观，就没有主观了，哪里还有什么唯心论呢？这就是真正的机体主义了。而方东美先生则倾心于他奋勉阐释的机体主义，却对彻底的唯心论略带保留的意见（前面说过唯实主义同样能呈现机体主义），意即同意王阳明说"主观来自客观"的一面（性即天或性天不二），却稍感不安于"客观来自主观"的一面（尤其当王阳明讲"心外无物，心外无理"的时

---

① 见其《从历史透视看阳明哲学精义》，452—453 页。

候),这才是他会如此模糊地阐释王阳明思想的主因。

毕竟如果完全按照王阳明的观念,则方东美先生会很难面对当日由"信仰客观"而架构出的各种外部社会环境,譬如他在大学校园任教,得书写规格严谨的学术论文,这都奠基在客观的信念,不容轻易抹杀。因此,我们或应该说:方东美先生是"王学的修正派"了。不过,如果真按照机体主义的脉络来看,没有主观没有客观,天人合一的呈现就是主客合一,哪里会有模糊的空间呢?敝人不免揣想,或许按照王阳明的人格类型来说,王阳明固然是儒家的圣人,而方东美先生则是儒家的大贤了,不同类型的人委实该有不同的价值标准,才能各得其宜,这才会比较明确方东美先生的真实想法。

成中英先生指出,方东美先生对王阳明心学理解为机体主义,这是其诠释的最大特色,而作为方东美先生的弟子,他记得上世纪50与60年代方东美先生的著作与演讲常在批评宋明理学,唯独在《从历史透视看阳明哲学精义》里对"理学"有新的评价,认为即使是心学都还是一种机体主义,把身心知意合而为一成一体,并不是单纯的唯心主义。他这种内在的理想主义,本质上就是一种良知,因此他强调对立统一的知行合一、性心合一与天人合一①。成中英先生已能看出方先生对王学的独特评价,不过,这里值得澄清一点:把心学视作理学的一支或其发展,这只是模糊掉两者关于思维进路与涵养工夫的歧义,更无法完整呈现方东美先生会特别拔高对心学的评价(不同于其对理学的评

---

① 见其《论方东美哲学的本体架构》,《方东美先生的哲学》,87—88页。

价)的用意①。

六、结论：兼容释道的本体论

最后，方东美先生指出第七个对反的统合，就是"心物合一，格致合一，致良知即明明德"，意指阳明已经超越传统儒家的本体论，而且，方东美先生虽然觉得王阳明是彻底的唯心论者，却反而开始说其毫无陷溺于"自我中心论断的窘局"，意即王学并不排除知识的客观性，这是先生在设法替阳明辩护了（但，我们前面已经说过，按照王阳明本来的脉络来看，即使排除知识的客观性，并不意味着就是主观，因此主客并未对立）。他表示阳明心学已经与华严佛学接壤，华严的主旨为"万法唯心造"②，王阳明则揭示说："夫在物为理，处物为义，在性为善，因所指而异其名，实皆吾之心也。心外无物，心外无事，心外无理，心外无义，心外无善。"③

这是指我们任何行径，都是依着心而作用，王阳明说："故格物者，格其心之物也，格其意之物也，格其知之物也；正心者，正其物之心也；诚意者，诚其物之意也；致知者，致其物之

---

① 吾师张永儁先生同样指出："他（方东美）晚年常借以衡定中国哲学各家各派之思想价值，因之他倾心于儒家的《周易》，欣慕于老庄，赞扬大乘佛学（尤其是华严宗），对宋明理学家之邵康节、张横渠、程明道、陆象山皆深为推崇，对周濂溪、程伊川、朱晦庵则有所微词，而最推崇王阳明。"见其《略论方东美先生对"道统"的看法：附说两宋"道统观"之源》，《方东美先生的哲学》，131页。

② 见其《从历史透视看阳明哲学精义》，454页。

③ 王阳明：《王阳明全集·文录一·与王纯甫二》卷四。

知也;此岂有内外彼此之分哉！理一而已。"① 在敝人来看,当没有内外的区隔的时候,其实同样已没有主客的区隔了,岂能再说王阳明是任何的唯心论者（不论是"主观唯心论者"或"客观唯心论者"）呢？如此的词汇如同标签般简化,其实会影响对阳明思想的精确了解,不可不谨慎！方东美先生则在这里表示,王阳明直接传承着陆九渊,不能接受朱熹的心外求理,因此给出系统的反驳,提倡万物的理性秩序都存在于我们的心内,因此说出"吾心即物理",一声喝破混沌②！

方先生表示,王阳明的思想处处透露受到禅宗神秀与慧能的影响,尤其是前者的渐悟说,王阳明说:"圣人之心,纤翳自无所容,自不消磨刮。若常人之心,如斑垢驳杂之镜,须痛加刮磨一番,尽去其驳蚀,然后纤尘即见,才拂便去,亦自不消费力。到此已是识得仁体矣。若驳杂未去,其间固自有一点明处,尘埃之落,固亦见得,亦才拂便去。至于堆积于驳蚀之上,终弗之能见也。"③ 这种摄持工夫的最终目的就在使人人都能成为圣贤,当人成为圣人后,其心还如明镜朗照:"圣人致知之功至诚无息,其良知之体皎如明镜,略无纤翳。妍媸之来,随物见形,而明镜曾无留染。所谓'情顺万事而无情'也。"④

阳明还进而明白表示佛家的明镜说法其实不错:"无所住而生其心,佛氏曾有是言,未为非也。明镜之应物,妍者妍,媸者媸,一照而皆真,即是生其心处。妍者妍,媸者媸,一过而不留,即是无所住处。病疟之喻,既已见其精切,则此节所问可以释然。"⑤ 不过,方东美先生还认为阳明"心犹明镜说"其实更

---

① 王阳明:《传习录·中卷·答罗整庵少宰书》。
② 见其《从历史透视看阳明哲学精义》,454页。
③ 王阳明:《王阳明全集·文录一·答黄宗贤应原忠》。
④ 王阳明:《传习录·中卷·答陆原静书》第十六条。
⑤ 王阳明:《传习录·中卷·答陆原静书》第十六条。

得自于《庄子·天道》："至人之用心若镜，不将不迎，应而不藏，故能胜物而不伤。"他还认为王阳明深契于老子，只是其吸收老子思想后再有更易，呈现儒道的歧义。譬如老子主张"为学日益，为道日损"，阳明则反说"修德日损，问学日进"，这是因为道家崇无，有着超本体论（meontology），儒家尚有，笃信化育的道理，创进不息，生生不已，这是本体论（ontology）的宗旨①。

就道家来说，人格精神修养，这是"日损"的工夫，日损于"有"界，然而问学的办法，却是"日新"的事业，日新于"无"界。这里"有无二元对立"着实很难调和。就儒家来说，道问学就是尊德性，问学工夫足资提升人品，不过方东美先生觉得阳明与其前辈象山都还是比较接近于道家精神，他们都注重"修身以道，修道以仁"，而不尚"闻见之知"与"繁文缛节"，王阳明曾说过这段话可资印证："良知不由见闻而有，而见闻莫非良知之用，故良知不滞于见闻，而亦不离于见闻。"②方东美先生在这里评论说："'其'所缺乏者，正惟一种旁通统贯，'一以贯之'之精神，而充分表现于孔孟高明博厚、充实饱满之人格生命者也。"③

或有人会问说：方东美先生这里用"其"字是否在批评王阳明的见解？方东美先生此语文意有些过简，我们通观全文脉络，"其"字的正确解释应是指"崇尚'闻见之知'与'繁文缛节'的

---

① 见其《从历史透视看阳明哲学精义》，459—460页。
② 王阳明：《传习录·中卷·答欧阳崇一》第一条。
③ 见其《从历史透视看阳明哲学精义》，459—460页。

人",而不是在指王阳明本人①。最后,方东美先生认为王阳明对理学支离的流风深恶痛绝,转而欣赏佛家若干可贵处,并采取禅宗机锋的办法,来启迪后学,这其实是种"他山之石,可以攻玉"的态度,借此启发弟子回向真正的儒家精神。其实,阳明对佛家的"圣人"不能无憾,尤其是有鉴于其过于执著虚寂,逃避种种切要而自然的人伦关系与人生责任,方先生在这里评论说:"儒家不弃人伦关系(如君臣、父子、夫妇、昆弟、朋友等),是故吾人凡深爱人性理想者乃益觉儒家精神之亲切可贵也②。"

这里方东美先生使用"吾人"这个词汇,可见其透过对王学的诠释,在表达自己的"感想"。面对王阳明的"四句教",其首段"无善无恶心之体",历来有三种说法:其一,这是指价值中立主义,将全部存在的状态其价值都漂白;其二,这是指绝对至善超越全部正负相对的价值(包括善恶)的限制;其三,这是指心体本身光明莹洁,纯净无染,不执着于外在的善恶观念。方东美先生觉得不论采取哪一种诠释,尤其是第一种,都会使得王阳明的哲学立场摒拒于《易经》的《文言传》、《象传》与《系辞传》,还有《大学》与《中庸》,这全部的儒学正统外,因为那些正统观点无不策励人要笃行实践而止于至善,阳明的著作里却处处提示心的本体就是至善本身的呈露或发见。

因此,王船山斥责王阳明是"儒学异端",自有其道理,而不是无稽之谈!故而方东美先生提出一个很大胆的说法,只有不用儒家的观点来理解阳明,而用道家的观点来理解阳明,使阳明

---

① 尤其"其"字后面的文意正是在阐释机体主义的典型特征,方东美先生阐释王阳明的思想正是机体主义的呈现,不可能再反过来说阳明"缺乏"此层,酿就其观念的自相矛盾。那"一以贯之"诸语,尚可在方先生的其它字里看见这是对机体主义的描写,如见其《中国形上学中之宇宙与个人》,349页。

② 见其《从历史透视看阳明哲学精义》,460—461页。

先"去儒从道",意即认知王阳明"就是个道家",而不是儒家,才能理解其思想的精义。前面提过方东美先生引《老子》第二章说:"天下皆知美之为美,斯恶已;皆知善之为善,斯不善已。"因此,用上面第二点来解释阳明"四句教"的首段,则阳明确实"是道而非儒"。他还有个证据指出阳明确实是道家:阳明谈心的究极本体是纯乎天理,没有一毫人欲掺杂其间,这就是其属于道家的证据,因为真正的儒家从不相信此心"只有光而无热",意即只有天理而毫无人欲①。

后面的说法或有些牵强,因为"存天理,灭人欲"这是宋儒自程颐而降的普遍思维命题,并不专属于王阳明的主张,王阳明只是在阶段性顺应当日习见的说法,他后来则已放弃此说,而直接谈致良知。方东美先生说:"儒家如孟子者流倡'可欲之谓善',主张对善之欲望或向往乃是人生一切高尚德行之本,显然,阳明于此颇犹疑不决。"②这"犹疑不决"应该只是在解释阳明思想正在过渡的状态,大致在其讲学于稽山书院的时期则已不再使用这宋儒给出的词汇。然而,王阳明跟道家有大量的互动则显然是事实,尤其是同样重视儒家伦理观念的净明道,故而其道士都会劝告阳明能锐意于仕宦做奋勉,这影响其后世弟子如王畿或三传弟子罗汝芳都跟净明道有各种关系③。

秦家懿先生认为王阳明受道教的影响远深于佛教④,不过,方先生还指出王阳明实大量受佛家的影响,且认为由其著作来看,这种影响不胜枚举。譬如其"四句教"由"无善无恶心之体"至"为善去恶是格物",就有着"时时勤拂拭,毋使惹尘埃"的意思,借此复其心体的本然,纯净无垢。方东美先生认为王阳

---

①② 见其《从历史透视看阳明哲学精义》,页458—459。
③④ 有关王阳明与道教中人的来往,其细节详可见秦家懿《王阳明与道教》,《东亚文化的探索:传统文化的发展》,黄俊杰、町田三郎与柴田笃主编,台北,正中书局,1996年11月初版,269—287页。

明这种心体观,得自两种路径:其一,大乘起信论;其二,神秀禅学。禅宗一般常厚赏慧能而薄待神秀,独阳明却赞赏神秀的"拂拭说",使常人的心恒保纯净无染,并对慧能的"不思善恶"论特别辟驳,对此方东美先生说:"(阳明)斥之为不脱空宗'耽空'之病,有碍圣人良知之自然发用流行、圆融自在。"① 这话颇费思量,值得再继续讨论。

关于王阳明的思想如何受大乘起信论的影响,由于方东美先生并没有更详细的阐释,我们对此无法置论。不过,关于方先生认为阳明在辟驳慧能的说法,我们可检视其原文:"'不思善不思恶时认本来面目',此佛氏为未识本来面目者设此方便。'本来面目'即吾圣门所谓'良知'。今既认得良知明白,即已不消如此说矣。'随物而格',是'致知'之功,即佛氏之'常惺惺'亦是常存他本来面目耳。体段工夫,大略相似。但佛氏有个自私自利之心,所以便有不同耳。今欲善恶不思,而心之良知清静自在,此便有自私自利,将迎意必之心,所以有不思善、不思恶时用致知之功,则已涉于思善之患。"②

他还说:"良知只是一个良知,而善恶自辨,更有何善何恶可思?良知之体本自宁静,今却又添一个求宁静;本自生生,今却又添一个欲无生;非独圣门致知之功不如此,虽佛氏之学亦未如此将迎意必也。只是一念良知,彻头彻尾,无始无终,即是前念不灭,后念不生。今却欲前念易灭,而后念不生,是佛氏所谓断灭种性,入于槁木死灰之谓矣。"③ 王阳明显然只有在批评其断灭种性背后的"自私自利之心",然而这是否来自于空宗"耽空"的弊病,却着实不无疑问。因为佛教的思想其实可区隔出"有本体观",与"无本体观",后者即是空性,而前者则是心性,

---

① 见其《从历史透视看阳明哲学精义》,461页。
② 《传习录·中卷·答陆原静书》第十一条。
③ 同上。

前者易开出大乘思想的菩萨道，而广为深受中华文化影响的人接受，中国化佛教的基调就奠立在这里。

没有印度思想里称作"梵天"（Brahma）的思想，才是究竟的空，只求个人的解脱固然是种"自私自利之心"，且与菩萨道"求众生的解脱"宗趣不符，不过，中国人长年普遍"信大乘的信仰"而"行小乘的行径"已然久矣，这种逻辑思维的矛盾，或是方东美先生说王阳明"斥之为不脱空宗'耽空'之病"的真实内在理路，因此，如就这个角度而言，王阳明认为有问题者或该是怀着"自私自利之心"去信佛教的人，而不是佛教思想本身。至于王阳明是否觉得佛教思想本身有什么观点更容易引发人怀着

"自私自利之心",这点则还需要细论①,而且,不论得出如何的

---

① 这个议题甚为复杂,阳明在不同情境里或有不同态度,然而从这些不同态度里还是可看出其观念的整体性,譬如他在《谏迎佛疏》里说:"夫佛者,夷狄之圣人;圣人者,中国之佛也。在彼夷狄,则可用佛氏之教以化导愚顽;在我中国,自当用圣人之道以参赞化育,犹行陆者必用车马,渡海者必以舟航。今居中国而师佛教,是犹以车马渡海,虽使造父为御,王良为右,非但不能利涉,必且有沉溺之患。"还说:"陛下若谓佛氏之道虽不可以平治天下,或亦可以脱离一身之生死;虽不可以参赞化育,而时亦可以导群品之嚣顽。就此二说,亦复不过得吾圣人之余绪。"再说:"臣亦切尝学佛,最所尊信,自谓悟得其蕴奥。后乃窥见圣道之大,始遂弃其说。"(《王阳明全集·别录一·谏迎佛疏》卷九)这是在提醒明武宗能回归儒家的圣学来修身与治国。再者,其年谱有记载,他确实觉得儒佛的差异只有毫厘,要厘清义理甚不易:"王嘉秀、萧惠好谈仙佛,先生尝警之曰:'吾幼时求圣学不得,亦尝笃志二氏。其后居夷三载,始见圣人端绪,悔错用功二十年。二氏之学,其妙与圣人只有毫厘之间,故不易辨,惟笃志圣学者始能究析其隐微,非测忆所及也。'"(《王阳明全集·年谱一·先生四十三岁》卷三十三)然而,重点是他觉得不能偏废佛家与道家的观念,其与儒家共成完整贯通为一体的"思想厅堂",义理都应该自然而然被儒者吸收与采纳,不应该有成见(他认为即使有"兼取"的想法,都还是有名相的执著),这才是真能居于正道(正厅)的儒家圣学,否则就是在把自己的格局给窄化:"张元冲在舟中问:'二氏与圣人之学所差毫厘,谓其皆有得于性命也。但二氏于性命中着些私利,便谬千里矣。今观二氏作用,亦有功于吾身者。不知亦须兼取否?'先生曰:'说兼取便不是。圣人尽性至命,何物不具?何待兼取?二氏之用,皆我之用。即吾尽性至命中完养此身,谓之仙;即吾尽性至命中不染世累,谓之佛。但后世儒者不见圣学之全,故与二氏成二见耳。譬之厅堂,三间共为一厅,儒者不知皆我所用,见佛氏则割左边一间与之,见老氏则割右边一间与之,而己则自处中间,皆举一而废百也。圣人与天地民物同体,儒、佛、老、庄皆吾之用,是之谓大道。二氏自私其身,是之谓小道。'"(陈荣捷编《传习录拾遗》第四十五条)这段话应该属于能证实王学会开启后来"三教合一"的关键性文献,这种要成全"大道"的想法,影响后来的佛教与道教都同样开始接纳儒家,共谋义理的会通。

看法,我们都得要知道明末"三教合一"的社会现象(不论是儒道会通或儒佛会通)来自于王阳明的心学首开兼容并蓄的门径①。

不过,方东美先生觉得王阳明赞赏神秀而反对慧能确实有其道理,前面引阳明说"即佛氏之'常惺惺'亦是常存他本来面目"即是指那"时时勤拂拭,毋使惹尘埃",不过这或是面对下根器的人该有的渐悟工夫,并不是阳明全面的教旨,而那"良知只是一个良知,而善恶自辨,更有何善何恶可思"则是对"不思善不思恶"的工夫更彻底的"作法"(有作意而无作行的作法),而开后来王畿"悟本体即工夫"的特殊门径,那就是"四无"的主张。关于"四无",王畿在《天泉证道记》写说:"若悟得心是无善无恶之心,意即是无善无恶之意,知即是无善无恶之知,物即是无善无恶之物。"王畿在该文推尊己意首出于阳明,果真如此,这就是比慧能更彻底的顿悟说了。

王阳明两面打开"渐悟"与"顿悟"的门径,双双接引下根者与上根者,这才是其全面的教旨。如说王阳明在落实心量宽广的菩萨道,不论根器深浅,都能顺应其根器来接引进门内,敝人觉得这种观点自有其道理。因此,方东美先生说阳明"独辟慧能",方向虽属正确,其义理脉络或须稍做更细腻的修正。方东

---

① 关于这点,彭国翔先生已做过详尽的阐释,他说:"虽然阳明学以前的儒者几乎都有泛滥佛老多年的经历,但对佛道两家一般均视之为异端而采取排斥和批判的态度,鲜有明确提倡三教融合之说者。只有到了明代阳明学兴起之后,随着中晚明阳明学者对佛道二教的了解与吸收较之宋儒更为精微深入,理学传统中三教融合的思想主张才逐渐得到发展。"他并引《四库全书总目提要》里四库馆臣的说法:"盖心学盛行之时,无不讲三教归一者。"意即三教归一的社会现象确实是阳明学兴起带来的浪潮,见其《良知学的展开:王龙溪与中晚明的阳明学》第七章《中晚明的阳明学与三教融合》,台北,学生书局,2003年6月初版,471—551页。

美先生还说王阳明对释禅在其四十岁后兴趣锐减，而其自家哲学思想的发展一日千里，终于突破佛学的藩篱，如果说阳明在五十岁后对佛学还感兴趣的话，那就是僧肇的般若系统，而且这是透过程颐做桥梁间接被影响，因为僧肇首创三个观念：其一，物不迁论（动静相待观）；其二，体用一如论；其三，即寂即照论。这三者程颐后来结合成"体用一源论"，再发展出"定性论"①。

程颢在《答横渠先生定性书》里写说："所谓定者，动亦定，静亦定，无将迎，无内外。苟以外物为外，牵己而从之，是以己性为有内外也。且以性为随物于外，则当其在外时，何者为在内？是有意于绝外诱而不知性之无内外也。"陆元静拿这条问王阳明的看法，并引阳明说："先生曰：'定者心之本体，是静定也，决非不睹不闻、无思无为之谓，必常知、常存、常主于理之谓也。'"② 阳明还说："理无动者也。'常知、常存、常主于理'，即'不睹不闻、无思无为'之谓也。不睹不闻、无思无为，非槁木死灰之谓也，睹闻思为一于理，而未尝有所睹闻思为，即是动而未尝动也；所谓'动亦定，静亦定'，体用一原者也。"

这就是方东美先生会称程颐主张"体用一源论"的原始出处。方先生并认为通过程颐的影响，阳明臻于巅峰，发挥出"定心论"，这个观点的原始出处同样在这里。方东美先生更表示，自此阳明的思想发展，如浪子回家，终于重新回到真正的儒家精神。这段话可引阳明自己的说法来作证，他曾这样说："某幼不问学，陷溺于邪僻者二十年，而始究心于老、释。赖天之灵，因有所觉，始乃沿周、程之说求之，而若有得焉。"③ 里面"周"字自然是指周敦颐，"程"字则只能是心学的早期酝酿者程颢。方东美先生说新儒家有三变："肇始于理学，演发为性学，终成

---

① 见其《从历史透视看阳明哲学精义》，461页。
② 王阳明：《传习录·中卷·答陆元静书》第五条。
③ 王阳明：《王阳明全集·文录四·别湛甘泉序》卷七。

于心学。"意即心学是由理学蜕变出来,最后集大成的思想①。

关于对本体的领悟,敝人认为这是全部宗教与哲学在面对终极层面的"共同归趋"(主张彻底的空性者除外),并不仅道家与佛家有此层思想,任何精进于心性涵养者都能"自得"这门生命的学问。因此,我们固然要按照事实的脉络,去梳理宋明儒学家如王阳明如何受到佛家与道家的观念启发,我们同样不能把儒家的思想限缩在只能谈现象面(尤其是政治与伦理),如讨论到心性面则咬死其"思想来源不纯",而忽视纵然曾经泛滥于各家,吸收过各种知识,重点却贵在其能自得。面对王阳明的心学正宜同时把握住这两种路径,既要了解其曾经大量求索于释老的事实,更要了解其大悟心学后独特的宗旨,如此才能看得出儒家思想如何透过心学的突破而继续发展,更能完整体现心学的机体主义特征。

方东美先生是个领悟本体的人。他曾在讲学五十周年的庆祝茶会上,发表过一篇后来被称作"传灯微言"的演讲,开头就说有一个本体,其里面包藏着一个内在的能量能发生作用,会发出光明照耀万有,而我们每个人都有这内在的本体,看见本体就如同点灯,大家点这个灯,你照我,我照你,在这辗转相照的时候,借《华严宗》里面的说法,这光明生命的显现,自己在自己,而"一",这个本体,其作用又在其他万有的"一",又在其他万有的"一"互相贯串起来酿就的"一切",这是"一"在"一切",反转过来说,那"一切"又在"一",因此这光明在辗转增加其普遍性与永恒性。这样的说法,虽然出自华严宗,却同

---

① 见其《从历史透视看阳明哲学精义》,462—464 页。

样能反映王阳明的思想①。

本文前面使用"广大和谐"来形容中华文化,这四字本是方东美先生一生在各种著作里不断对中华文化的精义与特征的描写,他并认为这是中国哲学家普遍在呈现的终极理想②,其内蕴着中国特有的本体论(如"即现象即本体"、"变常不二"、"体用一如"与"即刹那即永恒"的观念),对于这种本体论的通贯(整体)运作,他就称作机体主义,其能运作出广大和谐的系统③。这广大和谐的系统的具体呈现,敝人觉得就是"兼容并蓄"在吸纳各种不同的观念,不起名相的执著,而能在交融互摄中凝铸出更博厚且高明的思想,王阳明能获得方东美先生如此高的称许,正就是其心学已是这种理想的呈现,就这点来说,方东

---

① 这华严宗"一即一切,一切即一"(见于《华严经·金师子章·论五教》第六)的思想,其实正可拿来与王阳明说的"知"与"行"两观念对照来看,"一"就是"知"(良知),"一切"就是"行"(现象),其互为本体与发用,正具有"即现象即本体"的特质,故而讲"知行合一"其实就是"一即一切,一切即一"的意思。譬如说:"爱因未会先生'知行合一'之训,与宗贤、惟贤往复辩论,未能决,以问于先生。先生曰:'试举看。'爱曰:'如今人尽有知得父当孝、兄当弟者,却不能孝、不能弟,便是知与行分明是两件。'先生曰:'此已被私欲隔断,不是知行的本体了。未有知而不行者。知而不行,只是未知。圣贤教人知行,正是安复那本体,不是着你只恁的便罢。'"(《传习录·上卷》第五条)因此,方东美先生晚年尤其喜欢华严宗,未尝不可视作这是拿王学做基底对华严宗自然而有的吸纳与阐发。

② 如见其《中国人生哲学》与《中国人的人生观》第四章《广大和谐的生命精神》,232—250页。方东美先生在里面引用各种原典,不断要证实中国哲学家的心目中,人与宇宙处处融通一致,形成一个广大和谐的系统,他说:"这个和谐关系正是传统中所说的'天人合一'。"

③ 见其《中国形上学中之宇宙与个人》,349页。

美先生的哲学就是王学做基调的继续发展，应已能获得论证①。

2007年12月18日写于凤城卧龙新野斋

---

① 方东美先生曾创立"高度心理学"（Height psychology）这一个新的词语来面对17世纪科学发达而降，人类的心灵受到天文学、生物学与心理学的三重打击，使得人对自己的本性都看不清，他冀图恢复人的精神层次，高拔人的高贵尊严，经由教育不断充实、修养与提升，再度开创出各种伟大的人文领域（如宗教、哲学、艺术与文学）。敝人判断这"高度心理学"的词汇就脱胎自心学。见李焕《方东美先生的教育理想》：《方东美先生的哲学》，3—4页。

王阳明"龙场悟道"对现代人精神追求的启示

◆ 王路平

公元1508年（明正德三年），在中国边远偏僻的贵州龙场驿，发生了中国思想文化史上的一件重大事件：龙场悟道。这标志着阳明心学的诞生。自此，阳明心学从政治文化边缘的贵州走向全国，走向东亚，走向世界，为中国儒家文化注入了新的内在活力。今天，王阳明"龙场悟道"对我们还有意义吗？我认为，五百年来，阳明心学不仅对贵州、对中国乃至对东亚和全世界产生了重大影响，而且作为一种思想文化资源，未来仍将对人类社会发挥积极作用，特别是阳明龙场悟道所焕发出来的大智大勇精神，对我们寻求生命意义的现代人来说，仍然具有深刻的启示，值得我们去学习、去弘扬。

一、良知是人类最后的希望：人间正道致良知

阳明弟子王龙溪说其师："居夷三载，动忍增益，始超然有悟于良知之旨。"（《刻阳明先生年谱序》，《王阳明全集》第1360页，上海古籍出版社1992年版。以下凡引此书简称《全集》）阳明"龙场悟道"所体悟到的"良知"，不但解决了他本人个体生命的人生意义和生命存在的生死危机，而且开出了儒释道三教兼容的心学一脉。政统之不正，正是由于道统之失传，人间之正道只能从天下之大本开出，而天下之大本即存在于人人心中所固有的良知，故"致良知"为道统的根本，"致良知"为圣人经世致用的源头活水。阳明认为，良知是人之本心，是人之所以为人的本体论存在根据，人人心中皆具有良知，自圣人以至凡人，自一人之心以达四海之远，自千古之前以至于万代之后，无有不同。所以良知既是人心之大本，也是天下之大本。以良知为本体的大机大用，成己成物使我们的生命获得自由，使我们的人生本真存在，使我们的世界充满光明。而当今社会，人心之良知被物欲遮蔽，心灵无法得到安顿，精神不能得到提升，功利主义至上，人性的扭曲、变态、癫狂已是突出的社会现象。当代人类所面临的最大危机，实际上既不是社会的经济危机，也不是社会的政治危机，而是人心的危机，信仰的危机。例如婴儿奶粉里添加了三聚氰胺，咸鸭蛋里添加了苏丹红等等，这些层出不穷的食品安全问题，表面上看是监管制度出了问题，其实这是人心出了问题，这是良知缺失！良知泯灭！当今社会，物欲遮蔽了人们的良知，功利污染了人们的心灵，以至于人们道德沦丧，良知泯灭，干出了这些伤天害理的罪大恶极事情！因而，今天我们要解决的问题，就不仅仅是监管制度缺失的问题，而且更重要的是要重新找回被

我们丢弃的良知。当今世界,人类如何走出困难,敢问路在何方?答曰:良知是人类最后的希望,是我们的信心和力量所在,致良知是拯救人类社会的康庄大道!每个人的良知时常会呈现在日常生活中,决无一人一生永远不呈现其良知,除非他死亡。因而作为人类人性光辉的良知是真实地存在于人们的心中,并会真实地呈现出来。我们相信,人人心中的良知终会冲破物欲的遮蔽,清除功利的污染,朗现出它的光芒,不仅照亮自己,而且照亮世界,由之使我们的社会变得和谐,使我们的世界变得美好!

二、榜样的力量是无穷的:厄运和苦难压不倒英雄豪杰

阳明在龙场面临五大苦难,陷入无所依傍的深渊,彻底孤独,空前焦虑,而龙场不相信眼泪!在天地之间,除自己这颗本心,还有什么是最后的依据?在深悲大戚之中,他能不屈不挠地坚持下来,靠的是什么?靠的就是"心之力",靠的就是那一股敢于承担的伟人精神,靠的就是一不怕苦二不怕死的英雄气概。阳明心学的最大智慧,就是能化一切不利因素为有利因素,能在逆境中生存发展:君子友我,小人资我,艰难困苦玉成我,我大死一番而后大活,我置诸死地而后生,即使在荒无人烟的地方,我的生命种子也能生根、发芽、开花、结果。非洲的戈壁滩,根本不适合花的生长,但是有一种叫依米的小花,花呈四瓣,每一瓣自成一种颜色:红、白、黄、蓝。它的根深入地底深处,通常它要花费五年时间来完成根的穿插工作,然后一点一点地积蓄养分,一节一节地顽强生长,在第六年春天,它才能开出美丽夺目的四色花朵,用六年的时间来换取一次美丽、一次辉煌。阳明身处逆境反能心顺,成就了一番伟大事业。林则徐曾要求其家族人学习王阳明这种在逆境中以成大器的敢于担当的大丈夫气概,他

有诗云:"海到无边天作岸,山登绝顶我为峰。"任何艰难困苦对于志在成圣成贤的英雄豪杰来说,无非都只是培训进修的功课。对阳明来说,有龙场苦难这碗酒垫底,以后什么样的人生苦难都足以应付,可以"随处风波只宴然"(《赠刘侍御二首》,《全集》第712页)了。

三、先立乎其大者:高举理想主义大旗

孟子说:"先立乎其大者,则其小者不能夺也。"(《孟子·告子上》)即先确立本心、自存本心,则其他无关此宏旨的名闻利养都不足以夺其志。当今社会,是知识经济的时代,故今日之商场并非你死我活之战场,大家都想"人文环保"和"双赢互惠"。知识经济不仅包括我们的思维理念、知识结构、信息资源,而且包括我们的价值观念、道德理想、人生情趣。有人性才有人心,有人心才有人才,有人才有创新,有创新才能引导世界新潮流。世界上的事情都是人做的,故人心之志向遂成为事情成败之关键,没有内在志向的人是不可能获得真正成功的。

王阳明十二岁就问读书是为了什么?老师说是为了科举考上进士,他却说这不是第一等事,第一等事是学成圣人。他经过二十五年的冥思苦想而终于龙场悟道。王阳明十二岁就立志要成圣成贤,而不走读书人"学成文武艺,卖予帝王家"的老路。什么叫做成圣成贤呢?这是儒家的理想人格,圣贤的人生理想就是:"为天地立心,为生民立命,为往圣继绝学,为万世开太平。"(张载语)以后阳明一生的大事业都发端于其十二岁惊天动地的这一问!贯穿阳明心学体系的基本红线,就是这个"生命意识"。苏格拉底说过,未经思考的人生是不值得过的。有志向的人都不愿意人生白活一场,不愿意乱七八糟地活,稀里糊涂地死。王阳

明什么都能容忍,就是不能容忍自己平庸的生、平庸的死。故阳明说:"志不立,天下无可成之事。"(《教条示龙场诸生》,《全集》第 974 页)又说:"人惟患无志,不患无功。"(黄绾:《阳明先生行状》,《全集》第 1409 页)我们如欲将自己的生命渗入人类的史籍中去,则当我们站在千万事功之歧路的总枢纽当中,决定自己脚步之时,便要打定主意,选择最适于我们生命之发展的人生旅途。阳明的成功,启示我们,一个人心中必须树立一个远大志向而朝夕向往之,圣贤人人可做,故禀赋平凡者,大可不必自卑,只要自己能站稳脚跟,首先有一个理想追求,志向一定,不迁不易,百折不回,一往无前,全力赴之,按照自己的目标,抱"一息尚存,此志不容稍懈"之精神,埋头做去,自有可成。故阳明的先立乎其大者,高举理想主义大旗,以良知统摄知行,体立用行,就是以四两拨千斤,以简驭繁,执一统万,如木之有根,水之有源。如果立得正志,具有理想,听从内在良知的声音,就不会被日常生活中的琐事以及名闻利养夺其志,相反在日常生活中的"洒扫应对,便是精意入神也"。(《与辰中诸生》,《全集》第 144 页)

四、自由选择:环境的不可选择性与行为的可选择性

阳明认为我们的"心"永远都是最能动的,最生生不息的,是我们走出困境的唯一依靠和力量源泉。在既定的环境中,我们却可以自由选择不断地行动、创造,使我们的行为获得新的意义,从而达到不仅改变我们自己,而且最终改变我们周围的世界。五百年前,阳明谪官到龙场面临五大苦难:一是环境艰险,二是居无定所,三是生活无着,四是疾病缠身,五是官吏迫害。这是他所处环境的不可选择性,也无法逃避。但阳明同样采取了

五大态度和行动,证明了行为的可选择性:一是接受,二是承受,三是忍受,四是抗争,五是超克。最终取得了震惊中外的"龙场悟道"的伟大成果。

在王质事件中,差人诬告阳明不服从当地政府管教,还聚众闹事,面对这种不可选择的环境,阳明的自由选择是:一、致书当局,澄清真相;二、讲明不能谢罪的大道理;三、为捍卫君子之道,视死如归,不动于心。这种有理、有利、有节的行为,终于使他又一次化险为夷,遇难呈祥。这也是王阳明情能尽性、用能得体、道术一体的心学运用。

再比如,龙场处于万山丛中,周围"夷民"没有文化,不通中原语言,这是阳明谪官龙场不能选择的环境。一般人如果被流放到这样的环境中,没有文化交流,没有情感互动,可能会郁闷而死。但是阳明的自由选择是创办龙冈书院,传播儒家文化。结果自己有了很多学生,有了文化交流的平台,有了寓教于乐的情趣,同时也使封闭落后的龙场成为闻名四方的王学圣地。光绪年间日本国东宫侍讲文学博士三岛毅有诗赞云:"忆昔阳明讲学堂,震天动天活机藏。龙冈山上一轮月,仰见良知千古光。"由此可见,阳明的英雄主义魅力,就在于不可选择的环境中自由选择自己的态度和行为,从我做起,从现在做起,从身边事做起,从小事做起。人通自己的行动成就自己,通过自己的选择创造自己。

五、舍得一切的大无畏精神:凤凰涅槃获新生

所谓舍得一切而后才能得到一切。在阳明那里是经过一层层地舍,直至舍无可舍、退无可退的生死之地才出现了奇迹:凤凰涅槃重获新生。阳明冒死上疏营救言官,舍掉了畏惧心,舍掉了名利心;被廷杖四十,死而复苏,舍掉了荣辱心,舍掉了得失

心；打入死牢，在高墙之内舍掉了贵贱心，舍掉有无心；贬官龙场，被刺客追杀，钱塘江投水死里逃生，赴谪途中险象环生，舍掉了畏死心，舍掉了退缩心。在龙场，面对五大苦难的深渊境遇，他最终舍掉了生死心，因为在这之前他的死亡是偶然的，而在龙场"横逆之加，无月无有"，一日而有"三死"焉，故其之死亡几乎是必然的，活着几乎是在等死。于是他"唯俟命而已！"由此他打通了生死观，生死两忘，生不足喜，死不足悲。如如不动的心体是"逢苦不戚，得乐不欣"。凤凰涅槃反获新生，艰苦困苦反玉成于我。由此他焕发出舍得一切的大无畏精神，有了这种精神，阳明不再患得丧失，一切艰难困苦都能坦然面对，欣然接受，并且能在苦中作乐，寻找意义。阳明在《瘗旅文》中说："历瘴毒而苟能自全，以吾未尝一日之戚戚也。"对苦难厄运，阳明曾这样说："蹇以反身，困以遂志。今日患难，正阁下受用处也。"（《赠刘侍御二首》，《全集》第712页）坎坷不幸的厄运，正是修炼自身道德的好时机；艰难困苦的环境，正是成就圣贤品格的好地方。

六、悟道行道：开启人生之路，塑造理想人格

儒学认为，人生的价值在于悟道行道，故孔子有云："朝闻道，夕死可矣。"阳明亦作如是观。所谓悟道，就是找到了本源，找到了正路，洞见了心物之间的根本关系，看透了人生的内在本质和全部过程。只有悟道，我们才能找到安身立命之学，找到人生意义的终极关怀，找到自己的为己之学，由此才能得到大智慧、大受用，才能变化我们的气质，转化我们的精神，提升我们的境界；只有悟道才能开启我们的人生之路，才能塑造我们的理想人格；只有悟道才能使我们内心敞亮，心体澄明，具有圣人气

象,才能医大病,解大难,谋大事,成大道。可见"能通于道,则一通百通",能悟道的人才是一个真正的人。

阳明在龙场,龙场的山山水水,陶冶了阳明的情操,调整了他的心态:"山泉足游憩,鹿麋能友予。"(《赠黄太守澍》,《全集》第701页)龙场淳朴善良的苗彝乡民慰藉了他的心灵创伤,激发了他的哲学思考和悟道灵感。他收拾精神,庄严静坐,心游万仞,神骛八极。在中国文化中,悟道的重要方式是静坐。一般来说,佛老的静坐为大家所知,而儒家的静坐却少有与闻。其实儒家也讲静坐,孟子有"收其放心",即把我们放逐之心即求名求利之心收回来,找回心无亏欠的沛然状态。如此才能体用一原、动静一如,否则便是体用分离、知行不一。《大学》云:"知止而后有定,定而后能静,静而后能安,安而后能虑,虑而后能得。"周濂溪《通书》中说:"寂然不动者,诚也;感而遂通者,神也;动而未形,有无之间者,几也。"只有寂然不动,默坐澄心,才能找到我们的本来面目,终极意义之本来面目的心体找到,就会不欺自心,这就是诚;静而生动,感而遂通天下万物,天下万物皆得其理,这就是神,这就是静虚动直,静虚则明,动直则公。反之凡是不能从心体而发之言行,皆是自私自利的伪言伪行。静坐能增加定力,顶住诱惑,开启智慧。濂溪之后的程颐也提出半日静坐半日读书之说。阳明上接孟、周、程一派的静坐体悟之法,目的就在于自明心体,以正念克服杂念,而不是通常民间意义上的打坐,只是玩弄光景,搞形式主义。

悟道之后以行道,你就能获得新的人生,即把自觉地改造自己与自觉地改造社会结合起来,使之一体化,生命由此创新成长,生生不息,每一天都不白活,每一刻都有意义,内而独善其身,外而兼济天下,既可上九天揽月,又可下五洋捉鳖。并且善于在毫无意义的世界中找出意义,为自己的生命存在找出理由,从而创造自己的世界,创造自己的人生,此即谓之行道。如阳明在龙场把乡人给他建的一个简陋房子，取名为"阿陋轩"，并写下《阿陋轩记》，就是用孔子"君子居之，阿陋之有"的典故，意即用孔子之道去教化百姓。这就是从一个具体而微小的事情中找到君子在朝美政在野美俗的宏大意义。再比如阳明在阿陋轩之前，又营构了一个小亭子，四周种上竹子，名之曰"君子亭"。松、竹、梅是象征君子之风的"三友"，阳明用竹子来象征自己的理想人格。为此他又写下《君子亭记》，认为竹子有君子之德、操、时、容四种品格：中虚而静、通而有间是为德；外节而直、遇难不慑是为操；在朝应时而出、在野遇伏而隐是为时（时中，任何时候都恰到好处）；挺拔独立、不屈不挠、意态闲闲是为容。

天下事虽千变万化，但人的反应总不外乎喜怒哀乐这四种心态，练出好的心态就是从我心做起，历事炼心，事上磨炼，智慧并且快乐着，这是阳明心学教给我们的生活，生活的质量在于我们的心境。

七、尽人事而待天命：忍耐必有希望，坚持就是胜利

龙场五大苦难的境遇，使阳明"百难备尝"，不再怨天尤人，不再忧心忡忡，乃是尽人事而待天命：首先，他必须接受现实，其次他必须承受苦难，再次他必须忍受痛苦，再其次他必须奋起抗争，最后他必须刻期证道，超越生死。这其中最艰难的就是忍受痛苦。五大苦难如魔鬼似的撕裂着他的神经，啃噬着他的意志，使他遭受炼狱般的痛苦却无法解脱，承受惨烈的折磨却无法逃遁，唯一的只能是在其中忍受！在其中挣扎！在其中奋然前行！在其中动心忍性！最不好的结果就是死在龙场，所以他连石椁都做好了，"吾惟俟命而已！"阳明深知忍耐就有希望，坚持就是胜利。栋梁之材必出于幽谷，经历风雨才能见彩虹。其实这种

尽人事而待天命的思想是孔子"知其不可而为之"精神的沿继。没有粮食,他自己种;没有房子,他住山洞;疾病缠身、瘴疠蛊毒,他泰然处之;没有资料,他却凭记忆写了《五经臆说》;龙场没有文化,他却创建了龙冈书院。他知其不可而为之,坚持就是胜利,他坚信他的人生一定会否极泰来,阴极阳回,并且不久他将会离开龙场,这从其《居夷诗》中的"寄语峰头双白鹤,野夫终不久龙场!""阴极阳回知不远,兰芽行见发春尖"(《全集》第703—707页)等诗句中即可见之。人就是这样,只有要希望,哪怕是一点点希望,一切都可以忍受,因为希望给人以信心,希望给人以勇气,希望给人以力量。曾几何时,阳明的抗争是那样的悲壮,他的努力是那样的绝望,他的行为是那样的无奈,但是他还是在坚持!一直坚持!怀着那怕只有百分之一的希望,他也要以百分百的努力去行动!行动!再行动!法国17世纪思想家帕斯卡尔说,人是世界上最脆弱的一颗芦苇草,但又是最强大的,因为人有思想智慧。阳明心学从某种意义上说,就是一种希望哲学、行动哲学,是阳明经过百死千难而锤炼出来的自救救人的智慧学。

总之,王阳明龙场悟道的经历,就是一个人如何从困境中崛起的历程,也是一个人如何"致良知"的过程。从王阳明身上,我们能感悟的东西很多很多,如果我们不知道如何去"致良知",如何去自我完善,如何去修炼自己的内心,读一读王阳明,并到王学圣地龙场(今修文)的阳明洞、玩易窝去体验一下,是会有很大启示的。

论王阳明对明代贵州文化的影响

◆ 金满银

明中叶以后,贵州迎来了中国学术思想史上的一个重要转折时期——王学冲击波的形成时期。早在汉代,贵州就曾出现过舍人、盛览、尹珍等名儒所进行的讲学活动,这当属贵州学术的渊薮,但贵州学术的高潮直到明中叶以后的王阳明时代才出现。正德三年(1508),王阳明因忤权阉刘瑾,被贬贵州龙场(今修文县)。在黔期间(1508~1510),他悟道讲学,兴学黔中,开拓了一方文明。王阳明离黔后,其黔籍弟子同励圣轨,共阐师学,先后掀起了几次具有一定规模的讲学高潮,使阳明心学逐渐覆盖贵州全省,逐渐形成了贵州第一个比较完整的儒学派别——黔中王门学派①。16世纪末17世纪初,贵州出现了五大王学重镇,此间,贵州书院遍布,文教渐兴,人才鹊起。明末,由于受王阳明

---

① 参见张明:《王阳明与黔中王学》,张新民主编:《阳明学刊》第一辑,贵州人民出版社2004年版,第89页。

大兴文教、书院讲学之风的影响,儒学思想大规模进入贵州,泽被后世,最终成为明代贵州文化的主流。拙文所要论述的明代贵州(儒学)文化,即是融合王阳明的心学思想的影响下的贵州文化,具体包括:黔中王门,五大王学重镇,书院讲学和人才分布等四个方面。本文旨在:首先对王阳明在黔期间的学术活动作简要概述;其次重点梳理王阳明对明代贵州文化影响的四个方面:黔中王门,五大王学重镇,书院讲学和人才分布。再次,扼要论述明代贵州文化的特点,最后站在唯物主义的立场,运用历史学的方法,客观、理性地认识王阳明对明代贵州文化的勃兴所产生的重要影响。拙文如有不当,敬请识者指正。

一、王阳明在贵州的学术活动

王阳明(1472~1529)是我国明代著名军事家、哲学家、教育家,与王廷相并称为明代中国哲坛上的两颗巨星。他的心学思想光芒四射,对后世影响深远,掀起了中国封建社会儒学思想的最后一次高潮。王阳明生于世代书香之家,少聪颖,博学多才,二十八岁中进士。正德三年(1508),王阳明因忤权阉刘瑾,被贬谪贵州龙场(今修文县)。他在当地悟道讲学,初步建立他的心学思想体系。在黔期间,他创办修文龙冈书院,主讲贵阳文明书院,谱写了明代贵州儒学文化发展的新篇章,从那时起,贵州文化的发展翻开了新的一页。

(一)"龙场悟道"

正德三年(1508),王阳明谪戍贵州龙场(今修文县)充任驿丞。在那里,他孤独苦闷、宠辱皆忘,唯有生死一念不能解脱,但他没有悲观失望,厌世轻生,而是铁骨铮铮,挺立主体人

格，决心以生命为代价来追求"圣人之道"。据《年谱》载，王阳明"龙场悟道"的情形如下：

"（正德三年）春，至龙场。先生始悟格物致知。龙场在贵州西北万山丛棘中，蛇虺魍魉，蛊毒瘴疠，与居夷人鴃舌难语，可通语者，皆中土亡命。旧无居，始教之范土架木以居。时瑾憾未已，自计得失荣辱皆能超脱，惟生死一念尚觉未化，乃为石墩自誓曰：'吾惟俟命而已！'日夜端居澄默，以求静一；久之，胸中洒洒。而从皆病，自析薪取水作糜饲之；又恐其怀抑郁，则与歌诗；又不悦，复调越曲，杂以谈笑，始能忘其为疾病夷狄患难也。因念：'圣人处此，更有何道？'忽中夜大悟格物致知之旨，寤寐中若有人语之者，不觉呼跃，从者皆惊。始知圣人之道，吾性自足，向之求理于事物者，误也。乃以默记《五经》之言证之，莫不吻合，因著《五经臆说》。"①

王阳明"龙场悟道"是宋明儒学乃至中国思想史上的转折性事件，他悟到了"圣人之道，吾性自足，向之求理于事物者，误也"的道理，将人从匍匐于圣贤的状态中解放出来，找到了"人人皆可为圣人"的可行性进路。从《年谱》的记载看出，"龙场悟道"仿佛完全是一种神秘的"顿悟"的结果，其实，它有着更深刻的原因。

首先是内因，"龙场悟道"并不完全是一种突如其来的不可言说的体验，而是王阳明长期追求成圣人格的理想所使然。王阳明从十一岁起就立志成为圣人，他博览群书，笃信程朱理学，然而，随着知识的博洽，人生阅历的丰富，他逐渐对程朱理学产生

---

① 《王阳明全集》卷三十三，上海古籍出版社 1992 年版，第 1228 页。

了怀疑。他的思想随其心路历程的变化而变化,先是泛滥于辞章,继而遍读考亭之书,后出入佛老,最后经"龙场悟道"始得其道,其高足钱德洪也说他的思想历经"三变而至于道也","少之时驰骋于辞章,已而出入于二氏,继乃居夷处困,豁然有得于圣人之旨,是三变而至于道也"①。可见,"龙场悟道"是王阳明思想体系形成的关键性枢纽,"只有在龙场这样的生命绝境下,剥除所有的外援局限,反身内省自求,最终悬崖撒手,才真正契入了生命本有的真实状态,从而获得生命和境界的全然洞开,达到了身心与万物同为一体的无限自由境域"②。由此观之,谪戍龙场的磨难经历,使王阳明的意志更加坚毅,思想认识境域更加开阔,在困境中努力寻找"真我",这无疑是他思想发生转变的重要关节点。"人的一生中,其认识与境界往往会经历阶段性的跃迁,而困境中的反省,则可成为实现飞跃的触媒。"③

其次是外因。谪居贵州期间,王阳明与贵州少数民族的关系非常融洽,他们质朴善良的品格深深地感染了王阳明,从他们的身上,王阳明看到了人性的率真、质朴,激发了他的思想灵感,最终找到了"圣人之道",这使他不再以居夷为陋,而用新的眼光审视当地少数民族,认为他们若未琢之璞,未绳之木。"比之官场世儒的诡计权术与空洞辞章,边荒之地的璞木本质,激发了阳明先生对返璞归真的内在期待。"④ 王阳明正是从当地民众质朴性格那里找到思想的灵感,"通过对贵州少数民族的接触,王阳明找到了自己曾经苦苦追求的问题答案,那就是圣人如何可

---

① 《王阳明全集》卷三十三,第1574页。
② 张明:《王阳明与黔中王学》,第90页。
③ 杨国荣著:《心学之思——哲学的阐释》,华东师范大学出版社2009年版,第34页。
④ 徐新建:《王阳明"龙场悟道"今论》,《贵州社会科学》1995年第2期。

能,什么样的人可以成为圣人。这正是王阳明学说要解决的核心问题。"① 可见,贵州少数民族品格对王阳明"龙场悟道"的影响颇大。韦启光先生也说:"王阳明在龙场悟道,创立其精深恢宏的心学体系,从外部的环境来说,正是龙场这一边远的少数民族地区,王阳明远离权力中心和繁华都市,得失荣辱皆已超脱,且'龙场居南夷万山中,书卷不可携',使他超越传统儒学特别是程朱理学的文化屏障,在少数民族文化的氛围中回到方土人生,重获心性自由,吸纳了少数民族的精华,返本得道,促成其心学体系的诞生。"② 此外,在悟道过程中,王阳明针对明末程朱理学支离决裂的流弊,推本溯源,独寻根本,实现了程朱理学内部由'理'到'心'的重大思想转变。

综上所述,王阳明"龙场悟道"成功并不是偶然的,而是内外因长期相互作用的结果。

自正德三年至五年(1508~1510),是王阳明人生的低谷,却是他思想体系形成的关键时期,也是他一生最光辉灿烂的时期,"这三年无疑是他人生的最低点。但是这个最低点,从另一个角度上说它又是最高点,是王阳明最光辉灿烂的时期"③。通过龙场悟道,王阳明实现了他思想的质的飞跃,提出了"心即理"的命题,次年(1509),主讲贵阳文明书院,又提出"知行合一"学说,初步建立了他的心学理论体系,为他通向"致良知"之路铺平了道路。王阳明离黔后,继续悟道弘道,使其心学

---

① 赵平略:《贵州少数民族品格与王阳明龙场悟道》,《贵州民族研究》2007年第3期。

② 韦启光:《贵州少数民族在王阳明学说形成中的作用》,《王学之思》编委会主编:《王学之思》,贵阳:贵州民族出版社1999年版,第338页。

③ 余怀彦主编:《王阳明与贵州文化》,贵州教育出版社1996年版,第7页。

阳明学研究

思想远播寰宇，泽被后世。因此，王阳明的人格和思想历来备受人们的推崇，梁启超称："阳明是一位豪杰之士。他的学术像打药针一般，令人兴奋，所以能做五百年道学总结，吐很大光芒。"①

（二）书院讲学

王阳明谪戍贵州龙场期间，得到了当地少数民族的帮助和关心，使其获得心性自由，初步创立了他的心学体系，作为回馈，他开办书院，讲学化夷，开启民智。龙冈书院是王阳明创办的第一个书院，也是王学阐发的第一讲坛。王阳明书院讲学的实践始于龙场。"龙冈书院是王阳明亲手创建的第一个书院，又是王学最早的阐发讲坛，当时为我国著名书院之一。"②《龙冈书院讲堂额后跋》云："黔中之有书院，自龙冈始也；龙冈之有书院，自王阳明先生始也。"王阳明在龙冈书院讲学时，远近诸生，负笈求学，贵阳的陈文学、汤冔、叶梧等，正是他在龙冈书院讲学时的著名弟子。他的讲学也很受一般民众的欢迎，他们常常数十人围观，听王阳明授课，讲学之盛，为贵州史上之未见。关于龙冈书院的讲学盛况，嘉靖年间，巡按贵州监察御史的王杏在《新建阳明书院记》一文记载："先生抵龙场，履若中土，居职之暇，训晦诸夷，士类感慕者云集听讲，居民环聚而观如堵焉，士习丕变③。"田雯《阳明书院碑记》云："先生之学，以谪官而成，先生之道，其方由龙场而跻于圣贤之域也耶？当日坐拥皋比，讲习不辍，黔之闻风来学者，卉衣鴃舌之徒，雍雍济济，周旋门

---

① 梁启超著：《中国近三百年学术史》，北京：东方出版社1996年版，第3页。
② 王路平：《王阳明与贵州明代书院》，贵州社会科学，1994第4期。
③ [明] 谢东山修，张道纂：嘉靖《贵州通志》。

— 69 —

庭①。"王阳明龙冈书院的讲学活动具有重要的意义,它既是王阳明办院讲学教育实践的开始,又开贵州龙场教育活动之先河,"龙冈书院一立,不但开今修文县教育之先河,而且在当时像一座耀眼的灯塔,光芒四射,通往龙场小道上背着行李而来的求学者络绎不绝,使龙场成为明代贵州教育一大圣地。"②

龙冈书院的讲学使王阳明声名大振,又因他气节凛然,为人刚直不阿,又是中原人士,博得贵州地方官员和民众的景仰。正德三年秋(1508),时任贵州提学副使的毛科(字应奎,浙江余姚人),书请王阳明主讲贵阳文明书院,王因病婉言谢绝了,并作诗一首——《答毛拙庵招书院》,云:"野夫卧病成疏懒,书卷长抛旧学荒。岂有威仪堪法象?实惭文檄过称扬。移居正拟投医肆,虚席仍烦避讲堂。范我定应无所获,空令多士笑王良。"③诗中说明了自己不能应邀讲学的理由,流露了诗人谦逊的可贵品质。正德四年(1509),继毛科而任贵州提学副使的席书,非常推崇王阳明的教学与德业,再次邀请王阳明主讲贵阳文明书院。他在《致王守仁先生书》中说:"执事早以文学进于道理,晚以道理发为文章。倘无厌弃陈学,因进讲之间,晤以性中之道义于举业之内,进以古人之德业,是执事举而诸生两有所益矣。"④王阳明为传播其心学,化启黔俗,此次便欣然应邀。席书亲率贵阳诸生 200 余人,以师礼事之。《年谱》载:"身率贵阳诸生,以所事师礼事之⑤。"王阳明来贵阳文明书院讲学后,席书挑选各州县优秀士子来书院受业,并亲临书院论学。"文成既入文明书院,

---

① [清] 田雯著:《黔书》。

② 何静悟:《王阳明在贵州的教育活动》,《王学之路》编委会编:贵州教育出版社 2000 年版,第 226 页。

③ 《王阳明全集》卷十九,第 703 页。

④ 郭子章著:《黔记》卷三。

⑤ 《王阳明全集》卷三十三,第 1229 页。

阳明学研究

公暇则就书院论学,或至夜分,诸生环而观听以百数。"① 席书向王阳明求道的态度非常诚恳和执著,往复辩论,终于对王阳明的思想极为叹服。关于二人的论学情况,《年谱》载:"是年先生始论知行合一,始席元山书提督学政,问朱陆同异之辩。先生不语朱陆之学,而告之以其所悟。书怀疑而去,举知行本体证之五经诸子,渐有省。往复数日,豁然大悟,谓'圣人之学复睹于今日,朱陆异同,各有得失,无可辩诘,求之吾性本自明也。'"② 当时在贵阳,王阳明俨然成了名人,诸士子纷纷慕名前来书院受业,讲学之盛,史无前例。"贵筑之士从而与游者日众矣","诸生环而观听常数百人,于是黔人争知求心性。"③

王阳明创办龙冈书院,首开修文县教育之先河,它犹如一颗璀璨的文化之星,光芒万丈,使龙场成为明代贵州教育的圣地;他主讲贵阳文明书院,其意义十分重大。一方面,在主讲贵阳文明书院期间,王阳明始论"知行合一",并将其首传于黔中,他简易直接的风格,打破了程朱末流"知而不行"、"知行分离"的弊病,如一股清新的空气,影响了贵阳一代学风,黔中弟子可谓独领其风气之先。"自是贵人士始知有心性之学④。"从此,他的"知行合一"思想便广泛传播,泽被后世,响彻寰宇;另一方面,他拉开了贵州书院讲学的序幕,为明代贵州文化的勃兴谱写了新的篇章。

---

① [明] 郭子章著:《黔记》卷三十九。
② 《王阳明全集》卷三十三,第1229页。
③ [清] 莫友芝著:《黔诗纪略》卷三。
④ [清] 周作楫等修:《贵阳府志》卷五十六。

二、王阳明对明代贵州文化的影响

王阳明创办修文龙冈书院，主讲贵阳文明书院，真正首开贵州书院讲学之风。他在贵州的学术活动谱写了明代贵州文化勃兴的华章，体现在黔中王门的诞生，五大王学重镇的出现，书院遍布，五大人才中心的形成等方面。

（一）黔中王门

王阳明的心学思想发端于贵州龙场（今修文县），并且首传于贵州，贵州王门弟子自然独领其风气之先。王阳明离黔后，其弟子们大力发扬其师大兴文教、书院讲学之风，在贵州进行书院讲学活动，弘扬阳明心学，逐渐结成一个阵容庞大的学术群体。正德五年至嘉靖九年（1510~1530），八大王门学派之首的黔中王门学派——贵州第一个具有一定规模的地域性儒学派别——黔中王门学派应运而生，它以龙场、贵阳、清平、思南、都匀等地为中心，向四周辐射，以数所规模较大的书院为阵地，开展心学的交流和传播活动，主要有：龙场的龙冈书院、贵阳府的文明书院、清平卫的平旦草堂、学孔书院、山甫书院，都匀卫的鹤楼书院、"南皋书院"以及思南的"求仁馆"。此外，还有各地规模较小的书院，也讲学兴盛。贵州各地掀起了书院讲学的热潮，这与王阳明不无关系，王阳明之前，贵州未出现过有影响的地域性学术派别，"真正地域性思想学派的形成，仍要到王阳明龙场悟道之后，才具备了较为成熟的历史条件和地域条件。换句话说，龙场悟道即意味着心学思想体系的诞生，而心学思想体系的传播则是通过龙冈书院与文明书院的讲学活动得以展开和推广的。'黔中之有书院，自龙冈始也；龙冈之有书院，自王阳明先生始也。'

阳明学研究

正是在王阳明的影响下，贵州不仅出现了大规模的书院讲学活动，开辟了一种新的精神发展方向，使心学思想得以迅速传播，而且通过讲学活动也涵化培育了一批地方心学人才，扩大了儒家学者话语言说空间，形成了全国较早的地域性心学派别——黔中王学。"① 黔中王门学派的诞生，使贵州人才荟萃，万历三十六年（1608），泰和郭子章巡抚贵州期间，遍访贵州文人著作和遗迹，撰成《黔记》六十卷，这是对贵州百年（约1508~1608）心学的第一次重要总结。作为八大王门学派之首的黔中王门学派，不仅能与其他地区的阳明学派比肩，并且在全国阳明学派中占有一席之地。"贵州的王门后学，紧随全国的形势，在明末一段时间内非常活跃，它们的队伍整齐、著作丰富、义理又有创新，其在省内和国内的影响客观存在，理应在晚明思想史中占一席地位"② 自王阳明离黔至郭子章巡抚贵州约一百年时间里，黔中王门人才辈出，涌现出了三代心学弟子③，兹简要梳理如下：

1. 黔中王门第一代弟子，著名的有：陈文学、汤冔、叶梧

陈文学，字宗鲁，贵州宣慰司人。正德十一年（1516）中乡举，任耀州知州，故世称陈耀州。正德三年（1508），王阳明在修文龙冈书院讲学，陈文学遂以诸生的身份前往就读，由于他潜心向学，深得王阳明的嘉许，曾得王阳明赠诗一首，即《赠宗鲁诗》，云："学文须学古，脱俗去陈言。譬如千丈木，勿为藤蔓

---

① 张新民：《论王阳明龙场悟道的深远历史影响——以黔中王门为中心视域的考察》，《教育文化论坛》2010年第1期。

② 蒋希文、吴雁南主编：《王阳明国际学术研讨会论文集》，第429~441页。

③ 黔中王门阵容庞大，据王阳明的《镇远旅邸书札》记载，有陈文学、汤冔、叶梧、张时裕、向子佩、越文实、邹近仁、范希夷、郝升之、汪原铭、陈良丞、汤伯元、易辅之、詹良丞、王世丞、袁邦彦、李良丞等23人，而据张明考证，黔中王门弟子有62人之多。

缠。吾苟得其意,今古何异焉?子才良可进,望汝师圣贤。学文乃余事,聊云子所偏。"①诗中表达了王阳明对陈文学的谆谆教诲和殷切希望,此诗对陈文学的影响很大。陈文学亲聆先师教诲,学有所成,由于陈文学得王阳明真传,加上他的静坐体悟,使他对王阳明的心学体系理解透彻,故莫友芝称其"得阳明之和"②。王阳明殁后,陈文学与汤冔、叶梧等联名请求为王阳明立祠奉祀,得允。此外,陈文学还为龙冈书院"何陋轩"碑作歌,即《何陋轩歌》,为中锋书院作记,对阳明心学的传播做出了一定贡献。著有《耀归存稿》、《余生续稿》、《娴移录》,其门人统编为《陈耀州诗集》。

汤冔,字伯元,贵州宣慰司人。正德十年(1516)举乡试,正德十六年(1521)中进士,他为官十余年,历官南京户部郎,潮州知府,后改巩昌知府,他为官清廉,严于律己。据《贵州通志·人物志》记载:"正德辛巳(1521),进士,历官南京户部郎,政事裁决如流,监税租不一指染。缙绅请托不行,有渎者,则糊刺堂壁以愧决之,人由此衔冔。"③他还写下了"肠断九回情独苦,仕逾十载养全贫"的诗句④,足见他为官之清廉,为人之自律。晚年以诗自娱,八十一岁卒,著有《闲老逸录》、《续录》。

叶梧,字子苍,贵州宣慰司人,正德八年(1513)乡试中举,初掌湖南新化教谕,后官至贵州镇安知县。他和陈文学、汤冔是同窗,王阳明离黔后,他曾和陈文学、汤冔等人倡建贵阳阳明祠,出力不少,著有《凯歌集》。

值得一提的是,黔中王门学派得以发展壮大,与王阳明的外

---

① 《王阳明全集》卷二十九,第 1072 页。
② 莫友芝著:《黔诗纪略》卷三。
③ 冯楠主编:《贵州通志·人物志》,贵阳:贵州人民出版社 2001 年版,第 33 页。
④ 郭子章著:《黔记》卷四十六。

省籍弟子密切相关，正是由于他们与黔中王门弟子一起共同弘扬师道，培养心学人才，使得黔中王门学派的发展蒸蒸日上。他们主要有：席书、王杏、蒋信、徐樾、胡尧时、冀元亨。

席书，字文同，号元山，四川遂宁（今属蓬溪县）人，明天顺五年（1641）生。明弘治元年（1488）中举，三年（1490）中进士。弘治五年（1492），任山东郯县知县，入为工部主事，移户部，进员外郎。正德年间，曾任贵州提学副使，后历官湖广巡抚、礼部尚书加武英殿大学士。他提学贵州期间，修葺了贵阳文明书院，正德四年（1509），席书亲率贵阳诸生，邀请王阳明主讲贵阳文明书院。王阳明在贵阳文明书院始论"知行合一"，使其心学思想得以倡明于黔，并远播寰宇，席书功不可没焉！

王杏，字少坛，浙江奉化人，王阳明的著名私淑弟子之一。嘉靖十三年（1534），王杏巡按贵州，在黔期间，颇有治绩。首先，他创建了贵阳阳明书院，书院建成后，王杏亲自作《新建阳明书院记》。其次，嘉靖十三年（1534），他上疏朝廷，请开科于黔省，次年，得允。"许贵州自乡试，免附云南，解额贵州二十五人"[①]。此举促进了明代贵州人才的崛起。嘉靖十六年（1537），贵州第一次科举考试开始，1000多人踊跃投考，中举者多达25人，次年（1538），4人中进士，这是贵州人才发展史上的一件盛事。

蒋信（1482～1599），字卿实，号道林，湖南常德人，学者称"正学先生"[②]。嘉靖十一年（1532）中进士，授户部主事，转兵部员外郎，出为四川佥事，嘉靖十八年（1539），调任贵州提学副使。此间，他修葺了贵阳文明、阳明两书院，新创了正学

---

① 龙光沛：《解放前贵州大学二三事》，贵州文史丛刊，1988年第2期。

② 因蒋信尊崇孔孟之学，践履笃实，又不事虚谈，湖南学者宗其教，故尊称之曰"正学先生"。

书院,传播心学。他还增修阳明祠,并置田若干,使祠堂终年香火不断,为推动黔中王门学派的发展做出了重要贡献。

徐樾,字子直,号波石,江西贵溪人,是王阳明的著名弟子之一,先师从王阳明,后拜泰州巨子王艮为师,遂成为泰州学派"四大金刚"之首①,是阳明后学激进派的关键性人物,何心隐、李贽等是其著名弟子。嘉靖十一年(1532)举进士,历官礼部侍郎、贵州提学副使、云南布政使。嘉靖二十三年(1544)调任贵州提学副使,其间,徐樾继承师业,大兴文教。在他的教育实践中,他针对贵州少数民族文化水平普遍偏低的特点,授予他们"百姓日用"之学,主张初学者把致良知与掌握礼仪行为规范结合起来学习,他重视礼仪的学习,并为贵州士子刊刻了《燕射礼仪》一书作为礼仪课的教材。徐樾在黔期间,"讲明心学,陶熔士类,不屑于课程。常取苗民子弟衣冠之,训诲谆切,假以声笑而加训诲,苗民率化,盖信此无古今中外者,苟有以兴起之,无不可化而入也②。"他为明代贵州文教事业的发展作出了重大贡献。

胡尧时,字子中,江西泰和人,嘉靖年间,任贵州巡按,修葺了阳明书院,并刊刻王阳明在黔所著书于贵州。

冀元亨,字惟乾,号闇斋,湖南常德人。正德十年(1516)举人,与蒋信是同乡,并同出王阳明门下,学成回乡后,与蒋信一起创立了楚中王门。

2. 黔中王门第二代弟子:"理学三先生"(李渭、马廷锡、孙应鳌)

李渭、马廷锡、孙应鳌是黔中王门的三大核心人物,他们弘扬心学,著书立说,兴学于黔,掀起了王阳明之后贵州第三次讲

---

① 余怀彦主编:《王阳明与贵州文化》,第 115 页。
② 《贵州通志·人物志》,第 159~160 页。

学高潮,组成了阵容庞大的黔中王门,又因为他们的学术造诣主要在理学方面,因此,被尊称为"理学三先生"。万历年间,郭子章在其所撰的《黔记》六十卷中,首次把李渭、马廷锡、孙应鳌列入《理学传》,并为他们作《乡贤传》一篇。郭子章对他们的思想极为膺服,他曾说:"读三家著述,真有朝闻夕死可之意,可以不愧龙场矣。"①

李渭,字湜之,号同野,学者称同野先生,贵州思南府水德司(今思南)人,明代著名理学家,嘉靖十三年(1534)举人。他为官三十余年,历任华阳(今四川成都)知县、出韶州知府,晋广东副使,升云南左参政。李渭一生讲学不辍,培育了众多心学人才,如李廷谦、李廷言、李廷鼎、罗国贤、罗明贤、罗廷贤、熊时宪、安岱、李宗尧、江西赖嘉谟、徐云从等。其中,萧重望后来中进士,累官至云南道监察御史,赖嘉谟后来考中进士,官至四川左参政。李渭一生躬行实践,世称"躬行君子",万历十七年(1589),李渭卒,葬于思南城东万胜山麓,后建专祠奉祀,明神宗赐联曰:"南国躬行君子,中朝理学名臣②。"李渭著有《先行录问答》、《毋意篇》等。

马廷锡,字朝宠,号心庵,贵州宣慰司(今贵阳人),生卒年不详。早年师从蒋信,对其思想极为膺服,并得其真传,最终成为贵阳名士。"马服其教,卒成贵阳名士。"③嘉靖二十年(1541),蒋信任贵州提学副使时,增修阳明、文明两书院,创办正学书院,并亲临授课,授以士子们"默坐澄心"、"体认天理"之教,"一时学者翕然宗之,而心庵为之冠"④。嘉靖十九年(1540)举乡试,任四川什邡县教谕,后升内江知县,两年后弃

---

① 《贵州通志·人物志》,第37页。
② 同上书,第36页。
③ 《黔记》卷四十五。
④ 《黔诗纪略》卷四。

官归里，再次投奔湖南常德桃冈书院蒋信门下，数年业卒。学成回乡后，在贵阳城南渔矶构栖云亭，潜心讲学，前后达三十余年，士子云集，栖云亭讲学之盛俨如桃冈。他强调内养功夫，曾作《警愚录》，云："抱定初心，周旋世事，精诚必贯乎金石，志行必合乎神明，必极静极清以至于极定，始长觉长明以至于长存，彻头方了道，入手莫言贫。"①可见其内养功夫之深。著有《渔矶集》、《渔矶别集》、《动静解》、《警愚录》、《自警辞》等。

孙应鳌（1527~1584），字山甫，号淮海，贵州清平卫（今凯里市炉山镇）人，原籍江苏如皋。嘉靖二十三年（1545），举乡试第一名，嘉靖三十二年（1553）中进士，选庶吉士，改户部给事中，历任江西按察佥事、陕西提学副使、四川右参政、佥都御史、巡抚湖北郧阳。隆庆三年（1569），因遭流言诽谤被迫辞官归里，在城西建"学孔书院"，亲授心性之学，潜心讲学。万历二年（1574），掌国子监祭酒。万历四年（1576），在国子监与神宗讲《周书·无逸》章，深得神宗皇帝嘉许。万历五年（1577），因病告归，在家乡筑"学孔精舍"，潜心授徒讲学。万历十二年（1584）卒，神宗御赐祭葬②。孙应鳌是当时最著名的理学大师，名震朝野，备受后人景仰。"黔中王门成就最著，影响最大，地位最高者当推孙应鳌。"③清代莫友芝称其为："以儒术经世，为贵州开省以来人物冠，即以辞章论，亦未有媲于先生者。"④著名学者胡庐山则将其列为当时的四大贤人之一，他说："宇内讲明正学，楚有黄安耿公，蜀有内江赵公，黔有清平孙公，

---

① 《黔记》卷四十五。

② 韦庆远著：《中国政治制度史》，中国人民大学出版社1989年版，第193页。

③ 蒋希文，吴雁南主编：《王阳明学术讨论会论文集》，贵州教育出版社1997年版，第502页。

④ 《黔诗纪略》卷五。

吾豫章有南城罗公,皆贤人也。"① 孙应鳌著述甚丰,著有《淮海易谈》四卷、《四书近语》六卷、《学孔精舍论学汇编》、《学孔精舍诗钞》、《学孔精舍汇稿》、《律吕分解发明》、《教秦语录》、《教秦总录》、《雍谕》、《道林先生粹言》、《督学文集》、《归来漫兴》、《教秦绪言》、《幽心瑶草》等。

3. 黔中王门第三代弟子

黔中王门学派发展到万历后期,由于战乱等多方面原因,开始走向衰落,导致黔中王门第三代弟子的资料比较零散,而且许多相关资料很可能遗失,经学者整理,可稽考的主要是李渭、孙应鳌、马廷锡、邹元标的弟子。由于李渭、孙应鳌、马廷锡的弟子将在下文提及,这里仅梳理邹元标的弟子。

邹元标,字尔瞻,号南皋,江西吉水人,江右学派的重要代表人物之一,著名教育家,东林党领袖之一,师事王畿的弟子邓以赞。万历五年(1577)中进士,同年因弹劾张居正居丧不敬,被贬贵州都匀卫。他在谪居都匀卫期间,创办"鹤楼书院",辛勤耕耘,为黔南造就了大批人才,后构筑茅屋讲舍名曰"讲学草堂",聚徒讲学。他在贵州传播心学长达六年之久,对都匀文化教育的发展起了巨大的推动作用。故田雯称:"盖自王文成、邹尔瞻讲学明道,人知何学,故黔之士能望而趋,握瑾以售,正不乏人。"② 邹元标在黔南培育了不少人才,主要有:陈尚象、余显凤、吴铤、艾氏兄弟三人。邹元标在黔南著有《云中存稿》、《删后诗》、《龙山志》、《奏疏补遗》等。

陈象尚、余显凤、吴铤和艾氏兄弟三人都是邹元标的著名弟子,系黔中王门第三代弟子。陈象尚,都匀卫(今都匀)人,万历八年(1579)中进士,历任中书舍人、户部给事中、刑部右给

---

① 《黔记》卷十七。
② 田雯著:《黔书》。

事中等职,因获罪被削籍为民,后回贵州都匀讲学。主修过万历《贵州通志》,为黔书之善本。著有《疏草》四卷、《诗文集》等。余显凤,字德纛,独山州(今独山)人。万历七年(1579)中举人,后任河南巩昌知县。他是独山州第一位举人,故莫友芝称:"州人讲正学,有科名,自显凤始。"吴铤,字金廷,都匀卫(今都匀)人,万历十年(1582)乡试第一,邹元标嘉许曰:"黔第一士"。艾氏兄弟三人是麻哈州(今黔东南州麻江县)人,邹元标谪戍贵州都匀卫时,曾下榻过艾家,后来和他们的父亲艾世美交情颇深,艾氏三兄弟遂得以跟从邹元标求学,并得其真传。

(二)五大王学重镇

王阳明殁后,其黔中弟子继承先师书院讲学之风,弘扬心学,促进了阳明心学在贵州的广泛传播,十六世纪末十七世纪初,是阳明心学覆盖贵州的时期,形成了龙场、贵阳、思南、都匀、清平等五大王学重镇,兹简略梳理五大王学重镇如下:

龙场是王学的诞生地,自然是王门弟子朝拜的圣地。自正德三年(1508)王阳明在龙场悟道,创办龙冈书院后,王学冲击波便以龙场为中心,向四周辐射,使王阳明备受后人景仰。嘉靖十三年(1534),贵州第一个阳明祠在贵阳落成;嘉靖三十年(1551),龙冈书院也改为阳明祠,清乾隆后改为王文成公祠,王门弟子、学者、专家拜祭于此,祠堂终年香火不断,阳明祠俨然成为天下王门的祖庭;嘉靖三十一年(1552),贵州巡抚刘大直拜谒阳明遗像;嘉靖三十二年(1553),贵州巡抚赵锦重建龙冈书院,陈文学为龙冈书院何陋轩碑作《何陋轩歌》。自民国至今,中外文人墨客、王学专家、学者络绎不绝地云集龙场,慕名拜祭王阳明,龙场已经成为王学圣地和王学研究基地。

贵阳是贵州五大王学重镇中规模最大的一个,也是最重要的

阳明学研究

一个阳明学派研究基地、学术文化中心。全省优秀学子云集于此，他们高举阳明心学的大旗，或修建祠堂，奉祀拜谒，或修建书院，讲学论道，都以研究和传播阳明心学为务。嘉靖十四年（1535），巡按贵州的王杏在城东白云庵旧址修建了阳明祠（兼作阳明书院）。嘉靖十八年（1539），蒋信调任贵州提学副使，他修葺了贵阳阳明、文明两书院，创办了正学书院，弘扬心学，还对正学书院名称的由来作了解释："正学者，心学也，尧舜禹汤文武周公孔子之所谓学也。"① 马廷锡拜于蒋信门下，学成回乡后，在贵阳城南渔矶构筑栖云亭②，杜门不仕，潜心讲学，后又在文明、阳明、正学三大书院讲学，大倡自由讲学之风，前后达三十余年，士子云集。贵阳书院的讲学活动，培养了众多杰出的心学人才，其中最著名的便是"得阳明之正"的汤伯元，其子（汤克俊）、孙（汤师顼、汤师炎、汤师萃）、曾孙（汤景明、汤景暾）先后登科甲，汤氏一门遂成为贵阳心学世家。

地处边鄙的思南，也是当时王学重镇之一。李渭晚年辞官归里后，在思南府设"中和书院"讲学，兴学黔东，开黔东一代学风。其弟子萧重望称："贵筑之学倡自龙场，思南之学倡自先生。"因此，李渭被尊称谓"思南理学之宗"。李渭兴学黔东，四方士子负笈蚁聚于思南，使黔东人文蔚起，代不乏人。李氏三兄弟（李廷谦、李廷言、李廷鼎）继承父志，著书立说，讲学不辍。其他弟子主要有：思南罗氏兄弟三人，即罗国贤、罗明贤、罗廷贤，胡学礼、冉宗孔、萧重望、田惟安、熊时宪、田惟安、安岱、李宗尧、江西赖嘉谟、徐云从等。万历五年，邹元标谪戍都匀，首访李渭，并为李渭的《先行录》作序。后来郭子章巡抚

---

① 嘉靖《贵州通志》。

② 渔矶即今甲秀楼所在地，甲秀楼建于万历二十六年（1598），现在已成为贵阳儒学文化的标志性建筑。

贵州，亲访思南李渭故居，称其"洁比河东与会稽"①。李渭兴学黔东，其"仁学"思想也传播到印江、务川等地，其中，印江建"依仁"书院，见证了阳明心学对边鄙之地产生的重大影响。

　　黔南地区的都匀卫，受阳明心学的影响颇深。中原饱学之士流寓于此，给这里的文化注入了新鲜血液。嘉靖二十九年（1550），著名学者赵大洲贬谪荔波，给都匀带来了儒学文化。赵大洲（1507~1576），名贞吉，字孟静，号大洲，内江（今四川内江）人，嘉靖十四年（1535）中进士，历官编修、徽州通判、南京吏部主事、户部右侍郎等职，后来因与奸相严嵩不和，得罪严嵩，被贬贵州都匀卫。万历年间，邹元标贬谪都匀，在此，他开院讲学，使儒学文化进一步渗入并同化都匀的民族文化。邹元标构筑茅屋讲舍名曰"讲学草堂"，聚徒讲学，黔南弟子云集其门下。他在贵州传播心学长达六年之久，使都匀成为当时传播王学的重镇之一。邹元标在都匀的学术活动，奠定了他的学说的基础。"阳明之学，成于龙场，尔瞻之学，定于都匀。"② 邹元标在黔南培育了不少人才，其中最著名的是陈尚象、余显凤和吴铤"三先生"③，他离开贵州后，其弟子们为追思先师，弘扬师道，遂以其号"南皋"创建南皋书院。

　　清平卫（今贵州凯里市炉山镇）也是当时著名的王学重镇之一。孙应鳌、蒋世魁是同乡，又同为蒋信的嫡传弟子。万历五年（1577），孙应鳌因病告归，在家乡筑"学孔精舍"，与蒋世魁共同论学，潜心讲学，是黔省"为乡学立教"的先驱。孙应鳌曾几度从事教育工作，先后创办了平旦草堂、学孔书院、山甫书院等三大书院，开黔东南一代学风，一时书院讲学蔚然成风，涌现了并不少心学之士，他的弟子中最著名的是陕西三原温纯，他曾跟

---

① 《黔诗经略》卷三。
② 《黔记》卷四十二。
③ 张明：《王阳明与黔中王学》，第127页。

随孙应鳌求学 20 年,后官累至湖广参政,湖南参议,浙江巡抚,拜南京户部、工部尚书。孙应鳌首开凯里文人文化之先河,是贵州文人文化的奠基人,为家乡清平的教育发展做出了巨大贡献,使清平在明清两代人文荟萃。据统计,孙应鳌的家乡清平县,明清两代中进士者达 19 人,中举人者达 86 人①。

(三)明代贵州书院讲学活动和人才分布

1. 明代贵州书院讲学活动

王阳明谪居贵州期间,讲学不辍,创办龙冈书院,主讲贵阳文明书院,使其心学思想得以广泛传播,影响了贵州一代学风。在其教育实践中,逐步形成了独特的教育理论。《传习录》、《客坐私祝》、《教条示龙场诸生》、《龙场诸生问答》等是其教育理论的代表作,其中,后两者为其教育思想的开山之作。在文中,他明确地说:"诸生相从于此,甚盛,恐无能为助也,以四事相规,聊以答诸生之意。一曰立志,二曰勤学,三曰改过,四曰责善,其慎听,毋急!"②"立志、勤学、责善、改过"成为龙冈书院的院规,也是王阳明教育理论的核心内容。王阳明从十一岁起,就立志要成圣成贤,因此他把"立志"放在教育的首位。他说:"志不立,天下无可成之事。虽百工技艺未有不本于志者。……故立志而圣,则圣矣;立志而贤,则贤矣。志不立,如无舵之舟,无衔之马,飘荡奔逸,终亦何所底乎?"③在教育实践中,王阳明还非常重视德育,这表现在他对儿童教育的计划和步骤上。在训练标准上,分为孝、悌、忠、信、礼、义、廉、耻八目;在

---

① 孔令中著:《贵州教育史》,贵州教育出版社 2004 年版,第 84 页。
② 《王阳明全集》卷三十六,第 974 页。
③ 《王阳明全集》卷三十六,第 974 页。

每日功课的内容上：分为孝德、背诵书等①。同时，他反对为捞取功名利禄而读书的做法，尖锐地批判戕害士人的科举制度，认为这一制度使士子们为了"钓声利，弋身家之腴②。"批判科举制度不仅败坏学风，而且败坏了社会风气。他指出："自科举之业盛，士皆驰骛于记诵辞章，而功利得丧，分惑其心，于师之所教，弟子之所学者，遂不复知有明伦之意矣。"③他认为，读书是为了学以致用。"是故诵其诗，读其书，求古圣贤之心，以蓄其德而达诸用④。"同时，他坚决反对空疏的学风，倡导笃实学风，他告诫弟子说："记取青松涧底枝，莫学杨花满阡陌⑤。"告诫弟子们要脚踏实地治学，扎实奋斗，挺立不拔。他的教育思想对明代贵州教育事业的发展具有重大推动作用。

有明一代，由于统治者看到了教化的重要性，大兴文教，地方政府和文化界人士也很重视礼乐教化，加之一批饱学之士流寓贵州，给贵州文化教育事业的发展注入了生机，使其勃然兴起。王阳明来贵州后，在贵州龙场创办龙冈书院，拉开了贵州兴办书院的序幕⑥，王阳明离黔后，他所倡导的书院讲学之风为其弟子们所发扬，他的教育思想为其弟子所继承，兴办书院，自由讲学之风盛极一时。因此，明代贵州各地书院如雨后春笋，拔地而起，由原来的两三所，骤增至二三十所，⑦书院文化勃然兴起。

---

① 陈青之著：《中国教育史》，北京：东方出版社2008年版 第344页。
② 《王阳明全集》卷二十二，第875页。
③ 《王阳明全集》卷七，第253页。
④ 《王阳明全集》卷二十三，第893页。
⑤ 《王阳明全集》卷二十九，第1073页。
⑥ 王阳明之前，汉代的盛览、尹珍曾在贵州办院讲学，但规模和影响远逊于后者，故有此说。
⑦ 王阳明之前，贵州仅有思南府所辖之沿河司的銮塘、竹溪二书院，后被废弃，元代仅有贵阳的文明书院。

至晚明时期，贵州学校教育发展得蓬蓬勃勃、如日中天，各类学校如宣慰司儒学、州学、府学、卫学、县学等都发展较快，据统计，有明一代，贵州共建宣慰司儒学6，州学4，府学12，卫学23，县学10①。故郭子章称："郡县军卫罔不建学，文化之盛，古所未有也。"可见，明代贵州教育是由私人书院教育和官学教育共同构成。据统计，王阳明之后，明代贵州书院主要有：（1）弘治年间：中峰书院（汪藻建）、铜江书院（毛科建）；（2）正德、嘉靖年间：龙冈书院（王阳明建）、天香书院（何志清建）、石碧书院（朱配建）、阳明书院（王杏建）、中峰书院（陈邦敷建）、南山书院（王溥建）、文明书院、正学书院（蒋信建）、鹤楼书院（张翀建）、魁山书院（叶凤邕建）、紫阳书院（黄希美建）、月潭书院、为仁书院（田稔建）；（3）隆庆年间：学孔书院（孙应鳌建）、斗坤书院（周以鲁建）、明德书院（吴维京建）；（4）万历年间：兴文书院（张月建）、南皋书院（徐秉正建）、大中书院（周以跃建）、讲学草堂（邹元标建）、花竹书院、青螺书院（陈性学建）、开化书院（朱梓建）②。明代贵州书院发展到万历后期，由于多方面原因，开始走向衰落。首先，明末贵州社会动荡，战乱颇多，历经兵燹的书院大多被毁弃。再次，由于政治原因，明天启年间，发生了以魏忠贤为首的阉党和以顾宪成为首的东林党之间的党派之争，阉党占上风，猛烈地冲击了进步文化，戕害进步人士，遂使明代贵州书院被禁毁，书院自由讲学之风由是衰退下去，书院文化迅速衰落。

---

① 任吉麟著：《贵州省志·教育志》，贵州人民出版社1990年版，第37页。

② 参阅卢永康主编：《王阳明谪黔遗迹》，贵阳：贵州人民出版社1999年版，第79页；余怀彦主编：《王阳明与贵州文化》，贵阳：贵州教育出版社1999年版，第109~111页；蒋希文，吴雁南主编：《王阳明国际学术研讨会论文集》，第448~453页。

2. 明代贵州人才的分布

明代以前,贵州文化教育发展落后,人才匮乏。据可靠史料记载,明代以前,贵州仅有进士 8 名,乡贤 10 人,文化名人 4 位①。明代中后期,是贵州人才发展的关键时期。由于王学的影响,加之贵州士人向学,使贵州人才鹊起,故郭子章称:"海内谈圣学,半宗余姚,余姚之学,成于龙场,龙场故黔地也,黔之士待文闻夷奋而起者若孙司空山甫,李太参湜之,马内江朝宠,其荦荦者著。"② 据统计,在明代贵州有 1720 余名举人,其中,在王阳明之前仅有 350 多人,在他之后 100 余年中有 1360 人,增加约 4 倍③。嘉靖九年(1530),思南人田秋,嘉靖十三年(1534),巡按贵州王杏相继上书请求贵州单独开科考试,得允。田秋(1494~1556),字汝力,号西麓,贵州思南府水德江司(今德江县)人。正德五年(1510)中举,正德九年(1514)同进士出身,嘉靖元年(1522)任福建延平府推官,后历任直隶河间府推官、户科给事、礼科左给事、吏科左给事、福建布政司参政,嘉靖十八年(1539),升任四川按察使,次年再升任广东布政使。嘉靖九年(1530),当时在京城供职的他,目睹贵州士人长途跋涉赴云南赶考,深感其中的艰辛与苦楚,遂向朝廷上了《开设贤科以宏文教疏》,恳请朝廷允准贵州单独开闱乡试,得允。嘉靖十六年(1537),贵州得以单独开闱乡试。此举对贵州文化的发展具有划时代意义,它大大方便了贵州贫寒子弟就近投考,促进了明代贵州人才的崛起。嘉靖十年(1531),田秋还上了《请建务川、安顺、印江学疏》,也得到了批准,三地相继办起了学校,这极大地推动了贵州文化教育事业的发展和人才的

---

① 杨斌:《明代贵州人才的地域分布》,《贵州文史丛刊》,1994 年第 2 期。
② [明]郭子章著:《黔台校秋录二卷·子章集·序》。
③ 张明:《王阳明与黔中王学》,《阳明学刊》第一辑,第 129 页。

兴起。

嘉靖十六年(1537),贵州首次开闱乡试。据史料记载,贵州单独开闱乡试的当年,录取了25名举人,之后逐年增多,最多时达40名,开闱后100年间至明末,出了80多名进士,举人达700—800人。明清时期,贵州就出现了700名进士,而明代进士人数为109个,占总数的15.57%。明代贵州进士的分布情况如下:贵州宣抚司(今贵阳),进士26人;普定卫(今安顺),进士8人;敷勇(今修文),进士1人;湖广都司五开卫(今黎平),进士3人;新添卫(今贵定),进士3人;兴隆卫(今黄平),进士1人;都匀卫(今都匀),进士3人;铜仁长官司(今铜仁),进士7人;麻哈州(今麻江),进士1人;普安卫(今盘县),进士11人;平越卫(今福泉),进士2人;思南府水德江长官司(今思南),进士12人;永宁卫(今四川叙永县),进士7人;清平卫(今凯里市炉山镇),进士6人;平溪卫(今玉屏县平溪),进士4人;偏桥卫(治今施秉县),进士5人;石阡(石阡长官司),进士3人;赤水卫(治今毕赤水河、四川叙永县),进士6人;乌撒卫(今威宁),进士2人①。

自嘉靖十六年(1537),贵州首次单独科举考试正式开始,中举者达25人,次年(1538),在京城会试,有4人中进士,这是贵州史上前所未有的盛事。而随着贵州书院遍布,文教大兴,人文日盛,人才鹊起,五大人才分布中心形成了,它们是贵阳、安顺、盘县、凯里、都匀。这五大人才分布中心的人才构成如下:贵阳:进士26人,举人411人,乡贤66人,文化名人39人;普安(今盘县):进士11人,举人126人,文化名人6人;思南:进士12人,举人94人,乡贤31人,文化名人10人;清

---

① 参阅庞思纯著:《明清贵州七百进士》,贵州人民出版社2005年版,第3页,第213~259页。

平（今凯里）：进士6人，举人71人，文化名人9人；安顺：进士8人，乡贤30人；都匀：进士3人，举人45人，乡贤19人，文化名人5人①。

由上述数据可以看出，明代贵州人才的分布有以下几个特点：第一，贵阳是明代贵州最大的人才分布中心，其人才数量远远超过其他几个地区，这与贵阳作为贵州政治、经济和文化教育中心是相适应的，随着黔中王门弟子在全省推广阳明心学和边鄙之地教育事业的日趋发展，使人才的地域分布日渐合理，差距逐渐缩小。第二，以贵阳为中心，形成多个次人才分布中心并存的格局。除了贵阳外，还出现了凯里、都匀、思南、普安、盘县、等多个次人才中心。第三，明代贵州人才主要分布在交通要道上，其他交通闭塞的蛮荒之地人才则比较少。据杨斌考证，明代贵阳、安顺、思南、盘县、凯里等五个人才中心共有进士56名，占全省的55%；举人821人，占全省的48%；乡贤仅贵阳、安顺、思南就有127名，占全省的56%；贵阳、思南、盘县、凯里等四个人才中心就有文化名人63人，占全省的52%；宦迹五个人才中心共有31名，占全省的54%；文学12人，占全省的44%；隐逸29名，占全省的59%②。

如前所述，明代贵州在主要交通干道和要冲形成了以贵阳为中心，包括安顺、凯里、都匀、思南、普安、盘县、普定等多个次人才中心，那么，这是否意味着，除此以外，其他地方就没有人才可言了呢？当然不是，当时的铜仁、镇远、赤水、新添（今贵定）、安庄（今镇宁）、毕节、安平（今平坝）、平越（今福

---

① 参阅《明清贵州七百进士》，第3页，杨斌：《明代贵州人才的地域分布》，《贵州文史丛刊》，1994年第2期；杨斌：《贵州历代人才地理分布变迁》，中国历史地理论丛，1994年第3期。

② 杨斌：《贵州历代人才地理分布变迁》，中国历史地理论丛，1994年第3期。

泉)、乌撒（今威宁)、黎平、平溪（今玉屏)、安南（今晴隆)、遵义、瓮安、兴隆（今黄平)、定番（今惠水）等这些地方都是人才比较集中的地方。

三、明代贵州文化的特点

在王阳明大兴书院讲学之风的影响之下，明代贵州文化呈现一片花团锦簇、硕果累累的景象，不仅形成了贵州史上第一个完整的地域性儒学派别——黔中王门学派，而且促进了明代贵州文化的全面发展。以下简要论述明代贵州文化的几个显著特点：

首先，黔中王门弟子。王阳明之后，儒学大规模进入贵州，形成了贵州史上第一个完整的地域性儒学派别——黔中王门学派。王阳明的心学思想首创于贵州，首传于贵州，贵州士子独领其风气之先，得其真传。王阳明的《镇远旅邸书札》中记载的弟子正是第一份有确切记录的王门弟子名单，他们是阳明心学的衣钵传人，主要有张时裕、向子佩、陈文学、汤伯元、叶子苍、汪原铭、李惟善、陈良丞、詹良丞等23人，而据张明考证，王阳明黔中王门弟子有确切记载的有62人之多，这在王门学派中实属罕见。他们对王阳明的思想极为膺服，他们大多笃信师学，注重实学，强调道德践履的重要性。例如，王阳明在贵州教授生徒时，就很重视德育，把德育放在教育的首位。孙应鳌也特别强调伦理教育的重要性，认为治学的标准是明伦，因此，他说："立志以圣贤为归，学道以伦理为准。"① 王阳明悟道讲学，为的是经邦济世，他非常重视人格的砥砺。孙应鳌也以治国安邦为己

---

① 刘忠碧，龙连荣，王雄夫点校：《孙应鳌文集·幽心瑶草》，贵州教育出版社1996年版，第338页。

任,强调治国子之才的道德修养。因此,他说:"故君子必诚意、正心、修身以达于家、国、天下,天地万物,浑然同体,可以一毫私欲自蔽,得志与民由之,不得志独行其道①。"而李渭的"弭山中盗易,弭心中贼难"与王阳明的"破山中贼易,破心中贼难"思想又是如出一辙。值得注意的是,贵州阳明弟子虽笃信师道,但并不囿于师道。例如,李渭、孙应鳌等都创造性地继承和发展了阳明心学。

其次,书院和人才。明代贵州书院与中原地区的书院相比,有鲜明的地域性特征,主要体现在以下几个方面。第一,从书院的数量来看,明代贵州书院增加很快,平均每四年增加一所。至隆庆、万历年间,贵州书院猛增至 14 所。② 后来,增至二三十所,而且都与王门直接相关。众多书院交相辉映,成为贵州文化史上一道十分亮丽的阳明文化风景线。第二,从书院的发展趋向来看,明代贵州书院逐步与官学诸如府、州、县、卫学等教育组织相结合,并且"逐步走向平民化,并且以同志相尚、品评人物,讽议朝政,使书院逐步走向社团化、政治化。"③ 第三,在教育内容上。明代贵州书院以王学为宗,以心性之学为教,主要教授儒家经典,即《诗》、《书》、《礼》、《易》、《春秋》。第四,非常重视道德教育,强调了以伦理道德为指归的教育理念。第五,有浓郁的民族特色。明代贵州书院主要设立在少数民族聚居的地区,书院文化又与少数民族文化融合,因此,书院教育具有浓厚的民族教育色彩。明政府非常重视少数民族地区的教育,设立社学、卫学、府学、州学等教育机构,同时还大力支持地方官员和名绅创办书院,允许他们自由讲学。据统计,明代贵州少数

---

① 《孙应鳌文集》,第 200 页。
② 张羽琼著:《贵州古代教育史》,贵州教育出版社 2002 年版,第 119 页。
③ 邓洪波著:《中国书院史》,东方出版中心 2004 年版,第 251 页。

民族地区的书院主要有：思南的斗坤书院、为仁书院；贵阳文明书院、阳明书院、正学书院；清平的学孔书院；都匀的讲学草堂、南皋书院等。随着书院教育的兴起，明代中后期，贵州人才联袂而起，最终形成多个人才中心，明代贵州人才分布的最大特点是分布极不平衡。由于王学的影响，加之嘉靖年间贵州单独开科取士，使贵州士子中举者大增。

再次，学术。明代贵州学术气氛十分活跃，且与王门直接相关，确切地说是以王学为宗，具有明显的地域性特征。第一，儒学发展迅速，规模宏大。中原客籍文人、饱学之士流寓贵州，带来了儒家文化。尤其是王阳明的到来，悟道讲学，化启西南，将儒家文化的精华深深根植于贵州少数民族的多元文化体系之中。在王阳明的影响下，黔中王门学派诞生，五大王学重镇形成，书院遍布，人才鹊起，使儒学在贵州得到了大规模的发展，并产生了极大的社会效应，据史料记载，明代贵州"礼宗考亭，不随夷俗，文教丕扬，人才辈出"①，崇尚儒学蔚然成风，"明代中后期，以尊崇诗书，讲习礼仪为内涵的儒学文化，逐渐成为贵州各族人民的时尚"②。第二，明代贵州出现了大量的经学著作，其数量之丰富，学术价值之高，在全国阳明学派中实属罕见。主要有王阳明的《五经臆说序》；李渭的《先行录》、《毋意篇》、《大儒治规》；邹元标的《先行录·序》；马廷锡的《警愚录》；孙应鳌的《淮海易谈》四卷、《四书近语》六卷、《学孔精舍诗钞》、《孙应鳌鳌文集》、《论学会编》、《教秦语录》、《教秦总录》、《雍谕》、《道林先生粹言》、《督学文集》、《教秦绪言》、《幽心瑶草》等。第三，贵州是最早刊刻王阳明著述的地区之一。嘉靖年间贵州按察使胡尧时，曾新修阳明书院，并刊刻王阳明的著作于贵州，

---

① 《黔记》卷十一。
② 王路平：《论本土形上智慧资源"黔中三宝"》，贵州社会科学，2002年第4期。

"令学徒知所景仰,士风为之大变。"此后,几乎历任贵州地方官员都重视刊刻王阳明的著作,刊印出版的经学著作有《居夷集》、《传习录》、《阳明先生文录》、《新刊阳明先生文录续编》等。第四,黔中王门弟子在学术思想价值取向上,兼容并包,不存门户之见。他们积极吸取与宇内其他地区学术流派的精华,为我所用。在这方面,以孙应鳌最为典型,他一生交游甚广,据莫友芝《孙文恭小传》记载:"先生自见知波石即传其所受阳明,心斋之学,终日抠趋,与李同野、马心庵、蒋见岳同励圣轨。既又走桃冈印证于道林,所造益实。通籍后,又遍交罗念庵、胡卢山、邹颍泉、罗尽溪、赵大洲、耿在伦、耿楚侗诸巨公,往复切劘,温故知新,浩然自得。"① 正是因为贵州阳明学派不拘泥于本土之学,能放眼全国,吸取宇内各派的学术思想的精髓,使其得以日益发展壮大,最终在全国阳明学派中占有一席之地。

余 论

王阳明通过"龙场悟道,"初步奠定了他的心学理论体系的基础。在黔期间,他首开贵州书院讲学之风,传播儒家文化,开启民智,涵化黔俗,谱写了贵州文化发展的华章,对明代贵州文化的发展做出了划时代贡献,主要有:第一,王阳明确立了儒家文化作为贵州主流文化的地位。他在贵州讲学时,所授生徒主要是少数民族弟子,他们学成后弘扬师说,使圣学之光普照贵州全省,16世纪末17世纪初,是阳明心学覆盖贵州的时期,黔中王门学派、五大王学重镇、五大人才中心涌现,书院文化教育蒸蒸日上,促进了明代贵州文化的勃兴。因此,从这个意义上讲,王

---

① 《黔诗纪略》卷五。

阳明是一位伟大的文化使者，他确立了儒学文化作为明代贵州主流文化的地位，促进了以儒家文化为主流的明代贵州多元文化的发展。"明清以来贵州儒学文化突飞猛进的发展势头及其在多元文化体系中主流地位的确立和获得社会的认同，均得力于王阳明在黔的有关活动及其思想理论在贵州的影响和传承。"① 第二，遍访贵州奇山异水，并留下了大量诗文，其中《瘗旅文》、《象祠记》等两篇美文被收入了《古文观止》②，这些诗文成为贵州阳明学派重要的学术资源，也是研究阳明心学难得的珍贵参考资料。纵观明代贵州文化，阳明心学无疑是明代贵州文化的主流，王阳明是一位伟大的文化使者，正是他谱写了明代贵州文化发展的新篇章。因此，王阳明被后世尊称为"黔学之祖"。

---

① 林建曾：《从贵州多元共存文化体系看王阳明及其在黔后学的影响》，见《王学之旅》编委会主编：《王学之旅》，贵州民族出版社，2009年版，第331页。

② 王阳明有三篇文章即《瘗旅文》、《象祠记》和《尊经阁记》被收入《古文观止》，其中前两篇是在修文龙场驿创作的。

论邹东廓对江右王学的影响

◆ 耿加进

邹东廓主要是通过会讲活动来传播王阳明的思想的。东廓对王阳明致良知学说能"斤斤以身体之",而且在实践中颇有所得,故其对王阳明学说并非盲目崇拜,而是发自内心的真实崇信,实际上他已将王阳明思想内化为自己的思想,故在传播王阳明思想时并不执著于王阳明的言论,而是随机点化,故刘宗周谓其"诸所论著,皆不落他人训诂良知窠臼"。东廓的会讲活动不仅对一般会众产生了影响,而且对知识精英也产生了重要影响;不仅对同时代人如罗念庵、刘师泉、陈明水等产生了影响,而且对后世也产生了重要影响,唐君毅指出:"后之王一庵、王塘南至刘蕺山之重'意'、重慎独,正可上溯至东廓之言戒惧之旨。"①

东廓的影响主要在江右,对江浙也有一定影响。江右是一个

---

① 唐君毅:《中国哲学原论(原教篇)》,中国社会科学出版社 2006 年版,第 239 页。

地理概念,江右王门是指江右地区的阳明后学,并不构成一个具体的学派,实际上江右地区的思想家在理论上有着较多的分歧,如聂双江、罗念庵与邹东廓的思想就有着较大的差别。但我们又注意到,同一地区的思想家的思想虽然有着诸多分歧,但在思想上又有着某种一致性,这与地理是有一定的相关性的,因为同处于一个地区,增加了交流的便利,从而也导致了相互影响的发生。江右地区的王门后学有一个极为相似的特点,就是注重实修、强调内收工夫,如东廓的戒惧、双江的归寂、念庵的收摄保聚等都程度不同地强调向内用力。从这个角度来看,又具有了学派的某些特征。黄宗羲说:"姚江之学,惟江右为得其传,东廓、念庵、两峰、双江其选也。再传而为塘南、思默,皆能推原阳明未尽之旨。是时越中流弊错出,挟师说以杜学者之口,而江右独能破之,阳明之道赖以不坠。盖阳明一生精神,俱在江右,亦其感应之理宜也。"① 在这里,黄宗羲显然不仅仅以江右为一地理概念,而实是赋予了某种学派意蕴。由于东廓位高德望,崇信良知,既切身体之,又全力弘扬,是以影响甚大。罗念庵虽是王阳明之私淑,却受到后世的推崇。邓以赞说:"阳明必为圣学无疑,然及门之士,概多矛盾。其私淑而有得者,莫如念庵。"② 刘宗周说:"王门惟心斋氏盛传其说,从不学不虑之旨,转而标之曰'自然',曰'学乐',末流衍蔓,浸为小人之无忌惮。罗先生后起,有忧之,特拈'收摄保聚'四字,为'致良知'符诀,故其学专求之未发一机,以主静无欲为宗旨,可为卫道苦心矣。"③ 黄宗羲说:"邹东廓之戒惧,罗念庵之主静,此真阳明之的传

---

① 黄宗羲:《明儒学案》卷十六,《江右王门学案一》,中华书局,2008年版,第331页。
② 《明儒学案》卷十八,《江右王门学案三》,第388页。
③ 《明儒学案》卷首,《师说》,第12页。

也。"① 因此，本文以罗念庵为例，来说明东廓对江右王学的影响。

学者一般都注意到聂双江对罗念庵的影响，而很少注意东廓对罗念庵的影响，如吴震的《聂豹、罗洪先评传》、张卫红的《罗念庵的生命历程与思想世界》和台湾学者林月惠《良知学的转折：聂双江与罗念庵思想之研究》等关于罗念庵的专著，都没有提及东廓对念庵的影响。实际上刘宗周早就注意到东廓对念庵的影响，但学者对此却视而不见。刘宗周说："东廓以独知为良知，以戒惧慎独为致良知之功。此是师门本旨，而学焉者失之，浸流入猖狂一路。惟东廓斤斤以身体之，便将此意做实落工夫，卓然守圣矩，无少畔援。诸所论著，皆不落他人训诂良知窠臼，先生之教，率赖以不敝，可谓有功师门矣。后来念庵收摄保任之说，实溯诸此。"②

一、关于东廓与念庵论学的记载

罗念庵在《祭邹东廓公文》中说："某闻教二十余年，以匡病不出户者三年余矣。亦思此身稍健，必思继先生之业，以毕此生，而先生以道自任，引诱不怠，曾几何时，遽至于此？"③ 从嘉靖十二年（1533）起，至嘉靖四十一年（1562）壬戌，共二十九年，除去念庵闭关三年，余二十六年，所以念庵说闻教二十余年非虚言。以下是有文献根据的两人见面的时间，统计虽并不完全，但足可以证明两人论学之多：

---

① 《明儒学案》卷十一，《浙中王门学案》，第 225 页。
② 《明儒学案》卷首，《师说》，第 8 页。
③ 罗洪先：《祭邹东廓公文》，《罗洪先集》卷二十三，凤凰出版社，2007 年版，第 922 页。

阳明学研究

嘉靖十二年（1533），据胡直《念庵罗先生行状》，念庵在为父居丧期间，"居常与同郡东廓邹公守益及诸同志切劘无虚日。"①

嘉靖十三年（1534），据罗念庵《东川先生行状》，念庵参加了当年的青原会："壬午（当为甲午之误），东廓邹子讲学青原山中，时与往来议论。"

嘉靖十八年（1539），徐阶在南昌聚会讲学，并创建"龙沙会"，念庵与东廓与会②。

嘉靖十九年（1540），念庵在京师任职，这一年东廓与徐阶也受召入京，东廓任经局洗马，徐阶任经局洗马兼翰林院侍读，徐阶在《明故巡抚云南右副都御史为阳周公墓志铭》中说："向予在经局，日从东廓邹子、荆川唐子、念庵罗子相与切磋于身心之学，于时士大夫之贤者大率辱与予四人游。"③

嘉靖二十一年（1542）壬寅，东廓、双江、念庵等在江西吉安府举"九邑大会"④。是年，念庵又访东廓于复古书院。罗念庵《答复古问》："嘉靖壬寅，余访东廓先生于复古书院。自是丙午（1546），庚戌（1550）凡三至。至则邑之诸乡先生咸在，门人弟子从而列坐者又若干人，相与问难。必数日乃能去。"春夏间，与东廓等举行"青原会"，游石屋、玄潭。欧阳南野在《寄

---

① 胡直：《念庵罗先生行状》，《罗洪先集》第1379页。
② 《王阳明全集》卷三十六《年谱附录一》："同门吉安邹守益、刘邦采、罗洪先……与各郡邑选士俱来合会焉。"（上海古籍出版社，1992年版，第1334页。）
③ 徐阶：《明故巡抚云南右副都御史为阳周公墓志铭》，《世经堂集》（《四库全书存目丛书·集部》第79册，卷十六，第716页。）
④ 《衡庐精舍藏稿》卷二十四《欧阳乾江先生行状》："壬寅，公（案，指欧阳南野）外艰服阕，偕永丰聂公（案，指聂双江）、安成邹公（案，指邹东廓）、吉水罗公（案，指罗念庵），出会九邑同志。"

— 97 —

黄久庵》中说:"某去冬阕服后①,新春会东廓、念庵诸兄于青原,寻同游石屋、玄潭。"②另据欧阳南野《答魏水洲》第二书,南野曾与念庵、东廓数会于青原③。

嘉靖二十五年(1546)丙午,东廓举办青原会,念庵与会,并访复古书院。见罗念庵《答复古问》。

嘉靖二十六年(1547)丁未,念庵与东廓会于恩江。罗念庵《跋郑少谷与傅丁戊畅叙幽情卷》:"明年丁未元夕,余与东廓诸君会于恩江乐丘,共坐山楼。"念庵《寄邹东廓》(丁未):"留石屋数日,得对清温,真如醉春风,不在言说解释,令人不欲别去也。所闻诸语,一一无疑。"念庵、东廓感情之融洽于此可见。

嘉靖二十七年(1548)戊申,念庵与东廓会于青原,龙溪、绪山等与会。罗念庵《夏游记》:"六月二十五日,会于青原,与会者一百六十人。"九月,念庵与东廓会于吉水县龙华。耿定向《东廓邹先生传》:"其年九月,会吉水之龙华,语罗文恭及诸同志云:'古人发育万物,只从此三千三百充拓,不是悬空担当三千三百。只从戒惧真体流出,不是枝节检点。"念庵在《书龙华会语后》中说:"嘉靖戊申仲冬,西石王君聚九邑士友于龙华,旬余而后别。将别,求东廓先生之言,以为久要。先生于是追录其讲语,条列而联次之,以致切磋之意。……不肖反覆先生之言,于经传中所载,大约解释明白,令人反身自省,较之平日书册之研穷,若谈异时他人语者,万万不侔。从此而善进,可以自得无疑矣。"④东廓对念庵的影响于此可见一斑。

嘉靖二十九年(1550)庚戌,念庵访复古书院,为东廓庆祝

---

① 欧阳南野于嘉靖己亥(1539)遭父丧,是知"去冬"当指1541年。
② 《欧阳德集》卷三,凤凰出版社,2007年版,第97页。
③ 《答魏水洲》第二书:"青原、螺渚之间,幸数与东廓、念庵诸丈求切磋之益。"
④ 《书龙华会语后》,《罗洪先集》卷十六,第694页。

六十大寿,游青原山。东廓《简陈大蒙》:"仲春诞日,诸友作仁寿之会于复古。四方同志亦辱临之。会毕,即游春台,探洪阳、石乳二洞,宿原道阁,遂入青原,泛玄潭,以入石屋,交砥互矶,直觉纤毫查滓无容脚处。"① 念庵《答复古问》记其于是年访复古书院。念庵《陈明水墓志铭》:"继是庚戌,聚青原。"

嘉靖三十二年(1553)癸丑,念庵与东廓会于武林和当湖。《沈太史全集》所收《淇林馆钞·湖上读书堆六先生会语》:"嘉靖癸丑夏四月既望,念庵罗先生自北还,道经浙河,东廓邹先生赴梅林胡公之招,馆于武林之间。于是一庵唐先生、龙溪王先生、荆川唐先生、黄州湛一方先生,与邹、罗二先生咸会于我当湖,将纵观海上之胜。"

嘉靖三十三年(1554)甲寅,念庵、东廓等人会讲于玄潭,据念庵《甲寅夏游记》。

嘉靖三十七年(1558)戊午,东廓等会讲于复古书院,与念庵、双江、师泉等辩论寂感之旨。耿定向《东廓邹先生传》:"戊午,会复古。与双江、念庵、师泉诸公究极寂感旨。夏,再会。"

念庵对东廓十分尊敬,称东廓为"长者",大凡东廓组织的聚会如无特殊情况基本都参加。他曾对东廓说:"倘有它会,不敢劳使,微以意示鹅溪,即应声往矣。"② 东廓给罗念庵的信中曾说:"所谕寂处离感,应用不免疏脱,朋友切磋,吐露实难。缘有意见于中,便不能虚以受善。冬闲未能至连山,则以仲冬联舟入泰和,遂聚梅陂,更一究竟,何如何如?"③ 可见,两人都愿当面讨论问题。因为两人见面方便,故很少有书信往来,东廓

---

① 《简陈大蒙》,《东廓邹先生文集》卷六,《邹守益集》卷一一,凤凰出版社,2007年版,第550页。

② 《寄东廓公》,《罗洪先集》卷六,第197页。

③ 《简罗念庵(一)》,《东廓邹先生遗稿》卷五,《邹守益集》卷十二,第585页。

给念庵的信，查《文集》和《遗稿》，仅一封；念庵给东廓的信也仅三封。

二、从念庵的转变看东廓对他的影响

东廓与念庵经常在一起切磋学问，念庵受其影响自是难免。

（一）无欲主静

罗念庵的得意门生胡庐山说念庵"初不甚喜良知，亦不尽信阳明先生之学，训吾党专在主静无欲。"① 吴震认为，胡庐山此说反映了丁未年（1547）以后的念庵思想。

念庵好友唐荆川之子唐鹤征曾将念庵的思想分为三个阶段：早期"致力于践履"；中期"归摄于静寂"；晚期"彻悟于仁体"。张卫红在其专著《罗念庵的生命历程与思想世界》中认为念庵的一生是围绕王龙溪的现成良知展开的，早期服膺，中期批判，晚期修正，并且以主静无欲为念庵的中期工夫形式，以收摄保聚为念庵晚期的工夫形式。实际上，主静无欲与收摄保聚很难说是两种不同的工夫形式。

大多数学者在讨论濂溪的思想时，多把重点放在阐释濂溪"默契道妙"的形上玄思上，而对"无欲"、"主静"的工夫内涵较少关注。朱熹在注解《圣学》章时说："此章之指，最为切要。然其辞义明白，不烦训解。"② 牟宗三也认为此章"不烦疏解"③。但是，若从实践的工夫进路来看，"无欲"、"主静"有其丰富的工夫论意涵。

---

① 胡庐山《困学记》，《明儒学案》卷二十二，第521页。
② 《通书》，《周敦颐集》卷二。
③ 《心体与性体》上册，上海古籍出版社，1999年版，第294页。

学者一般都以为念庵的无欲主静思想源于聂双江和李谷平，而没有注意到东廓的"主静无欲"思想对念庵的影响。东廓一直肯定濂溪、明道在儒家道统中的重要地位，并以"无欲"、"定性"来概括濂溪、明道的思想。早在嘉靖十三年（1534）甲午所作的《阳明先生文录序》中，东廓就特别重视濂溪与明道的思想和地位，他说："论圣之可学，则以一者无欲为要；答定性之功，则以大公顺应学天地圣人之常。"① 在《叙秋江别意》中，东廓说："故圣学之要，在于无欲。甚矣，周子之善发圣人之蕴也！"② 在《赠廖曰进》中，东廓说："定性之学，无欲之要，戒慎战兢之功，皆所以全其良知之精明真纯而不使外诱得以病之也。"③ 东廓此处显然赋予"无欲"以工夫论意涵。

念庵对"无欲"的解释与东廓有着惊人的相似。我们来看念庵的表述：

> 闻之古之善寡欲者，非有欲之后而务去之之谓也，防于未然，不复萌动焉尔矣。吾心固不能以无欲也，防之而使不复，则亦未有自然廓清之期。如是而学，犹之聚兵峙粮以冀寇之不我侵，比于无备者远矣。彼寇犹与我相持，非所谓儆戒无虞也。善为治者保无虞，善寡欲者保无欲。无欲者，吾心之真体，天下无以尚之者也。辨乎此，而顺以存之，虚以养之，譬之于民，耕田凿井，养生送死，以各遂其有生之乐，如是四境之内皆吾之赤子，弧矢之利皆所以自守也，谁为寇我？④

---

① 《东廓邹先生文集》卷一，《邹守益集》卷二，第39页。
② 同上书，第48页。
③ 同上书，第64页。
④ 《书马钟阳卷》，《罗洪先集》卷十五，第659—660页。

念庵所谓"非有欲之后而务去之之谓也,防于未然,不得萌动焉尔"与东廓"不使外诱得以病之"的意思非常相近。念庵这里论及了两种无欲之法,第一种是有欲而防之,即所谓"有欲之后而务去之"。念庵以"聚兵峙粮以冀寇之不我侵"为喻,说明防欲之功比起无所防备的放任自然要好,但是人之欲望无穷无尽,如此对治犹如"彼寇犹与我相持",从而"未有自然廓清之期"。第二种即所谓"善寡欲者保无欲",重点不在对治欲根,而在保任心体。无欲即心之本体,以无欲之体为主宰而用力其上,则自然不受欲念搅扰。东廓所谓"全其良知之精明真纯而不使外诱得以病之",就是指在良知心体上作工夫,有一念不善即克之,念念不断,则良知心体常精常明,故外诱不能病之。

尽管"主静"之说出自濂溪,但后儒对"静"字却十分谨慎,程朱为避免流于佛道的批评,以"敬"字来代"静"字,但在工夫手段上却并不反对静坐。程颐见人静坐便叹其善学,朱熹则是教人半天读书,半天静坐。明儒也不反对静坐,阳明在滁州时便教人静坐。钱绪山以静坐为阳明教法之一。念庵力倡"主静"工夫,但对主静可能导致的"执内遗外"之弊保持着敏感。他在与友人的信中说:"虽不敢惫精力以强其不能,亦未尝厌外断闻以安其所便。"① 念庵对濂溪"主静"的解释是:"周子所谓主静者,乃无极以来真脉络。其自注云'无欲故静',是一切染不得,一切动不得,无然歆羡,无然畔援……故能为立极种子。"② 这是从本体论的角度论"主静"。因为无欲之体具有"一切染不得,一切动不得,无然歆羡,无然畔援"的特点,故能为"立极种子"。"一切染不得,一切动不得",是指良知心体能够自作主宰,一有不善之念即克之,而使心体不受一毫人欲杂染而保

---

① 《答友人》,《罗洪先集》卷九,第 384 页。
② 同上书,第 403 页。

持常精常明。因此,"主静"与"无欲"是异名而同实。在给王有训的信中,念庵说:"学须静中入手,然亦未可偏向此中躲闪过,凡难处与不欲之念,皆须问从何来。若此间有承当不起,便是畏火之金,必是铜铅锡铁掺和,不得回互姑容,任其暂时云尔。除此无下手诛责处,平日却只是陪奉一种清闲自在,终非有根之树,冒雪披风,干柯折矣。"① 静非清闲自在,而是于静中察识难处与不欲之念,因此静非真静。

再来看看东廓是如何论"主静"的。东廓说:

> 濂溪主静之静,不对动而言,恐人误认,故自注云无欲。此静字是指人生而静,真体常主宰,纲维万化者。在天机,名之曰无声无臭,故揭无极二字;在圣学,名之曰不睹不闻,故揭无欲二字。天心无言,而元亨利贞无停机,故百物生;圣心无欲,而仁义中正无停机,故万物成。知太极本无极,则识天道之妙。知仁义中正而主静,则识圣学之全②。

东廓认为"主静"之"静"非动静相对之静,即以静为一超越的本体,故东廓说:"此静字是指人生而静,真体常主宰,纲维万物者。"这与念庵以静为"立极种子"何其相似。"主静"从宇宙本体论的角度即是无极,从心性本体论的角度即无欲。东廓以天心无言万物生、圣心无欲万物成作对比,说明主静即天体流行,不假安排,无一毫私欲人为夹杂其间,即念庵所谓"一切染不得,一切动不得,无然歆羡,无然畔援"。

在《复黄致斋使君》中,东廓说:

---

① 《与王友训》,《罗洪先集》卷六,第233页。
② 《录诸友聚讲语答两城郡公问学》,《东廓邹先生文集》卷七,《邹守益集》卷十五,第733页。

所示已发未发之旨，及主静寡欲之说，足见日用切实工夫，直写胸中所得。然鄙人所闻，亦不敢不竭尽其愚。夫良知一也，有指体而言者，寂然不动是也；有指用而言者，感而遂通天下之故是也。指其寂然处，谓之未发之中，谓之所存者神，谓之廓然而大公；指其感而遂通处，谓之已发之和，谓之所过者化，谓之物来顺应。体用非二物也。学者果能戒慎恐惧，实用其力，不使处私用智之障得以害之，则常寂常感，常神常化，大公顺应，若明镜莹然，万象毕照，未应不是先，已应不是后矣。主静寡欲，皆致良知之别名也。说致良知，即不消言主静。言主静，即不消说寡欲。说寡欲，即不消言戒慎恐惧。盖其名言虽异，血脉则同。不相假借，不相衬贴，而工夫具足①。

东廓认为，主静即寡欲，名言虽异，血脉则同。所谓"实用其力，不使处私用智之障得以害之"，就是指良知心体能够自作主宰，循良知心体去做就是实用其力，与念庵所谓"顺以存之，虚以养之"在工夫进路上有相似之处。

通过以上分析，我们可以看出，念庵虽然曾一度赞同双江的"归寂"说，但并不表示他没有吸收其他人的思想。事实上，念庵的思想一直处于不确定的状态，念庵在丙辰年（1556）写给尹道舆的信中曾说："从前为'良知时时见在'一句误却，欠却培养一段工夫。培养原属收敛翕聚。甲辰夏，因静坐十日，恍恍见得，又被龙溪诸君一句转了。总为自家用功不深，内虚易摇，友朋总难与力也。"②

---

① 《东廓邹先生文集》卷五，《邹守益集》卷一〇，第497页。
② 《与尹道舆》，《罗洪先集》卷七，第251页。

(二) 寂感内外

虽然念庵对双江之《困辩录》曾玩读再三，"始而洒然无所疑，已而恍然有所会，久而津津不能舍"，①竟至于"手笺是录，以为字字句句无一弗少当于心"。②然而，五十二岁再读其昔日所批注之《困辩录》时，看法已经发生改变。《读困辩录抄序》：

> 自今观之，亦稍有辩矣。公之言曰："心主乎内应于外，而后有外，外其影也。"心果有内外乎？又曰："未发非体也，于未发之时，而见吾之寂体。"夫未发非时也，寂无体不可见也。见之谓仁，见之谓知，道之鲜也。余惧见寂之非寂也，是故自其发而不出位者言之，谓之寂；自其常寂而通微者言之，谓之发。盖原其能戒惧而无思为，非实有可指得以示之人也。故收摄敛聚可以言静，而不可谓为寂然之体；喜怒哀乐可以言时，而不可谓无未发之中。何也？心无时亦无体，执见而后有可指也③。

双江提出"归寂"说后，受到了王门弟子的围攻，只有念庵信之，黄宗羲说："微念庵，则双江自伤其孤另矣。"④双江特别强调寂感、未发已发之分，认为良知是未发之中，寂然不动之性体，感于物而发，故已发未发、寂与感有时间上的先后之分。双江的思路是"立体以达用"，即先养成寂体，寂体养成则自然发而中节，故双江认为工夫在归寂，格物无工夫。双江的观点受到了阳明亲炙弟子的强烈批评，他们本阳明体用相即的思路认为，

---

① 《困辩录后序》，《罗洪先集》卷十一，第472页。
② 《读困辩录抄序》，《罗洪先集》卷十一，第474页。
③ 《罗洪先集》卷十一，第474—475页。
④ 《明儒学案》卷十七，《江右王门学案二》，第361页。

未发即已发,未发已发无时间上的先后之分,寂感无二时,体用无二界。

念庵据王门弟子致良知之说实践而无所获后,转归"主静"的工夫进路,当聂双江提出归寂说后,念庵"深相契合",并为之作序。而嘉靖三十二年(1553),念庵的思想开始发生变化,明显表现出与双江不同的思路,《读困辩录抄序》即作于这一年。通过上面的引文可以看出念庵值得关注的变化:一是怀疑心有内外之分;二是认为未发已发不是时间概念;三是认为寂无体不可见,认为双江所见之寂体不是寂体;四是心无定体。

次年,即嘉靖三十三年(1554),念庵在《甲寅夏游记》中更清晰地表达了对寂感关系的认识:

> 夫谓感由寂发可也,然不免于执寂有处。谓寂在感先可也,然不免于指感有时。彼此既分动静为二,此乃二氏之所深非,以为边见而害道者。我固坚信而固执之,其流之弊,必至重于为我,疏于应物,而有不自觉者,岂《大学》欲明明德于天下之本旨哉?
>
> 盖久而复疑之,夫心一而已。自其不出位而言,谓之寂。位有常尊,非守内之谓也。自其常通微而言,谓之感。发微而通,非逐外之谓也。寂非守内,故未可言处,以其能感故也。绝感之寂,寂非真寂矣。感非逐外,故未可言时,以其本寂故也。离寂之感,感非正感矣。此乃同出而异名,吾心之本然也。①

念庵虽然没有放弃"寂在感先,感由寂发"的观点,但认识到自己在寂感关系问题上不免有"执寂有处"、"指感有时"的错

---

① 《罗洪先集》卷三,第82页。

误。念庵的观点是：心通寂感，寂不离感，感不离寂，寂感同出而异名，都是吾心之本然。值得注意的是，念庵认识到"指感有时"的错误，指出"未可言时"，这与双江反对"寂感无二时"而主"未发有时"的观点明显出现分歧。念庵的观点在某种程度上接近了王门弟子的观点。这离不开王门弟子（包括东廓在内）的影响。

如果说念庵此时对寂感内外的认识还有知见的成分，那么在两年后即嘉靖三十五年（1556），念庵在实践中对此真正有了生命的体悟。他在给蒋道林的信中说："当极静时，恍然觉吾此心虚寂无物，贯通无穷，如气之行空，无有止极，无内外可指、动静可分，上下四方，往古来今，浑成一片，所谓无在而无不在。"①

念庵尽管在寂感关系上有了新的认识，但是主静归寂的立场并没有改变。在给念庵的信中，东廓特别拈出"静究天道中，四时常行，不论寒暑；百物常生，不论开敛。而吾心乃别有寂体，只此是无言之妙"②一句，认为这是双江"一时寂体成见"。念庵对双江的归寂说却有受用，故对东廓的话难以接受。念庵在回信中说："前领批答，具悉指踪，每自考验身之所际与吾之所见，似涉二种。身未凑见，譬犹足目两不相逮，于此言寂言感，为同为异，奚但梦寐语耶？寂感无二时，体用无二界，即使周、程复生，何以易此？惟指独处与所以谨者，由人识取，故烦诲言之勤。俟根柢坚凝，流应无滞，然后执其所见，辨别取裁。"③念庵认为，双江之说是实践工夫，只有亲身实践方知底里，否则只是梦寐语。王门诸子对双江的批评主要是基于其思想与阳明思想

---

① 《答蒋道林》，《罗洪先集》卷八，第298页。
② 《答罗念庵》，《东廓邹先生遗稿》卷五，《邹守益集》卷十二，第585页。
③ 《答东廓公》，《罗洪先集》卷六，第197页。

不相印合，而没有实际地"体知"双江的思想。念庵这里表述的就是这个意思，不作实际的体证工夫，言寂言感，言同言异，是没有意义的。由于双方观点分歧较大，故嘉靖三十七年（1558），东廓与双江、念庵等在复古书院聚会，此次聚会的目的是讨论寂感问题①。这次讨论的结果如何，我们不得而知。但东廓对念庵的影响是肯定无疑的。此后念庵闭关三年。嘉靖四十二年（1563），在给杜道升的信中，念庵说：

> 自来虚实寂感内外原是一件，更无两件。言其无有不是，故谓之实。言其无少夹杂，故谓之虚。言其随事能应，故谓之感。言其随处无有，故谓之寂。以此自了，故谓之内。以此俱了，故谓之外。真无有分别者，真能时时精明强健，直全切俱了矣②。

这一年双江去世，此前一年东廓去世，次一年念庵去世。这可以说是完全背离了双江的思想，而回到了阳明的思想路线上来了。这也是念庵晚年的定论。

（三）戒慎恐惧与收摄保聚

刘宗周说：

> 王门惟心斋氏盛传其说，从不学不虑之旨，转而标之曰"自然"，曰"学乐"，末流衍蔓，浸为小人之无忌惮。罗先生后起，有忧之，特拈出"收摄保聚"四字，为"致良知"符诀，故其学专求之未发一机，以主静无欲为宗旨，可为卫

---

① 耿定向：《东廓邹先生传》："戊午，会复古。与双江、念庵、师泉诸公究极寂感旨。夏，再会。"
② 《答杜道升》，《罗洪先集》卷七，第283页。

道苦心①。

刘宗周认为，念庵提出"收摄保聚"是针对王学末流肆无忌惮、以放纵为自然提出来的，故有卫道之功。"收摄保聚"说确实是念庵重要的工夫论主张。嘉靖二十九年（1550）在给尹道舆的信中，念庵说："从前为'良知时时见在'一句误却，欠却培养一段工夫，培养原属收敛翕聚。"此时的收敛翕聚具有归寂说的主静色彩。嘉靖三十三年（1554），念庵认识到"当时之为收摄保聚，偏矣。"②据张卫红统计，在《甲寅夏游记》中，"收摄保聚"出现八次，其中三次指以往的主静工夫，五次为工夫转向后之所指③。

在《甲寅夏游记》中，"收摄保聚"首先体现在对心体的重新认识上。在论及心体寂感一如之后，念庵接着说：

> 此所谓收摄保聚之功，君子知几之学也。学者自信于此，灼然不移，即谓之守寂可也，谓之妙感可也；即谓之主静可也，谓之慎动可也。此岂言说之可定哉？是何也？心也者，至神者也。以无物视之，固泯然矣；以有物视之，固炯然矣。欲尽敛之，则亦块然不知，凝然不动，无一物之可入也。欲两用之，则亦忽然在此，倏然不在，能兼体而不遗也。

张卫红对这段话有精彩的点评，兹录之："在此，念庵即本体而言工夫，工夫直接着力于本体，因本体是超越了寂感、动

---

① 《师说》，《明儒学案》，第12页。
② 《甲寅夏游记》，《罗洪先集》卷三，第82页。
③ 张卫红：《罗念庵的生命历程与思想世界》，三联书店，2009年版，第443页。

静、有无之对待（以无物视之，固泯然矣；以有物视之，固炯然矣），故直接着力于本体的工夫亦是无分于动静的，所谓'随动随静，无有出入'，'兼体而不遗也'。如是，在语言名相上谓之'守寂'抑或'妙感'、'主静'抑或'慎动'均无妨——以此可见与中期'主静'说的不同；在中期，主静之本体具有'寂然不动'之特性，主静工夫强调先于静中存养本体，再在实践中打通动静，此犹偏重于对待之静；而收摄保聚之本体是寂感一如的，不再拘泥于静中存养，所谓'收摄敛聚，非对时之动而言之也'，'予之收敛静定，非外事物酬应也'，是随动随静、时时直接安住于心体的。"①

由此可见，念庵的工夫路向与龙溪、东廓已十分接近了。东廓说"戒惧"工夫有三个层次，即戒惧于事为，戒惧于念虚，戒惧于本体，也就是说仅讲"戒惧"并不能确切地知道工夫的真实进路，东廓讲戒惧，双江也讲戒惧，都源自《中庸》，但工夫进路并不相同。工夫进路的不同，归根结底是对本体的理解不同。在双江，本体是寂然不动的中体，故工夫就是致中。在龙溪、东廓，本体是常精常明的心体，是既存有又活动的，心无不知，知无不发，故就良知心体直接作工夫就是究竟工夫，即遭双江、念庵攻击的所谓用良知致良知。此时的念庵对本体工夫还有知解的成分，并没有真正地融通，我们来看下面这段话，这段话也出自《甲寅夏游记》：

> 龙溪曰："兄比前迥不同。弟察日用间尚犯做手在，盖缘未尽脱见。学问脱见到尽处，便都是寻常事，一切不须占起。此是以良知致良知，纵饶差失，本无根蒂，如醒眼人不入梦境。如此，则应用时真机圆熟。真机不圆，则真用不

---

① 张卫红：《罗念庵的生命历程与思想世界》，第444页。

显。此等处,没人直信得及,舍兄亦无复有商量者矣。"龙溪此言,乃其一生超悟处,但不知从何便得平铺,都是寻常,其差失便无根蒂,此处须有收摄保聚之功。见得端倪似此,煞好进步。若以见在良知承受,即又不免被虚见作祟耳①。

从此处可知念庵与东廓、龙溪的差距。我们前文曾经说过,念庵此时还只能说是对本体工夫有知解,还是需要借助于收摄保聚的主静工夫,一直到嘉靖三十六年(1557),他依然没有摆脱归寂说的影响。信不得见在良知,就不会做见在工夫。念庵由于对见在良知不能相契,故其所谓"知几"、"自信"都只能是知见。念庵明明没有达到这种工夫境界却作如是说,可能是受到东廓的影响,因为东廓与念庵相处日长,每次教人不离本体工夫②,念庵不自觉地受其影响而不知。实际上嘉靖三十六年念庵明确表示不能接受东廓的思想。直到闭关三年后才真正彻悟东廓的"戒惧于本体"之说的不误。嘉靖四十一年(1562)壬戌,龙溪访念庵于松原,两人都有晤语传世,即龙溪的《松原晤语》,念庵的《松原志晤》。念庵《松原志晤》载:

> 问曰:"工夫有先后否?"是时余为闾里均平赋役,因举似曰:"即如均赋一事,吾辈奉行当道德意,稍与乡里出力,只得耐烦细腻,故从六月至今半年,终日纷纷,未尝敢憎

---

① 《甲寅夏游记》,《罗洪先集》卷三,第 86 页。
② 王畿说:"东廓会中常以所得次第示人,云:自闻教以来,始而戒惧于事为,未免修饰支持,用力劳而收功寡;已而戒惧于念虑,未免灭东生西,得失者半;已而戒惧于心体,始觉有用力处,亦始觉有得力处。"(王畿:《漫语赠韩天叙分教安成》,《王畿集》卷十六,凤凰出版社,2007 年版,第 468 页。)

厌,未尝敢执著,未尝敢放纵,未尝敢张皇,未尝敢亵侮,未尝敢偏党。自朝至暮,惟恐一人不得其所,虽甚纷纷,不觉身倦,一切杂念不入,亦不见动静二境。"①

此正可以为东廓的"戒惧于本体"做注脚。遗憾的是,东廓已见不到此文。龙溪来访时间是壬戌仲冬七日,东廓于是年是月十日去世。得知东廓去世的消息可以想象念庵是多么的伤心。他在《祭邹东廓公文》中说:"然则九邑之间,至可悲者,孰有如某哉!"终于与东廓相契,而东廓已不在,何其惨然!第二年八月十五中秋,念庵谢世。

东廓不用"收摄保聚",有"收摄精神"仅见于《冲玄录》。东廓常用的是"戒惧"或"戒慎恐惧",我们前文曾专门讨论过。念庵除了用收摄保聚,也常用"戒惧"、"戒慎恐惧"等词,如:

戒慎不睹,恐惧不闻,此孔门用功口诀也②。

主静立极,濂溪尝有是言矣。此非濂溪之言也,戒惧于不睹不闻,子思尝言之矣。不睹不闻,静也。微而隐而见焉显焉,非不动也③。

常令此心寂然无为,便是戒惧其所不睹不闻。言戒惧在本体上,便觉隔越④。

尝观《中庸》言性,所指在于不睹不闻,盖以君子之

---

① 《罗洪先集》卷十六,第696页。
② 《书门人扇子》,《罗洪先集》卷十五,第670页。
③ 《答董蓉山》,《罗洪先集》卷八,第333页。
④ 罗念庵:《答项瓯东》,《明儒学案》卷十八,《论学书》,第398页。

学，惟于其所不睹不闻者而戒慎恐惧耳。舍不睹不闻之外，无所用其戒慎恐惧也。夫不睹不闻，可谓隐而未形，微而未著矣。然凡吾之发见于外者，即此未形者之所为而未始有加。是虽至隐也，而实莫见乎隐。凡吾之彰显于外者，即此未著者之所为而未始有加。是虽至微也，而实莫显乎微。君子可无戒慎恐惧哉①？

"收摄保聚"与"戒慎恐惧"两词，从字面上看是不相同的，前者侧重于内敛的方向性，后者侧重于精神的警觉性。东廓认为，本体自然流行，不假安排，故只要在良知心体上用工夫，工夫就十分易简，但要一念不息实属不易，故东廓提出"戒惧"一词。东廓说："戒慎恐惧之学，不放纵，亦不拘迫。放则忘，拘则助。"② 戒惧是一种既不能放纵又不能拘迫的状态。关于"收摄保聚"，念庵是有说明的："收敛精神，并归一处，常令凝聚，能为万物万事主宰……惟夫出入于酬应，牵引于情思，转移于利害，缠固于计算，则微暖万变，孔窍百出，非坚心苦志，持之岁月，万死一生莫能几及也。"③ 收摄保聚就是收敛精神，使之并归一处，常令凝聚，而要做到收摄保聚非坚心苦志，持之岁月，万死一生莫能几及，这即是戒惧工夫。因此，收摄保聚与戒慎恐惧在精神上是一致的，两者并没有实质的不同。因此，刘宗周说念庵的"收摄保聚"实溯源于东廓的"戒惧"说。黄宗羲承其师，也把东廓与念庵并提："邹东廓之戒惧，罗念庵之主静，此

---

① 《夏游记》，《罗洪先集》卷三，第71页。
② 《答汪周潭中丞问学》，《东廓邹先生遗稿》卷八，《邹守益集》卷十六，第775页。
③ 《与萧云皋》，《罗洪先集》卷七，第264页。

真阳明之的传也。"① 黄宗羲是以阳明学为内敛收心之学②，故有是说。把东廓与念庵并提，大概与其师一样，也是看到了两者思想的相关性。

---

① 《明儒学案》卷十一，《浙中王门学案》，第225页。
② 黄宗羲说："自此以后（案：指王阳明龙场之悟），尽去枝叶，一意本原，以默坐澄心为学的。有未发之中，始能有发而中节之和，视听言动，大率以收敛为主，发散是不得已。"（《明儒学案》卷十《姚江学案》，第180页。）

儒学与历史人物研究

◆ 孔子"幽赞而达乎数,明数而达乎德"含义考释

◆ 刘基儒学思想研究

◆ 论李端棻对中国近代教育改革的重大贡献

◆ 儒经与中国文化的核心价值

◆ 关于儒学现代发展的有关问题

◆ 同一还是差异
　　——社群主义的"社群"与传统儒家的"群体"之比较

孔子"幽赞而达乎数，明数而达乎德"含义考释
——兼论孔子的易学方法论

◆ 汪显超

帛书《易传》诸篇表明，孔子说《易》是个不容怀疑的历史事实，是孔子创立了儒家易学。在帛书《易传·要》篇里孔子说了这样一句话："幽赞而达乎数，明数而达乎德，又仁守者而义行之耳。"这句话究竟是什么意思呢？由于孔子说《易》是对先秦史巫的筮占易学作自己的解说，是以史巫的筮占易学为基础，因此孔子的易学与先秦筮占易学紧密连接在一起，它的许多内容的真实含义单靠传统的儒家经义训诂并不能真正弄明白。对于《要》中的这句话来说，能否真正明白它的含义直接影响到对孔子说《易》的具体内涵的理解的深度。单看这一句，很难明白孔子是什么意思。因此，必须把它放到具体的语言环境里，并结合先秦筮占易学的有关内容来讨论。下文以《要》中包含这句话的语段为核心，来探讨它的思想内涵。这句话所在的语段是这样的：

子赣曰：夫子亦信亓筮乎？子曰：吾百占而七十当。唯周梁山之占也，亦必从其多者而已矣。子曰：《易》，我后其祝卜矣！我观其德义耳。幽赞而达乎数，明数而达乎德，又仁守者而义行之耳。赞而不达乎数，则其为之巫，数而不达于德，则亓为之史。史巫之筮，乡之而未也，好之而非也。后世之士疑丘者，或以《易》乎？吾求亓德而已。吾与史巫同涂而殊归者也。君子德行焉求福，故祭祀而寡也；仁义焉求吉，故卜筮而希也。祝巫卜筮其后乎！

这段文字在含义上包含着两个层次的内容：一是孔子回答子赣（即子贡）自己信不信筮占的问题，二是孔子在回答了子贡的问题之后接着阐述自己的易学立场和易学方法，两层之间以第二个"子曰"为分界。先看第一层的意思。

一、孔子对自己是否信筮占问题的回答

所谓"吾百占而七十当"，意思是说"我占一百次能有七十次占准"，说的是筮占准确率的问题。"周梁山之占"，应是当时的一种占法。据《周礼春官宗伯太卜》记载：

> （太卜）掌三《易》之法，一曰《连山》，二曰《归藏》，三曰《周易》。

又，《周礼春官宗伯筮人》记载：

> 筮人掌三《易》，以辨九筮之名。一曰《连山》，二曰《归藏》，三曰《周易》。九筮之名：一曰巫更，二曰巫咸，

儒学与历史人物研究

三曰巫式，四曰巫目，五曰巫易，六曰巫比，七曰巫祠，八曰巫参，九曰巫环，以辨吉凶。

依据东汉学者的说法，《连山》是夏代的《易》，《归藏》是商代的《易》，《周易》是周代的《易》。据此，在周代，三《易》占法都还存在。春秋时候的占法自然不止一种，孔子所说的"周梁山之占"大约是当时在山东（梁山地区）流行的一种占法。所谓"亦必从其多者而已"，意思是"也一定要取少数服从多数的法则"，这涉及筮占结果的确定法则问题。关于筮占结果的确认方式，殷《易》有"三人占，则从二人之言"（《尚书·洪范》）的规定，即取少数服从多数的法则。孔子所说的"亦必从其多者而已"与此义同。需要指出的是，这种少数服从多数的法则并不是当时所有的筮占流派都用。据《包山楚简》所载的筮例可知，战国时期楚国就有一次筮占由一个筮人操作的做法。《周易蒙》卦说："初筮告，再三渎，渎则不告。"意思是说：第一次筮占，神明一定告诉你答案，第二次、第三次筮占已经有不尊重神明的性质，你不尊重神明神明就不会告诉你正确的答案。《周易》已经用卦辞的形式禁止着"一事多筮"的做法，它明显地倾向于"一次就定下结论"的"一事一筮"。"亦必从其多者而已"这句话接在"吾百占而七十当。唯周梁山之占也"后面，是在补充孔子对自己的筮占水平的看法。孔子没有直接回答子贡自己是否信筮占的问题，而是直接说自己的筮占准确率。就"百占而七十当"的准确率而言，它一方面表明孔子会筮占，另一方面又表明孔子没有达到"百发百中"的水平。对此，孔子作了一种带有自我评价意味的补充说明，他说：就是周梁山占法也讲少数服从多数的法则，既然"少数服从多数"是法则，这个法则本身就表明命中率达不到百分之百是普遍现象，换言之，孔子所想要说的是：我的百分之七十的准确率要算是高水平。

概括起来，第一层的意思应是这样：

子贡问：夫子也信筮占吗？孔子说：我占筮的准确率是百分之七十。就是用周梁山这种占法，结论也必须取少数服从多数的法则。

在这一层里，孔子没有直接回答子贡自己信不信筮占的问题。于是，有了第二层的孔子的易学立场表白。

二、孔子对自己易学立场和易学方法的阐述

在第二层里，首先涉及这样几个必须要明白的概念："巫"、"史"、"德义"、"数"、"赞"。"巫"在远古是沟通天地、神灵、祖先与人之间的联系的专职人员，掌管祭祀、卜筮、星历、驱邪、治病等事。"史"是从巫中分化出来的，职在掌管天文、历法、卜筮、历史等的政府工作人员，因此史是在国家、政府产生之后才出现。先有巫，后有史，史仅居于政府而巫广布于社会；"史"、"巫"在职能上有相同的地方。下面我们来看孔子所讲的"德义"、"数"、"赞"的含义。

（一）"德义"的含义

孔子说："《易》，我后其祝卜矣！我观其德义耳。"字面意思是说：对于《易》，我把它的卜筮作用放在次一等的位置，我是要探索出它的"德义"。孔子说自己并不看重卜筮（这里他仍然没有回答信不信的问题），他读《易》另有目的：是"观其德义"。这里的"德义"是什么意思呢？在《要》篇的这段文字里，与"德义"二字联系紧密的语句是这样的：

子曰：《易》，我后其祝卜矣！我观其德义耳。……君子

德行焉求福,故祭祀而寡也;仁义焉求吉,故卜筮而希也。祝巫卜筮其后乎!

"德义"二字是与"君子"、"德行"、"仁义"连接在一起的。孔子一生所说都与"君子"、"仁义"之道相关,这里的"德义"二字的基本含义当然也不会例外。结合孔子主张的君子仁义之道,这两句话的意思就很明朗:

孔子说:对于《易》,我把占问吉凶看作是次要的,我所需要的是探明《易》的"德义"……君子是靠德行求得幸福,因而虽讲祭祀,但并不频繁地举行祭祀活动,靠信守仁义来求得吉祥,因而虽也讲卜筮却很少用它。祝巫们靠卜筮求吉凶的做法对于君子来说是次要的!

可知,"德义"二字指的是作为儒家理想人格的"君子"在成就自己高尚品德时所奉行的"仁义之道"和所表现出来的"成德之行",换言之,"德义"二字指的是儒家理想的道德标准和道德实践。显然,这种"德义"不可能是史巫筮占易学里所具有的思想。关于"德义"的具体内容,孔子在帛书《易之义》、《昭力》及《要》篇里有许多详细、明确的阐述,兹不赘言。

(二)"数"的含义

孔子说:

> 幽赞而达乎数,明数而达乎德,又仁守者而义行之耳。赞而不达乎数,则其为之巫,数而不达于德,则亓为之史。

要想弄明白这段话的含义,首先要明白这段话里"数"和"赞"的含义。先来看"数"。

"数"是这段文字中涉及的一个极为重要的史巫筮占易学的

概念，它指的是先秦的筮占易学。就先秦筮占易学的形式而言，筮占是一种"数"的活动，它是一种"数"学。筮占过程主要是由演卦和解卦两部分组成。如《周易》，演卦就是把50根蓍草按"三变成爻"的特定程序演算，得出六爻卦象。每按"三变成爻"的程序操作一次，可以得到四个可能的数字"六、七、八、九"中的一个。连续操作六遍，依次得出六个特定的数字结果。把六个数字重叠起来就形成了六爻卦象；解卦就是依据一定的规则对演卦所得的卦象进行解说。因此，史巫筮占易学在表现形式上是"数"的演算，演卦就是演数，卦象就是演卦结果的数字的记录，解卦就是分析卦象这种特定的数字组合。《周易》64卦就是4096组特定的数字组合形式。

在筮占易学中，数的演算程序和演出的数字结果都有特定的义理。《易》本于天文，《易》中的数大多与古代天文学相关。比如，作为《周易》演卦的程序，"三变成爻"是在模拟"五岁再闰"的闰法；作为《周易》演卦的结果，"六、七、八、九"四个筮数之中，"六、八"代表阴，"七、九"代表阳。其中"六"与"九"，"八"与"七"，一阴一阳，各自相加都合成十五，是半月日数，一反一复合为三十，是一月日数，反映着先民确认的日月运行规律。《乾》《坤》两卦的总策数又恰是三百六十，相当于一年的天数，反映着一年日月运行的大致规律。因此，就先秦筮占这种数字活动而言，它的每一步操作以及每一步操作中的数字都含有特定的义理。一个真正掌握了筮占的人他理应通晓这种数的义理。但由于这些数多与古代天文学联系密切，唯有那些精通天文的巫、史才明白这些数的义理，而于一般只会筮占的普通的巫而言，他们是不会知道这些数的义理的。

由于先民认为，筮占可以用来探索神明的旨意，这种特殊的数字活动可以沟通天、神、人，因此数也就相应地具有了神秘的色彩。《周易·系辞》在论"天地之数"时就曾说，天地之数可

以"成变化而行鬼神"。所以帛书《易之义》篇说:"故《易》达数也。"认为《易》就是数的神妙运用(达,通晓的意思)。概言之,筮占易学以数为表达形式,《易》中的数都有特定的义理。

(三)"赞"的含义

那么,"赞"又是什么意思呢?

帛书《周易·易之义》第四章有这样一段话:

> (昔者圣人之作《易》也,幽)赞于神明而生占也,参天雨地而义数也,观变于阴阳而立卦也,发挥于刚柔而生爻也,和顺于道德而理于义也,穷理尽生而至于命(也,将以顺性命之)理也。

这段文字中也有"幽赞"一词。这段文字还出现在通行本《周易·说卦》的开始部分,文句大致相同,帛书中缺损的部分就是依据通行本校补的。帛书《易之义》篇所记叙的同样是孔子的易学思想。这里所阐述的是孔子关于"圣人作易"的方法和目的的见解。孔子认为,"圣人作易"时,数的设定是以天地之数为据,卦的设立是取法阴阳的变化,爻变的法则是取法刚柔互变的规则,不仅如此,"圣人作易"还与"神明"有关;而"合道德、顺理义、穷尽性与命的道理"则是《易》的精神,因而"圣人作易"的目的是要人们顺仁义、扬德性以立身立命(即"顺性命之理")。显然,这里"易之义"是孔子个人的发明,"道德、义、理"与原始的筮占易学是没有关系的。那么与"圣人作易"的方法有关的"幽赞于神明而生占"是什么意思呢?下面我们以通行本《说卦》为线索,来考察前人对它的解释。

通行本中,这句话记作"幽赞于神明而生蓍","蓍"即蓍草,《周易》用作筮占的工具,这里是用筮占的工具指代筮占,义与"占"同。汉魏时候,人们对这句话的理解各有不同。到唐代,孔颖达作《周易正义》,他的解说取各家之长,颇具有代表性。它是这样的:"圣人作《易》,其作如何?以此圣知深明神明之道,而生用蓍求卦之法,故曰'幽赞于神明而生蓍'也。"意思是说:圣人作《易》,是怎样作出来的呢?圣人用神圣的智慧洞悉了神明的道理,创造了用蓍草求卦问占的方法,因此说"幽赞于神明而生蓍"。关于这句话中的"幽赞"二字,荀爽的解释是:"幽,隐也。赞,见也。"干宝则说"幽,昧,人所未见也。赞,求也。"王弼又说"幽,深也。赞,明也。"孔颖达在总结前人注释的基础上解释说:"幽者,隐而难见,故训为深也。赞者,佐而助成,而令微者得著,故训为明也。"他把几种说法贯通了起来:"幽"是隐蔽的状态,因而难以看见,所以解释作"深"的意思;"赞"是辅佐、帮助而使成功,使幽微难见的事物变得显著,所以解释为"明"。简言之,"幽"是"深","赞"是"明白"的意思。因此"幽""赞"相连,作动词用可以解作"深明"、"洞悉"。筮占是在圣人洞悉了神明的道理后创立的。

再来看帛书《要》里的"幽赞而达乎数"的含义。如果孤立地看"幽赞而达乎数,明数而达乎德,又仁守者而义行之耳"这句话,参照《易之义》中那段文字,我们似乎可以把这句话理解为是孔子对"圣人作易"的方法和目的的另一种形式的表达,因为"幽赞"是指圣人洞悉了神明的道理而创立筮占;"达乎数"即是说通晓、掌握了数的义理("达",通、晓);"达乎德"即是说通晓、掌握了筮占易学中的"德、义";"又仁守者而义行之耳"意思是《易》的精神是要人们用仁义之道规范自己的行为,也就是《易之义》篇所说的要人们"顺仁义、扬德性以立身立命"。这样,"幽赞而达乎数"的意思就成了"洞悉了神明的道理而掌握了筮占中数的义理"。但是,这样解又与后文"赞而不达乎数"在义理的内在逻辑上构成矛盾:既然筮占方法是在"洞悉

了神明的道理"之后发明出来,它是以"洞悉了神明的道理"为依据,那么又怎么会出现"洞悉了神明的道理"却不能"通晓筮占中数的义理"的情况呢?因此,这句话并不是孔子对"圣人作易"的方法和目的的另一角度的表达。"幽赞而达乎数"这句话并非在说圣人作易的方法,不能简单地援引前人的解释来说明问题。那么,它究竟是什么意思呢?这还得从"幽赞"一词的含义说起。

《说文解字》说:"赞,见也。""赞"有看见、见到的意思。在《说卦》里,筮占被认为是在洞悉了神明的道理的基础上得以创立的。而作为一种特殊的数字演算活动,筮占又被认为具有神奇的功能,它可以沟通神明,也就是说,通过筮占可以"见到"神明的旨意,可以预测事物的发展趋势,即孔颖达在解释"赞"时所说的"令微者得著"。这样,人们依据筮占的结论决定自己的行为,实际上也就是按照神明的旨意行事,因此筮占又被认为可以起到赞助神明、辅助造化的作用,也就是孔颖达在解释"赞"时所说的"佐而助成",《系辞》所说的"可与祐神","能成天下之务"也是这个意思。因此,从筮占与神明的关系来考察,会实际呈现出三个角度:筮占的创立离不开洞悉神明之道这一基础,筮占是通晓深奥的天地道理的结果,洞察神明的道理这是一种"赞"(明);筮占的运用是在用数展示神明的旨意,这也是一种"赞"(见、现);筮占的运用同时又具有赞造化、助神明的意义,这还是一种"赞"(佐、助)。因此,"赞"具有"明"(明白)、"见"(看见)、"助"(赞助)三个角度的含义。当然,"明"与"见"在义理上有相通的一面,二者都是用眼看的结果。

这样,把"幽赞而达乎数"与"赞而不达乎数"两句话联系起来考察,不难明白,孔子是在从筮占的运用角度谈论史巫的筮占术,而不是从筮占的创立角度,此中的"赞"字应该是"见"(看见)和"佐、助"的意思。因此"幽赞而达乎数"这句话是说：通过筮占沟通神明与人以赞助天地化育的德行，进而明了数的神妙义理；"赞而不达乎数"是说：只会解占沟通神人以赞助天地化育的德行，而不能明了数的神妙义理。不难想象，在远古，通晓筮占的形式但不懂筮占的道理的"知其然而不知其所以然"的人（巫）也不会少，所以孔子会有这样的议论。

（四）孔子的易学方法论

在上面分析的基础上，我们来看孔子所说的"赞而不达乎数，则其为之巫，数而不达于德，则亓为之史"这句话，意思也就不难明白，它是说：能运用筮占沟通神明与人以赞助天地化育的德行，但不明了数的神妙义理，那也只不过是巫；而通晓了数的神妙义理却又不明了数的德义，那也只不过是史。在孔子的眼里，筮占易学的数不只是含有特定的筮占义理，这种数还具有儒家的"德义"思想，显然，这种"德义"除了孔子之外，别人都无从知道，精通筮占的史官当然也不会知道。孔子认为，自己提倡的这种具有"德义"的数要比史巫的数要高明，也就是说，他认为自己的易学比史巫的易学要高明。

这样，再来看前面一句，"幽赞而达乎数，明数而达乎德"，含义也就明朗：通过筮占沟通神明与人以赞助造化神明的德行，从而明了数的神妙义理，在通晓了数的神妙义理之后进而通晓数的德义；"又仁守者而义行之耳"一句中，"又"是复、再的意思，"仁守者而义行之"即用仁义之道来守身、行事。承接着上一句话，它的意思是：进而做到在依据筮占作决策时，自觉地服从筮占中数（指卦象、爻象）的德义，心守于仁而行合于义。可以看出，这段话接在"我观其德义耳"之后，是孔子在阐明自己的"易学方法论"：学《易》的人应该先掌握筮占方法以通晓《易》中数的筮占义理，进而通晓《易》中数的"德义"，再在筮占运用中自觉地服从数（卦象、爻象）的德义，最终实现以儒家

的仁义之道立身处事。

但是,这个"德义"是从哪里来得呢?是孔子"观"出来的。孔子"观其德义"的方法就是在解释卦辞、爻辞时阐发出儒家的仁义之道,这在帛书《系辞》、《易之义》、《要》、《昭力》等篇目中都有记叙。这种《易》"数"里的仁义之道纯属孔子个人的发明创造,它不是史巫筮占术的内容,因此它在本质上只能是儒家思想在史巫易学里的寄生。

至此,孔子不直接回答子贡自己信不信筮占的问题其原因也就明朗。孔子虽然认为自己的易学比史巫易学高明,但他同样要运用史巫易学的筮占预测形式(即数的形式),他的易学并不是要彻底抛弃史巫的筮占术。因此,他不能说自己不信筮占。但他又不主张去信史巫的筮占术。为此,孔子进一步表明了他对史巫筮占术的态度:

> 史巫之筮,乡之而未也,好之而非也。后世之士疑丘者,或以《易》乎?吾求亓德而已。吾与史巫同涂而殊归者也。

"史巫之筮,乡之而未也,好之而非也"一句中,"乡之而未也,好之而非也"互文见义。"乡"同"向","乡之"如同说"心向往之",心里很喜欢、向往史巫筮占术的意思;"好之"也是喜欢史巫筮占术的意思。"未",没有,指没有去追求史巫的筮占术(与"向往"相对);"非",不,指内心对史巫的筮占术不以为然(与"喜欢"相对)。整句话是说:史巫的筮占术,我向往他们却没有去追求它,我虽然喜欢它,但内心却对它不以为然。

孔子为什么会对史巫的筮占术不以为然呢?因为孔子主张君子应当以仁义、德行求得幸福和吉祥,而不应当依靠祭祀、卜筮来趋吉避凶。孔子不提倡筮占易学还有另外一个原因,即从学术的角度而言,孔子主张学术要为经世服务,他不认为史巫的易学有经世价值。《孔子家语》里记载了一件事:孔子的弟子中有一个很善于卜筮的子夏,一次,他跟孔子大谈筮占易学中所讲的天地间众多事物的习性、性质与阴阳、奇偶、地理间的关系(即史巫筮占易学的义理),并且说这不是普通人所能知道的,只有德性极高的人才能知道此中的原委。子贡评论子夏的话说,微妙是很微妙,但不是太平世道所需要的。孔子一方面肯定了子夏的理论,并说老聃也是这样说的,但他同时又认为子贡说的对。这个材料表明,孔子的学术目的有明显的倾向性:学术要为经世服务。他认为只有他的仁义之道对现实的政治最有价值,因此他不会认为《易》中所讲的自然道理也同样地有益于现实社会的政治。这也是他决意要改造拥有巨大社会影响的筮占易学的重要原因。孔子的这一思想在汉代易学中得到了充分的发扬,儒家易学在西汉中期以后逐渐发展成为封建社会政治的一个基础理论,它的功能远远超出了史巫易学的范围。

"后世之士疑丘者,或以《易》乎?吾求亓德而已。吾与史巫同涂而殊归者也。"意思是说:后世的人如果要怀疑我孔丘,可能就是因为《易》的缘故。不过,我只是探索卦象的德义,我与史巫是"同途殊归"(我们虽然都讲筮占,但我讲的是筮占的德义,而史巫讲的是筮占的吉凶)。这里孔子再次表明自己的易学立场,"吾求亓德而已",他与史巫是"同涂而殊归"。

概括起来,第二层全部的意思应是这样:

孔子说:对于《易》,我把占问吉凶看作是次要的,我所需要的是探明卦象的德义。学易的人应该通过筮占沟通神明和人以赞助造化神明的德行,从而明了数的神妙义理,通过明了数的神妙义理进而明了卦象的德义。这样,在依据筮占结论作决策时,自觉地做到服从卦象的德义,心守于仁而行合于义。如果只会解占沟通神人以赞助造化神明的德行,而不能明了数的义理,那就成了巫;而通晓了数的义理却又不明了数的德义,那也只不过是史。史巫的筮占术,我虽向往它却没有去追求;我虽然喜欢它,但内心却不以为然。后世的人如果要怀疑我孔丘,可能就是在《易》的问题上。不过,我只是探索卦象的德性,我与史巫是"同途殊归"(我们虽然都讲筮占,但我要的是卦象的德性,而史巫要的是筮占的吉凶)。君子是靠德行求得幸福,因而虽讲祭祀,但并不频繁地举行祭祀活动;靠信守仁义来求得吉祥,因而虽也讲卜筮却很少用它。祝巫们靠卜筮求吉凶的做法对于君子来说是次要的!

三、小 结

前文的分析表明,"幽赞而达乎数,明数而达乎德"这句话讲的是孔子的易学方法论,它的基本含义是:学《易》的人应该先通过掌握史巫的筮占方法来掌握筮占易学中的"数"(卦象、爻象等)的义理,再在此基础上进一步掌握这种"数"的"德义"(也就是儒家的义理),目的是在运用筮占的时候自觉地用《易》中的"德义"来规范自己的言行。孔子的这句话具有儒家易学纲领的特殊意义。

孔子对子贡的问题的回答表明:在形式上,孔子始终没有否定史巫的筮占术(他只是表示对它不以为然),而且他还继承了史巫筮占易学的基本形式,即以"数"为基本表现形式的筮占术。他要做的是改造史巫的筮占术,建立起一个新的筮占体系。孔子改造筮占易学的方法是在《易》中阐发出儒家的"德义",改变史巫易学判断吉凶的标准,把儒家的"德义"作为判断自己行为吉凶的根本准则。为此,孔子力求给每一条卦辞、爻辞都阐

发出儒家的"德义"思想（这在帛书《易传》诸篇中都有例说），把它作为人们判断自己行为吉凶的大法则。通过这种改造，孔子从思想内核上否定了史巫的筮占易学。

孔子的易学与史巫的筮占易学是两种不同旨归的易学。史巫的筮占术展示出阴阳之道决定着人的命运的思想，人虽然可以通过筮占来趋吉避凶，但人的积极有为的一面只反映在"趋"和"避"上，在总体上人的被决定的意义是第一位的。而孔子的易学展示着人的命运在于自己的思想，吉凶决定于是否遵循儒家的仁义之道，命运在本质上是决定于人自身的，因此人可以自己造命。这显然是两种迥然不同的人生观。无论史巫算得多么准，他们的筮占告诉人们的都是一种前定，这种前定总使人感到一种被动，甚至一种悲哀；而孔子的筮占理论告诉人们的是"自己造命"，它所表现出来的则是积极有为的人生旨趣，这使人们在任何一种筮占结论面前都必须用理性的态度去面对它，因为吉凶并非前定，并非绝对的。这种易学在当时无疑有着改造人们思想、激发人们主观能动性的作用，自然会产生巨大的有益于社会进步的价值。孔子认为自己的易学比史巫的筮占易学要高明，无疑有他的道理。

孔子身后，他所创立的义理《易》学为后世儒者所继续发挥弘扬。与孔子的《易》学宗旨一致，战国时期，荀况终于提出了"善为易者不占"的儒家名训，因为吉凶既然由自己是否行仁义之道决定，只要看一看自己的所作所为也就知道吉凶了，又何必去占问呢。幽赞而达乎数行至宋代，张载又提出"易为君子谋，不为小人谋"的名言，当张载站在筮占预测的角度来考察儒家易学时，最显而易见的自然是君子如果奉行仁义之道就会吉祥的思想，最自然而然的结论当然也就是"易为君子谋，不为小人谋"了。

刘基儒学思想研究

◆张宏敏

刘基（1311—1375），字伯温，号犁眉，封诚意伯，谥文成，浙江温州文成南田武阳（旧属处州青田县）人，元末明初杰出的政治家、思想家、哲学家、文学家、军事谋略家。以辅佐朱元璋完成帝业、开创大明王朝而驰名天下。主要学术著作有《郁离子》、《覆瓿集》、《犁眉公集》、《写情集》、《春秋明经》等，均收录于《太师诚意伯刘文成公集》。本文拟对刘基的儒学思想进行一番理论钩沉，其中主要包括刘基对孔孟之道的推崇，对儒家君臣之道、孝道、交友之道的理论思考，以及以民本思想为内核的德政理论。这里，笔者力求通过对刘基儒学思想的全面梳理，得出如下结论：刘基是一位"古典的儒家与学以致用的儒家"[①]。

---

① 成中英：《如何理解及评价刘伯温的历史与学术地位、政治、思想、文学与传说》，载何向荣主编《刘基与刘基文化研究》，人民出版社，2008年版，第1—3页。

一、刘基与孔孟之道

孔子儒家有"仁"、"智"、"勇"三达德的论述,《礼记·中庸》:"知、仁、勇三者,天下之达德也,所以行之者一也。或生而知之,或学而知之,或困而知之,及其知之,一也。或安而行之,或困而行之,或勉强而行之,及其成功,一也。子曰:好学近乎知,力行近乎仁,知耻近乎勇。知斯三者,则知所以修身;知所以修身,则知所以治人;知所以治人,则知所以治天下国家矣。""仁"、"知"、"勇"作为儒家伦理范畴,主要强调完成传统儒家"修己以治人"的理想目标,道德主体践行者所应具备的理论品格;智、仁、勇是用来调节上下(即君臣)、父子、夫妻、兄弟和朋友之间关系的指针,智、仁、勇的培植要靠诚实、善良的品德意识。《孟子·公孙丑下》:"学不厌,智也;教不倦,仁也。仁且智,夫子即圣也。"在孟子看来,孔子成为"圣人"("成人")的标志就是已经达成了"仁且智"的理想追求。

"仁且智"的理想人格是儒家的一种理想追求,而"勇"则是达成这一理想的重要手段与方式。刘基就认为:"勇者,仁、智之卒徒也。"详而言之,"勇"的具体表征是什么呢?"仁智帅乎中,坚挺乎其不回,于是选锋劲骑,听指麾而疾驰,如雷如霆,不可遏也,夫是之为勇。"① 可以看出,"勇"是在"仁"、"智"包括"中庸之道"指引下所体现的一种大无畏精神。"仁"、"智"与"勇"是一种相辅相成的关系:"盖仁、智不能自行,而驾勇以行,及其成功,则勇亦参乎仁、智,同为达德。"② 也就

---

① 刘基著,林家骊点校:《刘基集》,浙江古籍出版社,1999年版,第128页。
② 林家骊点校:《刘基集》,第129页。

是说,仁智驾勇,勇佐仁智,相互关联,不可分割,并称三达德。

然而,"勇"作为"三达德"之一,其实践操作甚为不易,"勇,天下之达德也,而圣人有时乎弗德",因为"德之蔽,惟勇为多"。如何践行"勇"之"德",实属难事。可以肯定,"勇"不是一味的蛮干冲动,更不是要求无谓的牺牲。关于"勇"的经典出处,刘基也有考证,"盖出自《孟子》",主要有两处:一是孟子"对齐宣王之问,而劝之以周文王、武王之事",突出强调"勇之时义"①,也就是说,"勇"应则"时"而行;二是引"曾子谓子襄之言","自反而不直,虽褐宽博,吾不惴焉;虽千万人,吾往之矣。"这里,刘基认为,儒家"勇"而无蔽的典范就是"传孔子之道"的曾子。

刘基在《大勇斋记》文中对曾子之"勇"予以尽情发挥,并援引孔子论行三军语:"暴虎冯河,死而无悔者,吾不与也。"易言之,曾子之"直"为"雅言","称吾友而不校",此"勇"应该效应,"仁以为己任,不亦重乎?死而后已,不亦远乎?"与此同时,刘基还称颂了颜渊的行"仁"之"勇":"颜渊问仁。子曰:'克己复礼为仁。'""克己",对常人而言是一种艰难的修养方式,"而颜子跃然任之","君子之大勇盖如是"!总之,曾子、颜回为了实现乃师孔子提出的"仁且智"的理想人格,敢于担当,勇于"克己","见义勇为",这就是儒家的"大勇"。

关于孔子儒学的核心观念"仁",以及"仁者,人也"的仁学命题,刘基有《郁离子·西郭子侨》文以论之。"西郭子侨与公孙诡随、涉虚,俱为微行。昏夜踰其邻人之垣,邻人恶之,坎其往来之涂而置溷焉。一夕,又往。子侨先坠于溷,弗言,而招诡随,诡随从之坠,欲呼,子侨掩其口曰:'勿言。'俄而涉虚

---

① 林家骊点校:《刘基集》,第129页。

至，亦坠。子侨乃言曰：'我欲其无相咥也。'"刘基借"君子"之言，即"西郭子侨非人也。己则不慎，自取污辱，而包藏祸心以陷其友，其不仁甚矣"①，对西郭子侨自取其辱却包藏祸心，陷害朋友以获得心理平衡的可耻行径予以无情鄙视②。由此，刘基征引孔子"仁者，人也"命题为理论依据，从而得出"西郭子侨非人也"、"其不仁甚矣"的结论。

从汉代直至宋代之前，《孟子》一书只是被列入子部儒家类，《孟子》成为官方认可的经书发生在两宋年间，自韩愈《原道》将孟子列为先秦儒家中唯一继承孔子"道统"的人物开始，两宋之际出现"孟子升格运动"现象，孟子地位逐渐得到提升。北宋神宗熙宁四年（1071），《孟子》一书首次被列为科举考试科目之一，之后《孟子》一书升格为儒家经典。南宋朱熹将其与《论语》《大学》《中庸》合为"四书"。元朝至顺元年（1330），孟子被加封为"亚圣公"，即称"亚圣"，地位仅次于孔子，"孔孟之道"由此而来。

刘基了解《孟子》的主要渠道是朱熹的《四书章句集注》，《孟子》学说对刘基的影响是多方面的，比如"若夫吉凶利害之所趋避，则吾闻之《孟子》矣"。《孟子·尽心上》"穷则独善其身，达则兼济天下"的至理名言，也成为刘基致仕、出仕的基本法理依据，并将其成功地运用于自己的政治生涯实践之中，在朝为官则兢兢业业，悲天悯人；不为当政者所容，则主动致仕，但是匡世济民之职志、为民请命之淑世情怀则一生秉持。在这一点上，刘基的官场之道颇似范仲淹《岳阳楼记》所记"居庙堂之高则忧其民，处江湖之远则忧其君"，以天下万民之忧乐为己任。

刘基对《孟子》提倡的"民为贵，社稷次之，君为轻"的民

---

① 刘基著，吕立汉等注释：《郁离子》，中州古籍出版社，2008年版，第58页。

② 木子译注：《郁离子》，学林出版社，2002年版，第6页。

本思想也是无条件地服膺与继承,并形成了自己的民本政治思想。至于朱元璋因《孟子》"君之视臣如草芥,则臣视君如寇仇"语而发生的"删孟"之举,即删《孟子》原文八十五条,剩百余条,编成《孟子节文》。朱元璋之举与刘基对《孟子》学说的继承毫无关系。

关于儒家"气节",孔子曰:"三军可夺帅也,匹夫不可夺志也。"孟子云:"富贵不能淫,贫贱不能移,威武不能屈,此之谓大丈夫。"刘基对此甚为服膺。至正十二年(1352)四月,刘基自庆元至台州,恰好发生了柯遂卿"抗言释诬囚"事,刘基用"甚异而伟之"来称颂柯遂卿的举动,"夫天下之大,岂无慷慨激烈之士见义而勇为之者哉?其作也非有私,其进也非有求,触于其心,形于其言,发于其言,信于其事,可不谓之大丈夫哉!"①对于柯遂卿敢于坚持真理、维护正义、犯颜进谏、见义勇为的举止,刘基佩服之极,用大无畏的"大丈夫"精神来表述之。"壮哉柯夫子,义气冲九旻",就足以说明刘基的儒者立场。对于"大丈夫之心"的精神实质,刘基有是论:"大丈夫之心,仁以充之,礼以立之"②,这是对传统儒家以"仁本礼用"为模式的道德人文主义精神的完美诠释。刘基对于孟子学说的服膺与引鉴,还见诸于《郁离子》多篇之中,如在《灵丘丈人》文中,对《孟子·公孙丑上》中"术不可不慎也"的称道③;在《羹藿》文中,对《孟子·梁惠王上》中"数罟不入洿池,斧斤以时入山林"理论的发挥④。

---

① 林家骊点校:《刘基集》,第348页。
② 林家骊点校:《刘基集》,第103页。
③ 刘基著,吕立汉等注释:《郁离子》,第72页。
④ 同上书,第222页。

二、刘基对儒家君臣之道的思考

一般以为,道家提倡"归隐"、"隐居"的目的在"全身而远害"。儒家入世的隐逸观是一种积极有为的行为方式,主要在于完成自身所担当的使命——"志",孔子曰:"隐居以求志。"刘基基于此种立场,以为:"夫君子之有道也,遇则仕,不遇则仕与隐虽两途,而其二其志哉!"① 这就是说,儒家倡导的君子之"隐"于道无害,"贤者遭时之不然,或辟世或辟地,或耕或渔,或居山林,或处城市,或处抱关而击柝,无所不可,而其志则不以是有易焉"②。贤人君子因时际而遭厄,辟世而隐,并非消极不作为,而是不易志业,等待时机,以求有为,即是范仲淹在《岳阳楼记》中所论"居庙堂之高则忧其民,处江湖之远则忧其君"、"先天下之忧而忧,后天下之乐而乐"的宽宏胸襟与政治抱负。

这里,关照刘基的隐逸观,我们对刘基数次致仕蒙元王朝的真实用意自然可以合理解读之,因为传统儒者刘基此举与儒家立场是一致的。值此元明嬗代之际,目睹蒙元王朝腐朽不堪、国祚即逝的惨败景象,儒者刘基只能发出"无人以救之,天道几乎熄矣"的感慨;尽管如此,刘基对传统儒家道统依旧充满希望,立志以"圣人之道"挽救衰颓之势,"讲尧舜之道,论汤武之事。宪伊吕,师周召,稽考先王之典,商度救时之政,明法度,肆礼乐,以待王室之兴"③。这就是古典儒家的"穷则独善其身,达则兼济天下"、"天下有道则见,无道则隐"的淑世情怀。

---

① 林家骊点校:《刘基集》,第 123 页。
② 同上书,第 124 页。
③ 《郁离子》,第 242 页。

儒学与历史人物研究

"以道事君",作为传统君臣观要义之一,不仅揭示臣子对国君有条件的义务关系,而且张扬了臣子的人格独立性。《论语·先进》:"以道事君,不可则止。"① 对此,朱熹的疏解为:"以道事君者,不从君之欲;不可则止者,必行己之志。"②《孟子》一书对君臣伦理之道的论述最为精彩,比如《公孙丑下》:"内则父子,外则君臣,人之大伦也。"《离娄上》:"欲为君,尽君道;欲为臣,尽臣道。二者皆法尧舜而已。"《滕文公上》:"教以人伦:父子有亲,君臣有义,夫妇有别,长幼有叙,朋友有信。"《离娄下》:"君之视臣如手足,则臣视君如腹心;君之视臣如犬马,则臣视君如国人;君之视臣如土芥,则臣视君如寇雠。"经过科举考试而对儒家"四书五经"有深刻领悟的刘基,对上述之"道"不可谓不熟知。

尽管历来代有学者对刘基起始为官元朝、尔后辅佐朱明的"一臣侍二君"的行事方式予以批评,然而应该指出,刘基此举并不违背儒家纲常伦理及政治信条。理由如下:第一,"严华夷之辨"、"尊华攘夷"一直以来是传统儒家道统的一条主线,主要体现在《春秋》经、传之中,师习《春秋》而成《春秋明经》的刘基摈弃腐朽无道的蒙元夷族王朝也有一定的"法理"依据;再有,孔孟儒家"以道事君"的君臣伦理观与"有道则见,无道则隐"出仕价值观也可以为刘基再次"出山"辅佐朱元璋提供了"学理"依据。第二,刘基出山辅佐朱元璋也符合儒家"君使臣以礼,臣事君以忠"的君臣伦理原则,一方面,朱元璋派遣总制官孙炎数次诚邀"礼聘"刘基(包括宋濂、章溢、叶琛等)以辅佐自己一统天下,建邦立业,所以说朱元璋做到了"君使臣以礼",刘基没有理由回绝;另一方面,"臣事君以忠"系刘基本人

---

① 杨伯峻:《论语译注》,中华书局,1980年版,第117页。
② 朱熹:《四书章句集注》,中华书局,1983年版,第128页。

一贯所奉行的"臣道"原则,仕元期间,无论是任职高安县丞(1336—1338)、辟为江西行省职官掾史(1339—1340)、起用为江浙行省儒学副提举(1348—1351)、转任浙东元帅府都事(1352)、行省都事(1353、1356)、行省枢密院经历(1357)、行省郎中(1358),刘基都一心侍奉并忠于元朝国君;"良禽择木而栖",刘基佐明主定天下之时,更是忠心耿耿,任劳任怨,实践并恪守了"臣事君以忠"的臣道原则。然而,"贰臣"的心理负担也使得刘基在生命的晚年备受煎熬,尤其是洪武政权建立之后,刘基就时常受到朱元璋的冷落与侮辱。诸如,据《明太祖实录》卷五十三载,洪武三年(1370)六月,朱元璋命礼部榜示:"凡北方捷至,尝仕元者不许称贺。"① 这足以使刘基陷入"贰臣"地步,难以自处。《明太祖实录》卷八十四载,洪武六年(1373)八月,"遣御史大夫陈宁释奠于先师孔子。时丞相胡惟庸、诚意伯刘基、参政冯冕等不陪祀而受胙,上闻之曰:'基等学圣人之道而不陪祀,使勿学者何以劝……'命停基、冕俸各一月。"② 朱元璋对刘基等儒臣的侮辱可见一斑,"臣事君以忠"的儒家信条使得人臣的独立人格不存。

尽管如此,作为臣民的刘基在辅佐朱元璋开创并巩固朱明封建王朝国家政权之时,时时刻刻注意以传统儒家德政思想劝谏国君要施仁心、行德政。据《明太祖实录》卷二十九载,刘基向朱元璋谏言:"生息之道,在于宽仁","以仁心行仁政,实在今日,天下之幸也。"③ 洪武四年,已告老还乡的刘基在奏复朱元璋"问天象事"时,有言"霜雪之后,必有阳春,今我国威已立,

---

① 《明太祖实录》,台湾"中研院"历史语言研究所校印,1972年版,第1040页。

② 《明太祖实录》,第1498页。

③ 《明太祖实录》,第496页。

自宜少济以宽"①。刘基死前命次子刘璟所上奏之遗表,以为国家治理应当奉行的准则为"修德省刑,祈天永命,且为政宽猛如循环耳"云云。张时彻《刘公神道碑铭》纪有朱元璋评刘基语:"居则每匡治道,动则仰观乾象,以至谳狱审刑,罚之中议,礼新国朝之制,运筹决胜,功实茂焉。"②《弘文馆学士诰》文称:"(刘基)每于闲暇之时,数以孔子之言道予,是以颇知古意。"③所以说,朱元璋本人也承认刘基、宋濂等儒士文臣的规谏之功:"天下甫定,朕愿与诸儒讲明治道。"④朱元璋在洪武初年所采取的一系列与民休息、轻徭薄役、督修水利、发展农耕等经济措施,无不与刘基、宋濂的进谏有关。

谢廷杰在《诚意伯刘文成公文集序》文中,以为刘基(臣)事朱元璋(君)之举就是对孔子儒家"以道事君"原则的完美诠释:"公(刘基)刚毅慷慨持大节,留心经济。既遇真主,期以王道致太平,却小明王御座诸正论,义形于色,危行危言。高皇帝天威严重,惟公抗辞,不以利害怵其中,振纲纪,斥奸憸,虽李善长亦忌谮之,况胡惟庸乎。考公履历,岂孔氏所谓'以道事君'者非耶?"⑤确系正论。此外,刘基在《郁离子·好禽谏》文中提出了臣为君、为民办事的职责论,"邦君为天牧民,设官分职,以任其事"⑥。

然而,从刘基晚年在朱明王朝所经受的悲惨遭遇之中,我们应该看到传统儒家知识分子的悲剧命运。自孔孟以降,"内圣外

---

① 裴世俊:《刘基文选》,苏州大学出版社,2001年版,第270页。
② 同上书,第263页。
③ 林家骊点校:《刘基集》,第659页。
④ 张廷玉等:《明史》卷二《太祖本纪》,中华书局,1974年版,第21页。
⑤ 裴世俊:《刘基文选》,第272—273页。
⑥ 林家骊点校:《刘基集》,第73页。

王"便成为儒家知识分子毕生为之奋斗的理想信条,以儒家圣道为宗的刘基也不例外,任职元廷的动机就是为民请命、忠君报国;然而,病入膏肓的蒙元王朝远非一介书生的刘基所能拯救,迫不得已,只能"弃官归田里",锐意著书立说,"以待王室之兴"。当朱元璋崛起于群豪之时,"有道则见"的刘基毅然出山辅佐之,在一定程度之上扮演了"帝师"、"王佐"的角色。然而,一介平民出身的朱元璋取得国家政权、成为专制皇帝之后,为维护"一家一姓之天下","以天下之利尽归于己,天下之害尽归于人",心态完全失衡,排除异己,大肆杀戮开国功臣。刘基虽然幸免于难,然而"君要臣死,臣不得不死"的"君为臣纲"教条已经严重束缚了刘基本人的手脚,"谈洋事件"所引发的悲剧就说明了这一点,刘基只能成为"淮西官僚集团"与"浙东文人集团"之间宫廷斗争的牺牲品。在此,我们必须看出传统儒家理想信条与政治诉求的致命缺陷,比如无限膨胀的皇权没有一定体制、制度的约束,这都是造成传统儒家知识分子悲剧命运之源。

三、刘基对儒家孝道与交友之道的思考

"孝"是传统儒家的懿德,"孝为百善之首"。孔门弟子以孝行而为后世称道者仅有闵子、曾子,但是曾子略有瑕疵,即未能言传身教孝道于后世子孙,这也充分说明为孝之道不易。时俗社会以为,"饮食供奉至足"即为子女的"养亲"之道;然而,刘基《养志斋记》文以为这不是子女恪守孝道的真谛与要义。

《孟子》:"事亲莫大于养志。"刘基以为这才是孝道的本质内

涵,"孟子之言至矣"①。"养志"才是儒家孝道的最高境界:"人知爱其身、不爱其亲为不孝,而不知爱其亲、不爱其身亦为不孝。"这就是说,行孝之道不是子女对父母单方面的绝对的道德义务律令,"爱其亲"系片面之举。为人子者在爱亲、事亲以尽孝的同时,更重要的是通过自己的"谨身"、"养志"行为而使"父母之心不以我为劳"、"父母之名不以我而污","父母之泽流于子孙而不坠",这才是为人子者应当恪尽的义务与本分。在刘基看来,"养志"的具体途径为:"时言慎行,由义履礼","尊贤友仁,修慝辩惑","和其兄弟,亲其姻族,睦其邻里乡党"②。总之,既"爱其亲",又"爱其身",才是儒家孝道的理论品格与完美诠释。

在《寿萱堂记》文中,刘基用会稽山阴富室余邦用(生卒年不详)置"寿萱堂"以侍养长寿老母的真实案例,突出强调了为人子者加强自身的德行修养对恪尽孝道的重要性。"萱",一种能使人忘却忧愁的草本植物,余邦用特取有"既寿矣,又无忧焉"义的"寿萱"二字来命名为老母亲修置的堂室。常人看来,"子之奉母,不过欲其如是"③。

然而,刘基在褒扬余邦用此般孝举的同时,又援引出《尚书》"五福"之"吉"、"寿"、"富"、"康宁"、"考终命"来探讨"修德"的重要性。"余君丰于家,而得寿母以养之,其所受天者厚矣。"余邦用于"五福"之中占其三,即"寿"、"富"、"康宁","五福四系于天,而一系于人,攸好德也"④。孔子儒家以为天佑懿德之人,提倡"修德以俟命",而《易传》有"积善之家必有余庆"之论,所以唯有"修德"、"积善"之士才有可能享

---

① 林家骊点校:《刘基集》,第114页。
② 同上书,第115页。
③④ 同上书,第120页。

受天命的眷顾，实享"五福"。申而言之，为人子者只有正在加强自身道德修养上，"积德如水"，"壹皆以修身为本"，才能恪守并践行儒家孝道。此外，刘基对身边的孝子举动，乐用序文赞誉之，比如有孝子梁天民在父母双亲病故之后，甚为思念，就结庐于墓，"将终身焉"。对此，刘基作《梁孝子庐墓词（并序）》文以称道①。

唐代韩愈为维护儒家道统，有"抵排异端，攘斥佛老"之论，其中认为佛教出家修行理念乃是"无父无君"、破坏纲常伦理的罪魁祸首。刘基作为儒家信仰、追随者，仍然未能跳出"道统"窠臼，在《书刘禹畴〈行孝传〉后》文中以为佛教"福祸之说"对传统儒家孝道有破坏性之冲击，结果就是"大不孝"、"不孝不公"②。这里，我们认为，由于刘基所秉持的狭隘的儒家"道统"意识，尽管刘基在元季与众多佛家子弟有诗文唱和式交游，但对佛教常识理论知之甚少，比如《送顺师住持瑞岩寺序》文："予（案：刘基）尝闻浮屠氏言《大秽迹金刚》事，……今又闻佛能以武猛服魔鬼。"③"尝闻"、"又闻"的字眼足以说明刘基对佛典的研读严重匮乏，可以说不懂佛理。其实，佛家最重孝道，佛典《佛说父母恩重难报经》就是明证。

《论语·颜渊》："曾子曰：'君子以文会友，以友辅仁。'"《论语·季氏》："益者三友，损者三友。友直，友谅，友多闻，益矣。友便辟，友善柔，友便佞，损矣。"这是孔子儒家对"友道"的思考，继承了孔孟儒家传统的刘基自然对于"五伦"之"友"即"朋友有信"十分看重，在《尚友斋记》、《友梅轩记》文中阐述道："天下之大伦五，友居其一，人不可无友也。"交友

---

① 林家骊点校：《刘基集》，第213页。
② 同上书，第134页。
③ 同上书，第90页。

之道的首要准则就是"益者三友","人而尚友,天下之友以类来矣"①。刘基还指出,"益友"就是"良师","十室之邑,必有忠信","三人行必有我师焉",这些古人言训就是对"尚友之道"规范的疏解。此外,朋友之道得以维系的基本准则就是"义",刘基有《结交行》的乐府诗:"朋友以义合,久要贵不忘。……古人重结交,晏子真其人。"② 建立在"义"之上且"不忘"之"友道"才是真正的君子之交。

四、刘基民本理论发微

刘基的民本思想是与孔孟儒家一贯的德治、仁政理论一脉相承,并没有实质意义的突破或创新。有论者以为"从孔孟到刘基儒家民本思想有从人治到法治、从德治向德治与法治相结合发展的趋势"③,这种说法更是无稽之论。因为,刘基的德治依旧为"贤人政治",更不要提西方近代的"法治"了。

至元二年(1336),初次步入仕途,"授江西高安县丞"的刘基,上任伊始,便作《官箴》以昭示自己以民为本、关注民生、为民请命的从政理念:"治民奚先,字之以慈。有顽弗迪,警之以威。振惰奖勤,拯艰怠疲。疾病颠连,我扶我持。"④ 这体现了传统儒家施仁心、行仁政的德治理念。刘基在仕元期间,或因朝廷地方官吏腐败而投劾致仕,或因社会动乱而"避地"他乡,时时刻刻以关注百姓的生计为己任。比如,至正十三之十五年

---

① 林家骊点校:《刘基集》,第 100—101 页。
② 同上书,第 226 页。
③ 陈伟华:《由"仁、善"到"理、气"》,湖南师范大学硕士学位论文,2007 年版。
④ 林家骊点校:《刘基集》,第 167 页。

(1353—1355)"避地"绍兴期间,依旧对国事民生十分牵挂,追忆王羲之昔日创作《兰亭序》的情境,不禁大发感慨:"王右军抱济世之才而不用,观其与桓温戒谢万之语,可以知其人矣!放浪山水,抑岂其本心哉?临文感痛,良有以也,而独以能书称之后世,悲夫!"① 这里,刘基以王羲之怀才不用的遭遇比喻自己的处境,从而表现出刘基本人经邦济世的决心与期望。

关注民生乃是儒家王道、仁政学说的基本出发点所在。对此,刘基在《感时述事》中指出:"惟民食为命,王政之所先。海薛实天物,厥利何可专?"②《郁离子·天地之盗》文称:"先王之使民也,义而公,时而度,同其欲,不隐其情,故民之从之也,如手足之从心,而奚恃于术乎?"③ 所以,刘基在阐发养民、育民、爱民之道时,格外要求在位施政者加强自身的道德修养水平,"聚其所欲而勿施其所恶",时时刻刻以老百姓的根本利益为为政之道的根本出发点。

刘基《拟连珠》文对民本思想有多处论述,"国不自富,民足则富;君不自强,士多则强"④,儒家的财富观已经打上了"藏富于民"的烙印,钟惺对刘基此语的评价是"千古富强之术,无以逾此"⑤;"国以民为本",国家的物质财富不应聚敛于国君一人之手,唯有举国百姓富庶,"让利于民",才是儒家民本应有之义。与此同时,刘基反对一人一家之"私"利,主张"大公":"大器非一人之私","利不及众,所以起天下之争"⑥,利益分配不均是天下纷争不休的一大根源。又,刘基反对以屠杀和掠夺为

---

① 林家骊点校:《刘基集》,第 138 页。
② 同上书,第 366 页。
③ 同上书,第 32 页。
④ 同上书,第 196 页。
⑤ 钟惺辑评:《刘文成公全集》卷十一,明天启刻本,第 27 页。
⑥ 林家骊点校:《刘基集》,第 198 页。

目的的不义之战,"以杀止杀,圣人之不得已"①;这源于《论语·颜渊》孔子对答季康子语②。

《春秋明经》也反映了刘基的儒学民本思想,"夫国以民为本。君子之爱民也,如保赤民"③。刘基的《春秋明经》虽为"举业"而作,但是反映了刘基的一些儒学思想,比如儒家"修齐治平"的治国理念就得到了充分的诠释,"修德以仁"④、"为国以礼"⑤、"修明德政"⑥、"明德修政"⑦、"正心修身而行王道"等⑧。也就是说,"修身治德"不仅是"君道"、"臣道"的基本要义,也是维系国家政权长治久安的根本"义理","德不修而惧外患者为可鄙,身不正而外结交者为可危"⑨。

孔孟儒家政治思想的基本制度就是"德政",作为一种典型的伦理政治,主要阐述物质生活与道德修养、统治者的道德修养与被统治者的道德修养、德教与刑罚等相互之间的关系。孔子有"为政以德,譬如北辰,居其所而众星拱之"(《论语·为证》)的基本思路,这是对周公"明德慎罚"理论的继承和发展;孟子仁政学说理论是对"德政"的具体阐发:"数罟不入洿池,鱼鳖不可胜食也。斧斤以时入山林,材木不可胜用也。谷与鱼鳖不可胜食,材木不可胜用,是使民养生丧死无憾也。养生丧死无憾,王道之始也。五亩之宅,树之以桑,五十者可以衣帛矣。鸡豚狗彘之畜,无失其时,七十者可以食肉矣。百亩之田,勿夺其时,数

---

① 林家骊点校:《刘基集》,第199页。
② 朱熹:《四书章句集注》,第138页。
③ 林家骊点校:《刘基集》,第620页。
④⑤ 同上书,第590页。
⑥ 同上书,第591页。
⑦ 同上书,第593页。
⑧ 同上书,第623页。
⑨ 同上书,第593页。

口之家可以无饥矣。谨庠序之教，申之以孝悌之义，颁白者不负载于道路矣。七十者衣帛食肉，黎民不饥不寒，然而不王者，未之有也。""行仁政于民，省刑法，薄税敛，深耕易耨……使民以时，谷不可胜食也。"（《孟子·梁惠王上》）总之，"以不忍人之心，行不忍人之政，治天下可运之掌上。"（《孟子·公孙丑上》）与此同时，儒家的德政并不否认刑罚的辅助功能，易言之，德政的理念还包括"以刑辅德"，最终目的是"以德去刑"。汉儒董仲舒继承和发展了自孔子以来"德主刑辅"的思想，突出强调以道德教化作为治国的重要工具。

对于治国之道，《郁离子·喻治》："治乱，政也；纪纲，脉也；道德、政刑，方与法也；人才，药也。"① 这里，刘基开出了国家治乱的四大要素：纪纲、道德、政刑、人才。分而言之，"纪纲"即儒家的三纲五常之道，"道德"即儒家的仁义礼智信等条目，"政刑"即治理国家的法制、制度等，"人才"即维系国家政权长治久安的儒家知识分子，抑或封建士大夫。可以肯定，刘基主张以上古三代之治为治道之摹本，推行汉代以降形成的德主刑辅理念，从而反对秦王朝"以吏为师、以法为教"的极端法制独裁论，"秦用酷刑苛法以箝天下，天下苦之；而汉承之以宽大，守之以宁壹"②。这也是秦仅历二世而亡天下、汉兴数百载而治天下的原因所在。这也是刘基等儒臣在明朝创建伊始进谏以儒治国的同时，草创《大明律》的法理依据。要之，在刘基看来，治理国家的"行法之道"就在于"本之于德政，辅之以威刑"③。

与此同时，刘基提出了"胜天下之道在德"的儒家军事伦理主张，这是对孔孟儒家"德治"、"仁政"理念的延续，"大德胜小德，小德胜无德；大德胜大力，小德敌大力。力生敌，德生

---

①② 吕立汉等注释：《郁离子》，第 40 页。
③ 同上书，第 221 页。

力；力生于德，天下无敌。故力者胜，一时者也，德愈久而愈胜者也。夫力非吾力也，人各力其力也，惟大德为能得群力，是故德不可穷，而力可困"①。简言之，这就是"以德胜"、"王者行仁政，无敌于天下"，仁义道德尤其是"大德"的感化力量具有无限能量。不难发现，对于荀子"王霸之辨"的政治议题，刘基并没有因循荀子"王霸并用"理论即"德与力相结合，王与霸相混合"的话语；而是一再强调孔孟提倡的王道政治，"仁义之莫强于天下也"，"以德养民，则四方之贤望风而慕"。

此外，《郁离子·省敌》文也突出强调了仁义、道德的力量与功效："惟天下至仁，为能以我之敌敌敌，是故敌不敌而天下服。"② 这就是仁义教化、道德感化以"省敌"的理论阐释。"德者，众之所归也"，"尧舜以仁义为而天下之善聚焉"，尧舜就是以仁义治理天下的典范，"九州来同，四夷乡风，穆穆雍雍"③，一派祥和、和谐的治道图景。这就是对"仁者无敌"命题的最好诠释。申而言之，"君人者，惟德与量俱，而后天下莫不归焉。德以收之，量以容之"，反之，在位执政者不具备宽广心胸与崇高的理想道德，必然会招致祸患："德不广不能使人来，量不宏不能使人安。故量小而思纳大者，祸也。"④

结 论

刘基作为传统儒者，博览群书，涉猎广泛，对经史子集、诸子百家皆有研究，可以说是一位"通天地人"的"通儒"之士。

---

① 吕立汉等注释：《郁离子》，第49页。
② 同上书，第138页。
③ 同上书，第139页。
④ 同上书，第116页。

难能可贵的是，刘基将这些学说、理论基本上成功地运用在元明之际的政治实践与国家政权建设之中。总之，刘基的儒学思想有明显的"师古"、"复古"倾向，《连江陈子晟师古斋诗》①："所以尚志士，慷慨思古人。造行拟渊骞，吐辞追孟荀。""焚香对六籍，耆味知隽永。"② 诗文之字里行间所透露的信息，足以说明先秦儒家孔、孟、荀及"六籍"（"六经"）就是刘基儒学思想生成的文本依据。正是因为传统孔孟之道的熏陶，使得刘基尽管羡慕道家、道教的修道方式与神仙生活，并同情地理解佛教信仰，然而"予学孔氏者，不能作浮屠语"一语③，足以道破刘基的"儒本位"立场。易言之，萧公权作出的刘基学术理论"本之儒家"而"上复先秦古学"的论断是言之有理的④。成中英把刘基界定为一位"古典的儒家"的命题也是成立的⑤。

---

① 据明万历《福建府志·文苑》载："陈子晟，字仲昭，连江人。幼善属文，洪武壬子举于乡，试礼部，时方弱冠。朝议以其年少，俾入太学。因选伴读荆王府，从宋濂学，文益奇进。濂尝作《师古斋箴》以示勖，久之，随王之国，謇直无所阿，藩僚谀者，辄面斥之。还京，卒，年二十六，方孝孺志其墓。"可见，除却刘基《连江陈子晟师古斋诗》，宋濂也有《师古斋箴》文，表示了对后学陈子晟的喜欢与期望。
② 林家骊点校：《刘基集》，第389页。
③ 同上书，第72页。
④ 萧公权：《中国政治思想史》，辽宁人民出版社，1998，第481页。
⑤ 成中英：《如何理解及评价刘伯温的历史与学术地位、政治、思想、文学与传说》，第1—3页。

论李端棻对中国近代教育改革的
重大贡献

◆ 谭佛佑

中国的近代,是一个"天崩地解"的时代。近代的中国,"天朝帝国"屏临崩溃,民族危亡势若垒卵。泰西列强的坚船利炮,轻而易举就击碎了那些"老子永远是天下第一"的美梦。就连东瀛的弹丸岛国,仅"甲午一役",也给东方的巨龙——伟大的中华民族,带来无尽的灾难与奇耻大辱。面对如此的现实,一批从沉重屈辱悲愤中觉醒的中华民族的志士仁人,热爱祖国的炎黄子孙,力图向西方寻求救亡图存的"药方",力主变法维新,以挽救其屏临灭亡、危殆已极的命运。他们把"新民德,开民智,鼓民力"与"师夷长技"作为变法维新的第一要义。这一切,其根本就在于人才。而人才之开发振兴,其根本又赖于学校教育。对此,变法维新的领袖人物康有为、梁启超等,都有深刻的认识。康说:"欲任天下之事,开中国之新世界,莫亟于教育。"并认为:"日本之骤强,由兴学之极盛。"梁也说:"变法之本,在育人才;人才之兴,在开学校。"也认为:"中国之衰弱,

由于教之未善。……亡而存之，废而举之，愚而智之，弱而强之，条理万端，皆归本于学校。"就连当时在朝的封疆大吏、"洋务"后期中坚张之洞，也能清醒地认识个中真义。他说："国势之强弱在人才，人才之消长在学校"。"今日中国欲转贫弱为富强，舍学校更无下手处"。

然而，对于延续两千余年，尤其至宋、明以后，完全成为科举八股附庸的旧教育体制，其腐朽程度，实难言状。早在清康熙时，堪称"宿学"的通州学正李退谷，就揭露过这种现象。他说：当时的学校，"诸士传习之所多阙焉。……则今几有庙而无学。……博士倚席不讲，弟子散处私肄于家"。至于教师，多疲癃衰老，滥竽充数，已且无学，何以教人？（李德晖：《贵州明清两代建学记》）及至"道、咸"时，此类现象较之前代，更是有过之而无不及。更有甚者，而且还成了当时革新人才的培养，维新思想的传播和学习西方先进科学技术的桎梏。即使在"同治"时兴起以"自强"、"求富"为目的洋务运动，其中一些上层的有识之士，也陆续办起了一些"方言"、"技术专科"、"水师"等新式学校，但远远不能承担为救亡图存、变法维新培养新型变革人才的重任。况且其中有的人士，还是变法维新的反对者。

面对这样严酷的大变革的现实，时为清政府刑部左侍郎的贵阳人士李端棻（戊戌变法时擢礼部尚书）凭着满腔的爱国热情，从封建旧学的营垒中杀将出来，站在变法维新时代潮流的最前列，擎起全面改革旧学校教育体制的大旗，振臂疾呼，奋力前行。光绪二十二年（1896），他直接向光绪帝上疏：《请推广学校析》和请建京师大学堂，构建一个中国亘古未有较为完整的新教育体系。而且照朝廷旨意，由总理衙门议准，在全国推广执行。在当时的教育界，犹如一声振聋发聩的惊雷。对旧教育体制的变革，对新教育事业的发展，革新人才的培养，变法维新运动的促进，均产生了巨大而深远的影响，具有划时代的重要意义。

一、对洋务新学与是时旧教育的反思，痛陈弊端不足

李端棻认为，当时国家要救亡图存，而人才是其根本。李说："国于天地，必有与立，言人才之多寡，系国家之强弱也。"但洋务时期新学教育对人才的培养，仍有许多未尽人意的不足和弊端。他又说，当时"罕有济难瑰玮之才"，"而人才乏绝至于如是，非天下不生才也，教之之道未尽也。"（《请推广学校析》，下引同此，注略）具体表现为如下五个方面。

其一，洋务新学虽已设立西语西文诸学馆，但对于"治国之道，富强之原，一切要书，多未肄及"。其二，洋务新学对数、理、化等自然科学知识以及机械制造技术，虽"聚众讲求"，但"不能致精"。"学业不分斋院，生徒不重专门"。其三，洋务诸新学，大都未建科学仪器实验设备，故"诸学或非试验测绘不能精"；也大多未开门办学，派遣留学生，故"或非游历勘察不能确"。学子"日求之于故纸堆中，终成空谈，无自致用。"其四，当时洋务新学与旧教并存。而旧学校早已成为科举八股的附庸，根本不教学现代科学技术知识。学者仅只追求功名利禄。纵有"俊慧子弟"，皆"率从事帖括以取富贵"。即使偶得及第，"遂与学绝，终为弃材。"其五，学校建置太少，根本不能满足当时变法维新人才之急需。正如他说："天下之大，事变之亟，必求多士，始济艰难。"但当时"十八行省只有数馆，每馆生徒只有数十"，"沉于功课不精，成就无几"。"即使在馆学徒，一人有一人之用，尚于治天下之才，万不足一。"

李端棻能如此深刻地认识、剖析当时学校教育的诸多弊端，真可谓言简意赅，入木三分，一针见血。且字字句句，尽皆真知灼见。在当时清政府的上层官员中，实属少见，实在是难能可贵。

二、新教育体系方案的设计,办学计划的具体实施

李端棻在中国近代教育史上,第一个提出并设计了新教育体系的办学方案。他在《请推广学校折》中明确指出:"自京师以及各省、府、州、县皆设学堂。"这一办新学的方案,虽然在此之前五、六年,早期的改革维新思想家郑观应,也提出过类似的设想。即:设于各州、县者为小学。(《盛世危言·学校》)但这一设想,并未被清政府采纳执行,也没有李端棻的方案计划全面完整。

李端棻主张,在京师设置大学堂,"为各行省之倡"。(后得中央批准,遂于1898年戊戌变法时正式成立。拨专款银八千五百两作开办经费。派孙家鼐为管学大臣,管理大学堂事务。后规制不断发展完善,至辛亥后民国接管,即今之北京大学。)他还主张:京师大学应"选举贡监年三十以下者入学",京官也可参加听课,提高自身的新学文化素养。"省学选诸生年二十五以下者",原有举人身份者,如欲列校肄习课造,学校亦应欢迎。京师大学和省学课程和专业的设置,基本一样。只是京师大学的教学水平更高一筹,较之省学更为"精专"。程度类似今之大本和大专。具体课程,除中国传统的"经、史、子、集"以及"国朝掌故诸书"外,必须"辅之以天文、舆地、算学、格致、制造、农、商、兵、矿、时事、交涉等学。"学制均为三年。就这些课程专业而言,涉猎广泛,门类纷繁,学者根本不可能全面研习。因此他主张仿照宋代大教育家胡瑗的"苏湖教法",分"经义"、"治事"两斋进行教学,与今之大学分系科专业等相类似。

府、州、县设置的学校,可"选民间俊秀子弟,年十二至二十者入学。"原地方旧学校中的诸生,只要愿意,都可到校学习,

新学校不得以任何理由拒绝。所教课程,除讲授《四书》、《通鉴》、《小学》等传统的语言文字、文史知识、德育课程外,还要"辅之以各国语言文字及算学、天文、地理之粗浅者",以及简明的外国古、近代史、时事政治,初等的物理、化学知识。学制仍为三年。

按如上的方案计划,要兴办如此众多的各级学校,"年费必多"。面对当时正值内困外患、极贫极弱的国家,"何处筹此巨款"?办学经费是首当其冲的大问题。对此,李端棻从当时国内教育的现实情况出发,进行了全面充分的考虑。因为当时各省及府、州、县,均设有书院,而书院的教学,积弊日深,且"多课帖括,难育异才"。根本不能适应社会变革的需要。所以他建议,"可令每省、每县各改其一院。增广功课,变通《章程》,以为学堂。"书院一般都有"院产"、"学田",完全可将其收入,以充新学堂的办学之资。如有不足,可由国家政府另行拨款,给予适当补助。李端棻的这一构想,可谓精当。不仅可以解决地方新学的办学经费,同时又能将旧式书院改为新式学校,真可谓收"一箭双雕"之效。

"惟京师为首善之区",而京师大学堂,又系人国之望,决"不宜因陋就简"。国家政府必须鼎力而为。可以动用国库,"每岁得十余万,规模已可大成。"偌大一个中华帝国,又何在乎多用这区区十余万两呢?李端棻的这一设想安排,完全切实可行。事实确实如此,京师大学堂很快就得以建立。而时隔不到五年,清政府果然下令,将全国各地的书院,分别都改为新式学堂。院产也统统归新学堂所有,以充办学经费。这一不可逆转的历史事实,完全证实了李端棻提出的这一革新教育主张的先见性与正确性。

"所立学堂既多,所需教习亦众。"随着新学校建置的发展,师资又成了一个亟待解决的重大问题。李端棻对此早有深谋远虑。他认为"事属创始",对教师的要求不可能过高,亦不可能要求个个皆属精专深透。寻师的措举,他建议,一方面可由中央和地方各级官员,大力举荐有才识之士充任;另一方面,"或就地延聘,或考试选补"。反正渠道宽广,"海内之大,必有可以充其任者"。李端棻对新学校师资来源和选用的这一构想,同样是从实际出发,本实事求是之精神。就具体操作,同样是行之有效的良策。在当时,实属难能可贵。

李端棻设计的这份新学的体系方案计划,虽未能完全摆脱旧教育的藩篱。但就其整体的安排和具体内容看,不得不承认,它已具备了新教育的诸多特点。且完全顺应了"天崩地解"时代大变革的要求,对中国传统的旧教育体制,进行了一次大胆的革新冲击。具有强烈的时代感和明显的进步性。特别是对当时新教育事业的发展,新型人才的培养,对日后第一个新学制——"壬寅癸卯学制"的建设,书院及学堂的举措,都起到了极其重大的促进作用。

三、多元化育才之路的构想

人才的培养成长,决不仅只学校教育之一途。就李端棻所处的时代,学校的"硬件"设施,也受到人、财、物等条件不足的制约。特别是许多自学者,尚难入学就读;而在校学成还望能得深造者,亦不乏其人。有鉴于此,李端棻深知:"育才之法,匪限于一途。"完全可以通过多种渠道,多种途径以培养真才实学。他设计了一套"与学校之益相须而成"的有效办法,具体可分为以下五项。

"一曰设藏书楼",即今之图书馆。因为当时许多"好学之士,半属寒畯。购书既若无力,借书又难其人。坐此固陋寡闻无

所成就者,不知凡几。"所以,国家应即"自京师及十八省省会,咸设大书楼"。把各种版本、各类图籍,特别是"同文馆,制造局所译西书,按部分送各省以实之。""许人入楼观书"。"如此,则向之无书可读者,皆得以自勉于学,无为弃才矣。"而且对"增益人才",扩展社会文化教育的作用,也是一项重大建树。

"二曰创仪器院",即今之仪器实验中心。格致之学,必凭借实验。"无远视之镜,不足言天学;无测绘之仪,不足言地学。"这些现代的科学仪器设备,私人根本无力购买。因此,李端棻"请于所立诸学堂,咸别设一院,购藏仪器。令诸学徒皆就试习。则实事求是,自易专精。"经费由地方公筹。"每省拨万金以上,已可精备。"以后可"陆续添置,渐成大观。"这种在一个地区集中力量建设仪器试验中心的做法,于今来说,特别是经济困难,费用难筹,实验设备较为落后的地方,仍有一定的现实意义。

"三曰开译书局"。"师夷长技",放眼世界,和洋人交流,"欲求知彼,首在译书"。当时"所译之书,详于术艺而略于政事。"所以今必须多译有关学校、农政、商务、铁路、邮政等方面的书籍。特别是西方现代科学技术的发展,更是日新月异。所以必须尽快译出,"随时布刻,廉值发售。"这样,不仅能增益见闻,开阔眼界,解放思想,同时对冲破旧学的封建桎梏,广开才智,造就新人,其作用亦不可低估。

"四曰广立报馆"。李端棻认为:"知古而不知今,则为腐儒。"故"欲通今者,莫若阅报。"他以西方的经验来作启发,说:"泰西每国报馆,多至数百所。每馆每日出报,多至数百万张。"全社会"上自君后,下自妇孺,皆足不出户,而于天下事了然也。"因此,他"请于京师及各省会,并通商口岸、繁盛镇埠,咸立大报馆","广即廉售,布之海内"。如此"则识时之俊日多,干国之才日出矣"。报纸杂志是传播文化、传递讯息、沟通思想、制造舆论的重要媒体和手段。革新人士则把它作为宣传

变法，介绍"西学"、开发民智、开通风气的重要阵地。谭嗣同就把报纸、学校与学会并列为变法的三个重要手段。李端棻不遗余力地为此大声疾呼，提出强力冲击专制舆论的先进主张，不能不说是他锐意改革教育、变革社会的远见卓识。

"五曰选派游历"。当学子"受学教年，考试合格者，当选高才以充游历。"其道有二："一游历各国，肄业于彼之学校，纵览乎彼之工厂，精益求精以期大成。"此即向各国派遣留学生，不仅学习理论，还要亲到工厂的生产第一线，学习实践，掌握实际的生产技术，理论与实践相结合。另一是"游历各省"，即国内的省际考察交流实习。具体可"察验矿质，钩核商务，测绘舆地，查阅物宜。"且有一定期限。国家要"厚给薪俸"，并要求"随时著书归存有司"，如果系有实用价值的调查报告或论文，还要"为之刊布，优加奖励"。反之，"其游惰而无状者，官则立予降黜，士则夺其出身。"这些要求，不论是对去海外的留学生还是国内省际的考察实习生，可以说既严格要求，又恰如其分；既合情合理，又毫无苛求。可谓精当客观。

最后，李端棻肯定地说：只要办好京师大学和各地的各类学校，教师认真施授，学子努力修习，再加之坚持做好以上五项，"奇才异能之士，其所成就益远且大。十年以后，贤俊盈廷，不可胜用矣！以修内政，何政不举？以雪旧耻，何耻不除？"这不仅反映了李端棻对中国近代新教育在变法维新、救亡图存中的重大作用认识之深刻，特别是还要充分全面发展进行广泛的社会教育的主张，较之前人，更是中国近代教育史上一次重要的革新，新教育发展的一次伟大进步。

四、奉献桑梓新教育事业的情怀

百日维新，惨遭屠毒。"六君子"喋血西市，康、梁逃亡东

瀛。昔日变法维新的中坚,中央"懋勤殿"七人之首的二品大员、礼部尚书李端棻,也被革职谴戍新疆。虽然如此,作为变法维新最为重要组成部分的新教育体系的建设发展,并没有因先驱者的流血牺牲和李端棻的谴戍充军而停滞、而毁灭。历史就是喜欢跟人开玩笑。当腐朽的权势者想要你进入这个房间,它确偏偏要将你带入另一个房间。京师大学堂生存下来了,且还不断地迅猛发展,竟也成为当今世界的百年名牌老校。全国各地书院改设和新开办的各类新式学堂,不仅没有被解散,反而如雨后春笋,日益发展壮大。同样也成为日后中华大地传播新思想,教育培养新型知识分子和发动改革或革命的摇篮或基地。这一切,李端棻在当时当然是始料不及的。但这铁一般的历史事实,无疑写就了李端棻等维新人士构建的新教育以培养新人才在中国近代史上创建的伟大功绩。

李端棻苦赴新疆,中道感疾,留住甘州(今甘肃张掖)。光绪二十七年(1901)得赦归。回贵阳后,他并不因官场的失意和政治的打击而灰心气馁,更不因年近古稀身体衰老而失望消沉。他意气不减当年,"犹复以奖励后进、开风气为己任。"(梁启超:《墓志铭》)在故里,继津门严修之后,大力提倡新学,积极传播西方先进的政治哲学思想和科学文化知识。在他主讲经世学堂期间,尝以《新民丛报》展示学生,大讲其"卢梭论"、"培根论",尽力传播"天赋人权"、"自由平等"……并以这些内容命题,考课诸生。此外,还系统讲授达尔文的"进化论",孟德斯鸠的"三权鼎立论",赫胥黎的"天演论"。凡此种种,不一而足。这些新思想的述评传播,打开了黔省思想学术长期闭塞沉闷的局面,开了一个巨大的窗口,风气顿时大变,言西学维新者,日渐駸駸。

李端棻不仅致力于讲学,传授西学,传播新思想,而且身体力行,以自己的实际行动,在桑梓多方努力,以实现自己在变法

维新时推广建置新学校的夙愿,进一步发展贵州的新教育。光绪二十八年(1902),他与于德楷、乐嘉藻等人,创办了贵州第一所新式师范学校——公立师范学堂(即今贵阳学院教师教育学院),以作发展教育之"母机"。光绪三十一年(1905),他又会同当时贵州名流唐尔镛、任可澄、华之鸿等提请,经贵州巡抚林绍年批准,将原由正本书院改办的贵阳府中学堂迁来,创建贵阳中学堂,翌年更名为贵州通省公立中学堂(即今贵阳一中),为清末民初贵州最大的一所中学。这些学校大都成为推广新教育,传播新思想,培育新人才的基地,对促进贵州新的科学文化发展,特别是对以后贵州的辛亥革命,不论是革命思想的传播,或是革命人才的培养建树,都作出了不可磨灭的贡献。

正是由于李端棻奔走教育事业活动的频繁,传播新思想在省垣影响的巨大,自然引起了一些顽固势力的恐惧与仇恨。他们在街头贴出三首打油诗,竟以顽固派残杀维新志士来恐吓威胁李端棻。其中一首曰:"康梁余党至今多,叫你常将颈子摩,死到临头终不悔,敢将孔孟比卢梭。"(殷亮轩:《戊戌政变后回贵阳的李端棻》)李端棻并没有被吓倒。但官府也不准他继续在经世学堂讲学了。他率性集诸生于自己居宅的客厅内,继续讲授,传播新学。为表明夙愿,他自撰一联,刻木悬之堂内。其联曰:"我犹未免为乡人,甫邀恩命释回,莫补前愆,敢谓巍躬堪表示;师不必贤于弟子,所愿英才崛起,突超先辈,庶几垂老睹文明。"由此可知,李端棻在顽固强势的压力下,毫无屈服妥协之态,仍然坚强有加,壮心不已。真可谓为英才崛起,开一代文明新风,鞠躬尽瘁,死而后已。

儒经与中国文化的核心价值

◆ 韩 星

"经典"一词古已有之,在中国古代文化中,儒家、墨家、道家、法家、医家及其他诸杂家,都有他们的经典,儒家先有《六经》,后来有《四书》,再后来发展到《十三经》;道家的《老子》、《庄子》;墨家的《墨子》;兵家的孙武《孙子兵法》;法家的《韩非子》;医家的《黄帝内经》;史家的《史记》,这些都属于经典著作。西方的《荷马史诗》、《新·旧约全书》、《莎士比亚戏剧集》,等等,这些都是西方的"经典"。印度、伊斯兰教也有各自的"经典"。可以说,每一个文化民族都有它的经典。这是广义的经典。在中国文化史上,自汉武帝"罢黜百家,独尊儒术"之后,一般知识分子所称的"经典"就专指儒家《诗》、《书》等重要典籍而言,这就是狭义或专称意义的经典。

一、儒经与学统

孔子把自己当时所能够见到的古代典籍差不多都进行了整理，形成了《诗》、《书》、《礼》、《乐》、《易》、《春秋》"六经"。他的学术旨趣是"述而不作"，即对古典文献只是整理而不是创作，实际上是在整理过程中表达自己的思想观点，"有述有作"、"述中有作"，开创了后来注经的学术传统。孔子开创的这一传统对日后中国经典诠释产生了重要影响。在一定意义上，"述而不作"成为了中国经典诠释的基本形式特征。换言之，孔子之后，通过"传先王（贤）之旧"而进行传述和创作成为中国经典诠释的基本形态。这一点在作为中国传统学术之正统的儒家经学中得到了鲜明的表现。就文体而言，构成经学的著述可分为"经"和"传"两类。"经"指原创性的经典，而"传"则指诠释经文的著述。但事实上，在经学发展演进的过程中，人们把某些儒家思想奠基时代的传注之作也称之为"经"。如《春秋》是经，作为解释《春秋》的《春秋左传》、《春秋公羊传》、《春秋穀梁传》则是传。但至唐代，"三传"已被视为经。正如清代章学诚所说："今之所谓经，其强半皆古人之所谓传也。"① 不仅如此，在数量上经本身少之又少，即使到有宋一代，才合称"十三经"。而历代的传则成千上万，堪称汗牛充栋。中国文化传统中所谓经学，就是由一代代学人对为数极少的几本经不断加以传注、诠释而形成的。而传注、诠释的基本形态就是"述而不作"。

孔子对六经的诠释在中国学术思想上是最典型的且具有开创性的。《庄子·逍遥游》引老子的话说："幸矣，子之不遇治世之

---

① 章学诚：《文史通义》，辽宁教育出版社1998年版，第27页。

君也!夫六经,先王之陈迹也,岂其所以迹哉!今子之所言,犹迹也。夫迹,履之所出,而迹岂履哉!"是说所谓儒家六经,就是先王之陈迹,是先王嘉言懿行之档案记录,是夏、商、周三代文明的精华。正如章学诚所认为的那样,六经原本只是有关政教的历史和事迹,是先王的政典制度,是治国平天下的大纲大法。但这些记录是珍贵的文献资料,使人只知其然,而不知其所以然。孔子之治六经,就是使人们明白其所以然,于是就通过新的"诠释"发明先王之大义,表述一己之思想。这不仅使孔子赢得了极高的名声,而且确实有助于中国古典文献的保存和流传,既为后世儒家提供了丰富的智慧资源,也为文明中华的文化发展与繁荣做出了划时代的贡献。关于孔子整理古代文献的意义,清人皮锡瑞在《经学历史》中有高度的赞扬:"读孔子所作之经,当知孔子作六经之旨。孔子有帝王之德而无帝王之位,晚年知道之不行,退而删定六经,以教万世。其微言大义实可为万世之准则。后之为人君者,必遵孔子之教,乃足以治一国;所谓'循之则治,违之则乱'。后之为士大夫者,亦必遵孔子之教,乃足以治一身;所谓'君子修之吉,小人悖之凶'。此万世之公言,非一人之私论也。孔子之教何在?即在所作六经之内。故孔子为万世师表,六经即万世教科书。"[①] 就是说孔子挖掘出了六经深层的文化蕴涵,构建起了自己"一而贯之"的思想体系。也就是说,儒家思想是通过古代文化典籍表达和发挥的,而这些文化典籍所代表的中国古代文化又是通过和依赖于儒家的世代努力而传承至今的。

儒经为什么成为中国文化的代表性经典?孔子经过整理发掘了这些典籍的思想蕴涵,同时用它们来教育学生,全面地继承了

---

① 皮锡瑞:《经学历史》,周予同注释,中华书局2008年版,第1—2页。

上古以来的传统文化。在这个意义上，可以说儒学代表了中国文化的正统。正因为如此，儒经被看成是古代圣人的精心制作，是安身立命、治理国家和规范天下的大经大法。如班固在《汉书·儒林传》中就说："古之儒者，博学乎《六艺》之文。《六艺》者，王教之典籍，先圣所以明天道，正人伦，致至治之成法也。"这就强调了儒经的来历及其政治教化功能，显示了儒经神圣化的一面。今人熊十力也说："夫儒学之为正统也，不自汉定一尊而始然。儒学以孔子为宗师，孔子哲学之根本大典，首推《易传》。而《易》则远绍羲皇。《诗》《书》执礼，皆所雅言，《论语》识之。《春秋》因鲁史而立义，孟子称之。《中庸》云仲尼祖述尧、舜，宪章文、武。孟子言孔子集尧、舜以来之大成。此皆实录。古代圣帝明王立身行己之至德要道，与其平治天下之大经大法，孔子皆融会贯穿之，以造成伟大之学派。孔子自言'好古敏求'，又曰'述而不作'，曰'温故知新'。盖其所承接者既远且大，其所吸取者既厚且深。故其手定六经，悉因旧籍，而寓以一己之新意。名述而实创。是故儒学渊源，本远自历代圣明。而儒学完成，则又确始于孔子。但孔子既远承圣帝明王之精神遗产，则亦可于儒学而甄明中华民族之特性。何以故？以儒学思想为中夏累世圣明无间传来，非偶然发生故。由此可见儒学在中国思想界，元居正统地位，不自汉始。"[①] 这就非常清楚地论证了儒经作为中国文化正统的历史原因，孔子所继承的是远古至他那个时代圣王立的精神遗产，吸收了深厚的营养，开创了儒家的学统。由对儒家经典的诠释和普及而形成了经学传统，从西汉武帝开始，儒家的经学便成为官方意识形态，并逐渐成为主流的文化形态。历史上，皇权以经学作为统治的思想来源，社会以经学作为秩序的

---

① 熊十力：《读经示要》卷二，《熊十力全集》第三卷，湖北教育出版社 2001 年版，第 747—748 页。

价值准则。历代的官方版刻经籍、社会启蒙读本、民间乡约村规，在思想观念上都与儒家经学有密切的关系。由于社会发展的广泛需要，经过历代学者的不断诠释，儒经成为中国文化的代表性经典，经学不断丰富，以至于成为学术的主流。因此，儒经的地位是中国文化自身发展的必然，不是像有人说的是汉代以后统治者提倡的结果。

比较而言，诸子百家毕竟是"《六经》之支与流裔"，《汉书·艺文志·诸子略》这样评述："诸子十家，其可观者九家而已。皆起于王道既微，诸侯力政，时君世主，好恶殊方。是以九家之术，蜂出并作，各引一端，崇其所善，以此驰说，取合诸侯。……今异家者各推所长，穷知究虑，以明其指。虽有蔽短，合其要归，亦六经之支与流裔。"而"儒家者流，……游文于六艺之中，留意于仁义之际。祖述尧、舜，宪章文、武，宗师仲尼，以重其言，于道最为高。"《韩诗外传》卷五载："儒者，儒也，儒之为言无也，不易之术也，千举万变，其道不穷，六经是也。"显然，可以说，儒家与诸子的关系是以儒家为源，以诸子为流，以儒家为体，以诸子为用，以儒家为本，以诸子为末。

这个意义上，我们可以说，儒经是中国文化的源头和根本，经学是中国文化的核心价值体系。

二、儒经与核心价值

儒经所表达和传承的内容无疑是非常丰富的，但核心是什么？熊十力在《读经示要》第一讲开宗明义即说："经者常道也。夫常道者，包天地，通古今，无时而不然也，无地而可易也。以其恒常，不可变改，故曰常道。夫此之所宗，而彼无是理，则非常道。经之道不如是也。古之传说，而今可遮拨，则非常道，经之道不如是也。戴东原曰：'经之至者道也'，此语却是。"① 所谓"经是常道"，一方面是说经中包含了某些永恒、普遍的核心价值，有超越时空的意义；另一方面也是说经是可以被不断诠释，不断丰富的，所以它是"常道"。当代大陆新儒家蒋庆谈到儒经时说："所谓'经'，就是最初由孔子整理编定的、继而由诸大儒阐发撰述的、在中国历史文化中逐渐形成的、体现'常理''常道'的、被历代中国人公认享有神圣性与权威性的、具有人生理想教育功能并在中国历史上长期作为课本教材的儒家诸经典。"② 在中国思想史上，"道"之观念由来已久，贯穿于整个中国思想发展的始终。张立文先生把"道"的涵义概括为八种，认为"道"在不同时期不同学派中具有不同的内涵和含义。③ 春秋战国诸子几乎都对"道"有过阐发。道家自不待说，就是墨家、阴阳家就"道"同政治的关系，亦有过较多的论述。孔子生长在一个礼崩乐坏，天下无道的时代，他对道有了自觉的意识，这就是通过对礼乐文化的历史反思来"悟道"的，所体悟出来的是历史之道、人文之道。比较起来，与孔子同时代的老子也是通过对礼乐文化的历史反思来"悟道"的，然而他悟出的则是宇宙之道、自然之道。这样说当然只是一种方便说法，很容易被人误解，所以更确切地说孔子应该是以人道为主而下学上达，通天地人，而老子则是天道为本，上道下贯，涵天地人。这样的差异体现在思想体系中，儒家是以人为本的人文主义性质的思想体系，而道家则是以天为本的自然主义性质的思想体系。体现在人格建树上，儒家和道家都追求理想的圣人人格，儒家的圣人是以古代圣王为理想模式的伦理道德楷模，而老子则是以大道自然为基调

---

① 熊十力：《读经示要》卷一，《熊十力全集》第三卷，第 569 页。
② 《读经与中国文化的复兴——蒋庆先生谈儿童读经面临的问题》，《原道》网站。
③ 张立文主编：《道》，中国人民大学出版社 1989 年版，第 1—3 页。

的顺应自然,崇尚无为的"圣人"。

孔子出身于殷商贵族家庭,从小深受礼乐文化传统的熏染,又谦虚谨慎,勤学好问,积累了丰富的礼乐知识。他对春秋时代的社会有一个基本的判断:"天下有道,则礼乐征伐自天子出;天下无道,则礼乐征伐自诸侯出。……天下有道,则庶人不议。"(《论语·季氏》)这段话显然是孔子考察了历史和现实而得出的结论,是站在道的高度为社会的评判。要复兴礼乐,他认为不能光讲礼乐本身,还要追溯礼乐背后的"道"——用今天的话可以说相当于历史规律、文化精神、社会理想、政治理念等。"道"的失落意味着文化价值理想的失落和价值标准的失范,一句话,核心价值的失落。是儒者的文化良知促使孔子走到了历史的前沿,立志改变"道之不行"的现状,重新恢复"天下有道"的局面。孔子苦心孤诣要找回的"道",就是指儒家孜孜以求的古者先王之道,是尧舜禹汤文武周公一脉相承的文化传统,它代表着儒家文化的价值理想和最高典范。孔子的"道"自然是承继春秋以来中国文化由天道转到人道的这一历史趋势而进一步探讨的,其传统资源主要是礼乐文化,其价值指向基本上是人文精神,其最后的归宿大体上是社会政治秩序的重建。在就使他的"道"具有了更为广泛、深刻的历史文化意蕴。

历史上,周公"制礼作乐",从而使礼制得以完善,所以孔子特别推崇周礼。在《论语》中,孔子屡屡称赞周代的礼乐文化:"周监于二代,郁郁乎文哉!吾从周"(《论语·八佾》)"周之德,其可谓至德也已矣。"(《论语·泰伯》)对于周礼的制定者周公更是钦佩有加,以至于连做梦也想着他:"甚矣吾衰也!久矣吾不复梦见周公!"(《论语·述而》)对于孔子的道的自觉,朱熹注解说:"道之显者谓之文,盖礼乐制度之谓也,不曰道而曰文,亦谦辞也"(《论语集注·子罕》),后来又强调:"三代圣贤

文章,皆从此心写出,文便是道。"① 戴震说:"周道衰,舜、禹、汤、文、武、周公致治之法,焕乎有文章者,弃为陈迹。孔子既不得位,不能垂诸制度礼乐,是以为之正本溯源,使人于千百世治乱之故,制度礼乐因革之宜,如持权衡以御轻重,如规矩准绳之于方圜平直。"② "周公之制礼是随军事之扩张、政治之运用,而创发形下之形式。此种创造是广度之外被,是现实之组织。而孔子之创造,则是就现实之组织而为深度之上升。此不是周公的'据事制范',而是'摄事归心'。是以非广被之现实之文,而是反身而上提之形上的仁义之理。……现实的周文以及前此圣王之用心及累积,一经孔子勘破,乃统体是道。是以孔子之点醒乃是形式之涌现,典型之成立。孔子以前,此典型隐而不彰;孔子以后,只是此典型之继体。"③ 可见,孔子正是通过礼乐文化的反思达致对儒家之"道"的自觉。

孔子观殷夏所损益,追迹三代之礼,删定《六艺》,仁体礼用,仁智双彰,"尽人道之极致,立人伦之型范"④。孔子不但是其前两千五百年历史文化积累的集大成者,守成者,也是上古三代历史文化的反省者,还是其下两千五百年历史文化演进的开新者。虽然,孔子未有道统之言,但他谓天之历数尧、舜、禹递相传授,亦实启发了孟子的道统思想。上古三代圣圣相传之道,因孔子而点醒,而显彰,而守而不失,绵绵常存⑤。因此,我们应该理解当年朱熹的话:"此道更前绍圣贤,其说始备。自尧、舜

---

① 《朱子语类》卷一三九。
② 戴震:《孟子字义疏证·序》
③ 牟宗三:《历史哲学》,广西师范大学出版社 2007 年版,第 88 页。
④ 同上书,第 83 页。
⑤ 罗义俊:《中国道统:孔子的传统——儒家道统观发微》,http://www.confucius2000.com

以下，若不生孔子，后人去何处讨分晓？"① "天不生仲尼，万古长如夜。"②这些说法并不是夸大其辞，而是深刻的见解，充分阐明了孔子是儒家道统谱系中的承前启后的中心人物。也许正是朱熹对道统的深刻把握，他才第一次将"道"与"统"合在一起提出了"道统"的概念。他曾说过："子贡虽未得道统，然其所知，似亦不在今人之后。"③ "《中庸》何为而作也？子思子忧道学失其传而作也。盖自上古圣神继天立极，而道统之传有自来矣。"④朱子虽然最早将"道"与"统"合在一起讲"道统"，但道统之说的创造人却并非朱子，而是唐代的儒家学者韩愈。

韩愈明确提出儒家有一个始终一贯的有异于佛老的"道"。他说："斯吾所谓道也，非向所谓老与佛之道也。"⑤ 他所说的儒者之道，即是"博爱之谓仁，行而宜之之谓义，由是而之焉之谓道，足乎己无待于外之谓德。仁与义为定名，道与德为虚位。"⑥按照韩愈的意思，"道"就是指作为儒家思想核心的"仁义道德"。这已经不是历史之道，而是哲学之道。千百年来，传承儒家此道者有一个历史的发展过程。这个过程就是"尧以是传之舜，舜以是传之禹，禹以是传之汤，汤以是传之文武周公，文武周公传之孔子，孔子传之孟轲。轲之死，不得其传焉。"⑦一般认为，韩愈这个传承系列可能受到了佛教"法统"之说的影响。自从韩愈提出道统说，朱熹提出道统的概念，历来解说道统者都从"道"与"统"两个方面来理解道统。以今天的学术话语说，前者是哲学的，后者是历史的。而哲学又来源于历史，是历史的升华和提炼，并与历史紧密地结合在一体，与西方哲学与历史的相对独立发展形成了鲜明的对比。

---

①② 《朱子语类》卷九十三。
③ 《与陆子静·六》，《朱文公文集》卷三十六。
④ 朱熹：《四书集注·中庸章句序》。
⑤⑥⑦ 《原道》，《韩昌黎全集》卷十一。

笔者以为,儒经所体现的道统按今天的话说就是所谓的核心价值。什么是核心价值?

核心价值本是一个舶来品,据初步文献搜索,该提法曾出现于 1994 年美国学者柯林斯和波拉斯发表的专著《基业长青》。作者认为,核心价值是指一个组织的最基本和持久的信念,具有内在性,被组织内的成员所看重,独立于环境、竞争要求和管理时尚。核心价值就是组织拥有的区别于其他组织的、不可替代的、最基本最持久的那部分组织特质,是组织赖以生存和发展的根本原因,是一个组织 DNA 中最核心的部分。保持核心价值和核心使命不变,同时又使经营目标、战略与行动适应变化的环境,是企业不断自我革新并取得长期优秀业绩的原因。

随着企业文化、组织文化研究的广泛开展,对于企业核心价值、地区核心价值、民族核心价值、国家核心价值的研究也越来越热烈。现在,我们是在更广泛的意义上使用这个概念的。任何社会都有一定的价值理念、价值标准和价值指向。社会的核心价值,是指能够体现社会主体成员的根本利益、反映社会主体成员的价值诉求、对社会变革与发展起维系和推动作用的思想观念、道德标准和价值取向。核心价值是一定社会的性质、本质和发展趋向的集中体现。核心价值在意识形态各个层面的具体展开,即形成社会核心价值体系,是一个国家、社会得以存在和发展的灵魂。

三十年来,经济改革,人民生活提高,国家综合实力长足进步,社会的开放度与自由度有相当提升。在这样的背景下,伴随中华民族的伟大复兴,以儒学为主体的传统文化的复兴提到了议事日程,文化中国的呼唤,用中国文化统一中国的努力,需要重塑大中华的未来,需要重建整体中华民族的核心价值。2008 年 12 月 31 日中华人民共和国主席胡锦涛在纪念《告台湾同胞书》发表三十周年大会上发表了重要讲话,讲话指出:"中华文化源

远流长、瑰丽灿烂，是两岸同胞共同的宝贵财富，是维系两岸同胞民族感情的重要纽带。中华文化在台湾根深叶茂，台湾文化丰富了中华文化内涵。台湾同胞爱乡爱土的台湾意识不等于'台独'意识。两岸同胞要共同继承和弘扬中华文化优秀传统，开展各种形式的文化交流，使中华文化薪火相传、发扬光大，以增强民族意识、凝聚共同意志，形成共谋中华民族伟大复兴的精神力量。"这实际上就是认同了中华文化统一中国的观点。中共十七大报告中就提出"建设社会主义核心价值体系"总目标，具体包括："马克思主义指导思想，中国特色社会主义共同理想，以爱国主义为核心的民族精神和以改革创新为核心的时代精神，社会主义荣辱观，构成社会主义核心价值体系的基本内容"。2007年5月26日，马英九应国立台湾师范大学政治学研究所邀请发表了"台湾的救赎：重建台湾核心价值"的专题演讲，首次完整地提出并阐释"正直、诚信、勤奋、包容、朴实"等"台湾核心价值"的观点，倡导"尚诚尚拙"的生活哲学，最后郑重地指出，重建"台湾核心价值"，才是台湾真正的救赎之道。这只是一场对学生的演讲，并没有对核心价值进行深入论析，但至少可以看出，面对中国统一的历史使命，两岸领导人都认识到重建核心价值的重要性。

中国传统文化的核心价值观主要是儒家经典中来的，诸如以人为本、天人合一、仁者爱人、贵和尚中、和而不同、自强不息、厚德载物、忧患意识、与时携行、生生不息、诚信、民本、日新等都是中国优秀传统文化的核心价值观，已经为学者们进行过许多阐发。今天，这些价值观念依然是我们实现民族统一，实现可持续发展的原动力，是我们应对挑战的最高行为准则。因此，现在提出的社会主义核心价值体系也应该是以传统文化为基础的。胡锦涛同志2006年4月21日在美国耶鲁大学的演讲中说："现时代中国强调的以人为本、与时俱进、社会和谐、和平

发展,既有着中华文明的深厚根基,又体现了时代发展的进步精神。"这就说明优秀的传统文化是今天中国社会主义核心价值观的根基。因此,我们可以说,优秀的传统文化与中国社会主义核心价值观是"源"和"流"的关系,社会主义核心价值体系的形成应该在"继往"的前提下"开来"。中华民族的核心价值体系能否建立起来,关系到中国整体的"软实力",关系到中国能否真的富强起来自立于世界民族之林。

三、儒经与中国文化的复兴

(一) 回归元典,正本清源

文化元典的概念是著名思想史家、文化史专家冯天瑜先生在《中华元典精神》一书提出来的①。在大约公元前 6 世纪前后的几百年里,几大文明古国的先民在思想上发生了一个突破性的发展,人们不满足于对现实的直观反映,而开始致力于对世界本质的探索,并思考作为实践与思维主体的人类自身在茫茫宇宙中的地位,形成了诸多关于宇宙、人生和社会的各种学说,并首次用完整的典籍将其记录下来,从而使得此前处于萌芽状态的、散漫的宗教、科学、文学、史学成就得以凝聚、综汇和升华。这些能够反映诸文明民族"元精神"的典籍可以称为"文化元典"。如《吠陀》和《佛典》是印度元典,《古圣书》是波斯元典,《理想国》、《形而上学》等哲学论著是古希腊元典,《圣经》是犹太教和基督教元典,《六经》以及儒家《论语》、《孟子》、《荀子》,道家《老子》、《庄子》,墨家《墨子》,法家《韩非子》等是中国文

---

① 冯天瑜:《中华元典精神》,上海人民出版社 1994 年。

化的元典。从中国文化发展过程来看,每一次儒学和整个文化的更新,都表现为对前一儒学和文化思潮的矫正,表现为一种向元典的回归。今天我们迎来了中国文化复兴的大好时代,也应该在回归元典的基础上重建中国文化的核心价值体系。

回归元典,重建中国文化的核心价值体系就要对近代以来中国的历史和文化进行深刻的反思和批判,力求正本清源。所谓正本清源,就是要从文化的源头上弄清楚来龙去脉,以确立中国文化的根源和根本,借以重新定位和评价中国文化,使中国文化的发展走向大中至正之道路。正本清源就是要遥契古代圣贤之心志,以同情的理解进入经典,正确地理解经典的原意,把握经典的本意,而不要有先见偏见,不要望文生义,不要牵强附会。这是形成新思想的基本条件。

(二)与时偕行,返本开新

今天重提复兴,很多人容易感到是要回到过去,特别是受以往的革命思维的影响,仍然觉得是复古倒退。其实时光不可能倒流,我们是不可能回到过去的。一味的抱守残缺,食古不化,正如只知弃旧求新一样,并不是真正的儒者。孔子本人就经常强调"时中",讲究"经"与"权",因而被时人目为"圣之时者"。儒家思想在我国古代思想史和政治史上之所以具有超乎寻常的生命力,形成为中国传统文化的主流思想,正是由于它具有与时俱进的特点,根据不同时代的需要,在自身内容上不断改进,以符合新时代的要求。先秦时代的孔子、荀子是这样,以后的董仲舒、理学家们也是这样。在这个意义上说,儒学的真精神就是生生不息,与时偕行。其实,这也是儒学生命力之所在。

反本开新,可以有不同的理解。我这里是说通过返回本源来开辟儒学乃至中国文化的新时代,新天地。具体地说,"反本"就要返回先秦乃至中华文明之源头,追本溯源,寻求中华文明和儒学的真精神;"开新"是要在吸收人类一切先进文明成果的基础上,立足中华大地,集中华夏文化圈华人的智慧,真正开出华夏文明的新时代。

(三)经以载道,确立主体

"经"在传统中有"常道"、"常理"的涵义,"经"所呈现出来的是文字,它所承载的则是"道理"。读经、诵经、注经、研经,其最终的目的是为了理解和把握小至百姓日用,大至宇宙天地的道理。正因为如此,对儒经的诠释、研究和普及都要把握经典的"道"作为最高的追求,即《汉书·艺文志》所说的儒者"于道为最高"。

近代以来文化观点的众说纷纭,都是因为失去了主体性以后的不知所从。中体西用在理路上就是试图确立这个主体性,但是当时的"体"已经是被掏空的"游魂",不但与社会制度剥离了,而且与民族生命失去了联系,所以这一有价值的理论没有办法落实。因此,必须确立中华民族文化的主体性,而中华民族文化的发展历史又是以儒家为主体的,而儒家思想学说又是最重视儒者的道德人格主体性的。这样,我们就有了层层递进,密切联系的三重主体性:

一是中华民族在与世界多元文明交流融会过程中,要确立中国文化的主体性,再强调和而不同、和平共处等。

二是在当今中国文化内部多元思潮和思想观念、学术流派纷杂的情况下,要确立儒学的主体性。

三是儒学复兴的过程中,要确立儒者的道德人格主体性。

这三重性是环环相扣的,是从小而大,由内而外,层层推展的。进入21世纪,儒学复兴日益成为一种社会思潮,乃至社会运动。儒学已经不再是学院里专家、教授、学者们的事业,儒学日益成为社会不同层面凝聚和向心,达致共识的一项事业,社会上各行各业正在不断出现诸多儒者。之所以称他们为儒者就是因为他们除了学理的掌握、探研之外，更有价值的承担，儒家的实践。在这种情况下，儒者的道德人格问题开始成为令人关注的根本性问题。如果一个人基本的道德人格不能确立，那么就很难说他是真正的"儒者"，也很难说是什么"儒学大师"，新儒家等等。郑家栋现象就是典型的例子。郑在文章和演讲中不只一次地宣称儒学不再是生命的学问，不再是实践的事业，今天是一个没有圣贤的时代，等等。这些观点显然是误导人的，是有害于儒学复兴事业的。

在当前这种信仰缺失，道德沦丧，人心堕落，社会离析，违法犯罪司空见惯的状况下，儒者以其道德人格成就一个个实实在在的文化生命，才能通过承担儒家的事业来担当中国文化的事业，以个人的文化生命来成就民族的文化生命。

（四）多元整合，道集大成

我们确切的文化传统已经有五千年，这五千年的前 2500 由孔子做了继承和发挥。孔子所在的时代，中华文明自黄帝算起，已经有了两千多年的历史，积累了丰富的文化遗产，并集中地体现为礼乐文化。《中庸》说孔子"祖述尧舜，宪章文武"，是说孔子的基本思想是承传尧、舜、禹、文、武、周公的业绩而来，也即对上古历史文化进行反思和总结，把历史的经验加以理论化、体系化。可以说，他的思想学说是"集"了中国上古以来文化的"大成"。上古文化在西周是一个集大成，但在这是制度意义上的集大成，到了孔子可以说是思想学术意义上的集大成。关于这方面古来人们都有认识，孟子曰："伯夷，圣之清者也；伊尹，圣之任者也；柳下惠，圣之和者也；孔子，圣之时者也。孔子之谓集大成。"赵岐注："孔子集先圣之大道，以成己之圣德者也。"因为孔子的集大成，他才能有那样巨大的思想潜力影响了中国历

史文化又两千多年。

我们现在又面临着一个文化传统的大飞跃的机遇,说大点说远点甚至可能是开下一个两千多年文化传统的历史机遇。因此,今天我们继承发扬孔子以及其两千年以前的而对我们来说则是五千年的文化传统就是必需的,这是从纵向上说的。今天,从横向上说,我们所面对的则是一个与孔子时代非常相似的礼崩乐坏、诸国争霸的世界图景,我们以自己的文化传统为主体来吸收消化外来文化,同时以自己文化传统为主体来参与世界多元文明的融合也是必然的。从近代以来,我们也一直在学习,在兼容,在重构,我们现在正需要的是集今日世界之大成,开中国文化未来之统续。

关于儒学现代发展的有关问题

◆ 陈寒鸣　欧阳万钧

在纪念孔子诞辰二千五百六十年之时，我们最为关注的是孔子开创的并且在其后历史发展过程中逐渐成为中国传统思想文化之核心的儒学，能否在现代社会生活条件下实现现代性的转化？若有此可能，究竟怎样才能使其转化？实现了这种转化的儒学又能在当今中国社会生活和文化建设中发挥什么样的作用？如何使其发挥应有作用？本文仅对这些问题略予论析。管蠡之见，就教方家。

一

孔子开创的儒学形成于中国由古代文明社会向前近代的中古社会转化的起始点。生存、生活在权力下移、礼崩乐坏之春秋末世的孔子，在继承、总结夏商周三代文化传统的基础上，顺应着当时社会变革的需求而将缙绅先生的"儒术"创造性转化发展成为体现着国民阶级自觉意识的儒学①。他所提出的礼学和仁学，不仅成为他自己学说思想体系的核心，而且奠定了整个中国儒学的理论根基②。其后，随着中古化进程的推演，儒学获得极大发展，成为战国之世的显学。尤其是思孟之儒和荀卿之儒，不仅影响于当世，而且对其后三千多年中国社会和学术、思想以至整个文化的发展，以及中国人的心智、思想及思维——行为方式有着深刻影响。

后世儒者虽皆自谓孔圣之道的正宗传人，但实际上，其思想都适应着各自所处时代的现实需要而对孔学有一定的变化性发展，这就使中国儒学体现出顺应社会变革而不断创新的特质。譬如，同中古前期（唐、宋之际以前）社会现实需要相适应，汉唐儒者着重提出的是以强调外在强制性的伦理规范为特征的儒学，像汉儒董仲舒即在以其公羊学诱导儒学完成从古代到中古时代的形态转变，并将儒学由民间引入庙堂，成为意识形态化的官方思想的同时，更适应着巩固和加强君主专制主义极权统治的现实需要，竭力推扬其"天不变，道亦不变"的宇宙模式和"三纲五常"之论。而同中古后期（唐、宋之际以后）社会现实需要相适应，宋明儒者则将外在强制性的伦理规范内化于人心，普及到社会日用生活之中，并在此基础上致力于哲理性的思辨，发展起形式不一、内容有异的种种道学思想体系，像程朱言"天理"、陆王倡"良知"均是如此。明代中后叶，以商品经济的发展和市民

---

① 此请详参侯外庐、赵纪彬、杜国庠著《中国思想通史》第一卷，人民出版社，1957年版。

② 需要指出，孔子思想体系中的礼学和仁学，既有联系，也有区别。大体说来，前者主要是通过古代诗书礼乐传统的继承而形成的一种具有普遍性意义的政治伦理学，后者则是依据诗书礼乐传统而作的理论创造，是反映当时社会变革之时代精神的新型哲学。

阶层的形成为背景,以阳明心学为内在思想资源,产生了以王艮所创泰州学派为主体的平民儒学,标志着儒学在新的社会历史条件下由庙堂重返民间的发展迹象①。在明清"天崩地拆"的时代里,黄宗羲、顾炎武、王夫之、傅山、颜元、唐甄、张岱等提出许多富有时代意义的新思想、新观念、新命题,在思想文化领域形成波澜壮阔的早期启蒙思潮。他们对儒学的更新,揭开了儒学由传统向近代发展乃至整个中国思想文化近代化进程的历史序幕②。因此,**一部儒学史生动而有力地表明:儒学具有一种能够适应现实社会的发展变化而及时作出自身调适,从而不断创新性发展的内在生命力。正是这种内在生命力,使得儒学能够适应不同历史发展时期的社会生活实际需要**。在中国历史上,之所以不是别家别派,而只是、并且也只能是孔子所开创的儒学久踞思想文化领域的宗主地位,支配着数千年来中国社会的精神生产和再生产活动,并成为绝大多数中国人日常生活中自觉或不自觉奉守的思想与行为的准则,其奥秘就在这里。

1911年的辛亥革命推翻了君主专制,稍后的"五四"新文化运动更对二千余年来传统思想文化发起猛烈冲击,"打倒孔家店"、推翻"吃人的筵席"成为时代洪流。同传统的宗法——宗(家)族社会及维系这社会基本秩序的王权专制主义有机结合在一起,并长期稳居思想文化宗主地位的儒学,无可奈何地衰落了,不再成为能够支配全社会生活和整个思想文化的统治思想。但是,这绝不意味着儒学不再在现实社会生活和文化中发挥作用

---

① 请参阅陈寒鸣:《论明代中后叶的平民儒学》,载《河北学刊》1993年第5期(又见中国人民大学《复印报刊资料·中国哲学史》1993年第11期)。

② 请阅陈寒鸣《明清之际文化性质与中国启蒙文化发展道路》(载《晋阳学刊》1987年第4期)、《明清之际:中国文化近代化进程的起点》(载《河北学刊》1992年第1期)等文。

了,更不意味着儒学所具有的那种能够适应现实社会的发展变化而及时作出自身调适,从而不断创新性发展的内在生命力已经沦丧。事实上,从晚明清初的早期启蒙儒者,到至今仍活跃于海内外学术界、影响力越来越大的现(当)代新儒家,三百余年间的精英儒者们无不依据其各自对儒学内在生命力的体认,在不同的社会条件下,代表着不同的阶级或阶层意愿,基于不同的学术背景,从不同层面或以不同的理路阐扬着儒学固有的精神价值,并都力图提出种种适应着变化发展了的社会现实需要的新思想、新观念,实现儒学由传统而近、现代的历史性转变。如晚明清初的早期启蒙儒者反专制,倡民主,主要提出(一)公天下观念。傅山说:"天下者,非一人之天下,天下之天下也。"① 王夫之说:"以天下论者,必循天下之公,天下非一姓之私也。"② 又说:"一姓之兴亡,私也;而生民之生死,公也。"③ 这里所谓"公天下",是指万民所共有的天下,而"私天下"则是指专制君主一人独有独享的天下。所以,王夫之发出"帝王私天下""岂天下之大公"的质问,谓:"若夫国祚之不长,为一姓言也,非公义也。秦之所以获罪于万世者,私而已矣。斥秦之私,而欲私其子孙长存,又岂天下之大公哉!"④(二)主权在民思想。张岱《四书遇》有"予夺之权,自民主之"的说法,这是对专制君权的根本否定,与传统的"民本"思想已有重大区别,具有了近代民主意义。(三)公仆说。顾炎武认为:"享天下之大福者,必先天下

---

① 《傅山全书》卷四十四《老子解》,山西人民出版社1991年版,第915页。

② 《读通鉴论》卷末《叙论一》。《船山全书》第十册,岳麓书社,1988年版,第1175页。

③ 同上书卷十七,上书第669页。

④ 同上书卷一,上书第68页。

之大劳；宅天下之至贵者，必执天下之至贱。"① "为民而立君，故班爵之意，天子与公侯伯男子一也，而非绝世之贵。代耕而斌之禄，故班禄之意，君卿大夫士与庶人在官一也，而非无事之食。是故知天子一位之义则不敢肆于民上以自尊，知禄以代耕之义则不敢厚取民以自奉。不明乎此，而侮夺人之君，唱多于三代以下矣。"② 吕留良提出天子应为天下忧勤劳苦："古之天子为天下忧勤，有劳苦而无佚乐。许行之流，畏忧苦而辞天下，是即不与之心也。舜、禹有天下极其忧勤劳苦，而仍是不与，此其所以巍巍也。"③

　　近代以来的儒者也是这样。如康有为一生主要著述，皆以阐扬光大儒学传统为宗旨，使儒学、或者更宏阔上说是以儒学为核心的中国文化在中西思潮日益急剧激荡的时代中获得新的意义与价值。他的《孟子微》就是为了阐释孔、孟思想之"真义"于"微言大义"不明的时代而作的："孔子不可知，欲知孔子者，莫若假途于孟子。盖孟子之言孔道，如寻水之有支派脉络也……吾以信孟子者知孔子，惜乎数千年注者虽多，未有以发明之。不揣愚谬，探原分条，引而伸之，表其微言大义。"④ 他认为，历代《孟子》注释皆未能探得孟学真义，故其毅然着手撰写是书以"表其微言大义"，光大"孟子大道之全、孔学之要"⑤。这表明了康氏的绝大自信。康有为在对孟子的诠释过程中，极力以其所了解到的近代西方重要思潮来重新解释儒家经典，既力图使先秦孟学中固有的许多久已隐而不彰的观念光豁出来，又试图通过调和中西之学以赋予中国传统儒学以新的意义。他通过《孟子微》

---

① 《日知录》卷七《饭糗茹草》。
② 同上《周氏班爵禄》。
③ 《四书讲义》卷十一。
④ 《孟子微·自序》，台湾商务印书馆1970年第二版。
⑤ 《孟子微》卷一《总论》。

使先秦孟学精义获得了 20 世纪的新意义,从而使儒学在中、西思潮激荡过程中不致决然地断为传统与现代的两截,儒学传统得与现代生活融为一体。在政治思想方面,他即特取孟子"民本"论及其相关思想以与近代西方的民主、自由、平等诸观念互相阐发,显其隐微①。又如,熊十力在纷至沓来的西方思潮和世变日亟的现实社会生活中,由佛归儒,以宋明理学精神重新诠释《周易》,创构起以"唯识论"为特质的新儒学思想体系;梁漱溟在反传统、倡西化思潮一浪高过一浪之时,毅然高扬孔学旗帜,会同陆王心学和近(现)代西方的唯意志论哲学,提出其以文化哲学为主体的新儒学思想体系。熊、梁之后,张君劢、冯友兰、贺麟、钱穆、方东美以及唐君毅、牟宗三、徐复观等接踵而起,现代新儒学薪火相传,不断适应着社会的发展而发展。迄至今日,他们通过对中国历史文化的反省和对"五四"反传统主义的启蒙文化的检讨,复活了儒家固有的生命精神与形上智慧,以强烈的现代意识和使命承当重建了儒家思想体系。并且,这种现代新儒学既内涵着这些文化保守主义者自己的文化——社会理想,又对现当代中国人探寻真理、追寻理想、谋求社会进步的精神生活产生了一定影响②。

依据以上所述,我们认为,既然儒学具有一种能够适应现实社会的发展变化而及时作出自身调适,从而不断创新性发展的内在生命力,那么,对于当代中国人来说,问题的关键并不在于儒学能否在现代社会生活条件下实现现代性的转化,而在于究竟怎样才能开出儒学发展新路,在实现儒学现代化的同时,使儒学在现代社会生活中发挥作用。

---

① 请详参陈寒鸣《〈孟子微〉与康有为对中西政治思想的调融》,载《燕山大学学报》2006 年第 4 期。

② 请参陈寒鸣《现代新儒学的发展历程》,载《青海社会科学》2003 年第 3 期。

二

　　三百余年间精英儒者们的不懈努力，以及取得的种种成果，表明儒学的内在生命力犹在。然而，凭实说来，时至今日，儒学并未真正实现现代化。其原因固然是多方面的，但最重要的一点无疑应是：精英儒者们尽管对儒学内在生命力有所体悟并据之而作出了一定努力，但总体上看，又都未能将儒学内在生命力真正发挥出来，从而使其自身的思想同现实的社会生产生活实践有机地结合在一起。即没能与现实社会融通无间而是有着很大的隔膜，这样的儒学思想即便是以现代性的语言予以阐述，也无法为生活于现实社会之中的普通民众所认同、接受，自然也就难以在现实社会生活中发挥作用并有所发展。

　　譬如现代新儒家，我们固然应同情性地理解其在欧风美雨日剧的背景下为阐发儒学精神传统及其现代价值，谋求儒学现代化所做的种种努力，对其学说思想、文化哲学以及在传统思想文化史研究方面取得的成就亦应表示由衷赞佩，但同时也应看到，他们所构建的各种形式的现代新儒学思想体系，主要是其学者式玄思的产物，而并不是以现实的社会生产生活实践活动为基础形成发展起来的。这方面最明显的表征是：现代新儒家虽对中华民族往何处去，怎样实现中国社会和中国文化等重大社会文化问题有着深切关怀，但他们并不是紧密联系着现实的社会实践实际以及与之关联着的普通民众的利益意愿来思考这些问题，而主要是从纯理论层面来运思，试图高踞在书斋里通过学者式玄思探求这些重大社会文化问题的答案。曾经作为革命家的熊十力，或者是曾经倾注了很大心力直接致力于"乡村建设"运动的梁漱溟尚且大体如此，如梁漱溟虽自谓其绝非仅仅只是"学问中人"，而更是

"问题中人";不是"为学问而学问",而是"感受中国问题之刺激,切志中国问题之解决,从而追到其历史,其文化。"① 他的思想、体验与情感都渊于中国现实问题的激发,但他又强调现实问题的解决应超乎现实思考之外,因为"尽受逼于现实问题之下,劳攘于现实问题之中,是产不出什么深刻见解思想的,还要能超出其外,静心以观之,才行。"② 梁漱溟"超出其外,静心以观之",将复兴中国固有的理性文化传统,号召国人走孔家的道路作为解决中国现实问题的根本途径。至于牟宗三、唐君毅等科班出身的学院派教授,更只是在书斋里通过学者式玄思探求那些重大社会文化问题的答案了。并且,自熊、梁二氏以来,现代新儒家在其运思过程中,又始终持有强烈的对中国思想文化传统、尤其是儒学的宗教式情结。这就使他们提出的许多观念,如其津津乐道的"由内圣开出新外王"等等,常常在理论上说得头头是道,而一落到现实社会生活实处就暴露出许多问题,很难转化为现实实践,或者说是因其缺乏现实操作性而在社会生活中显得苍白无力。这正表现出由于同现实社会生产生活实践活动相背离的现代新儒学,只是一种"有体无用"的经院之学而已。

这些年来,有许多学者(尤其是中青年学者)试图通过对儒学传统的现代诠释来谋求儒学的现代化,如以现代西方哲学来疏解、诠释中国的儒学,在会同中、西的基础上揭扬儒学的精神价值,凸显儒学的意义。这方面的成果甚多,无法例举。我们无意于完全否定这种工作,而只是想指出:如此做法,固然使儒学或儒学的某些思想、观念或命题"现代化"了,或者说是通过与现当代西学的"嫁接"而使儒学同现代人类思想文化"接轨"了,但是,这样"现代化"了的儒学是否符合儒学本旨,是否还是儒

---

① 《梁漱溟全集》第3卷,山东人民出版社,1990年版,第4页。
② 同上书第5页。

学?是否体现出儒学固有的内在生命力?是否切合于现代中国社会的现实需要?能否反映现实社会生活之中中国普通民众的利益意愿?真的能够实现儒学的现代化吗?儒学的真精神、真价值,难道一定要透过近代以来的西方哲学、思想、文化才能够得到诠释与阐扬?不如此,儒学就不能够开新,就不能在现代社会中有所发展并发挥作用吗?

其实,儒学从来就不是空虚之学,而是适应着中国社会现实需要的体用兼具、内外无二、本末一贯的"实学"①。杜国庠先生曾经指出:

> 我们认为中国哲学的精神,不是"经虚涉旷",而是"实事求是"……②

这一十分精当的评论,同样适用于作为中国传统思想文化内核的儒学。孔子"不语怪力乱神"③,所学所思所教皆与社会实际生活有紧密联系。他虽未明言"实学"之词,但他"行有余力,则以学文"④,"言之无文,行而不远"⑤,更"不怨天,不尤人","知其不可而为之"⑥,无论是在行为方式,或者是在思维方法、思想观念上,都体现出强烈的实践理性或实用理性的特

---

① 学界对"实学"一词的疏解曾很有些混乱,而姜广辉先生的《"实学"概念的历史内涵》(见《中国哲学》第17辑,岳麓书社1993年版)则有廓清之功,请参阅。
② 《玄虚不是中国哲学的精神》,《杜国庠文集》,人民出版社,1962年版,第405页。
③ 《论语·述而》。
④ 《论语·学而》。
⑤ 《左传·襄公二十五年》。
⑥ 《论语·宪问》。

质。所以，博大精深的孔子思想，归而论之，就是"建立在血缘基础上，以'人情味'（社会性）的亲子之爱为辐射核心，扩展为对外的人道主义和对内的理想人格"①。孟子也是这样。生活在昏乱无道的战国之世的孟子，深知民众渴望能代表着真理、正义、秩序和理想的"圣人"出来改造现实，使社会能摆脱昏乱而达有序、能消除无道而臻理想，所谓"民望之，若大旱之望云霓也"②，故其考察历史，注意到历史上凡建立下不世功勋，对民生福祉有所作为者，均是"圣"或"仁"者为"王"。他们能够在民众处于危难之际，救民于水火、解民于倒悬，因而赢得民众由衷爱戴、真诚敬重，如"当尧之时，天下犹未平，洪水横流，泛滥于天下，草木畅茂，禽兽繁殖，五谷不登，禽兽偪人，兽蹄鸟迹之道交于中国，尧独忧之，举舜而敷治焉。舜使益掌火，益烈山泽而焚之，禽兽逃匿。禹疏九河，瀹济漯而注诸海，决汝汉，排淮泗而注之江，然后中国可得而食也。当是时也，禹八年于外，三过其门而不入，虽欲耕，得乎？"③孟子据之发挥道："三代之得天下也以仁，其失天下也以不仁。""天子不仁，不保四海；诸侯不仁，不保社稷；卿大夫不仁，不保宗庙；士庶人不仁，不保四体。"故而"唯仁者宜在高位。不仁而在高位，是播其恶于众也。"④ 这实际明确提出了一个"内圣外王"的理想政治模式：先圣而后王，只有圣者才能为王。他又提出"仁政"学说，谓："人皆有不忍人之心。先王有不忍人之心，斯有不忍人之政矣，以不忍人之心行不忍人之政，治天下可运之掌上。"⑤

---

① 李泽厚：《孔子再评价》，《中国古代思想史论》，人民出版社，1985年版，第32页。

②③ 《孟子·梁惠王下》。

④ 《孟子·离娄上》。

⑤ 《孟子·公孙丑上》。

力主"天下之君"应效法尧舜之道,"以不忍之心,行不忍人之政",即发政施仁。他说:"尧舜之道,不以仁政,不能平治天下。今有仁心仁闻而民不被其泽,不可法于后世者,不行先王之道也。故曰徒善不足以为政,徒法不足以自行。"① 所谓"仁政",首先是要将满足人民大众的物质生活需求,提高民众物质生活水平作为最基本的前提。他说:"无恒产而有恒心者,惟士为能。若民则无恒产,因无恒心。苟无恒心,放辟邪侈,无不为己。及陷于罪,然后从而刑之,是罔民也。焉有仁人在位罔民而可为也?是故明君制民之产,必使仰足以事父母、俯足以畜妻子,乐岁终身饱,凶年免于死亡,然后驱而之善,故民之从之也轻。今也制民之产,仰不足以事父母、俯不足以畜妻子,乐岁终身苦、凶年不免于死亡。此惟救死而恐不赡,暇治礼义哉?"② 民以食为天。吃饭、穿衣、住房等物质生活需求的满足,是人类生存与维持自身再生产(即种的繁衍)的基本需要。故而仁政应以"制民之产"为第一要义。其次,要"制民之产",就需实施善政,发展生产。孟子为之而提出:"夫仁政,必自经界始。经界不正,井地不均,谷禄不平,是故暴君污吏必慢其经界。经界既正,分田制禄可坐而定也。"③ 就是说,要从整理田界,厘定土地面积入手,制定新的经济政策,分配土地给民众,为其通过勤苦劳作发展起"仰足以事父母、俯足以畜妻子,乐岁终身饱,凶年免于死亡"的产业提供条件。此外,还应"取于民有制"④,"薄其税敛"⑤,并要以优惠的商业税制,开放国内市场,加强国际经济往来,即"市、廛而不征,法而不廛"、"关,讥而不征"、

---

① 《孟子·离娄上》。
② 《孟子·梁惠王上》。
③④ 《孟子·滕文公上》。
⑤ 《孟子·尽心上》。

"廛，无夫里之布"等等①。最后，在人民生活有了保证的基础上，要"设为庠序学校以教之。庠者，养也；校者，教也；序者，射也。夏曰校、殷曰序、周曰庠，学则三代共之，皆所以明人伦也。人伦明于上，小民亲于下。有王者起，必来取法，是为王者师也。"②"谨庠序之教，申之以孝悌之义，颁白者不负戴于道路矣。"③可见孟子的"仁政"主张，绝非空虚浮夸之谈，而是与现实社会实际及普通民众的利益意愿紧密关联着的。正是孔子和孟子，奠定了中国儒学注重实践、讲求实用传统的深厚根基。

后世儒者无不继承孔、孟精神传统，注重实践、讲求实用，使儒学在现实社会生活中发挥着重大作用。汉代，经学昌明，通经致用之风甚盛。其时学者多将从儒经中学到的知识运用在社会实际生活之中，如董仲舒倡导以《春秋》决狱，著有"《公羊》治狱"十八篇④；其弟子吕步舒以《春秋》决淮南王刘安谋反事⑤。甚至一生未涉仕途，以全部心力投入于章句训诂之学的郑玄，所重乃在礼制，而"郑注《周礼》，以汉制况周制"⑥，也有着明显的借今言古或会通古今的倾向，实际也是一种力探古今兴亡成败之理的"实学"。此外，汉代《易》学亦充溢着实用理性精神："从魏相开始，经过孟喜、京房，直到《易纬》，几代人都是殚精竭虑，绞尽脑汁，为编织一个完善的卦气图式而从事坚持不懈的努力，其历史的动因与其说是用卦爻的象数来模拟或翻译天文历法早已取得的知识，毋宁说是根据时代的理想来谋划一种

---

① 参阅《孟子·公孙丑下》。
② 《孟子·滕文公上》。
③ 《孟子·梁惠王上》。
④ 《汉书》卷三十《艺文志·六艺略》。
⑤ 据《史记》卷一二二《儒林传》。
⑥ 陈澧：《东塾读书记》卷七。

和谐的社会发展前景,使得社会领域的各种人际关系也能像天地万物那样调适畅达,各得其所。""《易纬》继承了先秦易学的基本精神,并不满足于对客观世界进行纯粹理性的认识,而是极力强调这种认识的实践功能,用来指导人事,调整各种社会人际关系,使之和谐融洽。"①

魏晋时期,玄风甚盛,学者多好玄谈,然儒学的实用理性精神犹存。如"好论儒、道,辞才逸辨"②的王弼,围绕有与无、儒与道、名教与自然的关系这一玄学主题展开其毕生的哲学事业,以其《老子注》、《老子指略》、《周易注》、《周易略例》、《论语注》等著作构筑起"举本统末"、"守母存子"的哲学体系。他站在历史的高度分析名法之治和名教之治的流弊,又依据"明于本数,系于末度"的思维方式立足于和谐而提出其"内圣外王"之道:"圣人之于天下歙歙焉,心无所主也。为天下深心焉,意无所适莫也。无所察焉,百姓何避?无所求焉,百姓何应?无避无应,则莫不用其情矣。人无为舍其所能,而为其所不能;舍其所长,而为其所短。如此,则言者言其所知,行者行其所能,百姓各皆注其耳目焉,吾皆孩之而已。"③这样一种实现了"内圣外王"之道的理想,诚如余敦康先生《何晏王弼玄学新探》所说:"其实也是曹魏正始年间的时代理想。何晏、夏侯玄等人曾致力于追求一种'天地以自然运,圣人以自然用'的内圣外王之道,以朦胧的形式表述了这个理想。王弼则通过一套本体论哲学的系统论证,为这个理想勾勒出一个清晰的轮廓。从此以后,根据自然与名教的关系来探索一种最佳的内圣外王之道,也就成了玄学的共同主题了。"

唐代杨绾针对当时文人"争尚文辞,互相矜衒","宜习既

---

① 《汉宋易学解读》,华夏出版社,2006年版,第56页。
② 《三国志·钟会传》。
③ 《老子道德经注》,见《王弼集校释》上册,中华书局1980年版。

涤,奔竞为务"的风气,明揭通经、修德、用世的"实学"之帜①;北宋胡瑗生值"世方尚词赋"之时,在其主持的书院中却"独立经义、治事斋,以敦实学"②。宋明道学诸儒在从纯理论方面发展、深化儒学的同时,也很重视儒学的实用价值。二程提出"穷经将以致用",认为:"夫人幼而学之,将欲成之也;既成矣,将以行之也。学而不能成其学、成而不能行其学,则乌足贵哉?"③又基于其"人皆有是道,唯君子而能体而用之。不能体而用之,皆自弃也"④的认识,明谓:"学而无所用,学将何为也?"⑤朱熹言理学、陆九渊扬心学,思想颇存异趣,然都主张学以致用,并都自觉地同侈言空虚的释老二氏划清界限。如朱熹说:"(《中庸》)始言一理,中散为万事,末复为一理,'放之则弥六合,卷之则退藏于密',其味无穷,皆实学也。"⑥有学者认为这是"用'理一分殊'的观点来说明实学的本体论意义"⑦。而陆九渊则揭古学之旨道:"人无不知爱亲敬兄,及为利欲所昏便不然。欲发明其事,止就彼利欲昏处指出,便爱敬自在,此是唐、虞、三代实学。"⑧他又以"反思自得"、"持守躬行"为"朴实一途",批评"取士之科久逾古制,驯致其弊,于今已剧"⑨,更反对徒事讲说。明代恪守朱学的薛瑄将是否"有实用处"作为衡量是否是承传圣道之实学的标尺,说:"读圣贤之书,

---

① 参阅《旧唐书》卷一一九《杨绾传》。
② 据《宋史》卷一五七《选举志》。
③④ 《遗书》卷二五。
⑤ 《粹言》卷一。
⑥ 《四书集注·中庸章句题解》。
⑦ 葛荣晋《中国实学导论》,见《中日实学史研究》,中国社会科学出版社,1992年版,第5页。
⑧ 《陆九渊集》卷三十五。
⑨ 同上书,《贵溪重修县学记》。

句句字字有实用处,方为实学。若徒取以为口耳文词之资,非实学也。"① 而心学宗师王阳明则明确指出:"使我果无功利之心,虽钱谷兵甲、搬柴运水,何往而非实学?"② 他还说:"郡务繁忙,然民人社稷,莫非实学;……"③ 他认为只"须在事上磨炼上做工夫"④,排除"功利之心",切实加强心性道德修养,"坚其必为圣人之志,勿为时议所摇、近名所动"⑤,使修德与用世合一,则无时无地无事莫非实学。承继着"尊礼贵德"的横渠学统的王廷相云⑥:"《正蒙》,横渠之实学也。致知本于精思,力行本于守礼。精思故达天而不疑,守礼故知化而有新。"⑦ 又曾慨言:"夫何近岁以来,为之士者,专尚弥文,罔崇实学,求之伦理,昧于躬行;稽诸圣谟,疏于体验;古之儒术,一切尽废。文士之藻翰,远迩大同,已愧于明经行修之科,安望有内圣外王之业!"⑧ 如此等等,不胜枚举。凡真正儒者的思想无不蕴涵着实践性格。

迨至明末清初,实学思潮更蔚然高涨。如陈确说:"孟子非空空道个性善,实欲胥天下为善耳。若但知性善,而又不力于性善,即是未知性善,故阳明子亟合知行而一之,真孟子后一人……言性善,则天下将无弃人;言知行合一,则天下始有实学。"⑨ 颜元认为孔孟的"性道"即寓于习行实践中,人皆能习

---

① 薛瑄:《读书续录》卷三。
② 《阳明全书》卷四《与陆元静》。
③ 《阳明全书》卷五《答骆宾阳》。
④ 《阳明全书》卷三《传习录下》。
⑤ 《阳明全书》卷五《答骆宾阳》。
⑥ 张载在宋代理学家中以"尊礼"著称,曾知太常礼院。《宋史》本传评其学时,首论"其学尊礼贵德"。
⑦ 《慎言》卷十三《鲁两生篇》。
⑧ 《浚川公移集》卷三《督学四川条约》。
⑨ 《陈确集》下册第442页,中华书局1982年版。

行实践,便不必用心追求空洞的"性道"。故其"以事物为教",著《存学》一篇,"申明尧舜周孔三事六府、六德、六行、六艺之道,大旨明道不在诗书章句,学不在颖悟诵读,而期如孔门博文约礼,身实学之,身实习之"①。王夫之欲以实学救治科举取士之弊,曰:"尊经穷理以为本,适时合用以为宜,登士于实学,固科场救弊之一道也。"②他反对阳明后学"废实学,崇空疏,蔑规模,恣狂荡"③,"作《思问录》内外篇,明人道以为实学,欲尽废古今虚妙之说而返之实"④。顾炎武称:"圣人之道,下学上达之方,其行在孝弟忠信,其职在洒扫应对进退,其文在《诗》、《书》、三《礼》、《周易》、《春秋》,其用之身在出处辞受取与,其施之天下在政令教化刑法,其所著之书皆以为拨乱反正、移风易俗以驯致乎治平之用,而无益者不谈……不入空虚之论。"⑤他还反对明季士人的心性空谈,说:"不习六艺之文、不考百王之典、不综当代之务,举夹子论学论政之大端一切不问,而曰'一贯'、曰'无言',以明心见性之空言代修己治人之实学。"⑥主张通经致用。黄宗羲亦从批判性立场论述儒学的经世功能:"儒者之学经纬天地,而后世乃以语录为究竟,反附答问一二条于伊洛门下,便厕儒者之列,假其名以欺世。治财赋者则目为聚敛,开阃扞边者则目为粗材,读书作文者则目为玩物丧志,留心边事者则目为俗吏。徒以生民立极、天地立心、万物开太平之阔论钳束天下,一旦有大夫之忧,当报国之日,则蒙然张口,如坐云雾。世道以是潦倒泥腐,遂使尚论者以为立功建业别

---

① 《存学篇》卷一。
② 王夫之:《噩梦》。
③ 《礼记章句》卷四二。
④ 王敔:《大行府君行状》。
⑤ 《亭林文集》卷六《答友人论学书》。
⑥ 《日知录》卷七《夫子之言性与天道》。

儒学与历史人物研究

是法门,而非儒者之所与也。"① 类此之论,实难尽举。

由上所述,我们可得一结论:历史上,真正的儒者倡扬的乃是同现实社会实际生活紧密联系的体用兼赅之学②,而"经世致用"、"学以致用"的实践理性或实用理性则是儒学固有的内在精神③。正由于儒学具有这种内在精神,儒学才能在历史上自觉地随应社会的发展变化而不断调适自身,并因此而显示出那种强劲的、万古常新的内在生命力。而且,正是这由孔子开创的儒学"构成了一个具有实践性格而待外求的心理模式","孔子通过教诲学生,'删定'诗书,使这个模式产生了社会影响,并日益渗透在广大人民的生活、关系、习惯、风俗、行为方式和思维方式中,通过传播、熏陶和教育,在时空中蔓延开来。对待人生、生活的积极进取精神,服从理性的清醒态度,重实用轻思辨,重人事轻鬼神,善于协调群体,在人事日用中保持情欲的满足与平衡,避开反理性的炽热狂迷和愚盲服从……,它终于成为汉民族的一种无意识的集体原型现象,构成了一种民族性的文化——心理结构。"④ 这在中国历史是有着很大影响的,即便是在少数民族入主中原时期,也能受其影响而以实学为主旋律,如据《元史》卷一四八《董俊传》载:世祖时,朝廷君臣议设取士科,董

---

① 《南雷文定·弁玉君墓志铭》。

② 元、明之际的金华朱学家王袆曾释"儒"曰:"有用之谓儒。……夫周公、孔子,儒者也。周公之道尝用于天下矣,孔子虽不得其位,而其道即周公之道,天下之所用也。其为道也,自格物致知以至于治国平天下,内外无二致也;自本诸身以至于征诸庶民、考诸三王,本末皆一贯也。小之则云为日用事物之间,大之则可以位天地育万物也。斯道也,周公、孔子之所为儒者也。……儒而法周公、孔子,不可谓有用乎?"(《王忠文公集》卷十四《儒解》)

③ 请参陈寒鸣《论儒家的经世之学及其意义》,收入《国学论坛精华录》,中国社会出版社2004年版。

④ 李泽厚:《孔子再评价》,《中国古代思想史论》,第32页。

文忠奏对:"陛下每言:'士不治经讲孔孟之道而为诗赋,何关修身,何益治国!'由是海内之士,稍知从事实学。"他如康熙君臣每以"实用"为言,更表明他们从先圣先贤那里继承了儒家修德用世的传统①。

三

因此,实现儒学的现代化,谋求儒学的现代发展,并使之在当代中国社会——文化建构中发挥作用,其关键并不在相应于近现代以至当代的西方哲学、思想和文化而从纯理论层面上对儒学作出这样或那样现代性的诠释,而在于切实体认儒学固有的内在精神,重振儒学的内在生命力,依据当代中国社会生产生活实践来开辟儒学的发展新路,逐渐形成发展起同当代中国社会现实需要相适应,并能反映当代中国广大民众利益意愿的新儒学。兹从下列三端提出管见:

第一,应基于对当代中国社会生产生活实践的体认,调整、转换儒学的生长基点和思想内容。任何文化都是在人们的社会生产生活实践中产生、发展和演变的,而一定社会生产生活实践活动的样式及其趋向又都必然规范着一定文化的发展样式及其趋向。这是人类文化史上的通则②。儒学自然不能例外。传统中国社会的生产生活实践方式决定了传统儒学必然以农业——宗法(宗族)型社会为其存在与发展的土壤,以家庭这一传统社会的

---

① 如陆陇其注《论语·学而篇》"贤贤易色"章说:"这一章是子夏想实行之人,因思实学之重,学字对行,则便专掉穷理一边。大抵天下无实行之人则不成世道,然实行必由乎实学。"(《松阳讲义》卷四)

② 请参阅陈寒鸣《文化的本质属性与中国的现代化》,载《理论与现代化》1990年第1期。

基本组织细胞为其生长点。而当代中国以现代化为本质特征的社会生产生活实践方式则决定了当代中国文化必然以工业社会为其存在与发展的土壤，以工业社会的基本组织细胞——企业为其生长点。因此，儒学要想现代化，获得现代性的发展，并进而在现代社会生活中体现其价值、发挥其作用，就必须首先自觉转换、变更其生长基点，即在当代文化赖以生存和发展的土壤上自觉地同当代文化的生长点接轨，并在此基础上实现其整个思想体系的创造性转化。这也就是说，要经过对儒学生长点的调整和变更，将儒家传统的宗法（宗族）伦理转化成为当代工业社会所必需的企业伦理、市场伦理和经济社会伦理，将儒学由传统宗法（宗族）文化的主干转换成为当代工业文明的重要组成要素之一。在日本现代化过程中，日本人曾将（日本化的）儒教传统改造成为适应资本主义经济发展需要的"工业精神"；将经过调适后的传统血缘家族社会中的人际关系格局介入到现代工业社会集团组织之中，形成具有现代意义的纵式社会结构，使日本成为具有自身特性的"非家族"式的现代集团社会；又本于"忠"、"信"、"诚"等传统的基本文化观念建立起政府主导下的、经济集团主义的企业活动体制（或称作"政企联合体制"）等等。这一切构成一股强劲的内在生命力，曾使日本获得巨大成功，迅速发展成为有别于欧美式自由市场经济主导的东亚资本主义模式。借鉴日本的经验，在中国特色社会主义现代化实践过程中，我们也应做出自己的努力。这种努力不仅能使儒学实现创造性的转化，而且必将使儒学在当代社会获得广阔发展前景，并在当代社会生活中发挥重要作用。这不仅有理论上的可能性，而且在现实社会生活中有许多成功的范例①。这里仅简单介绍河北省徐水县大午集团

---

① 陈寒鸣、周公望合著《中国企业文化简论》（天津大学出版社 1992 年版）对此有专章论析，请参阅。

的事例。该集团是一个集养殖业、种植业、加工业、教育业、机械制造业等为一体的农牧有限公司。它能在十余年间以 2 万余元资金承包一片荒废果园起步,迅速发展成为拥有过亿元固定资产、年产值过亿元的大型民营企业,就在于其有定位准确、见识深远和科学合理的指导思想。按照该集团自己的说法,这一指导思想就是传统的儒家思想、当代法制观念和社会主义共同富裕的发展理念相结合;其中,儒家的"仁义礼智信"和"温良恭俭让"及"忠"、"孝"等思想发挥了极为重要的作用。集团董事长孙大午先生对这些观念身体力行,并以此管理、教育员工、学校的学生和自己的子侄,取得了显著成效:不仅使他自己的家族子孝父慈、兄友弟爱,和睦融洽,而且使整个集团团结和谐、兴旺发达,并在业界赢得了诚信的美誉。大午集团的这种企业文化还对周边乡村起到良好的示范作用,使附近的社会治安和风气向着良性方向发展。

第二,将儒学作为一种重要的传统资源投置到当代社会主义民主政治建设之中,使儒学能在现实的社会政治生活中发挥一定作用。尽管儒学难以自发地"一线"开出现代民主,儒学中的许多思想(如"三纲五常"之类)甚至会直接妨碍现代民主的进程,但作为一种传统资源,儒学又确能对当代中国社会主义民主政治建设有所贡献。如"民本"虽不是民主,但儒家的"民本"思想传统中的一些内容仍有现代意义。儒家认为政府的存在是为了人民,关心并最大限度地满足人民的利益意愿是政府的天责,所谓"所重民:食、丧、祭"①,"民事不可缓也"②。不如此,政府便会因得不到人民的信任而失去其合法性,故"得民心者得天

---

① 《论语·尧曰》。
② 《孟子·滕文公上》。

下,失民心者失天下"①。儒家的这一思想,在当代中国社会主义民主政治建设中显然有其积极价值。大力阐发、弘扬此一思想,有助于使各级政府及其领导者树立全心全意为人民服务的公仆意识②。又如:"大道之行也,天下为公"③,此乃儒家"大同"思想的根本要义。儒家学者本此义而阐发其论,如提出"民为贵,社稷次之,君为轻"④,将民作为社会政治生活的主体;认为"天子之尊,非天帝大神也,皆人也"⑤,主张"为百姓,非以为君也,故百姓存则与存,百姓亡则与亡"⑥;更以"天下者,天下之天下,非一人之私有也"⑦,为政者须以道履天下而莫以名位权势临天下:"人君必以其道服天下,而不以名位临天下。夫莫尊于君之名,莫重于君之位,然而不得其道以行之,则生杀予夺之命皆无以服天下之心。"⑧这些思想对今人有很重要的启迪意义。我们发展社会主义民主政治首当确立起人民当家做主的神圣观念,并以之作为社会主义民主政治最具本质意义的特征和

---

① "孟子曰:桀纣之失天下也,失其民也;失其民者,失其心也。得天下有道:得其民,斯得天下矣。得其民有道:得其心,斯得民矣。得其心有道:所欲与之聚之,所恶勿施尔也。民之归仁也,犹水之就下,兽之走圹也。——今天下之君有好仁者,则诸侯皆为之驱矣。虽欲无王,不可得已。"(《孟子·离娄上》)

② 请参阅陈寒鸣《儒学与现代民主》(载《天津社会科学》1998年第1期)、《儒家"民本"传统及其历史命运》[收入《儒学与当代文明(纪念孔子诞辰2555周年国际学术研讨会论文集)》卷一,九州出版社2005年版]。

③ 《礼记·礼运篇》。

④ 《孟子·尽心下》。

⑤ 唐甄:《潜书·抑尊》。

⑥ 黄道周:《存民编》。

⑦ 朱熹:《四书集注·孟子万章注》。

⑧ 《水心别集》卷之一《君德一》,《叶适集》第三册第633页,中华书局1983年版。

要求。要使人民真正成为社会政治生活中的主人和核心,人民支配权力而非权力支配甚至主宰人民。处于执政地位的中国共产党则须本"立党为公,执政为民"之心处理一切党务和政务,将人民当家做主作为其执政的实质,积极组织和领导人民行使权力,使人民群众逐渐掌握自己管理自己和管理国家事务的能力,实现权力体制的民主化①。另,明末清初儒者刘献廷在《广阳杂记》中写道:

> 泾野先生尝言:"居要有九病。见善忘举者妒,知恶不劾者比,依违是非者谞,借公行私者佞,意存觊觎者狡,惧祸结舌者偷,指摘疑似者剋,怒人傲己盖其所长而论者忿,喜人奔竞护其所短而荐者贪。九者有一于此,终一必亡而已矣。"开诚布公,九病可以勿药而愈矣。

"开诚布公,九病可以勿药而愈",这是一个十分重要的观点。古往今来无数的中外历史事实告诉我们,不透明的王极专制必然使政治昏暗。君主专制制度下,"见善不举"、"知恶不劾"、"依违是非"、"借公行私"、"惧祸结舌"、"指摘疑似"、"怒人傲己而善其所长"、"喜人奔竞而护其所短"以及"意存觊觎"而导致宫廷政变屡屡发生等等,所有这些都是铁筒式封闭的黑幕政治下的必然产物。这又必然会使官场充斥"妒"、"比"、"谞"、"佞"、"偷"、"狡"、"剋"、"贪"等恶行,而为宦者视正宗学人标榜的"正心诚意"的道德修养、"礼义廉耻"的高头讲章只不过是黑暗、腐败政治的遮羞布。要纠治政治之弊,必须使政治

---

① 当然,要真正做到这一点,有许许多多的工作、尤其是制度建设可做,并非一蹴而就,但必须从现在开始就实实在在地朝这方面努力。请详参陈寒鸣:《试论权力体制的民主化》(载《中共南京市委党校、南京市行政学院学报》2003年第4期)。

"开诚布公",而王权专制主义与"开诚布公"的政治水火不相容,故又必须以人民民主政治代替王权专制政治,这才能使政治清明,国家长治久安。尽管刘献廷没有能够对这一触及政治体制的根本问题及其所包括的丰富内涵加以阐发,或者曾加阐发而竟至失传,但他提出的"开诚布公"——权力必须在阳光下运作——这一命题本身就已十分深刻,在当代中国社会主义民主政治建设中仍具有弥足珍贵的价值意义。

第三,将儒学融通到社会生活的方方面面,以使其多层面地满足当代社会的现实需要。

当今中国的问题不少。随着改革和开放的进行,现代西方思维方式、生活方式以来各种各样的现当代西方文化思潮被引进到中国大陆,这对促进三十年来社会经济进步和人们思想文化观念的更新起了一定的积极作用。然而,现代产业社会和现代科学技术给人们带来现代化的物质文明的同时,资本主义社会的种种"瘟疫"也迅速蔓延开来,造成人与社会不同程度的扭曲和异化,在许多方面偏离了正常轨道而走向极端。个人与社会、人类与自然以及人与人、公与私等等之间失去了平衡,导致了多种关系的不和谐。这主要表现在几方面:(一)在个人身心之间,由于身处商业化社会的人们无止境地追求物质享受和感官刺激,加之人际疏离、亲情淡漠、竞争激烈、生活紧迫等,导致许多人身心失调、情感扭曲、精神空虚、人格分裂,并由此而引起的焦虑、孤独等,使酗酒、吸毒、赌博、凶杀、自杀、精神失常等现象不断上升,不仅毁灭了精神失衡者个人及其家庭,而且也严重影响了社会的安宁。(二)在家庭之间,仅就婚姻问题而言,由于强调绝对的个人自由和性解放,出现了越来越多的单身家庭、单亲家庭、未婚同居家庭,而由家庭解体所导致的老人失养、子女失教、人们精神失所及犯罪率上升、社会秩序混乱等一系列问题已在我们这个东方伦理大国呈日趋严重之势。(三)在人际关系方面,由于将一切都商品化、物化了,人与人之间的关系变成了赤裸裸的金钱关系和利害关系;个人主义极端发展,为了一己私利和享乐,一些人唯利是图,毫无信义,坑蒙拐骗,制售假冒伪劣,甚至杀人越货,不择手段,无所不为,连亲人之间也相互算计、欺诈伤害,什么良知人性、天理人情全遭践踏,人与人之间的冷漠、猜忌和仇视造成了诸多复杂的社会问题。(四)个人与社会之间,本是同生共荣、共同发展的关系,但极端个人主义和利己主义的高度膨胀,一些人置国家、民族、人民和集体利益于不顾,只求索取、不讲奉献,只要权利、不履行责任和义务,为了一己私利而不思道义、不讲廉耻、不顾人格和国格。(五)人与自然之间,本是相互依存的一个整体,但为了满足人的自我欲望,无限度地向自然索取财富,只讲征服自然而不思保护自然,致使科学成了毁灭自然的武器,给人类带来严重的灾难,环境污染、资源匮乏、水土流失、气候变异等等无不严重威胁着人类自身生存的条件。(六)在公与私关系方面,由于把"人都是自私的"观念推向极端,一时间"盗窃无害有益"论竟成为"主流"话语,甚至还有"著名"学者在提倡"腐败的存在,对社会、经济发展来说即使不是最好的,也是次优的,第二好的",于是导致腐败盛行,国有资产大量流失,在权势者中饱私囊之时,人民、民族和国家的公共利益受到极为严重的侵害。据2001年3月22日《南方周末》报道:"中科院国情研究中心主任胡鞍钢说,在20世纪90年代后半期,主要类型的腐败所造成的经济损失和福利损失,平均每年在9875亿—12570亿元之间,占全国国内生产总值的13.2%—16.8%。"又,李曙光在2004年9月28日的《法制晚报》上发表文章说:"当前国企腐败最主要的表现形式,就是经营者对国有资产的掠夺。"公、私关系严重倒置而造成的腐败等严重问题,不仅形成了对经济建设的重大破坏,而且毁掉了大批党员干部,其中包括非常宝贵的企业管理人才。

怎样才能切实有效地解决这些错综复杂的问题？当代西方越来越多的有识之士在明确宣告"西方社会的没落"、"西方文化的没落"的同时，又为救治其所生存的社会愈益严重的失衡的病态，而把目光投注到古老而又常新的东方文化、尤其是中国的传统儒学，认为在那里蕴藏着给今人无穷启迪的文化资源，如儒学的"心物合一"、"内外合一"、"天人合一"的整体思维方式与"和而不同"的"中庸"之道将给当今人类指明生存与发展方向并给未来的人类世界带来福音。我们认为，儒学虽未必、也不可能包治百病，但紧密结合当下社会实际，在将儒学传统融通到现实生活的方方面面的过程中发掘儒学的积极资源，对于消解上述问题是会有所裨益的。譬如，儒家重视家庭道德建设，促进家庭和谐的思想不仅在历史上起了积极作用，而且对于现代伦理道德建设和社会的安定进步亦有巨大的价值意义。现代产业社会和科学技术给人类带来了高度物质文明，但随之而来的人际疏离、亲情淡漠等非人性化、非伦理化的问题也十分突出。仅就婚姻问题而言，西方那种强调绝对的个人自由和性解放观念的普遍流行，导致了大量家庭破裂，由此而引起老人失养、子女失教、犯罪率上升、社会秩序混乱等一系列社会问题，已经成为国际性的不幸和病态，即使是我们这样一个东方伦理大国也深受影响，不仅离婚率日渐上升，而且婚外恋、"包二奶"、未婚先孕先育等病态现象竟成为时尚。因此，重建家庭伦理规范，重构道德价值体系，已成为全球社会亟须应对的共同课题。人们应该充分认识到家庭不仅仅是衣、食、住的场所，是人类种的繁衍的生产与再生产的单位，而且更是人的精神乐园、爱情巢穴和享受天伦之乐的港湾。家庭的这些作用是任何物质生活都不能替代的，即使经济的高度发展使各国都实行了良好的福利制度，使鳏寡孤独都能得到政府、社会的抚养照顾，但绝大多数正常人如要享受和谐的人生，仍需一个健康、完整、温馨、和乐的家庭。而儒家的家庭伦理观在重整家庭秩序、重建家庭伦理规范、重构家庭价值观念等方面必将发挥重要的积极作用。又如，儒家最重视人，但在"天人合一"观念的支配下，又把人视为宇宙大家庭中的一个成员，主张人与自然万物和谐相处，甚至将"爱人"和"爱物"有机结合起来。汉儒董仲舒即以"天、地、人，万物之本也。天生之，地养之，人成之。天生之以孝悌，地养之以衣食，人成之以礼乐。三者相为手足，合以成体，不可无也"①，提出："质于爱民，以下重于鸟兽昆虫莫不爱。不爱，奚足谓仁？"②把爱物视为"仁"的重要表现，当作人必需的基本道德。我们应将儒家的这种思想渗透到现实社会生活之中，以使当代中国人形成与自然和谐共生的现代生态文明观念。而这种源于儒学传统的现代生态文明观念的形成和普及，对于克服已经给中国社会和人民造成重大危害的生态危机无疑有着重大意义。

---

① 《春秋繁露·文元神》。
② 《春秋繁露·仁义法》。

同一还是差异
——社群主义的"社群"与传统儒家的"群体"之比较

◆ 敖 素

一、问题的背景

20 世纪 80 年代以来,随着以约翰·罗尔斯为首的新自由主义的勃兴(20 世纪 70 年代)出现了一种新的政治哲学:社群主义(Communitarianism)。作为当代西方政治哲学的最新发展,社群主义在与前者的争论中逐步发展和壮大起来,针对新自由主义的自我观、普遍主义原则、原子主义、国家中立等立场,他们从方法论和价值观等方面都进行了尖锐的批评,其重点是强调社群和公共利益的重要性以及环境和历史文化传统的积极价值,他们还以社群为出发点,强调社群优先于个人、公共利益优先于正义、善优先于个人权利以及国家应该积极有为,从而试图遏制自由主义的个人主义的极端发展所产生的危害性等。20 世纪 90 年代以来,社群主义思想已在政治学、哲学、社会学和伦理学等领域产生深远影响,它不但进一步推动着20世纪70年代以来西方政治哲学的复兴也带动了国内学者对政治哲学包括中国政治哲学的研究和建构,我国学者也正是在这一时期开始关注这一思潮的。

在对这一思潮进行介绍、研究和评价的过程中,儒家政治思想也渐渐被引入了社群主义的视野。"近十余年来,西方汉学研究中率先兴起了一股对儒家思想与社群主义关系的研究"①。还有少数学者也尝试在社群主义和中国传统儒家政治思想的比较中探索社群主义对中国社会政治改革的启示,比如张再林教授在《西方社群主义与儒家政治哲学》一文中就从社群主义的视角来解读儒家政治哲学,认为两者之间有着相通之处,"社群主义有可能作为儒家政治哲学的贴切标签"②。而在近年来的儒家政治哲学的研究中,也有学者把社群主义理论引入儒家思想,试图对儒家思想进行现代诠释,以凸显出儒家思想的现代意义,以期发展出儒学的一种现代形态——"儒家式社群主义"③。从总体上讲,他们都认为儒家思想中有社群主义思想,儒学与社群主义有着亲和性、有着相通的地方或可接榫之处。这些虽然还只是少数学者的尝试,但为我们思考儒学提供了一个新的方向。不过,社群主义和儒学毕竟是在不同的文化背景下产生的,可以说它们是

---

① 郭晓东:《现代性焦虑下之迷思:近年来的儒家政治哲学研究》,载于中国儒学网(http://www.confuchina.com/03%20lunlizhengzhi/misi.htm)。

② 张再林:《西方社群主义与儒家政治哲学》,陕西师范大学(哲学社会科学版)2004年第一期,84—89页。

③ 郭晓东:《试论"儒家社群主义"何以可能——从社群主义与儒家"自我观"比较的角度》,陕西理工学院学报(社会科学版)2007年第五期,9—12页。

两种不同的话语系统,那么说社群主义和儒家政治哲学之间有着相同、哪怕是相通之处可以接榫到底有什么依据?它们之间真有那么多"重叠共识"吗?儒家政治哲学可否作社群主义式的解读?等等,这些问题都还有待于对两者进行深入的分析和研究。笔者猜想人们之所以会把社群主义和儒家政治哲学联系起来考虑,最主要的原因可能在于社群主义以整体式的网络社群为出发点,特别强调了社群、社会环境、历史和文化传统对于个人及其美德乃至国家和社会的重要性,而儒家在这些方面也是比较重视的。如果这个猜想成立,那么廓清社群主义的"社群"和儒家的"群体"之间的同异对于理解社群主义和儒家政治哲学之间的关系就是非常重要的。因此,本文将在假设有所谓"儒家社群主义"的前提下,以社群主义的"社群"和传统儒家的"群体"两个概念之间的比较为核心,试图说明尽管儒家政治哲学也强调"社群"的重要性和优先性,从而与社群主义有着亲和性和相似性,但它们各自的"社群"所指和意义是不一样的,在对两种思想的互释中,两者之间的差异性更应该引起我们的重视。

二、社群主义的"社群"

"社群"概念乃是社群主义的理论重心和主要关切之所在,因为既然社群主义强调社群优先于自我和个人,那么对于社群主义者来说,首先就必须要回答什么是社群、社群具有什么样的属性和特征等,然后才能进一步说明社群对于个人或社会而言的重要性。

(一) 社群主义者对"社群"的界定

在西方文化的语境中,社群主义(Communitarianism)一词的英文词根是（community），可译为"社区"或"社会共同体"，但在当代，在每个我们称之为社群主义者的眼中，由于其关注的问题与视野不同，他们彼此心目中的"社群"所指也不尽相同。比如迈克尔·桑德尔认为，所谓社群就是由具有共同的自我认知的参与者组成、并且通过制度形式得以具体体现的某种安排，其主要特征就是参与者拥有一种自我认同，这样的社群有家庭、阶级和民族等。桑德尔还进一步把社群分成工具性社群、情感性社群和构成性社群三种，他所重视和支持的是构成性社群，这种社群是指个人所属的社群一定程度上构成了个人的自我认同和归属，它不同于一般意义上的社会团体。其首要特征是其成员对他的认同；而且它深深地影响着其成员的思维方式和行为方式，为其提供思维、行为、判断和生活的基本背景。随后丹尼尔·贝尔又进一步把构成性的社群分为三种类型："地域性社群，也就是以地理位置为基础的社群；记忆性社群，就是共有一种有道德意义的历史的互不相识的人的小团体；以及心理性社群，就是由信任、合作与利他主义支配的、面对面的人际交流的社群。"① 地域性社群就是我们通常所说的社区，它以个人的出生和成长地为中心，包括故乡、居住的社区、社区所在地区或城市和国家等；记忆性社群的特征是拥有共同的悠久历史和一种特殊的道德传统；第三种如个人自愿组成的社会的、政治的、宗教的团体，它指由参加共同的活动而形成共同的心理体验并追求共同的目标的一群人。迈克尔·沃尔泽则认为社群的最基本的构成要素是成员资格，社群身份是个人所享有的最基本的利益，它决定着个人的职责和义务，也决定着个人所应得的权益，只有作为成员的男女才有可能希望享有所有的社会利益。戴维·米勒也持类

---

① ［美］丹尼尔·贝尔：《社群主义及其批评者》李琨译，三联书店2002年版，194页。

似的观点,他认为最常见的社群形式就是民族和国家,在国家这一政治社群中,个人所拥有的社群"成员资格"就是其公民资格,只有拥有了它,社群成员才能感觉到自己在决定社会前途方面起着重要的作用,从而担负起集体决策的责任并与其他成员一起投身于共同的事业,因此每种社群都以其成员的特殊信仰而区别于其他社群,社群的每个成员都承认效忠于他所在的社群,都牺牲个人的目标来促进整个社群的利益,都享有政治上的自主性。另外,查尔斯·泰勒用社群来指某些族群,而在麦金泰尔那里,社群仅仅是指家庭、部落和邻里这些形式。

(二)社群的具体表现形式及思想渊源

由此观之,社群主义者所界定的社群范围具有广包性,在西方的语境中,包括城邦、社区、种族和宗教团体、俱乐部、职业团体等都是社群形式;而在中文的语境中,家庭、宗族、邻里、村落、城镇、城市、学校、国家、阶级、民族、政党等也都属于社群形式。它既囊括了人与人之间的各种情感关系,也包括信仰和政治归属等。概括起来,一般意义上的"社群"就是特定的人们基于一定的情感、习惯和记忆,以及血缘、地域和心理而形成,从而拥有共同的历史传统、文化背景或共同信仰、价值目标、规范体系、关系稳定而持久的实体(或社会有机体)。它不仅是指一群人,还是一个整体,而个人作为这个整体的成员拥有一定的成员资格,具有明确的归属感和一体感,其主要标志不是契约和利益,而是人们的出身、地位、习惯和认同。

总之,不管社群主义者心目中的"社群"是何种意义上的社群,它们都是在与"个人"相对的意义上来使用的,从性质上看就是亚里士多德所说的为了达到某种最大的善和最高的幸福而形成的人类团体或人类关系。基于此,我们可以说亚里士多德政治学中关于个人依赖于社群整体、社群整体优先于个人的思想是社群主义理论的源头。在亚氏那里，因为"人天生就是政治动物"，天生就有合群性，人只有生活于城邦共同体当中，才能最大可能的实现自己的善和幸福，所以人类组成社群具有必然性，且其目的就是为了公共利益，而政治社群是所有社群当中最高的团体，是社群发展的终点，是人类自然生长过程的完成，城邦就是追求最高善的最高社群。当代社群主义者秉承了亚里士多德的这种思路，也强调"社群"是一种善，而且是最高的善，个人只有通过自己所属的社群才能形成自我认识、个人美德、获得认同。

（三）社群的必需性

因此，社群主义者尤其强调社群对于人类生活的必要性，认为社群并不是可有可无的，而是必需的。这种必需性可以从以下三个方面来说明：

第一，任何个人必定生活在一定的社群之中，而且他不能自由选择所处的社群。换句话说，任何个人一生下来就处于特定的社群当中，更不能离开一定的社会共同体而存在，就像亚里士多德所说的，在本性上而非偶然地脱离城邦的人，他要么是一位超人，要么是一个鄙夫。

第二，社群对于个人来说是一种需要。比如感情的归属和认同，而个人的认同和属性正是由他"身处其中的社会所规定的"，所以这种需要只有在社群当中才能得以满足。确实，人看起来是一个独立的个体，但实际上却以各种各样的方式依赖于他所处的群体，其生活也深深受到一定的社会环境和历史文化的影响。比如你是贵州人，那么到了别省你就往往没有归属感，因为你不是这个省的人（不具备相应的成员资格），你就得不到认同，很多权利你就享受不到。

第三，社群是自我的构成性要素。每个人都有自己的目的、理想、价值，而这些都是构成自我的东西，它们恰恰是由"社

群"来决定的,"正是社群的历史、传统、价值和文化构成了对自我的认同,界定了我是谁。"① 比如桑德尔认为社群既决定着我是谁,也决定着我的理想目标和责任、义务,社群的环境和条件还决定着我的人生理想和价值目标能否实现以及以何种途径实现;麦金泰尔也强调社群对个人具有构成性地位,在传统的社会当中人们通过各种不同的社会群体的成员身份来辨认自己和他人,这些成员身份并不是偶然属于人们的特性,而是我的实质的一部分,有时甚至完全地限定了我的责任和义务②,因此社群条件决定着个人的身份和属性,个人只有在社群生活中才能获得其完整的人格认识,我们也只有在社群的历史环境中才能理解个人。

三、传统儒家的"群体"观

相对于社群主义者对社群及其属性和价值的强调,儒家也特别强调"社群"③的重要性,但两者所谓的"社群"具有不同的所指和意义。

---

① 参见俞可平:《社群主义》,中国社会科学出版社2005年版,83页。
② [美]A. 麦金泰尔:《德性之后》,龚群等译,中国社会科学出版社1995年版,44页。
③ 这里要指出的是在中文中,"社"和"群"是分开使用的两个词,并没有"社群"这样一个概念或这样一种说法,因为这里是对社群主义和儒家思想进行对比,所以才统一用"社群"这一概念,随着下文的分析,意思就会渐渐明朗。

（一）是"社群"还是"群体"

从词源上看，中文的"社"字最早是指"社稷"即国家而非"社会"；而"群"字既表示同类集合，也表示与他类相区别，其基本意思就是众多个体按照一定规则集合形成的整体，或曰群体，如荀子说的人"力不若牛，走不若马，而牛马为用，何也？曰：人能群彼不能群也"（《荀子·王制篇》）①。由此可见，在汉语中，"社"和"群"是分开使用的两个词，如果把它们合起来，"社群"的意思就变成了"国家群体"（国家是群体中的一种），所以，用"群体"比用"社群"来指称儒家的"群"要合理些。那么儒家的"群体"具体指什么呢？

（二）群体的三个层次：家、国、天下

在儒家思想中，整个社会的基本结构以个体自我为起点，然后由血缘亲情推而至家、家族，再推而至国家、天下。由此，社会被分成两大范畴：己与群，己即个体自我；群又分为三个层次：家（族）；国（邦）；天下，也就是今天我们所说的整个人类社会。如孟子说，"人有恒言，皆曰，'天下国家'。天下之本在国，国之本在家，家之本在身"（《孟子·离娄章句上》）②；荀子也说天子取天下，诸侯取国，士大夫取家（《荀子·荣辱篇》）③。由此可以说，在传统儒家那里，"群体"并不是一个横向的公民社会概念，而是一种纵向的政治性组织和结构，这从《大学》里的八条目：修身——齐家——治国——平天下所体现的逻辑结构关系也可以明显地看出。其中家庭是群体的基本层面，也是最小的群体，然后是国家，最后是天下，"而家庭（家族）、国家与天

---

① 《荀子译注》，高长山译，黑龙江人民出版社2002年版，154页。
② 参见《孟子译注》：杨伯峻译，中华书局1960年版，167页。
③ 参见《荀子译注》，52页。

下，是层层推进和层层递进的关系"①。在这几层关系中，家长式的家庭和君主-臣民式的国家是两个最基本的群体。

首先，家庭作为最基本的社会政治单位，它不但有生物学意义上的生存、继承和延续的永久价值，而且更重要的是，它融合了个体，是一切人伦关系的起点、是人性的发源地，对于实现其他群体的价值和责任来说具有极为重要的意义，所以历代儒家都非常重视家庭。

其次，"国家作为人性的保护者，具有养育它的臣民的义务，它和家庭具有相同的结构和价值"②。不过在两者当中，最核心的还是国家，国家作为一个扩大了的家庭，其有效的治理就是儒家自身的社会与政治理想，所以儒家政治哲学是以国家为本位的，儒家的"群体"观具有以"国家"为根本和唯一的特点。在儒家的视野中，国家并不是一种"必要的恶"，它有着内在的价值，也有自己的责任和义务，因而儒家一方面强调国家要积极有为，比如孟子提出"国家或国君要以民为本，为民制产"；另一方面它也强调个人要关心和积极参与国家大事，强调国家的治理要靠道德上有资格的人来完成，于是个人道德的完善就是至关重要的，所谓"修身"才能治国平天下，在这里，对个人修养的关心和对国家的治理就得到了统一。到了当代，儒家所强调的这个"群体"与马克思主义哲学所说的集体又有了诸多的相同和亲密的联系。

（三）群体的价值和责任

与社群主义者一样，儒家也认为群体是必要的，是一种善，

---

① 胡伟希：《儒家社群主义略论》《文史哲》2006年第四期，33—37页。

② ［美］艾琳·布洛姆：《古代儒家的群体观》，查华新译，上海大学学报（社科版）1989年第六期，57—62页。

因而也特别重视和提倡群体的价值：儒家认为人类总是以群体的形式而生存和发展的，任何人都不可能脱离群体去过那种"鲁宾逊式的生活"，群体既使人区别于禽兽，也使人更胜于禽兽。因为人群有道，它通过各种仁义、礼仪的力量而联系起来，同时这种群体使个体之间产生凝聚力，将每个个体的智慧和力量集合起来而形成一股合力，由此"人才能与天地并立为三，制天命而用之，成为天下最贵者"①，不然人生于天地之间，力不若牛，走不若马，怎么能孤独地生存下去呢？可见，个人只有在群体当中才能生存与发展，才能获得自己的本质规定性，而对这一点的强调甚至还超过了社群主义者。从这个意义上讲，儒家对"群体"也持一种目的论的观点，认为群体有其自身的价值和责任，它可以保护个体的安全、满足个体的归属和求乐的需要，因此个体必须要保持群体内人际关系的和谐，消除各种争端，遵循各种伦理规范，于是个人的道德修养证明着群体价值的实现。不过正是在儒家对群体价值的强调中，"个人"的观念被消融了，个体只不过是家庭和国家中的各类人伦角色，其存在的首要价值也就是"光宗耀祖"。所以表面上儒家政治哲学和社群主义一样强调群体对于个体的价值从而两者有着相似的地方，但实际上两者又是相当不同的。

四、社群主义的"社群"与传统儒家的"群体"之差异

由上述分析我们发现，尽管社群主义和传统儒家都强调社群、群体的重要性，都认为个人不能离开特定的群体，它们对个

---

① 王齐彦：《儒家群己观研究》，中国社会科学出版社2006年版，211页。

人具有重大的影响,也都不同程度地强调国家的作用,但它们之间的差异性更为明显,列举如下:

第一,从社群的范围和性质上看,在儒家的"群体"观中,"群体"的范围没有社群主义者界定的"社群"的范围广,"群体"不但只包括家庭(家族)、国家与天下这几个层面,对于群体的性质也没有像社群主义者那样做出详细的考察,似乎什么是家庭和国家人们都很明白也无需阐明。

第二,从社群与个人的关系上看,在儒家那里,尽管它强调人应该养成独立的精神和人格,但由于它通过人伦关系来建构社会关系格局,把每个人按照人伦差序格局联结成整体从而使整个社会成为一个人伦整体,这就容易产生一种重整体的趋向,于是作为某个家庭或国家的一员,个人就像一颗卯上的螺丝钉,你必须服从和服务于这个群体,与它同患难共进退,为这个群体而牺牲和奉献,不管你愿不愿意。因此,这种重整体就极有可能抹杀个性,忽视人的主体性。而在社群主义者的"社群"概念中,尽管它强调社群对于个人具有优先性和重要性,也强调个人对社群的责任和义务,认为社群利益和公共善高于个人利益,但对于自由主义者所坚持的个人自由、权利和个体的利益它并不排斥;第二,社群主义者所说的社群最主要的还是一种社会群体,这种社会群体的范围有大有小,其构成的内容与方式也不同。虽然国家是最重要的政治社群,但社群并不必然是国家,而更多的是介于国家与个体之间的通过种种的社会交往与社会联系而形成的中间性社团或群体,因此它实质上是一种社会共同体,也可以把它们称之为居间性团体,因此就与国家相区别开来。而在传统儒家政治哲学中,似乎国家与社会是一码事,或者说是同一的,国家就是整个社会,社会就是国家,并且所谓的"群体"除了家庭之外最重要的就是国家,国家占据核心地位并凌驾于个人之上,并非自愿结社的社群。因此,从理论上来说儒家传统并没有明确的西方意义上的"社群"概念,而只有"国家"意义上的"群体"概念。

五、余论:"群体"的优与劣

既然如此,社群主义的"社群"思想对于我们的政治哲学研究还有什么样的意义或启示呢?

首先,社群主义对"社群"的强调启示我们:"群体"是个人参与社会的基本形式,是人类生存的一种必然状态或存在形式。人从出生的那一刻起,就毫无选择地被抛入了特定的社会群体当中,生命的脆弱性、生存的依赖性使得人类的共处成为很"自然"的选择。所以社会中的交往是人性的自然流露,离开任何特定的群体,任何人都不可能作为"一个人"而存在,这几乎成了一种常识。而且正如"智慧老人"说的那样,人类从诞生的那一刻起,就不断地面临着、经受着各种各样的灾难,要抵御任何随时迎面而来的、不可预测的灾难,就不可忽视群体的作用。也许社群主义和儒家都看到了这一点,所以他们特别强调群体对于个人生存的重要性。

其次,尽管社群具有不可取代的价值,但如果一味强调群体的价值而缺乏对群体本身的反思,看不到群体在结构和作用上的局限性,特别是赋予国家倡导共同善并以之干预个人价值选择的权利、强调积极自由,那么发展到最后可能就是群体至上,也许会上演"多数人的暴政",那么这与极权主义也仅有一步之遥。在此方面,既有新社群主义者阿米泰·依左尼的反思:"社群有可能是压迫性、权威型的，可能侵犯到个人"[1]；也有法国社会心理学家古斯塔夫·勒庞在《乌合之众——大众心理研究》一书中的警告，即如果"群体"接受暗示把某种东西作为真理，其专横可能就不仅表现在群体自身行为的野蛮专断和智力低下，而且还压抑一切个体的智能和天才。

虽然社群主义者是在认可个人权利和自由的前提下强调和重视社群的重要性的，但也不可避免地蕴涵着上述危险，更何况儒家还没有这样的前提，即便儒家思想中有社群主义的因素，但儒家提供给世界参考的是具有礼仪传统的群体主义，而不是强调法律制裁和权威的群体主义。因此，在我们强调有所谓"儒家社群主义"的时候，社群主义所蕴涵的上述危险是值得我们警记的，我们更不能把国家与社群相等同，赋予"国家"意义上的社群至高无上的价值，一言以蔽之：社群主义者所说的"社群"和传统儒家所强调的"群体"这两者之间的差异更应该引起我们的重视。

---

[1] 徐友渔：《重新理解"自由主义——社群主义"之争》，《社会科学论坛》，2003年第十一期，19—21页。

学人演讲

◈ 通往良知的人类拯救之路
　　——在现代性危机与人类良知学术讲会上的发言

◈ 健康、平安、地震
　　——在贵州大学及西南交大的演讲

通往良知的人类拯救之路
——在现代性危机与人类良知学术讲会上的发言

◆ 张新民

一、从传统讲会谈起

很高兴大家来参加此次会讲。希望大家就会议主题踊跃发表自己的高见。会讲是中国传统的讲学方式，中国古代从孔子开始办私学，大家在一起讲学，相互寻找激励的资源，帮助自己与他人实现生命的价值。一些重要的教育原则——如"有教无类"、"因材施教"、"教学相长"等——在先秦便已基本形成，影响中国文化极为深远，是人类智慧宝藏永磨不刊的箴言。讲学的形式多种多样，或一人主讲，或轮流对辩，或随机灵活指点，或二三同道一起探讨学问。我们今天的讲会也是这样。但今天许多所谓的讲学却遗忘了历史，只知道西方的学术讨论，不了解中国传统的学术会讲。这是不是数典忘祖，大家自可去重新思考。

从历史发展脉络看，讲学活动促进了魏晋玄学的兴起，影响

了隋唐时期佛教的中国化发展,更催生了宋明两代儒学的突破性新发展。就儒家内部的学术进路言,宋明两代的会讲活动最多,譬如朱熹与陆九渊的鹅湖之会,就是不同学术思想平等交锋对话的一个典范。换句话说,自宋至明代,会讲已构成了历代文化的一大特点。学者千里相会,有时只是澄清一个学理问题,或印证自己的心得看法,辨析经典的诠解疑义。清儒甚至认为明代学术完全反映在讲学活动上。讲学对士人精神的挺立、对民间文化的传承,都起到了相当重要的作用。当然清儒也不满意明儒的空谈心性,激烈者甚至认为明王朝的灭亡就是起因于讲学活动。这是一种讲学误国的偏颇之论,我个人认为无论如何是缺乏史实根据的。学术千门万户,不能各执一端攻击另一端。明代讲学标榜的是气节,推崇的是大义,关注的是义理,涵养的是人格。就像不能说道在工夫之外一样,也不能认为道在讲学之外。道既然不离人伦日用,当然也可与讲学活动结合。明代豪迈英挺之士接踵而出,谁也不能断言说就与讲学所发挥的作用毫无关系。清儒要回到经典去,做了大量的经典考证工作。这是一个重返经典的运动,目的在于重建民间礼俗秩序,做法很接近汉儒,所以清学与汉学最为接近,甚至直接就可把清学称为汉学。他们所做的工作自然很重要。但同道相互切磋,谈论问题,讲学的风气依然存在的。

20世纪初叶以来,我们学习西方,西方价值成为最高价值,人人羡之慕之,讲学活动遂被称为沙龙(salon)。沙龙源于17世纪末的法国巴黎,往往是在贵族知识分子——主要为文人艺术家——的私人客厅或酒吧谈论文艺与人生问题,通常都以上层贵族妇女为主人,是精英文化的一种雅集方式,类似于中国的清谈,即文人的抵掌对谈,从而成为小型聚会的代称。沙龙也产生了一批大思想家阶层,如伏尔泰、卢梭等,他们的哲学思考都得益于沙龙的文化氛围。沙龙如今已成了西方人的"公共领域",

既可以自由发表个人意见，也可以公开讨论社会政治问题，是最能显示公众舆论的场所。陈寅恪先生认为法国人与中国人在文化精神气质上最为相近，透过沙龙与会讲的比较也可略窥一斑。但实际上，沙龙与讲会仍有很大的时间上的差别。讲会远比沙龙的兴起早得多，规模往往也大得多。

　　具体到贵州，讲学活动也开始得很早，东汉尹珍便已在黔北传播儒学，后来的学者将他视为贵州教育文化事业的开山。以后讲学活动时续时辍，最兴盛的时代仍在明代。王阳明的"心外无理"、"心外无物"及"知行合一"学说，都是通过讲学活动提出的。贵州大学的前身是贵山书院，贵山书院则是贵州乃至全国的重要书院。通过贵山书院的办学历史也可看到，凭借讲学活动，培养了一大批人才，一部分考取进士，宦游天下，一部分留在乡邦，服务桑梓，都为中国文化作出了贡献。至于朱子与陆象山的鹅湖之会，更是一种有趣的学术辩论讲会，是大儒相互说理辩难的典范，既有个人学术立场的固守坚持，也有相互之间的理解沟通。总之，学校是文明的基石，滋生价值理想的场所，社会批判的力量源泉；讲会则代表了文明结构中的活泼风气，形成了"以字议政"的深厚传统，汇聚起士人的清议，直接发挥了监政的作用。历史上的讲会培养了不少人才，也教化影响了世道人心；现代大学肩负着推动历史进步的巨大责任，讲会活动的恢复不能不提上议事日程。

二、理性神话与现代人的异化

　　回到我们的主题"现代性危机与人类良知"。大家知道，现代性给我们带来了很多好处，从与衣、食、住、行有关的日常生活到人类居住的整个外部环境，从民族国家的富强到日益深刻地影响每一个体生命实感的全球一体化，从人类产品的不断花样翻新到精神快餐的层出不穷，现代性都在其中发挥了非常重要的作用，构成了现代性价值与现代性现象二者的统一。现代性可以说是 20 世纪人类高歌猛进高高举起的一面旗帜。我们的国家乃至全世界都在朝着现代性的方向发展。愈动愈出的现代性大潮裹挟着各个阶层的生活节奏，渗透到日常世俗世界的每一个方面。但是我们也不难看到，现代性存在着很大的问题，现代性并不是绝对真理和绝对价值，它也存在着不少危机。所以有必要对现代性进行反思，尽可能地从中获得好处而避免可能发生的危害。这是任何一个具有反思精神的现代学者都不能不面对的一大时代课题。

现代性不仅仅是欧洲学术界的重要思考题域，东方学术界也有必要及时探讨这一问题。但我们首先要问，应该如何看待欧美学术界对现代性的反思呢？欧美学术界关于现代性的看法实际也是异说纷纭，各种理论主张及话语言说铺天盖地，其中较为主要和突出也颇值得我们注意的就是法兰克福学派。法兰克福学派有几代人的传承——霍克海默、阿多诺、哈贝马斯等人对现代性都有所反思和批判。大家知道，法兰克福学派是从马克思主义发展而来的，他们继承了马克思主义（特别是早期马克思主义）的精神。马克思对早期资本主义文明进行批判，他们则对晚期资本主义文明——现代性文明——进行批判，只要稍作比较即不难发现，二者均同样具有强大的现实批判精神。他们的批判精神始终贯串着否定之否定的辩证法，是对现实激烈不满又颇有深刻学理的批判，是现代生存条件内部紧张关系所激发出来的自我反思，是一种具有现代性批判视域的辩证法文明观。霍克海默、阿多诺出版的批判现代性的著作，都充满了睿智与哲思，具有强烈的现实针对性，是不脱离社会现象学的理论言说，都很有意思，值得认真一读。

学人演讲

整体地看,启蒙运动对西方社会的影响既深且巨,现代性的视野从此获得了极大的推廓,世界文明随之翻开了崭新的一页,欧洲文化因此更有了迅猛的发展。但凡事不会只有利而决无弊,否定辩证法从来不会作出这样的许诺,现实世界也没有纯粹单一的现象。启蒙运动同样存在着很大的问题。最突出的便是导致了后来大家耳熟能详的"人的异化"。霍克海默、阿多诺就认为启蒙运动和古希腊神话有相当程度上的一致性。启蒙的原则一方面与现代性的原则同构,一方面也是神话的原型的暗中再版,表面上摧毁了原型的神话,但实际却制造了现代版的新神话。古希腊神话认为神可以解决人类的一切问题,通过神我们可以了解自然或支配自然,拥有世界的一切,获得人生存在的全部意义。人是无力的有限的,神则是有力的无限的,人类虽然在自然面前微不足道、软弱渺小,但却可以通过神灵无限放大或扩张自己,最终凭借自己所创造的神掌握自然、控制自然、征服自然。古希腊时代,生产力仍然低下,人类不能征服自然,但是又向往征服自然,于是便通过神话谱系的创造来获得支配、控制、操纵和征服自然的力量。神可以解决人类的一切问题——包括个人生命的问题、宇宙奥秘的问题,社会组织结构的问题,因为无所不知无所不能的神在逻辑上不可能有自己不能解决的问题,否则便不符合逻辑上的非矛盾律要求。十分有趣的是,在启蒙精神里面,我们看到启蒙精神和古希腊的神话思维结构有着同样的特质。神可以控制自然,理性精神也可以控制自然;神可以支配自然,理性精神也可以支配自然;神可以征服自然,理性精神同样可以征服自然;神可以解决人类的各种问题,理性精神同样可以解决人类的各种问题;通过神我们可以获得安全感,通过理性我们同样可以获得安全感。神和理性之间完全可以作名词的替换,相互之间有着很奇妙的对应化的同构关系。略有不同的是,神是通过巫术来控制自然,理性则是凭借科学来控制自然,科学在方法论上取代了巫术，但在目的论上则实现了巫术。理性以为自己可以像上帝一样掌管和控制整个世界，但实际只是僭越人性的狂妄渎神偏见或行为。

有鉴于以上情况，霍克海默、阿多诺都把理性称为"理性的神话"、启蒙则为"启蒙的神话"。启蒙、理性同神一样，都具有绝对的权威性价值，而天道性理的价值则在市场和权力的双重运作下，发生了逆转式的颠覆。人一方面发展了理性，感受到了理性的外化力量，为理性的成就而高歌欢唱，一方面又被理性所束缚，感受到理性的异化力量，为理性的沉重压抑付出了极大的代价。这就是马克斯·韦伯所说的"理性捆绑的人"，生活在"理性铁笼"中的人。人成了不折不扣的"理性的生物"，不仅生活在理性的话语及相应的客观化、制度化结构之中，而且也生活在理性的能力及相应的机器化、技术化之中，精神、人格、修养、气节统统都与人的规定性无关。我们生活在无处不有的铁笼之中，铁笼恰好由人的理性一手造成。经过启蒙的世界给我们留下了"洋洋得意的灾难"。理性启蒙精神许诺人们拥有自由，但实际上人们却发现自己正在远离自由。启蒙的许诺成了噩梦，理性的光辉也遁为黑暗。理性是什么？理性有神圣理性、价值理性、工具理性、技术理性，但现在理性的非理性与非理性的理性已搅混为一体，它们统统都化约成了工具理性或技术理性。理性工具化了，精神工具化了，人格工具化了，生命工具化了，一切代表崇高价值的东西都成了摆设，因为工具理性为实现自己的目的需要将它们作为手段来加以摆设，摆设的目的则是通过暗中的践踏来最终实现。目的与手段发生了错位，苍天和大地出现了颠覆。

现代性的核心基础是理性精神的充分发展，但由于理性只关注手段而遗弃了目的，所以它在扫荡一切有碍于自身发展的传统的同时，也使自己蜕变成了工具王国中的工具。工具理性如今可说是无所不在，它通过市场、广告、商业、利润、资本家的跨国

学人演讲

公司、最大化的经济效益、无限扩张的竞争意识来实现自己和完成自己。我们以为自己的选择是主体性的选择,但实际不过是功利化的广告支配下的选择。我们丢失了主体性,沦陷在无自我的非本然性的异化境地之中。我们只是工具理性王国一个无个性的螺丝钉,是社会超大运作结构一个不需要思维的组装部件。工具理性无所不能,同古希腊神话中的神学谱系完全一样。但它却是人对人自身的颠覆,即把人本身变成了工具。我们是工具理性的工具,目的早就错位成了手段。工具解放生产力,但并没有解放人自身。马克思和法兰克福学派都认为人应该是自由和独立的,但现在人只是电脑或数字化程序控制下的一个数据,是市场效率追求者必须随时捕捉的消费对象。市场在销售产品的同时,也塑造了消费者,但消费的需要不是来自人自身的生存或生活,而是来源于市场的支配和控制。整个世界的话语权都被工具理性控制,人已经失语——至少在精神和情感上已经失语——成为冷冰冰的会计算而不会抒情的干瘪存在。于是我们看到,从启蒙理性到科学理性,从科学理性到工具理性,从工具理性到消费理性,从消费理性到人的主体性的彻底丧失,现代性的危机就在不知不觉的市场化吊诡过程中发生了。这个危机就是人的异化,人的堕落,人与人之间的疏离,人与自然的对立,人的存在的空洞化,人的生命的虚无化,人的价值的干瘪化,人的意义的浅薄化。在现代文明的表象下隐藏着各种野蛮与鄙俗。世界在各种二分法中遭到切割,世界已被肢解为碎片,真理则在碎片中哭泣,良知也在碎片中战栗。康德的二律背反说明了形而上学的不可能,但更严重的仍是现实世界的异化与颠覆。异化也可说是理性的异化,颠覆则是神话建构之后否定辩证法式的颠覆。

三、目的王国与手段王国的错位颠倒

法兰克福学派与早期马克思一样,都不满意现代文明对人性的压抑与摧残,都希望人类能抛弃枷锁并获得解放。他们都想走出一条人类自我拯救的大道,最终的结果便是告别异化,实现自由。现在要问,如何才是真正意义上的拯救,怎样才能通过拯救来消除异化并实现自由?因为有苦难与危机就必然有拯救,有束缚和压抑就必须有解脱。这是法兰克福学派出于对人类的关心不能不始终思考的问题,但最后他们中的大多数人都感到很悲观,因为理性的胜利并没有带来预期的自由,人类已完全陷入各种理性设定的怪圈,不但受到越来越严格的科层化官僚社会组织的控制,而且也遭遇到日益嚣张的工具理性霸权话语的欺凌,根本就无力从自己的堕落中获得超升,也无法在脱魅的世俗生活中寻求救赎。譬如霍克海默晚年就对人类的前途完全绝望——面对一个个人的自由与自主越来越少,而仅凭理性又无法解开其死结的世界,他不能不在心中升起惆怅和悲哀。其他一些思想家——例如胡塞尔,他提出生活世界的一套理论来改变理性神话所导致的人类异化境况。生活世界不是工具理性的世界,而是充满诗意的世界。人的情感、交往、沟通、理解,都是生活世界的主要内容,生活世界有活泼泼的传统,传统的活力是民族文化生存的气脉,也是反异化的强大力量,任何人都不能把传统从生活世界中剥离出去。生活世界当然仍需要理性,理性本身仍为生活世界所必需,但重要的是不能切割形上意义的注入,当然也不能缺少艺术,更不能没有伦理。人们之所以要回到生活世界,便是不允许工具理性的戕害或侵蚀,希望能从机械的世界重新返回人的生命世界。生命必须以源头活水的灵性生命的滋养为基础,内涵着传

学人演讲

统的实践性的生活就是可以提供源头活水的世界。所以诸如科学、技术都可以搁置或去掉,但是却有一个本源性的存在不能搁置丢弃——就是我们每天都置身于其中的生活。我们不一定都能成为科学家,也不必人人都是理论家,但是我们一定要生活——活在我们生活的世界中,活在人的活泼畅性的生命成长和发展过程中。人与人之间的交往不能彻底市场化或功利化。交往本身便构成了意义与目的,目的永远不能错位为功利的手段或工具。

但是,在现实的功利社会之中,我们看到亲人之间的交往,朋友之间的谈话,往往也要计算成本,考虑效益。无论成本或效益都意味着时间,所以不能不计算时间,时间又转化成利润,利润即意味着金钱。现代社会已成了一个事事计较、处处功利的社会,人与人之间的关系冰冷到了极点。后来哈贝马斯提出了"生活世界殖民化"的概念,就是生活世界无可逃遁地受到了工具理性的挤压。生活世界本来是我们安身立命的基础,但市场不断侵蚀的结果便是彻底的颠覆——亲情消失了,友谊解构了,人的存在的根基动摇了,生活的内容苍白无聊了,权与钱的关系渗透在其中了。一切都是为了利润,利润成了生活的目的。生活既然已是功利的殖民地,也就是手段而不是目的了。甚至连精神、人格、信仰的领域也是权与钱说话才算数了。马克思始终向往着人的自由,但人的自由已异化为手段,无处不是功利,无处不是商品。手段成了最高的目的,拥有莫大的支配权力,目的则早已打入铁笼,成了披枷戴锁的囚犯。或者说高坐在国王宝座上的是功利,目的王国则已颠覆为手段王国。这是市场化带来的极大危害,即使是精神的领域也难逃物化的厄运。

危害不仅表现在商业行为中,而且也渗入日常交往的生活中——生活被殖民化了。我们只是生活世界殖民化的存在者,殖民化的生活世界的国王就是工具理性,金钱与权力共同侍奉工具理性,并凌驾于原有的秩序之上,它们共谋式地高高在上,统治着一个广大的市场。人总是向往和寻找自由,但结果处处都不自由。类似的批评在海德格尔那里也能看到。海德格尔把科学和技术分开,在科学层面上人类仍然很了不起,有伟大灿烂的成就——不少科学家如牛顿、爱因斯坦等,他们本身就在追求宇宙实体的规律性真理,根本就与功利境界没有任何关涉。这是一种伟大的求索精神,表现出来的恰好是一种宗教式的情怀。不过,即使是科学,也有可能丢失其原有的精神探求的旨趣,只关心事实、图像、表格及一切可以抽象为数据的统计,失去了精神或灵魂倾听神圣的能力,断绝了与灵性生命可能发生的意义性联系。存在蜕去了本有的饱含诗性的价值与意义,成为孤荒赤裸的科学研究的对象。这是"心"、"物"分裂认识方式长期主导必然产生的结果,也是理性工具化之后难以逃脱的社会结局;理性宰割了世界的完整,也破坏了生命的和谐,最后危及的可能不仅是外部世界的彻底"脱魅",诗意及相应的发生机制都已从人的生命与生活中彻底抽空剥尽,更严重的则是造成人类自身精神世界的彻底毁灭,人由于科学技术的捆绑与挤压而完全丧失了立脚点,当然便只能在虚无主义的状态中提前结束人文精神的历史发展进程。庄子说:"返死之心,莫使复阳也";尽管是两千多年前的伤痛之音,但恰好可以用来形容今天的文明困境。

值得注意的是,科学或知识转化为技术,技术又转化为产品,产品即意味着利润,最后的结果便是巨大的经济效益,出现物质的丰富与繁荣。但富裕与繁荣则是以资源的掠夺、破坏、消耗与浪费为代价的。与此相伴的,还有道德的沦丧与世风的衰颓,甚至连科学本身也沦落为利润与金钱的工具。更严重的是,技术理性不会永远甘心受制于神圣理性,它不仅要颠覆神圣理性,以技术逻辑的方式消解生命实践的智慧,而且也要颠覆科学精神,以工具理性自身为指导原则褫夺价值理性的绝对领导权。今天的技术已无所不在,不仅体现在生产流程的各个具体环节,以及管理层面的数字化控制上，而且也危及到人的交往方式，包括人的生活结构的外部世界的技术化，人的心灵生活的内部世界的干瘪化，即丰富多彩的生存实践活动的单一划。技术已与物质、制度、管理及各种社会控制系统或权力支配信息系统合为一体，主宰着人们从私生活到公领域的任何一个环节。无论社会与自然都变成了可以不断重复的数字化的抽象，作祟者则是知识与权力结合后的共谋。表面上是人在控制技术，实际则是技术在控制人，技术创造了虚假的意识，受到处罚的则是人的精神。社会在理性化、技术化的过程中已联结为同一性的大网，任何个人的自由与自主都遭到了无情的吞噬。世界是充斥着买卖关系的世界，社会则是消费压倒一切的社会，技术已构成了社会的本质，一切精神性的关怀都成了多余。人除了想方设法地依靠理性增加拥有之外，已不知道天地间还能有什么作为。理性之网无处不在，谁也不能逃遁于体制之外。例如已经将全球联为一体的互联网，我们使用它自然获得了极大的方便，信息的消费已出现了人人平等的发展趋势，但表面的平等也掩盖了实质的不平等，每个人都成了可以随时替换的类本质，并以类本质的方式消费各种负面的信息。网络不仅成为垃圾文化藏身、汇聚、滋生与传播的理想处所，同时早已是商业资本及意识形态激烈争夺的空间。人在虚拟的世界中幻化交流，无论如何也不能取代生活世界中的真实交往。所以，人如果仅凭理性来拯救自己，实际只是以楔出楔，以火济火，难免不更深地陷入理性的牢笼之中，在危机的漩涡中循环往复而不能自拔。

四、重返良知呈现的生命实践之路

中国自鸦片战争以来，始终都在追求一个梦想：实现民族的富强，实现国家的现代化，强化自己的崛起能力，强化自己的国际地位。这自然很好，没有过错。一个国家不可能不追求富强，不可能不发展现代性，尤其是在外患凌辱不断，民族危机空前高涨之际。但我们也不难看到，传统砸烂，文化扫荡之后，民族元气大伤，国家命脉大损，无论善良的品性或高贵的气节，似乎都成了历史记忆中的陈迹旧物。中国人在获得科学技术及物质文明的实际利益的同时，也产生了严重的价值虚无的危机，社会内部的运作机制正在逐渐改变，传统的根基日益遭到剥蚀。文化生活中的亲情关系，师生之间的道义友谊，朋友之间的责善快乐，牧歌式的田园风光……总之，我们所要追求的一切真善美的价值，都逐渐消失或远离我们，成为无家可归的放逐儿了。神圣性的生活已成了遥远的回忆，现实只是庸俗与肤浅独霸的天下。物质丰裕了，人却物化了。利益增加了，精神则贫困了。物质成就的获得始终都以内在精神的丢失为代价。以目标来证成手段，已成了多数人的生活信仰。人与人之间充满了不信任，买卖关系成了人的第一关系——随处都能发现欺骗，时刻都有可能遭遇拒斥，但一切又都可以交换，通过金钱获得实现的满足。金钱原则成了现代性原则。工具理性的狂飙掀动了西方，也席卷了东方，可以说是横扫全球，无孔不入，连个人藏身的家庭都难以躲过。严重者甚至夫妻双方结婚都要先订契约，夫妻关系变成了互相利用的关系。有这样一个故事，一个美国人同居而不结婚，别人问他为什么，他说："我不能为了要喝牛奶而养一头母牛。"婚姻完全是契约，对象只是手段，双方只是利用，功利成了主导性的原则，不是市场取向，就是买卖关系，毫无任何情感可言。人自身也作为商品来呈现和满足自己的要求，体现出来的只是工具性的交换价值。康德说"动物没有自我意识，只是作为一种目的的手段而存在"，但现在有意识的人同样成了目的的存在性手段。与康德所说动物的目的是人略有不同，人的目的则彻头彻尾都是功利。人

学人演讲

作为手段只能导致相互之间的疏离,操作主义卷走了一切人文精神,所以现代文明已成了单面化、划一化的商业文明,人成了单面化的孤零零的没有特殊个性的个体。从"自省可以忖人,观人亦资自知"的角度看问题,我们不能片面照搬西方文明,已是显而易见的结论,理应引起更多的恪守精神价值的有识之士的关注。

西方学者马尔库塞写了一本《爱欲与文明》的书,他认为文明进步的加快与人的不自由的加快是同步的。人的不自由便是高度文明发展的昂贵代价。他是法兰克福学派的重要人物,批判的大旗举得很高。他希望把情欲转化为爱欲,把单向度的人变成完整全面的人,同时又认为爱欲是生命本能的升华,社会的解放就是人的完整性的解放。但现代文明恰好将其压抑或消解了。易言之,人是有完整的物质与精神双面需要的人,但现代文明却把人改造成了完全受物质欲望支配的单面人。他在批判晚期资本主义社会时,认为必须回归人的本性,把爱欲从现代文明的压抑中解放出来。至于存在主义大讲人的主体性,主体性通过选择而显现,一旦获得了真正的自由,也就回归了自己的存在。他们要反抗外部世界的异化,主体性的"存在"的确提供了理论建构的灵思。但是只要比较一下东方文化,便不难发现,他们的批判仍缺乏深度的生命体验,存在的概念最终仍流于形式,不能不步入虚无或空洞。由于西方文化长期不讲心性、不相信人的直觉智慧,也就是不讲人的觉性与悟性,不讲人性的超越和形上的特征,他们的启蒙只是理性的启蒙,他们的批判也只是理性对理性的批判,他们只想凭借理性的方法走出理性非理性化的怪圈,因此,往往缺乏一种深度的人性形上学源头活水的依据,少有真常心性的实存体验的哲理奠基,无法在生命的内观方法上找到理论突破的立足点,最终仍不能不在理性的狡狯所设下的怪圈中打转。他们既难以注意到人的生命的根本,也没有为生命的存在打开一个自力超越的向上之门，看不到良知受到遮蔽乃是问题的关键，体会不到以良知为本体的大机大用的生命流行境域，寻找不到人的存在如何从非本然性转成本然性的形上根据，即使极为深刻的后现代主义的解构性批判，也明显地存在着类似的问题。他们用理性来解决理性的问题，就难免不陷入封闭的僵局，走不出二元对立的死胡同，不知道二分法背后尚潜藏着一个更深广的整体性的世界。解构性的批判虽然也暴露了理性的霸道与横蛮，但却难以彻底清理布满在理性路途上的陷阱和困局。由此可见，我们在讨论现代性危机，重新寻找行为与选择的本体论依据的时候，仍有必要回到东方文化的立场上来重提人的心体与性体，再讲人人皆有的本体论的良知。

为什么要讲人类的良知？在现代性的危机处境中如何实践性地呈现良知？因为良知是人之所以为人的本体论存在根据，是人的存在具有尊严的价值性根本来源，是统合心性超验潜能与现实经验摄取作出合理判断的能力，是随时可以起用发动的天然时机化创造源泉，是人避免精神堕落和灵魂腐败最重要的内在性生命力量，是人防止生活遭到功利殖民化伤害的本然性觉醒凭借，是人通过抉择不断显现生命的本质与自由的行为依据或判别标准，是人走向本真实然状态最有力最亲切的呼唤，是人在成己成物的过程中不断开放生命并从心灵深处涌出的热情与温暖，是重新恢复人的实践性智慧并拥有生活的意义的活泼机藏，是一切道德行为和伦理生活不可或缺的来源性基础，是心性之善透过意志之善再转化为行为之善的统摄性主宰，是生命自然自得足以自我立法的本质性依据，是日益滋生的社会腐败和异化现象的有效解毒剂。离开了良知的指引和范导，不仅个人的生命存在会失去意义，甚至人类的发展也难免不会步入危险的歧途。良知既包含了理性又超越于理性，代表了西方人难以理解的更高一层的直觉智慧，既是社会必不可少的正义、公平、平等、自由等思想原则的

学人演讲

基本价值来源,又是对一切不合理不公正的现象展开批判的心性判别依据。无论出现任何异化现象和疏离弊端,我们都可以依据人人本有的良知进行批判和谴责,依据良知的呼唤展开各种拯救行动,凭借良知的活力从事各种变革事业。通过良知我们才能更好地回归生命,回归生活,实现人人本有的自由,获得人人皆有的主体性,并更好地了解存在的真实意义,步入本真的终极境域。

王阳明的良知学说系统是对儒家学统的全面继承,根植于深厚的生命体验,具有深刻的人性本体论基础。他是用良知学说来回应时代的问题,寻求人类存在的真理。事实上,王阳明所处的时代,社会已经很功利化了,不仅知行脱节的现象颇为严重,而且功利已成了一部分人的最终人生目的。孔子的思想不过是求取富贵的敲门砖,挂在嘴上的金字招牌而已。王阳明的良知学说是有非常强烈的现实针对性的。他要重新返回人人皆有的良知来求取人类的拯救之道,改变当时虚假化的功利社会。他的看法正是儒家批判精神的到场性当下显现。人应该在高层次的心性上有所觉醒——如同禅宗所说的"明心见性",道家所说的"真人"的本然性状态的重新获得。我们需要有一套修持的工夫来解决个人乃至人类社会存在的问题,需要以良知及其与之相应的人文精神来规约和化导工具理性的泛滥。所谓良知说,实际上就是《大学》"明明德"的"明德",如同"明德"需要"明明德"的工夫来配合一样,良知也需要以致良知的工夫来配合。"明明德"之后还要"亲民",致良知本身已需要推己及人,"自救"之外尚要"救人",自我良知实现也需要帮助他人良知实现,如此由内而外,由近而远,最高的境界则是"止于至善",即通过"自觉觉他"的人性启蒙活动,最终达致人类群体觉行圆满的境域。无论社会个体的"至善"或人类群体的"至善",都属于良知拯救的范围,既代表了生命的创造活动,又表现为价值的实现过程,不仅沟通了（形）上与（形）下，而且整合了内（部）与外（部），永远都不能与人的实际生存或生活脱节或剥离。

五、人性光辉的一面意味着人类仍有希望

从"明明德"的心性言说取向不难看出，人性有光明的一面，亦可实现此光明的一面。无论"明德"或"良知"，中国文化历来都认为是人人本有的。从孟子到王阳明都把良知看成是天赋的。在孟子看来，我们生命中不学而知的那些东西是什么？不通过理性思维而随时可以自动呈现的是什么？孟子提出四端说，无论恻隐、羞耻、辞让、是非之心、或仁、义、礼、智之德，都植根于我们本有的天性，是生命活动的当下绽开与显现，是行为表象的真正内在性的本质动因。心所内具之理是可以活泼动态地展开的理，了解理的过程即是了解心的过程，心具众理说明心内涵着丰富的内容和意义。它们的显发无一不依据于本然真实的心性。亦无一不受到心性自我的观照或规约，这就是天赋人性本善之说，良知则是自觉此本善之主体，是关乎人的本质的创造性的活源，从中正好可以开出道德与权利面前人人平等的思想资源，为人的本质力量的实现提供活泼泼的生命实践的场域。

中国文化所讲的良知，由于可以在外在环境的配合下展开运作，代表了活泼生动的生存或生活的价值实现的本真能力，所以具有社会化的功能与实践性的作用，不可能脱离人的生存境遇与生活世界而自行封闭。孟子和王阳明又时常称它为"良能"，代表了人的为善去恶的能力。《中庸》说"天命之谓性，率性之谓道，修道之谓教。"良能是我们本有的天性的能力，是人承天之命而有的灵知，因此我们谈良知，实际已经把外在的伦理行为或道德规范收回到人的本然天性的体验上了。试想脱离了人的内在

学人演讲

本然天性的道德规范能有意义吗?无关乎人的活泼心体的自觉决定能力的伦理行为会有价值吗?可见良知说本来就具有反工具理性,批判异化的意义,它是我们安身立命的源头活水,能够确保我们回归与自然和谐一体的固有本真状态。我们大家都有天性,天性就是实现人生和发展社会的最好动力,从天性中不仅可以开出理,也可以涌出"情"。这就是中国文化讲的"性理"与"性情","性理"与"性情"的背后尚联结着一个与"性"有关的本源形上的"天"。"理"与"情"都不能脱离主体性的"性",都以"性"的存在为前提,都是"性"的重要组成部分,否则便丧失了主体性的完整与圆融,遗弃了生命的全面和系统。静态形上的性与可以动态展开实现的理或情合为一体,代表了生命实践活动可能性的主体性来源,二者二而一、一而二,恰好构成了缺一不可的关系,有着互为补足的作用,其中一个可以展示为主观形上的"理"世界,一个能够呈现为客观感性的"情"世界。两个世界合为一体,才构成完整的世界,才能显示生命的丰富,才能昭明人性的圆融,才能表现人生的全面,不能一头强一头弱,更不能两头同时陷溺。所以儒家的道德观从来都是要恢复人的自然天性,回归人的自然天性,实现人的自然天性,成就人的自然天性,然后在此基础上发展秩序化的社会,建构充满意义与价值的生活家园。这就是孟子所说"尽其心者知其性也,知其性者知天矣。"由尽心而尽性和知天,恰好就是活泼真实生命不断实现其价值与意义的过程。

建构秩序化的社会当然要发展生产力,不能不有科学技术。事实上,科学技术引领人类文明的发展,已取得了一日千里的长足进步,但发展的前提是不能违背人的天性,不能伤害人的德性生命,必须维护人的天性,有利于实现人的德性生命。社会结构的本质与人的天性本质应该是合一的。因此,人要实现生命的和谐——包括个人身心的和谐、社会关系的和谐、宇宙整体建构的

和谐——从而以成己成物的方式获得全面性的完善和发展。良知是人类普遍本有的灵明觉知,通过良知的活动自然可以促进人与人之间的沟通,达致人与人之间的和谐。这既涵摄了哈贝马斯所说的沟通理性,但又远比他的沟通理性丰富。哈贝马斯希望通过交往行为来促进和扩大人的相互理解与自我理解,但在交往过程中,只有理性主体,缺乏情感主体的参与——源自良知的情感没有成为交往活动的主体——他所说的理解的目的仍然很难达致。情感的仪式化实践是我们最为关心的问题,原因便是在于它是实现"善的生活"的非常重要的一条途径。

人不仅应该生活在理性的世界中,而且应该生活在情感的天地里。心既可表现为理的生发性状态,也能展现为情的势发性状态,亦即理智的了解固然重要,情感的满足也不能缺乏。原因是无论理或情,都成为心的必然或必需。情感既需要以诗化的方式来升华,也需要凭借善的途径来提升。"登山则情满于山,观海则意溢于海"。情感的沟通不仅能够指向生活世界的一切个人,而且也可以指向宇宙大化中的一切存在。心灵的复杂不在于理性而在于情感。理性教育与情感教育都为人所必须。善的情感的真实无伪的表现才能把我们带入诗意地栖居的家园。我们既要凭借理性来应对生存的挑战与困难,但也要通过情感来化解理性的僵硬与死板,消除理性依据利益原则高高筑起的壁垒,溶解一切可能出现的非本真的异化。能够使人沟通的是超越于功利活动之上的无私情感,而不是以自我为中心的工具理性的原则。工具理性只能以死的资本或利润为本,无私的情感则以活的生命和存在为本。我们都生活在他人的世界之中,但却可以通过爱的情感及相应的温暖来实现沟通,在人与人交光互映的情感天地里,感受人间秩序给予我们的一切价值与意义,化他人为自己,又变自己为他人。所以《易经》说"感而遂通";王阳明讲:"仁者与天地万物为一体"。"通"就必须扫荡一切人我分别的障碍。在"尽心知

学人演讲

性知天"的生命局限突破活动中获得层层的超越。其中不能不有情的感动,也不能不有心的交流。而良知的作用就是将个人的一己私情推廓升华为与他人他物同为一体的深情。与良知结合的情感才是真正的道德情感,以良知为指导的理性才是真正的价值理性。

道德情感从根本上说仍是本心本性的起用。看见小孩落水时就会去救,救人的心与救人的行为已经和落水的小孩子融为一体了。看到秋天落叶会感到人生的无常,感到无常的心和由心而起的情就和落叶融为一体了。看到人类有苦难和不幸,就有人想要去拯救,不拯救就不能心安,他的心与行不是也与人类融为一体了吗?这个一体是人的生命最奥秘的形上深处本有的,也是可以在人的生活世界中如实呈现的,能够通过与其他存在的关联性境域起用流行的,我们完全可以将天赋或自然本有的良知转化为人世间的具体生活内容。真正的可以弥漫于天地之间的情感,总是一端联系着人的内在的高贵人性,一端联系着外部的日常世界——任何事物都可以化为关爱的对象性存在,任何行动都能够是此一境域的具体展开和落实。因此,道德的动力不仅来自冷冰孤单的理性,更重要的是来自充满情感又饱含理性的良知。良知是跃动着的存在状况,是生命活动的一种境域,不但联系着整个的人格,能够召唤我们返回自身,返回人应有的创造性的生活,而且可以帮助社会文化重起生机,成为人类生活中活泼展开的现实力量。诚如宋儒程子所说:"天地之间,只是一个感应。"感应的能力恰好来源于具有宇宙本体论意义的虚明灵觉的良知。因此,我们有必要通过行动来实现良知本体的起用,在行动中聆听良知的呼唤,同时又把人性本质的丰富内容展示出来,把存在着的良知变成实现着的良知。实现良知即是内在无限真实的情感的沛然涌出。这就是"良知的跃动","良知的温暖","良知的召唤","良知的展开"。良知虽存于内却可以发乎外,本来便是可以内外统一的，能够将理性涵摄于其中的，成就一个既饱含着情又充满着理的人文化的世界的。

良知学说的提出，是要人实现自身的和谐、人与社会的和谐、人与人关系的和谐，人和天地宇宙本来一体的和谐，最终达至万物一体的境域，即《易经》所说的"太和"式的宇宙论大和谐状态。良知本质上便是一种和谐意识，是充分发展生命的本质的深度体验，是与天地精神同出一源的秩序感，是宇宙大化落实在人心中的创造活力，是"仁道即生道"的现量展现。万物都可以透过良知的起用活泼泼地发展，在人即是实现人性，在物则是实现物性。人的自然性社会化以后，便可以参与人间秩序的建构，成为历史文化创造发展的动力，为社会生活提供必不可少的伦理资源，促进代表人类自由与希望的艺术的重创，尽其可能地实现人的一切潜力与质素。

马尔库塞把拯救的希望寄托在少数人身上，海德格尔则认为只有一个上帝才能拯救我们。他认为上帝的缺席即意味着人类的没落，而人类唯一能做的便是依靠"思"与"诗"来为上帝的出现做准备。西方式的拯救总是把希望寄托在彼岸，这自然与基督教神学的致思取向有关，也与古希腊神话思维模式密不可分，更与超越界与世俗界割裂二分的逻辑分析理路契合一致。离开了上帝所代表的超越界，一切拯救都无从谈起；缺少了上帝才可能具有的全能智慧，人类的前途便只能在黑暗中终结。法律制度或社会规范只能解决世俗世间的问题，但解决不了人类灵魂拯救的问题。消极性的恶的防范可以依靠人造的制度，积极性的善的引导却只有寄望于遥远的天国。中国文化的天则既具有超越性，但又内在于人的生命中，不妨称为天性，也可称为天德，超越而内在，内在而超越。良知即贯通天人，勾通形上与形下两个世界。良知作为形上的本体即与宇宙太虚同体，作为形下的显现则与一切道德经验现象同在。无论个体性的良知或集体性的良知，都提学人演讲

供了自我拯救的本体论依据，代表了人（类）的庄重与尊严。各种社会或人生问题，都可以回到良知的观照视域来寻找其原因。严格地说，良知不是一个概念，它是充满活泼泼生机的，是人的本真存在的展开与实现状态的见证，是真实的可能性的生存得以成立的依据，是我们生命中的无价活泼机藏。开发利用它，就是实现真实的本然性的自我，实现生命的活泼泼的价值，做到物物尽其本性，人人尽其良知。一个好的社会必然是良知呈现、人民安定、国家和谐的社会，而不是为了利益纷争不止、相互利用、彼此猜疑的社会。虽然我们并不绝对排斥功利，但也认为只能将其限制在手段的范围之内。功利不能充当目的国王式地宰制人的世俗生活，人性的价值目的才能作为主体来引导人的世俗生活。统治世界不能依靠一脉偏大的工具理性，只能依靠代表人性光辉的公正周遍的良知，人不仅要获得情的安慰，也要尽到理的责任。情与理相互交融辉映，才能实现高度礼乐化的文明秩序，实现人文与科学的和谐化协调互补。这就是为什么今天我们在这里讨论现代性危机与人类良知的原因。

六、让良知的光辉普照人类社会

良知是人的存在的第一本质，是社会建构的第一性原则，是价值实现的第一来源。缺少了良知，人将不成其人；背离了良知，社会生活亦将毫无意义。压抑人的良知，便是压抑人的神性；无视社会的良知，便是无视社会的公义；失去了人应具有的良知，便是失去了上帝显像的可能；窒息了可以起用流行的良知，便是窒息了人类创造性生机的活源。人的解放本质上即是良知的解放。上帝的自体即是人性的灵根的来源，上帝的现身本质上也是良知的现身。理解良知之理即是理解做人之理，理解良知

之情则是理解做人之情,情理合璧辉映,生命的内涵意义亦全幅彰显。充满良知温暖的社会才是真正福乐的社会,决不容许任何疏离与异化掺杂于其中。所以如果我们要摆脱理性的捆绑与束缚,袪除机械文明的异化与压抑,就应该依据良知的召唤回归活泼泼的生命,回归本然性的真实,重建现代性的人文精神,重建人生必需的形上学,强化人生落脚的意义基础,满足生命的创造性要求。

当然,我们认为东方人有良知、西方人同样也有良知,良知是普遍的、超越的,既能向上契接无限超越的天道,又能向下翻转开出世俗世间的人伦秩序,实为沟通超越界与实践界的活泼生命机藏。说良知是普遍的、超越的,乃是就本体论、先验论而言,但良知又可以呈现或发用,呈现与发用离不开具体的时空场域,需要透过我们置身于其中的历史文化来展开,不能没有各种必要的外缘性环境条件的配合。因此,良知往往又是具体的、特殊的、经验的。说良知是具体的、特殊的、经验的,乃是就良知的起用现象及经验内容而言的。作为个体的东方人、作为集体民族的东方人,或作为个体的西方人、作为集体民族的西方人,我们都可以在良知之情与理上达到沟通,不可能在形上超越的本体上有什么差异。但是具体如何解决人类现实处境存在着的各种问题,面对习俗礼仪差异文化现象各别及由此而造成的道德判断的多样性现象,我们仍有必要展开各种形式的积极对话,寻求更多的宽容与理解,承认同一之中的差异性,差异之中的同一性,看到伦理或习俗现象学差异的合理性或必要性,从而不但尊重每一个人的完整性、独特性,理解每一个人的自由选择与生活选择,同时也尊重其他异文化的各种生活习俗,理解其他民族的文化选择和发展选择。"理一万殊"的分析框架,同样适合于良知本体与社会道德现象的观察与判断。

面对人类的各种共同性问题及差异性现象,我们仍应回到本

源性的良知来寻求解决之道。良知说不仅是针对个人的私言,更是着眼于人类全体的公论;不仅着眼于维护一个国家民族的利益,更有必要关怀整个人类世界的福祉,尽管良知虚灵空寂的本质首先有利于祛除人们精神上的束缚,能够帮助绝对实存主体获得自我生命的拯救和超越。

大家知道,现在全球性的危机很多——包括生态危机、道德危机、意义危机、信仰危机、政治危机、市场危机、自然危机等等。概括起来,我认为可以分为两类:一是外在环境的污染及资源的枯竭带来的生存危机,再是人自身生命封闭造成的精神危机。一般说来,现代人迷失在物质世界之中,不是因为贫穷,而是因为富裕,物质富裕更反衬出精神的匮乏,价值的丧失,太多的拥有却导致了生命的迷茫,意义的沉沦。从根本上说,社会与人性的冲突仍是人类生存图像中最重要的问题,人要成为"真正的人"尚需要长期不懈的努力。人在私欲与习气中辗转增长中生活,不仅陷溺于各种虚妄邪见或穿凿攀附,而且也迷惑于越来越多的花样翻新的暴力横行。人性的扭曲、变态、癫狂与压抑已是普遍的社会现象,人的生命存在的歧出、偏枯、单面和空洞,也成了真正的生存大患。怎样解决危机,出路何在呢?从人欲的陷溺中振拔出来,重返人生本有的澄明天性,亦即通过良知或依据良知呈现来积极建构合理健康的人间秩序,同时辅以必要的知识学手段,将科学技术引发出来的无穷动力纳入价值理性规范的正轨,才能从根本解决人类的问题。这是一条返本求用的道路,也是中国人一贯主张的关乎"人文以化成天下",即依据本心本性的起用来积极建构文化的合理发展道路。良知当然不可能像上帝那样万能——尤其是面对日益复杂多元的现代社会,良知必须借助一切知识系统及相应的工具方法来解决人类的问题。向内体贴与向外认知都要完整全面地十字打开,促使二者成为相激相荡的良性互动资源。但严格说知识的存在只有真与假的区分,没有善与恶的差异,知识能够服务于善良的良知,也可以服务于邪恶的意图。因此,尽管良知的目标并不在于知识的增长,而在于实现善良与自由,但为了更好地豁显与展示人人本有的良知,仍应该尽可能地将知识纳入到善的目的性轨道,使其服务于人类高尚、和平、正义、自由的事业,形成价值与知识之间的良性互动,最大化地实现以良知为导向的人类终极性的福祉化要求。即使是良知的批判也要转化为有说服力量的理论批判,以批判的方式为良知的实现开辟道路,勇猛地否定一切异化与疏离,抗议各种暴力和强权。这就是孟子所说的"由仁义行,非行仁义"。以良知摄德,以良知摄思,以良知摄知,以良知摄行,以良知摄教,以良知摄政,以良知摄技,人类的一切作为施设才有其不断发展的正当性与合法性。这是一条良知由"知"到"行"不断实践化的过程,"知"与"行"构成了良知之依体起用,即动态化地从本体界进入实践界,既在实践界又不脱离本体界的过程。良知"行"才是良知之"知"的实践化形态的完成,所以良知的拯救实际即是行动的拯救,在"知"与"行"合一的既"知"且"行"、既"行"且"知"的完整生命活动中不断展开自我与群体的拯救工作。不仅作为行为出发点的"知"(意志决断)是善的,而且作为意志开出自我与群体的决断的完成的"行"(实践行为)也是善的,如此才是良知意志与良知行为合为一体的整体性拯救行动。更明白地说,良知拯救行为就是良知起用并在思想与实践两个世界同时展开的人性自我价值实现的过程。即便西哲海德格尔所说的上帝的拯救,如果不通过良知亦难以想象其如何能够展开,不能设想上帝会在良知遮蔽的情况下重新出现,也不能设想良知流行无碍的世界是上帝缺席的世界。良知的"思"与"诗"始终都在召唤上帝的降临,但上帝的降临其实就是良知的如实呈现。上帝只能栖居在良知的世界中,凭借良知呼唤人的诗意的精神家园的回归。上帝与良知一样永远都安居在本体界,所谓拯救

就是如何将其引入到实践界,不仅成为生命的真实,而且也化为可知可感的现象或存在。

守护良知便是守护存在的真理,丢失了良知便是丢失了存在的真理。只有回到人类整体性的良知立场上,我们才能对人的生存处境应有的本真状态做出更有效的发言,无论异化的境况是何等的不堪设想,都可以通过良知的呼唤来恢复真正的自我。而良知作为拯救自我必不可少的存在论条件,首先要实现的就是对人的自我本身的改造。

从中国文化的立场看,人性的形上本体是至善的,无论孔子的仁,孟子的义,董仲舒的天道,朱熹的天理,王阳明的良知,都说明人对人性本善的普遍性、必然性、终极性及社会实践的可能性,始终抱持乐观和信心。这恰好正是儒家的一贯思想。儒家思想中的价值诉求总是要把心性的应然性变为历史与现实的必然性。正因为如此,他们才建构了一个属于自己的历史传统,尽管其中也充满了各种难以预料的悖论或吊诡。但是人性本善是从本体论上讲的,现实中的人则可能为恶亦可能为善,善与恶都取决于人自身的态度与行为。而回归人人皆有的良知,便是回归人人皆有的绝对主体。因此,从孔孟到王阳明,都认为人性可能被私欲遮蔽或污染,人的善良与丑恶仍是普遍的经验事实,超升与堕落两种可能性都同时存在。无论过去或现在,良知或良知呈现的历史都显得极为复杂,邪恶假借良知的名义大行其事便是很好的例证。所以儒家对理想社会的实现又充满了忧患和警惕,始终告诫人们必须战战兢兢小心从事。但良知受到邪恶的利用并不会动摇我们对良知真理的信心,而只会加强我们对邪恶行径的警惕与痛恨。更直接地说,文明进程的每一次迈进都是对人类智慧能力与精神能力的考量,不能不小心谨慎,战战兢兢,始终警惕或提醒自己是否偏失了以良知为主导的人类发展方向,关注或反省自己是否在善恶交战的征途中不断获得精神成就的超越性喜悦。

良知代表着人类精神成就更高的理境，本质上并不与现代文明对立或冲突——如果现代文明能够增进人类的福祉，良知当然会赞成并促进其演进发展。但一旦现代文明出现异化或弊端，良知也会大声呼吁人们警惕和防范，并积极主动地采取各种措施去消除或减少社会文化精神的退堕、颓靡、奢纵与下陷，最大可能地争取非压抑和非异化的新型文明形态的实现。良知为我们提供了一个合理生存论的视域，帮助我们不断重新寻找人类适宜的生存方式。以良知为中心视域展开的社会批判，才是真正的有深刻力量的批判；以良知为出发点的文化秩序建构，才能真正有利于维护人性与人格的尊严。因为任何批判都应当从理想与应然出发，任何建构都必须以理想与应然为牵引。良知则恰好代表了人生的理想与应然。所以，只要人类自我完善与向上超越的一念尚在，存在的真理就有可能落实，人性光明的一面就可以显现，未来的社会完善就存有希望，真与美的价值也可以随之落实，人类必不可少的理想就有可能成就。良知的呈现过程就是人性升华与光明显现的过程，也是人类不断超越并最终发现真理与秩序的过程。人性的去蔽化改造与社会弊端的消除永远都是人类最重要的两项工程，它同时也是人类解决危机问题必经的自我拯救之路。而人类在此拯救之路上，完全可以建构起一种成人成己、充满灿烂阳光的文化。良知点化的人类生存图景，当然足以焕发青春活力并充满诗情画意，能造福人类自由的仍然是我们的德性生命本身。

孟子说："不仁不智，无礼无义，人役也。人役而耻为役。犹弓人而耻为弓，矢人而耻为矢也。如耻之，莫如为仁。""莫如为仁"之路，便是通往良知的自我拯救之路。将良知的种子播撒在社会公共事业的福田中，就一定会有意义的生成性的不断收割或回报，甚至亦可形成宗风再开一代文化道统之新机运。这是一项庄严神圣的工作，值得我们一辈子认真从事。因此，无论长虑

或远顾，危机与希望均永远并存，一切都取决于我们的选择与作为，取决于我们能否做到依体起用及摄用归体。往者已矣，来者可追，匹夫慕义，何处不勉。就此结束我的演讲，谢谢大家长时间的认真聆听！

（朱俊根据录音整理）

健康、平安、地震
——在贵州大学及西南交大的演讲

◆ 任 林

今天是此地（四川）大地震后的一个月，我想与大家谈一谈我们人最需要的平安问题，健康问题。

几千年来人们注重的还是健康、平安，健康主要涉及身体，平安也涉及身体。健康和平安还不同，一般人都追求健康，把平安放到第二位。通过地震以后，大家又把平安加强了。中国古代有："平安是福"，"粗茶淡饭，格外养生"。实际上老祖宗已经教给我们人生最重要的原则了。

太上老君在《道德经》里说："五味令人口爽"，就是提倡粗茶淡饭。当很多调味调得好的时候，你的口味就会产生错觉，越吃越挑嘴。现在讲重味的食品，比如重油、重盐、重辣、重鲜（美），从营养学的角度，对身体都是不健康的。

平安这件事就更难了。注意健康，大家还可以有法可想。地震来了，平安，怎么看？

中国古代荀子的思想，讲"人定胜天"。道家学说讲"人定学人演讲

顺天"，我们要顺循自然规律，就像做经济要顺循经济规律一样，这样才能战胜灾难。

健康还好办一点，我们通过营养学、生理、生化、中医学、西医学等等，还有办法。但通过地震，我们感觉到，平安是最重要的，无论你怎样健康，地震的时候，健康的身体是毫无抵抗。这就提出，随着中国现代化的进一步发展，我们对于健康问题的重新认识，和对于平安——整个民族的"平安是福"的认识，联系到当前地震后心理上的重新建设的考虑。今天就用科普的为基调来谈谈。

健康，怎样才算健康？平安，怎样才能让我们整个的民族有平安的未来？这是很重要的事情。地震来了，再健康的身体也无法面对。换个话说，地震在地球上，我们好像还可以想办法。几千年前张衡发明地动仪，都还可以没办法中找办法。比如，突然天外飞来一颗星，和地球撞一撞，就算你知道，你也无能为力。

当前世界上，很多地区很发达的国家都有很多核武器，核武器有没有可能万一的意外？谁也不敢保证。最近，有个国家搞错了，核导弹的零件被运错了地方，事后还道歉。

人类是不是真的没有办法？特别我们中华民族在自强的时代，提高全民身体素质的时代，我们要永远抛弃东亚病夫的称号，在这样的前提下，平安更为重要。

这个题目我们谈谈，不一定说是一种定论，只能说把我们所想到的集思广益，抛砖引玉。对这个问题作些建设性的、或者说留些另类思考空间的探讨。

现代科学对于宇宙的认识，我们先从物理学的、以物质文明建设为基础来讨论的话，就涉及现代科学对于物质认知的有限性，现代科学家都知道，人类充其量只能认识宇宙的物质的5%不到。说明我们人类的智慧确实大有改善的空间。

中国古代学者庄子说，"吾生也有涯，而知也无涯，以有涯

随无涯,殆矣"即是对于宇宙事物的研究有一种无限性无限量,而具体到人类的生命是有限性有限量,以有限的量对无限的量,他谈到,我们要认识宇宙确实是困难的。这与现代科学是吻合的。

再谈到精神文明的建设,我们改革开放以后,邓小平同志就一再给我们强调社会主义精神文明建设的重要性,由此进一步提到中国特色的现代化。现代化比较容易理解,就是利用一切科技的手段。什么叫中国特色?是不是穿对襟衫、八卦衫、穿旗袍就叫中国特色?这都是表象。所谓中国特色就是吸取我们中国人传统思维文化里边的好的一面,用这些来熏陶我们现代人的意识,让中国文化里好的精神有延续,再运用于现代的科技,这是中国特色现代化,但是我们在这方面还有待努力。

因为现在特别青年一辈,由于对于物质文明建设的需要而加强对科技的学习,是不是对精神文明建设方面有待提高?这是大家要好好地考虑一下,大有提高的余地。对于精神文明的建设实际上是我们中华民族的强项。我们怎么来发展中国特色?

以西方美国这个国家而论,法国人就看不起美国人,说他们是野蛮人。为什么?因为美国的文化两百多年,法国的文化相对长。但看看我们中国的文化,中华的文化,那就更长了。法国人不敢对中国文化和中国人的素质公开地进行不适当的指责,但他们敢说美国人。因为事实是如此,而且全世界都知道中华文化对于整个人类的分量。

看来精神文明的建设实际上就是中国特色现代化的一个重要环节,而我们在这方面确实大有加强和提高的余地。

今天为什么谈到精神文明的重要性?因为根据辩证法和唯物论的观点,当你承认物质第一性时,你必须看到精神对物质的重大的作用力,这种力量有时是不可预估的。

我们现在追求健康,刚才讲了通过遗传学家、生理学家、心

理学家、营养学家,都还可为。那么平安怎么办?怎么来看待这个问题?我想不仅是中华民族的问题,可能是全世界人类都应该面对的很重要的前提。

从物质来看待宇宙、地球的产生,从精神文明的建设,进一步深化来看到人类、或者其他动物界共同生存的空间——地球,和我们所有有关精神现象的这种联系。比如我们现在要追求平安,这就是一种精神的追求。我觉得追求平安还不能纯解释为物质的,因为现在面对物质的文明建设,科技的最高成果根本不能够解决平安这件事。就像我所谈到的,什么事都可能有意外。

我们设想一下,面对意外,面对万一,来挑战它。挑战一下意外,挑战一下万一。一个人说我要实现我的理想,我经过奋斗,经过学习,经过努力,都有可能实现,但是你能不能说我绝对平安?这谁也不敢保证的。孙悟空都还有被五指山压的时候,那时候他也不平安的。

我们扩大一下我们的视野,不单纯从物质文明、精神文明建设的层次,而从整体中华文化、世界人类文化的精华的部分来融和来思考,再提升对于精神文明、物质文明建设的问题,而由之产生当前面对地震这个重大的事,我们怎么做?亡羊补牢。因为对于未来我们还是可以设想的,大家各种意见都可以有,当然立足点一定是实事求是,要用科学的观点,而不要用迷信的观点来讨论我们的健康、我们的平安。

首先我们谈谈健康问题,这也是大家很重要的。现代化的发展在我们中国人已经是深入人心,然而我们现在人的身体素质,医疗费用成倍增长,这是大问题。在大概二十多年以前,和现在的癌症、心脏病、高血压、糖尿病的比例来讲,以前听到谁癌症,大家都惊一惊;现在听到谁癌症,大家就像听到感冒一样,癌症我们已经习以为常了,根本不觉得有什么意外。现代化对于身体的直接影响,例如心脏病,越来越多的"三高"等。从健康

角度,大家越来越认识到,我们人类对于身体的改善,不能单纯依靠以前的用美食的概念和主食的概念。对于传统的美食概念,就是五味反而叫人口爽,清爽的爽,但是这个爽在这句话里边的含义是错误,为什么?越吃好东西,越吃嘴越刁,到最后就"三高"。现在已经有很多人进行反思,结合中国古代讲的粗茶淡饭,才是真正养生。

我们首先从健康角度要让我们保持清醒的头脑、健康的体力、充沛的精力等等。大家都知道吃的营养太多,人的精力是不够的,你要费大量的体能来消耗这些高脂肪的、高蛋白的、高糖的,而且结果是不健康。

从环保的角度,那么食肉食一公斤和蔬菜一公斤对环保的影响,现在提倡尽量不要用塑料袋,因为人类已经认识到我们生存的空间对我们的重要性,但以前就比较忽略。我们制造一公斤肉出来,要花多少代价?制造一公斤蔬菜,要花多少代价?这一比就清楚了。制造一公斤肉的代价太高,大大高于制造一公斤蔬菜。而且随之而来的社会问题,就是刚才讲的"三高"的病。蔬菜很难引起"三高"的,高营养的食品容易引起,这是大家都知道,只是我们很难一下子纠正我们的习惯。知道不等于做到,我想今天我们讲的目的也不是马上完全做到,因为这不太可能。但是现在是我们应该知道的时候了。

对于健康,首先要建立在粗茶淡饭的基础上,所谓淡饭就是很清淡的饭。中国古代人常常说不要吃十分饱,要吃七分饱,而且总结孩子要平安,就要有三分饥与寒,都提倡要适度。如果吃饭太多,吃淀粉质太多,是血糖升高的直接因素。传统主食的概念,比如我们多吃蔬菜的时候,工作起来脑筋要稍微清爽一点;吃了很多主食再去做工,感觉确实有点疲劳,它需要本身的体能来消化。还有吃饱的问题,吃了十成饱,大脑会产生一种叫做肉芽因子的东西(科学早就知道了)。肉芽因子可以让人的大脑提

前老化。不吃得太饱,肉芽因子生长很慢。一吃饱了就生长很快,要做工往往有力不从心的感觉。

所以我们主食的概念,如果改为多吃一点水果蔬菜,我想对于健康是大有好处的。

涉及今天我讲的另外一个问题——对于平安。下面用现代科学的观念来看待生命。

中国古代有一个孟子,他见梁惠王的记载里就讲到,当厨子要杀一只羊时,梁惠王看到羊在发抖,就说不要杀了,换成牛吧!孟子就表扬梁惠王说:"你还是有很好的一面,你看见羊要被杀的时候,很恐惧,你很同情它。"梁惠王很高兴,但孟子马上又批评他:"羊害怕,难道牛不害怕吗?"所以孔子也谈到:"……是以君子远庖厨也。"

对于吃肉这个问题,中国古代文化的代表人士,他们都有一定的保留意见的。

西方的宗教里有个很有名的例子,是真人真事。有一个叫耶稣的人,他给当时的朋友、听众讲:"你们可以吃肉。"(因为当时是游牧时期,不吃肉,食品就不够。)"但你们不要喝血。"为什么吃肉可以,血就不要喝呢?其实耶稣他的主要意思就是对于生命还是要爱惜。当你在宰杀生命的时候,无论怎样都要保留一点慈悲的心,就不要喝血。最原始的时候就茹毛饮血。避免血腥的,让人的慈悲心、文明心生起来。

这和人的健康有联系吗?耶稣讲的不要喝血。我们大家都知道,肉和血液相比,如果肉是很干净的,没有血,那么腥味就会减少,平常我们称血叫血腥。血腥,就是血的腥味很大,而且很多有毒物质在血液里边,通过人类的血液流传散布到身体,发生器官的、肌肉的、骨骼的、神经的等等病变。

我们中国的有些宗教进一步提倡少吃肉,或者吃干净的肉。干净的肉就是至少不要自己去宰杀那些生命,而且就算吃干净的肉时,也要对被吃者有感激的心。

中国的宗教、外国的宗教都对吃肉这个问题有一定的论述,甚至不讲宗教,就是文化里边,通过孟子,通过孔子,也表现出来对于生命的爱惜,隐含着对于健康的重要见解。

而且,现代科技上的认识,任何生命都是有情感的。动物的生命,我们有分为高级动物和低级动物,这是我们在人类发展的过程中来看待的。但实际上就整体而论,我们人类也仍然属于一种动物,如果在生命这个概念上,大家都是平等的。

这就涉及对于生命的认识问题。当需要维持我们人类的生命,需要利用些其他的生命,这叫不得已而为之。但是随着现代化的建设,大家认识到在营养学里边,特别提倡适当的素食对人的健康的重要性。

既然所有生命,在生命这个概念上都是平等的,这就涉及一个问题——生命本身的情感的交流。以前都有很多,比如一个人救了某个动物,这个动物来报恩,就是情感的交流。这次地震中也有表现,有一些生命对人的生命进行保护、救助,大家很感动。

生命在死亡的时候,特别是在非正常死亡的时候,科学家研究过体内生理的变化和脑波的表现完全不同。一个人寿终正寝,到最后医学鉴定他脑死亡,他的脑波的运动状态是相对平静。然而一个人遇到很不公正待遇死亡的时候,他的脑波的运动非常剧烈,表现为图像非常不稳定。当一些生命体,包括人,受到不公正待遇,所谓不公正待遇,比如一个人犯了错,对他要进行惩罚,现在有些地区还有死刑的执行,那么他也得接受。如果一个人根本没有犯错误,给他判了死刑以后,他的心态和生理的变化是由极端抗拒进而极端仇恨而产生各种毒素。

以前美国有个医生,有个女病人来告诉他,她的孩子死了,医生找来找去找不出原因。第二次这个女人又抱着她的孩子来

了,急救,急救不了,还是死了。这下这个医生就很奇怪了,他就详细地询问这个孩子的情况,得到一个很重要的情况。这个女人第一次和第二次都是在和她的丈夫吵架,吵得很厉害以后,她又喂奶给孩子吃。医生就化验这个死去婴儿血液的成分,结果肾上腺素很高。医学里都知道人在应急状态下,比如很恐惧、很愤怒、非常激动、非常高兴,在超常状态,人的肾上腺素要大量释放,进入血液以后刺激心脏,心脏加快跳动,以应急态度使身体处于自我保护或者亢奋的情况。而肾上腺素超过正常量就可以致死,所以有的人极度恐惧,就会死亡。为什么?因为肾上腺素超标,毒死了。这个女人当她吵架后,由于愤怒,体内肾上腺素很高,孩子吃了她的奶,奶是这个女人身体里的液体,结果就中毒死亡。

古代有说杀牛时,牛流眼泪的事情;梁惠王见到羊要被杀时吓得发抖……这些事情都很多。动物在生命概念上的平等,意味着这种恐惧、欢乐都具备,这是与生俱来的。动物有高兴的时候,也有悲哀和愤怒的时候。当人遇到不公正的时候,人情绪激动的时候,和动物在不公正的时候,他们身体内部的、生理的、心理的变化都有相类似的作用。

有的宗教就谈到正常死亡的生命和非正常死亡的生命,比如被杀害的生命,被非公正地对待而杀害的生命,他身体里边有一种毒素。当然古代不能讲肾上腺素,它讲了叫怨毒。而且进一步谈到这种怨毒、怨气很难消失。

中国古代就谈到"千夫所指,无疾而死",就是当一个人受到很多人批评你不对的时候,对你批评得太多,你没有病,你都会死掉。为什么?很奇怪的。这就是很多人的情绪产生的,我们所看不见的,但是可以看到现象的一种结果。反之,中国古代也讲"众志成城",要做一件事,大家如果真的一心凝聚的时候,那个力量非同小可。

这都谈到身体的、心理的，从物质的，进一步到精神的，甚至超乎于5％物质以外的物质的，超出现代精神分析学说以外的一些、我们尚且不能完全证实、但是可以感觉到一些现象。

1976年，当时美国有一艘宇宙飞船，上面有一些宇航员，那些宇航员都是很宝贵的科学家，由于一些特殊的原因，这个飞船回到地球的时候，进不了大气层，就在大气层边上擦边而过，会永远消失在太空里，对于科技来讲损失太大了，但又没有办法弥补。我看这个时候他们也吸取了中国"众志成城"这个理论，他们也学习了精神对于物质的反作用，也思考了这个问题，当时的总统号召，宗教人士呼吁，在某一个时间，全球所有宗教信徒一起敲响钟声，一起来从心里祝福、祈祷、愿望、要求，可以说是众志成城，希望飞船能够回来。这个说起来叫做不可思议的事，怎么可能？你们说叫它回来，它就回来？科学都不能解决的问题，你们能解决？是的，科学已经没有办法了。换言之，宗教式的一种精神上的一些方法，是科学所无办法之后的办法。在古代时候，科技还不发达的时候，人们比较重用这种方法。对不对，我们不评价，我们只看这一件事。结果怎么样？宇宙飞船回来了。什么原因？不知道。但由此而论我们的确不能否认众志成城这个因素。

我们通过这些来想一想，很多的生命不断地在不公正的待遇下被杀害。我们人类一天要吃掉多少只鸡？多少只猪？多少生命？这些鸡、这些猪要用多少的饲料？这些对环境到底是有好处，还是有坏处？

我们知道，吃植物的动物的粪便，有时可以用来糊墙，比如马粪、牛粪，因为它味道不是很臭。我们试想一下，像猫这类吃荤的动物的大便能不能糊墙呢？那是绝对不可以的事情。

我们之所以谈到营养学、健康学，就联系到素食。对环保的好处，对身体健康的好处，以及消除刚才谈到的非公正待遇的怨

毒——怨的毒气。这种毒气会污染我们的地球,不仅仅是环境的污染,还有更深层次的污染,我们现代科学尚不能够知道。但是我们知道当很多生命的意志形成一种生命的时候,精神作用的状态,会对物质世界有反作用。

因此从健康的角度,从环保的角度,我们是不是可以考虑多推广素食?从整体的对于动物世界的对待,对我们环保的意义来考虑,是不是也可以考虑多推广素食?

还有一个更重要的因素,孟子讲"恻隐之心,人皆有之",我们整体中华素质的提高,实际上就是一种爱心的升华。

面对灾难,我们需要有爱心。面对未来不可预测的灾难,我们是不是仍然需要有提前量的爱心?

中国特色的现代化实际上就是中华文化——仁爱文化的扩展。

这次地震国外对于我们中国的救援、人性化的表现,他们非常的感动。他们不能小看我们中国人这种互相帮助、万众一心的情感。但是这样我们怎么能够面对未来?进一步扩大这种爱心,不但惠及到自己,还涉及我们在健康的层次上、进而对生命整体爱护的层次上。从精神看不见的作用,宇宙飞船都可以叫它回来的层次上,来进一步考虑对于未来的很多问题。

有个科学家说"波的运动也就是粒子的运动,粒子的运动也就是波的运动"。实际上我们所有生命都是脑波的运动。

我们中国流传比较广泛的宗教就谈到关于人的心的问题,也谈到所有世界万物都是人的心来制造的问题。这个问题当然我们不可以证实它,但是我们可以想象美好的世界是美好的共同愿望所创造的,那么未来的美好要从现在美好的心态改良、改善。对未来灾难的面对,是不是可以考虑从精神文明建设的加强来作为提前量的作用呢?就像众志成城的脑波问题,既然宇宙飞船都可以用一些脑波来影响它,难道对于宇宙的净化,对未来灾害的预

— 253 —

防,我们不可以用众志成城的脑波来对待吗?为了健康,进一步为了我们今后整个民族的平安,我们更需要净化过的成城众志。

我们都知道当充满着祥和的时候,这个地区相对富庶;当充满着戾气——很不好的心态的气氛,这个地区就是不好的。

经过我们现代化的建设到今天,经过这次地震以后,我们要重建我们心理上的防线,面对我们每一个人的健康和每一个人的平安问题,对地震,我们今后是不是可以考虑用加强中国特色的现代文明建设来作为一个另类思维空间的补偿效果。

刚才谈到波和粒是一样的,地震也是一种波,就算地在动,也叫波动,没有波的运动就没有粒子的运动。板块的运动也是波的运动。波粒是二相性的。

现代医学对人的生命的鉴定是活的或死的,就是以波来确定的。你脑里边还有波的时候,是有生命的;你的脑里边没有波的时候,是没有生命的。虽然一个人没有呼吸、没有心跳、没有血压,全身冰冷,但你脑里边还有波的运动的时候,你是活着的,临床不能判定死亡。

所以,不但是生命,就连宇宙也是如此,外国哲学曾谈到宇宙精神问题,而中国传统学术里也谈到所有世界都是唯心所造问题。精神、心的运动可以是世界宇宙的波粒二向的结果。好,时间关系,今天暂讲到此。

我们接着昨天的谈。今天是2008年6月16号……

昨天我们谈到我们人类要健康,人类要平安,谈到最近本地,四川的一些地区有比较强烈的地震,引起大家重视,很多人士纷纷进行研讨。

地震对我们的安全确实造成一些影响。我们人类健康很重要,可是再健康的身体,当遇到地震这样的灾难的时候,健康就不足以抵抗。但是我认为健康还是基础,如果有个健康的身体,遇到地震万一有什么,在相对的情况下,他可以存活得长嘛,救

助别人的话,体能也比较多,所以健康还是重要。所以把健康和平安针对这次地震来谈一下。

昨天,从环保的角度,从对自我身体的,吃素和吃荤腥的方面进行了比较。很多人认为吃素的营养方面会不会不够?我们可以简单比喻一下,比如,我们喝牛奶,大家吃牛肉,营养是很充足的。牛吃的是纯素,比较我们人类吃素,它更素。人类吃的素有时用点油炒一炒,它真的是纯素,就是青草或者干草。由此我们可以知道吃素和营养是有机地联系在一起的。

有的人还有些看法,这牛马羊是动物,它们吃素能够适应。这个问题正好恰恰说对了,我们人类在最早是吃素的动物。我们根据人的小肠的构造,人类的小肠是很长的,如果吃荤的动物,小肠就很短。因为吃荤的小肠短,要尽快排出去,时间久了,积累的毒素就很厉害。吃素的长一点,它不一定要这么快速的排,素的需要细腻的、漫长的消化和吸收。刚好证明了人类是吃素的。

古猿人的时代吃野果为主,后来自然灾害,雷电引起火灾,森林里面失了火烧死很多动物,过渡到吃一些肉食。所以吃素营养富足,而且人类是适于吃素的动物。

至于平安,昨天就谈到关于生命的波的现象,生命和波的直接联系,也就是生命的存在是波的运动,当我们鉴定一个人他脑里边的波停止运动以后,我们才认为他确实是死亡。如果脑里边还有波存在的时候,他都不能算死。由波的问题,我们谈到一个宇宙飞船,大家思想集中,要它回来,可以说是很多人脑波的共振,那么这个宇宙飞船能够回来。又谈到万众一心、众志成城,很多人一条心想做一件事的时候确实能够做成功。一个人如果受到很多人对他进行指责诅咒的时候,这个人会莫名其妙地病了,或者莫名其妙地死了,这真的很奇怪。

我们可以看到脑的波对于生命的重要性。我们现在谈到平

安,就可以从波来进行有联系的推论。当然我们不可以说一个人的脑波可以对整个宇宙起决定作用。(谈到唯心就是三界,昨天没有讲三界这个词)。但无数生命的脑的波,其作用就不可估量。

我们的现代科学只定义为世界,只是从物质定义的一个世界,就是我们生存的时间和空间。我觉得用生存的空间,比生存的地球这个词好。如果讲生存的地球还不准确,实际上我们是一个生存空间,因为地球本身它不是个实体,它是空间的一部分。

就好像我们说很远很远的地方,那儿有个空间,那个空间有个星球,现在我不讨论那个星球,我只讨论那个地点的时候,它就是一个空间,只是我讨论这个空间里的状况的时候,涉及里边是否有黑洞、星系、星球。用几何、经纬的分类说某一个空间。

我们生活的地球,在佛经里记载,我们这个空间叫南阎浮提,把生命存在的这种状况定义为堪忍世界,因为南阎浮提翻译为现代的汉语,就是堪忍世界。

所以说我们这儿是个空间,实际上不能说地球是个绝对的实体,如果地球是个实体的话,它就真的是密不透风的东西,但实际上地球不是这么回事。为什么呢?我们都知道中微子穿过地球的时间是多少?中微子穿过地球用 30 万分之一秒的时间。如果地球是绝对的实体,那么中微子是无论如何过不去的。

假设制造一堵墙,这个墙有一百公里厚,是用铅做的。好了,那我们的 α 射线能过去吗?过不去吧!β 射线能过去吗?过不去吧!这里放一些原子弹的原材料,能够污染到一百公里厚的铅做的墙的那边吗?不可以。这边有个人,他可以知道一百公里厚的铅做的墙的那边有什么吗?如果用现代科学的定义来回答,叫做不可知。

顺便解释一下,我们今天谈的都涉及中国融和性的几千年学说,这个学说可以叫国学。为什么?这个学说和外来传到中国的古代学说融和以后,到了现在,就形成了这么一个文化的大融

和，我们给它取名叫国学。那国学不是说用宗教来定义的，是用一种宇宙间的道理来定义的。刚才讲到的那个名词，也就是国学中的一支——佛学的名词——心是三界。三界唯心，三界是心所造成的。我们现在讲的世界只是物质体的，没有讲到精神的，唯心的——脑波（粒）的运动实体。

如果中微子要穿过一百公里厚的铅做的墙，用多少时间？我想一百公里和地球的直径相比，就太短了。因为地球里边同样存在像铅那样的物质，中微子都可以三十万分之一秒轻易穿过去了，那么穿过一百公里厚的铅，我没有经过物理的计算，我想科学家可以算得出来，可能还用不了三十万分之一秒就可以穿过去了。当我们用现代科学来提问，一百公里厚的墙是铅做的，那边是什么？我们只能说不可知。但如果有个人，他经过对佛学的认识，他把世界作为三界唯心这样一种认识，不是作为物质世界这样一种固定的有限的来看待的话，你问他那边是什么，他应该怎么回答？

刚才用科技回答的是不知是正确的。所谓不知，就是不知道有什么。如果把不知道有什么反过来推论，就是我不知道那儿有什么，也许什么都有，也许什么都没有。如果在这个基础上，用不知道来升华一下，就是我认为那边什么都没有。这个理论成不成立？不知道。"不知道"我把它定义为什么都没有，试问用现代科学的角度，谁能否定他这个答案？从逻辑学的角度，一百公里厚度的铅做的墙的那边是什么？有一个人说什么都没有。谁可以否定他？用逻辑的推理，谁都不能否定他。当然反之，谁都不能肯定他。既然不能否定他，也不能肯定他，那么他这个论理立足点就成立。因为不能否定他，当然也不肯定他，但是他成立了。所以他可以说什么都没有。

再用佛学的概念升华一下。有个人说我知道那边是空。这个是高论了。因为用现代人的科技的、逻辑的、常识的判断——不知道。"不知道"就是我说那儿什么都没有，我说什么都没有，也可能什么都有。但是要否定那儿什么都没有，谁都不能否定，谁都不知道，就是不知道。这个说那边是空，谁能否定那边是空？谁都不能否定。什么原因呢？

因为在学佛里边有个概念，物质的世界就是空态的。物质在佛学里定义为色，色就是空。如果我们假定这么厚的墙那边也是物质的世界，他说空，没有错。这是一种思辨，不是用现代科学去论证的问题。

利用这种思辨回到刚才的问题上，地球被穿过只需要30万分之一秒——中微子，中微子是不是物质的？是，是物质的。中微子运动的轨迹怎样？现代科学还不能断定，但也可以说如果它是中微子的话，它一定以波的状况前进的。（因为昨天谈到粒子和波的本质的、一体两面。）这个时候就回到我们讲的心的问题，三界唯心。这个三界就不是我们物质的地球的世界，这个三界讲的是我们这个娑婆世界，以及娑婆世界在有形的肉眼能观察到的世界以外的世界。在学佛上称为有一种天界和这个地的界线连在一起的，这儿的生命大家都产生一些欲望的，在地上叫做欲望的地，在不是地面生活的这些生命叫做欲望的天。把欲望的地和欲望的天总合叫一个世界，这种世界叫做欲界。

这个分类和把地球看作一个世界，就完全两样。除了有欲望的地界和天界以外，还有一个界，他没有欲望，但是仍然脱离不了物质，这个世界叫色界。这个世界和地球就不能同日而语了，就连刚才讲的欲界，地球都不能够涵盖，因为离开了地界还有生命。我们经常说其他空间也有生命，完全成立。不是说只是地球才有生命，不可以这么看待，今后更深要谈到生命的本源，今天还不能谈到这么远，只能泛泛而论，涉及有关的问题。

我们进入色界，色界没有欲望，但仍然是物质的。另外还有一种世界，它已经没有物质的组合了，所以叫做没有物质的世界

——无色界。

在佛学的范围,对于世界的定义分为三部分,现代科学定义地球是我们生活的地方,我说地球是我们生活的空间更容易理解。因为在这个地球,离开地界以外还有生命存在,我把它暂时形容为空间。很多年前,我刚到这里来的第一课,谈到空间是不存在的,空间就是一些运动的物质,接着进一步,把时间予以否定,时间也不存在,时间只是物质的运动。今天我们还是回到这个问题上来看待这件事。

三界就是欲界、色界、无色界,三界唯心。不但是地球是唯心,地界是唯心,整个三界都是唯心。我们讲的心是什么?心有几种分别,一个是人类的思维状况的,思维这种心,这种在学佛里叫第六识。还有讲到能够产生一切的本源的一种东西,我们叫做第八识。这个名词比较专业了,意思就是识也就是一种心,心也就是一种识,在佛学里边叫心识,也叫意识。所谓指的意识是指第七识,这个以后再讲,今天你们要知道一下有这些。

三界唯心的心指的是人们的意识,但不是第六识,第六识是现代我们心理状况思想的识。因为这个分得很细,一共有八个识,眼、耳、鼻、舌、身、意、末那识、阿赖耶识。这是些特殊名词,我们知道就行了,不要去深究。

一切生命的识心、心识可以成立、制造,或者产生无色界、色界、欲界。欲界有欲界的天界和欲界的地界,欲界的地界里边一切的运动是不是识心、心识的现象?完全是。刚好通过现代科学来论证,我们生命的存在是以波的形态存在的,当没有波的形态的时候,这个生命就不存在了。

死掉的人和植物人有什么不同?死掉的人他没有波,植物人他有波。在这种情况下植物人有的可以活十年、二十年、三十年,对不对?但是一个没有波的人他能不能活这么久?显然不行。所以说生命是波的运动,就很显然了,而且没有波的运动生

命就停止。

反过来讲，如果除了地界，除了地球以外的空间，叫地球以外的欲界天的天界，如果有波的运动同样有生命，是不是？同样有生命，所以我们知道地上有人，天上也有人，叫天人。地上的人也是波的运动，心识的运动，天上的人有一部分

和我们一样的，具有一样的感情、行为。当然现在我们不去过分探讨它，今天只要回到波的这个问题上。

昨天我谈到有个人他讲了一个定理，他说凡是波，就是粒；任何的粒就是波。从物质的角度来讨论粒子，我们最熟悉的粒子就是原子。原子是怎样组成的？我们都知道，当分析任何东西的时候，分析人也好，分析一块石头，分析一块木头等等，分析到最后，把分子态都超越了的时候，就是原子态。原子态实际上是波的运动，为什么？原子本身是一些东西围绕另一些东西在转，负电子围绕着正电子在转，正电子叫质子，质子带正电荷，电子带负电荷。一定的质子组成一个核心，一定量的电子围绕它不停地旋转。当核心的质子里边的正电荷产生变化的时候，原子价就变了，性质就变了。世界就由此产生各种各样事物的发生。

一个电子绕着一个核心在转的时候，它运动的形态是波的形态，但是本身它是一个粒，电子是个粒。当然还有更细的，夸克子、J粒子……再进一步，质子的里边是不是波？通过波尔定理——波粒二相性，质子也是粒子，那质子也是波，因为质子本身是以波的形式存在的，所以它可以出来，也可以进去。出来几个，原子价就变了，进去几个，原子价就恢复了。氧原子、铁原子、碳原子……不同的原子导致了物质的本质性，不同的粒子产生不同的波动，而这种波动一定是物质的本体状态。所以说，在整个物质的世界里边，是粒子和波动所构成。

回到生命态，如果生命没有这些波动，他就停止了。如果生命还在波动，哪怕这个生命一动不动，像个石头一样，了不起叫

植物人，但是他还是有生命。死人和植物人的区别在于心识的运动——波动是不是存在。

刚才谈到，当很多人一个愿望发出来的时候，是发出什么东西？到底发出了什么？

现在举个简单的例子，一个人坐在前面，另外一个人坐在后面，后面那个人就用力看着前面那个人的背，前面那个人是绝对不知道后面有个人的，但是时间久了，会产生什么现象？很可能前面那个人蓦地回首，突然看看后边。这种情况会经常发生的。那么我们可以证明，后面那个人一定有些东西对前面那个人产生了作用，是什么东西过去了呢？是一拳打过去吗？显然不是，也是波的运动过去了。

更有甚者，一个母亲在坐飞机，一个女儿在家里看书，看得很静心，女儿忽然心惊胆战，想念自己的母亲，结果刚好母亲的飞机在空中突然出事爆炸了。这种情况会不会产生？大家都知道完全可以产生，根本不稀奇的，经常会有。那么到底这个妈妈和女儿之间互相有些什么东西在发生作用？发生共振？其实也是波的作用，我们叫心电感应。电是什么？就是波。电的运动也是波的运动，不管有线电、无线电，全是波的运动。

人是这样，狗是这样，地球是这样，太阳也是这样。太阳核子的变化对地球的地质变化有没有影响？当然有。科学家早就论证过，连月亮的运行都会引起地球上潮汐的改变和地质的某些现象的发生。地球和太阳之间靠什么？我们讲太阳光射到我们这儿，射了八分钟，走到我们这儿了。光是什么？光是光子组成，也是一种粒子，如果光是粒子就同样是波。月球对地球有作用，地球和月球有作用是靠什么？一定是靠波，或者是物质的互相的感应现象，我们或者叫做磁场感应。磁场的本质还是波。场的运动就是波粒二相性的表现，我们解释为场，里面有能量、声音，或者产生热能，或者产生引力、作用、强相互作用、弱相互作用，各种作用力。力量也是波。在工程制造里面都可以把这些各种因素作为理论性地考虑进去。

为什么讲这么多波的问题？这就要谈到地震了。地震实际上就是各种各样的波造成的。太阳发生内部的核子的变化，它可不可以引起地球上地质的变化？有可能。这次有些科学家也分析，月球与地球的相互的引力作用，可能会导致地震的变化。地质学家、天文学家分析，特别谈到以前松潘大地震的时候，月球也离地球特别近。这次也是最近的时候，在那几天引发了八级地震。它们靠什么影响？一定是一些波。不管是电力波、引力波，甚至是太阳的光波。现在回到我们生命的状况，生命的波和刚才我们探讨的波有没有相同或者不同的地方？

在佛学里边讲三界唯心，不但太阳唯心，月亮唯心，地球都唯心的。从这个角度考虑，如果三界唯心的话，莫非这个地震与我们大家的心态有关系吗？中国古代有个理论叫人天的感应，天人合一。在佛学里有个名词，叫业。这个业，当要谈到它的时候，就加了一个力量的力，业是一种力，叫业力。什么叫业力，业力即是人的意识的力。

以前我们谈到人生命结束的时候，不是完全的消失。连毛泽东的哲学理论里边都谈到过物质不灭。实际上物质是不会灭的，人死了，也不是死了，而是波的运动改变了。如果物质不灭，一个人活着的时候，这个电波在运行；一个人死了这个电波是彻底消灭了呢？还是电波变为其他的运动方式存在于宇宙空间？当然是后者，谁都知道的。这样才有生命的不断地转换、延续、运动、再现。

再回到开始讲的，很多人共同希望那个宇宙飞船回来，我们可以说很多人的这种波导致宇宙飞船回来；我们又谈到生命被杀时的那种怨气、怨毒；打个比方说，千夫所指、无疾而死，一个人做事太坏，千千万万人指着他骂，或者心里咒骂他、怨他，结

 学人演讲

果他没有病都可能莫名其妙死掉。

我们想一想地球上每天有多少生命被无缘无故杀害？不可计数，真的叫不可计数。实际上杀害这么多东西为我们的生命服务，我们也知道，其实我们用吃素的方式，不涉及杀害生命，对环保还有好处。连某些国外自古传下来的宗教还谈到不要血腥，这些都体现了人的心识运动的作用。为什么很重视天人的感应。

当我们很多人都在很善良愿望集聚的时候，连宇宙飞船都可以跑回来啊。当一个人做了很多坏事，我们针对他诅咒，真的会发生作用的，一点都不假。所以中国古代，有些国外也有，通过一些法术，实际上是心的运动、意识的运动来发挥作用，这个不可以否认的。只是不好证实而已，但现象是放在这儿的。这几千年来，这样的现象太多了。所以说一个人多做好事，就会有好报。比如你对一千个人做了好事，这一千个人都希望你长寿，这个人真的长寿。好人有好报，真的可以这样看待的。

针对其他生命的状态，其他生命每天有无数的生命都在很不公正的待遇下死去，难道它们没有怨气吗？没有埋怨吗？难道这些生命都不是波的运动吗？

中国古代讲天，就是其他空间的作用，没有直接我们生存的这个空间地球的作用来得强烈。地球对我们人生命的作用，还不如人和人自己互相之间的这种心的沟通、互相作用强烈。最强烈的是人和，作用最直接；再下来才是地，地利，或者地不利，有利或者不利的作用；最后才是天。所以天时是辅助地利的，地利是辅助人和的。

人和，宇宙飞船可以回来；人不和，千万个人与一个人不和，那个人会死的莫明其妙。上次我们到某个地方去，那儿的桥突然莫明其妙从高的地方倒塌，后来我们有人就看见很长的，像四脚爬虫、鳄鱼状的东西从倒塌的桥墩底下出来，当然不是手可以触摸的物质，但是它也是物质的现象，是波的运动。为什么会

— 263 —

有这样的情况,我们现在不要过于去分析它,但是我们就说这些现象是存在的。

地球上有四十多亿人,每天每个人吃一只鸡、一条鱼,我这是用生命的数目来比,其实远远不止。为什么呢?当吃鱼子酱的时候,一调羹有多少生命?每一个生命原来是一样的。以前有一个叫释迦牟尼的人说过:真的奇怪了,所有的生命都一样。这样他就看到波粒的本质是一样的。任何生命都是波的运动,生命就是以波的状况而存在的。我们身上如果没有生物电,人就死掉了。就算你一动不动,你还没有死,你是植物人,你还有电波存在。

如果我假设地球上这四十亿个人一起集中,希望某一个地方有地震,这个地方会不会地震?不知道。我假设有四十亿(因为四十亿人每天吃一只鸡、一条鱼)乘以若干倍的生命的电波都发出一种很强烈的愿望,反对某一个地方的时候,我想那个地方一定会有感觉的。什么感觉?我们也不知道,但一定可能会有。

历来在学佛这个范围里边讲任何灾难都是杀的业。我讲过业是一种力,叫业力。杀业导致了杀业的力,导致了灾难。难道我们能够否认吗?在学佛这个范围内,此时此刻我们只能暂不涉及到科普的范围,这一节我们在学佛这个范围内尽快了解一下。

比方某个地方发生了一些灾难,很多人都死去了,但是有很多人没有死。我们把它解释为共同的业产生共同的力,叫共业力;简称共业。个别没有死的,是个别人的业产生的特别的力,叫个人的特别业力,简称别业。个人的业力甚至会导致在集体灾难的时候,他的生命存活下来。这种事情经常都会有的,不要小看了这种现象。

有个事实,前两年美国洛杉矶大火,有一个人开车走了,突然看到一个推轮椅的人在院子里,不知所措,他赶忙倒回去,把车门打开,把那个人搬进来,跑掉,救出来这么一个推轮椅的

人。那个地区的房子全部都烧毁了,就是这个救人的人,他是个医生,就他那个房子一点都没有烧毁。后来,教会的人就利用这个事开了个祈祷会,说他行了善,神仙(他们叫上主)保护他。当然是不是这样来论,我们这里不谈,因为我们不涉及纯宗教,我们只是来讨论,用道理来讨论。当然我们肯定知道,这个人他的房子和他的业产生的力一定有关系,他造的是善业,在那时那刻,他造的是善业,他救了一个人,不顾自己生命安危跑过去。我们就可以假设,他善的业的力量,导致他的房屋被保护。

东京大地震的时候发生大火灾,很惨的,有一个庙宇,很多人爬到庙宇顶上去,搭着梯子往上爬。因为下边有火,地上都是烫的,大家一起呼叫,叫什么?东京人叫观世音菩萨来救他们,因为没有办法了。你那个时候可不可以叫天皇来救我?天皇自己都要躲避。你那个时候可不可以叫武士道精神救我?也没用了。你那个时候可不可以叫飞机来救我?我想也没有用了。他们一起,差不多有几万个人,一起叫观世音菩萨。天上好像开了一个圆洞,圆洞里边掉下来一些水,就是雨吧。就是这一块就没有被烧掉,东京其他地方都烧了,就是这几万人在这个地方,叫观世音菩萨这一块,这个范围内完全无火。所以后来日本人就更加特别地信佛。因为有很多事实,他们感觉到。如果这些事实用现代科学来分析,而由于科学的研究还没有到这一步,我们也不能说科学不对,只是它还没有到这一步。

所以科学无能为力。

但是我们也不能把这些现象完全归为荒诞的,因为事实上是这样。我们可以假设这几万个人当时造的业他们的意志的结果而产生的力量,是不是?

我们现在知道,天上不下雨,我们用人的力量可以叫它下,是不是?拿几个东西用高射炮打上去,振动一下,就下雨了。其实高射炮射出去,是人的意志射出去。没有人的意志谁去开炮?

所以为什么讲物质和人的精神，讲人的精神可以对物质产生巨大的作用。人的精神说开炮，一个首长说开炮，下面的士兵就开炮，然后天上就"嘣"，下雨。就是这么回事。如果没有这些意志力转换，没有很多科学家研究，制造一些炮出来，制造一些炮弹出来，制造出炮和炮弹真的可以振动那些云，让它们集聚的时候可以产生振动和共振，可以加强水分集聚的量，最后可以往下掉，形成人工降雨。

为什么说三界唯心呢？一切这一些事情不过是生命的一些愿望，可以这么说，如果生命不希望有一个地球的话，可能这个地球是不会成立。我们或者另外来讲，如果在某一个空间，我们这些人的生命希望那里有一个可以生存的地方。行，最后造一个人造的空中城市到某一个空间，人类移居到那里去。这个不是不可想象的事情嘛。

现代科学的研究只能在5%以内的范围，还有95%物质的世界范围，我们根本不可能去触摸它，更不要说精神的世界。我们假定当无数的生命积累到一定的量，我们假定积累到这样的量，导致月球向地球靠近；我们假定靠近以后，这种磁力的共振引起地球板块的剧烈运动加强；我们假设这种加强运动以后，可以导致地表波的发生——地震。实际上地震也是以波的形态存在的。如果无数的粒子，一个个集合起来可以造成石头，很多石头可以造成板块的话。我们可以分析所有组成地球板块的基础都是粒子，实际上就是波。

学佛讲到三界唯心，不但是物质的世界，甚至非物质的世界都是心识所导致的。我们就可以看到波的运动和粒子组成的事物的本身之间的联系。

一个人如果心态很好，他真的心态很好的时候，真的你看到他面容很安详，他甚至寿命也延长。所以经常说人要长寿就要安详，要想得开，不要计较，要心胸宽，难道这些都是对生命没有

用的吗？

也有讲这个人吃素，不去杀生，说不定他会延长寿命。这个里面到底是真还是假，我们不知道，不过我们知道，当你不伤害别人的时候，别人也不伤害你。这是最起码的常识。

当然我们不可以说地震是由于吃了鸡吃了鱼的关系，但是我们可以假设地震也是一种波和粒的运动，也是一种三界唯心的心识运动的结果。这个我想是可以基本肯定的。

所以说，共业就是这样，别业也是那样。为什么地震中有的人活下来，有的人没有活下来？就好像在战场上冲锋，有的人倒下，有的人不倒下。以前说子弹不长眼睛，实际上子弹是长眼睛的。因为没有感情的物质态的东西，它也是波和粒的运动，也跳不出三界的范围。

当我们能够集聚我们最善良愿望的时候，我想很多事情是能够做到的。当我们集聚最善良愿望，尽量地在对于生命的爱护方面来讲，国外很提倡，对于动物的爱护，不准虐待。比如在美国你去杀了一只狗，你马上会被审判。这个是事实，是对的，有它对的一面。我们国内杀一条狗吃了，可能也就算了。但国外对这个事情就很重视，你杀了一条狗吃掉了，就犯法，你就要被法律制裁。

如果我们真的让这个世界，所谓让世界充满爱心，爱屋及乌，你爱一个房子还可以及它上面住的鸟，那么爱护自己，为什么不可以同时去爱护其他的生命呢？让所有生命都处于一个谐和的共振态之中。

昨天我们谈到中国式的现代化，中国式的文化就是从古传下来的，讲仁爱。讲这种仁爱推广以后，"老吾老，以及人之老，幼吾幼，以及人之幼，天下可运于掌"。老吾老，以及人之老，幼吾幼，以及人之幼，爱人及乌，爱屋也及乌，爱人推及所有的生命，让所有的生命都在一个和谐里边。这就不仅是和谐社会，而是和谐宇宙的问题了。

中国式的现代化建设要用和谐表示，和谐社会的本质就是中国这种博大精深的文化体现出来，然后加以现代科学融和以后，提高我们的物质文化生活，提高我们精神文化生活。不仅对物质文化的建设，而且与精神文化的建设同步进行，和谐社会就可以产生。

我们今后尽量地为了环保，为了健康，为了平安，怎么能够平安？如果我们所有人都是很善良的，不但是爱护自己的生命，也爱护其他所有生命的。我想这种共业就是善的业，善是有善报的。

在这个范围内，我们不能确定要每一个人都不杀生，但至少提出一些意见，尽量地不要直接去杀生，或者大家每天少吃一块肉。这个在几千年来学佛的概念里面都有。

所以我们更要看到对于每一个生命的爱护。因为所有生命都是平等的。所有生命怎么平等？从形态讲不平等，牛有两只角，马有四条腿，人只有两条腿，从形态上讲是不平等的。但是你从波和粒的形态上，这个状况下，是绝对平等的。

佛学，里边讲佛性的平等。什么叫佛性？就是生命的本源。我们刚才参透的生命的本源是波的存在。当所有人善良愿望出去的时候，当所有人愿意宇宙飞船回来的时候，实际上就是我们的波集聚了能量。因为当时世界上没有任何能量可以导致宇宙飞船回来。波实现了。

中国古代是这样，外国也是这样，当为了对付灾难的时候，人们不知道用什么方法的时候，集体祈祷，集体祝愿，集体拜天、拜地，用这集体的力量，有时候真的有用。

话又说回来，我们现在科技发达，科技的力量真的很大的，难道用科技可以阻止地震吗？显然阻止不了。如果科技阻止不了，我们可不可以想一想其他辅助的办法呢？让世界和谐，让世界充满爱，用这样的方法来避免各种各样的灾难发生。当然避免不了，或者避免得了，我们不要做且然的断定。但是有一点，用科技是绝对不可以阻止地震的。这一点是肯定的。那么是不是还有其他方法呢？

这里我讲的主要是提供一些思维、思考的空间。在科技推广的今天，我们还有没有其他一些方法来对科技予以补充，来互补？

科技要发展，那是物质文明建设，但精神文明建设也要发展。精神文化和物质文化有融和之处。既然三界，所有的世界都是唯心的，我们是不是可以从心态、心识，生命的本源的波的状况上来看待地震波和我们人类的波的联系？

地震发生的时候，动物有一些反应的，有一些人也有反应，为什么？因为地波和人波（人的脑波）发生共振了，他感应到了。如果一个人他感应到了，他离开这个地区，就不会受到地震的危害了，至少他开个车开到几百公里以外，他也不会在中心，破坏就会小。

为什么我们感应不到呢，但为什么有些人能感应到呢？心电可以感应到地震的波，心的波、电的波和地震的波，他能感应到，这就是不同的别业产生的不同波粒的运动结果。

这些事情只是提出这么个问题，当科技绝对不能阻止地震的时候，我们有没有用其他一些还可以设想的方法？那么这个方法就是和谐社会的建立。就算地震不能抗拒，我想和谐社会的建立，中国特色现代化社会的建立，能够尽快完成的话，就算发生了地震，我们救援的力量也会扩大很多很多倍。

而且涉及人体的健康，既然我们对于生命的爱护直接有关我们的健康，那么我们为什么不爱护生命，健康我们自己呢？为什么我们不用爱护生命来建设和谐社会，来尽量减少不可预测的灾难的发生呢？

正因为科技是不能阻挡地震的,那么我们尽量用其他方法来协助科技,用和谐社会来让这个世界充满爱,更加祥和,更加平安。

佛教文化研究

◆ 禅者之"手"与海德格尔之"手"

◆ 思想文化史视域中的"三教关系"与信仰世界
　　——以黔地儒释道"三教关系"与地方宗教文化信仰为个案

◆ 梵净山历代高僧考略

佛教文化研究

禅者之"手"与海德格尔之"手"

◆ 刘 益

　　手是人体的一个部分，是人们日常劳作所使用的主要的器官。离开手，会给人的生活带来极大的不方便。古希腊哲学家阿那克萨哥拉（Anaxagoras，约前 500—前 428）认为，人类显而易见的优越性就在于他有一双手的事实①。一个没有手的人，哪怕他所从事的工作是一件非常普通的工作，也可能会受到很大的尊敬的，因为他必须克服常人所不能想象的困难。禅宗的修行活动从六祖慧能开始，就是提倡在世间中进行的，所谓"行住坐卧无非禅"可以很好地说明这一点。换句话说，禅者的修行活动在很多时候是与人们的日常工作、日常事务联系在一起的，自然，也是与人的手联系在一起的。禅宗中有"拈花一笑"、"当头棒喝"等早已渗透进世俗生活中的说法，使人很自然地想到手在禅修中的功用。但这时候所展示出的手的功用还是间接的。事实

---

　　① 转引自罗素：《西方哲学史》，商务印书馆 1982 年版，第 95 页。

上，从禅宗的著述典籍来看，手在禅修中是以各种不同的方式和目的直接被使用的，手帮助禅者追求解脱，超越世俗。二十世纪的德国哲学家海德格尔（Martin Heidegger，1889—1976）也注意到了手在人类生活中所担当的类似的"超越"的角色，在自己的著作中做了详细的阐述。本文拟就禅者的"手"与海德格尔的"手"所述说的东西加以对比讨论。

一、以"手"表达禅修者的坚定的信心

在禅宗中，禅者有时候会不惜使自己的手致残，以表达自己对于禅修求法的执著的信心。据《五灯会元》记载，禅宗东土二祖慧可（487—593）原名神光，为了求法，于茫茫大雨雪中，在初祖菩提达摩面前坚定站立一夜，迟明时积雪过膝①。达摩对他说："诸佛无上妙道，旷劫精勤，难行能行，非忍而忍，岂以小德小智，轻心慢心欲冀真乘？徒劳勤苦。"神光听了达摩的这番话语，也许认为达摩是在怀疑自己是否真有求法的决心，便去取了一把利刀，自断左臂，放在达摩面前。达摩这才认可神光是真心求法的人，对他说："诸佛最初求道，为法忘形，汝今断臂吾前，求亦可在。"开始对神光传法，神光也因此改名为慧可。去掉一只手臂，以换取能够听闻佛法，这对常人来说，也许是一件不可思议的事情。

同样载于《五灯会元》的另一个残手表信的故事，是有关禅宗五宗之一"沩仰宗"的创立者之一仰山慧寂（814—890）的②。仰山九岁出家，十四岁时，父母把他领回，要为他娶妻

---

① 普济：《五灯会元》，苏渊雷点校本，中华书局1984年版，第44页。

② 《五灯会元》，第526页。

佛教文化研究

子。仰山不愿意，断掉了自己的两只手指拇，跪在父母的面前说，誓要求得真正的佛法，以报答父母的养育之恩。父母无奈，只好遂其志愿。

还有近代佛教史上的有名的诗僧敬安（1851—1912）①，少年失去双亲，孤苦无依，十八岁时，"一日见篱间白桃花为风雨摧败，不觉失声大哭，因慨然萌生出尘之想"，于是出家，法名寄禅，辗转全国各地参学佛法，同时也苦学吟诗，有诗句"洞庭波送一僧来"被人赞之为若有神助。二十七岁时，在宁波阿育王寺佛舍利塔前，为佛的精神所感动，慨然燃掉自己的两根手指拇供佛，从此自号"八指头陀"。敬安燃指供佛，与神光断臂、仰山去指的故事一样，表达的是一种对于佛法坚信不疑的态度，同时也隐含着自己的一种以身成佛的决心。这种决心推动着他们在禅修的道路上精进向前，修有所成，以至于后来成为佛教史上的名人。

但是，并不是有了残手表信的决心，禅修者就能够修成佛道，以身成佛，名闻佛教史册。在《紫柏老人集》卷十三中，记载了一个断手僧如林，为了能够践行阿弥陀佛的四十八愿，精修净业，想要通过断手的方式，表达自己的决心，同时寻求一个信佛的富人，资助他完成自己的宏愿。紫柏尊者（1543—1693）对如林说：断手不难，舍财难，你没听说要众生舍财就如同割去身上的肉一样吗？如果手断了，心却不真诚，你又怎样完成自己的愿望呢？从紫柏的这番话，我们可以感受到：明末四大高僧之一的紫柏并不把残手看做是一件很大的事情，甚至认为比舍财还容易些。残手可以表达自己禅修的一种信心，但并不是残手以后就必定能够修成佛道。事实上，禅修需要大的信心，也需要存在于

---

① 李安定：《湖南佛门艺术家传略》，载《船山学刊》2000年第一期，58—61页

修行活动中的机缘和耐心。

二、禅修中以"手"说法的例

禅者的修行活动往往是与说法活动联系在一起的。说法可以用语言，也可以用形体，无论是在禅者的语言说法或形体说法中，从禅宗的典籍文献的记录来看，手都是经常出现的。

（一）语言说法中的手

（1）傅大士（497—569）是一位禅宗史上的有名人物，据说以一种很奇特的方式为梁武帝（464—549）讲过《金刚经》，他有一首流传颇广的禅偈是这样的："空手把锄头，步行骑水牛。人从桥上过，桥流水不流。"①

（2）曹山本寂（840—901）是禅宗曹洞宗的创始人之一。有僧对他说："抱璞投师，请师雕琢。"曹山回答说："不雕琢。"僧问："为什么不雕琢？"曹山说："须知曹山好手。"②

（3）汾州太子院道一禅师，僧问："如何是佛？"师曰："卖扇老婆手遮日。"③

（4）金山昙颖禅师谒谷隐。一日普请，隐问："今日运薪邪？"师曰："然。"隐曰："云门问：'僧人般柴柴般人？'如何会？"师无对。隐曰："此事如人学书，点画可效者工，否者拙，盖未能忘法耳。当笔忘手，手忘心，乃可也。"师于是默契④。

（5）北塔恩广禅师，僧问："如何是和尚家风？"师曰："左

---

① 《五灯会元》，第 119 页。
② 《五灯会元》，第 791 页
③ 《五灯会元》，第 714 页
④ 《五灯会元》，第 719 页

手书右字。"曰:"学人不会。"师曰:"欧头柳脚。"①

(6) 天衣义怀禅师,室中问僧:"无手人能行拳,无舌人解言语。忽然无手人打无舌人,无舌人道个什么?"②

(7) 保宁仁勇禅师,上堂:"相骂无好言,相打无好拳。大众,直须怎么,始得一句句切害,一拳拳着实,忽然打着个无面目汉,也不妨畅快杀人。"③

(二) 形体说法中的手

(1) 禅宗法眼宗的创始人清凉文益 (885—958) 在行脚求法时与同伴过地藏院,地藏禅师与他们讨论东晋著名僧人僧肇 (384—414) 的《肇论》。至"天地与我同根"处,藏曰:"山河大地,与上座自己是同是别?"文益说:"别。"地藏竖起两根手指;文益又说:"同。"藏又竖起两指,便起去④。

(2) 曾会 (952—1033) 居士,少时与明觉禅师同学,长大后曾会做官,明觉学佛,各走各的路。一日两人会于景德寺。曾会引《中庸》、《大学》与《楞严经》与明觉禅师谈禅。明觉说:"这个尚不与教乘合,况《中庸》《大学》邪?学士要径捷理会此事,"乃弹指一下曰,"但怎么荐取。"曾会于言下领旨⑤。

(3) 中竺中仁禅师,一日谒圆悟 (1063—1135) 禅师。圆悟对他说:"依经解义,三世佛冤;离经一字,即同魔说。速道!速道!"中竺拟对,悟劈口击之,因坠一齿,即大悟⑥。

---

① 《五灯会元》,第 989 页。
② 《五灯会元》,第 1017 页。
③ 《五灯会元》,第 1237 页。
④ 《五灯会元》,第 560 页。
⑤ 《五灯会元》,第 1020 页。
⑥ 《五灯会元》,第 1290 页。

（三）语言与形体交相说法中的手

（1）黄龙慧南（1002—1069）是禅宗临济宗黄龙派的创始人，以其手段险峻的"黄龙三关"闻名于世。所谓"黄龙三关"，是说黄龙于室中常问僧曰："人人尽有生缘，上座生缘在何处？"正当问答交锋，却复伸手曰："我手何似佛手？"又问："诸方参请，宗师所得？"却复伸脚曰："我脚何似驴脚？"丛林目之为"黄龙三关"。黄龙自己有偈记述："我手佛手兼举，禅人直下荐取。不动干戈道出，当处超佛越祖。"①

（2）死心悟新（1044—1115）是黄龙慧南的二传弟子，他游方至黄龙，谒晦堂（？—1100）。堂举拳问曰："唤作拳头则触，不唤作拳头则背。汝唤作什么？"死心罔措。经二年，方领解②。

（3）钦山文邃禅师，僧参，师竖起拳曰："开即成掌，五指参差；如今为拳，必无高下。汝道钦山还通商量也无？"③

（4）育王怀琏禅师（1009—1090），上堂良久，举起拳头曰："握拳则五岳倒卓，展手则五指参差。有时把定佛祖关，有时拓开千圣宅。今日这里相呈，且道作何使用？"指禅床曰："向下文长，付在来日。"④

从上面的引述中可以看出，以手说法的方式是多种多样的，悟解的方式也是多种多样的，既有"空手把锄头，步行骑水牛"这样的玄妙之语，也有"笔忘手，手忘心"这样的训教之言；既有只举手不说话的时候，也有一边伸手一边说"我手何似佛手"难解难忘之际；既有在"手"语中当即默契的禅者，也有面对拳头当时罔措，苦参数载后方得解应的禅僧。但是，不管以手说法

---

① 《五灯会元》，第1108页。
② 《五灯会元》，第1131页。
③ 《五灯会元》，第814页。
④ 《五灯会元》，第1008页。

的方式是怎样的千变万化,有一点大概应是不能否认的:在所有的这些说法活动中,"手"都说出了那么一点什么,有了这一点"什么",求法的禅者才会因此而悟解。那么,一个紧接着的问题就会是:究竟,这些奇怪的"手"说的是什么呢?

三、禅者的"手"与"空"

南宋禅宗杨岐派名僧无门慧开(1183—1260)编了一本禅宗公案集《无门关》,用以教导学僧参究禅理,体证佛法。集中辟有"俱胝竖指"一案①。

> 俱胝和尚,凡有诘问,唯举一指。后有童子,因外人问:"和尚说何法要?"童子亦竖指头。胝闻,遂以刃断其指。童子负痛号哭而去。胝复召之,童子回首,胝却竖起指头,童子忽然顿悟。胝将顺世,谓众曰:"吾得天龙一指头禅,一生受用不尽!"言讫示灭。

无门曰:俱胝并童子悟处不在指头上,若向这里见得,天龙同俱胝并童子与自己一串穿却。

颂曰:

> 俱胝钝置老天龙,利刃单提勘小童。
> 巨灵抬手无多子,分破华山千万重。

公案中提到的天龙和尚,是通过举一指而点悟俱胝和尚的禅

---

① 《大正藏》第四十八卷,第293页中。

者。俱胝因指头而悟，童子也因指头而悟，那么，俱胝和童子在指头上悟得了什么？无门禅师说得很明白："俱胝并童子悟处不在指头上。"这句话的最好的注脚就是童子没有指头可举的时候，却悟了。悟处不在指头上，也可以被理解为：举指头时说出的东西不在我们通常对于指头的认识上面。一个这样的思考同样也适用于在通过语言说法中的那些"手"上：说法者要想学法者明白的东西并不在于"手"在通常意义上的指称。这就暗示我们：禅者的"手"，不管是语言中的或是形体中的，存在着与人类的另外一种关联，这种关联可能把人类带向另外一种与其通常所处的完全不同的境地。当然，一个这样的猜测首先需要来自禅者方面的证实。

关于俱胝和尚的"一指头禅"，禅林中有许多大德宗匠都给了评唱阐扬，如《大慧普觉禅师语录》①、《万松老人评唱天童觉和尚拈古请益录》等②。《碧岩录》是佛果圆悟禅师（1063—1135）于宋徽宗政和年间（1111—1117）住持湖南澧州夹山灵泉禅院的时候，根据雪窦重显（980—1052）的《颂古百则》，加以评唱，又经过他的门人编集而成的，其中也收录有"俱胝和尚"一则③："俱胝和尚，凡有所问（有什么消息，钝根阿师？），只竖一指（这老汉也要坐断天下人舌头。热则普天普地热，寒则普天普地寒。换却天下人舌头）。若向指头上会，则辜负俱胝；若不向指头上会，则生铁铸就相似。会也恁么去，不会也恁么去；高也恁么去，低也恁么去；是也恁么去，非也恁么去。"从圆悟的评语来看，有两点值得我们注意：一是他也持着与无门慧开同样的意见，"俱胝并童子悟处不在指头上"，如果仅只从指头上去领会，那就是辜负俱胝；其次，如果不从指头上领会，"则生铁铸就相

---

① 《大正藏》第四十七卷。
② 《续藏经》第六十七卷。
③ 《大正藏》第四十八卷，第159页上。

似":"生铁铸就"在这里可用圆悟自己在《碧岩录》第 34 则中的说法阐释,表达的是"不受人处分,直是把得定"① 的意思。但是,把定什么呢?前面说过,《碧岩录》是围绕着雪窦重显《颂古百则》成书的,雪窦和尚关于俱胝"一指头禅"的颂云:"对扬深爱老俱胝,宇宙空来更有谁。曾向沧溟下浮木,夜涛相共接盲龟。"② 其中的"宇宙空来更有谁"一句可能已经点出了问题的所在:需要把定的那东西应就是"空"。

如果一个这样的判断成立,接下来的问题就会是:一根普普通通的手指头,它如何能够指示这样的"空"呢?这里的"空",所要表达的又是什么意思呢?

四、禅者之"空"的特性

还是透过禅者的论述来看待这个问题。紫柏尊者在其《示支檀拳手偈》中,从物之自性的角度探讨了手与"空"的联系,肯定了"手"是能够表达一种"空"的,并给出了这种"空"的一个重要的特征。偈云:"众生无明识,执身招生死。圣人愍其愚,教以观一四。见四了不昧,一身不可得。此涤凡夫垢,非是二乘执。又以一遣四,四亦不可得。一四俱不有,直下无生智。不可以数求,不可以情会。情数两坐断,肉块金刚体。譬如手作拳,或者作拳想。或以拳作手,或者作手想。拳若有拳性,作手不可得。手若有手性,作拳不可得。拳手两无性,执者宁非惑。虽无拳手性,拳手宛然尔。我此拳手偈,相逢谁荐取。自信合佛心,龙神谨护持。凡愿见闻者,俱悟无生理。"③ 偈的前半部分讨论

---

① 《大正藏》,第四十八卷,第 173 页中
② 《大正藏》,卷四十八卷,第 159 页下
③ 《续藏经》,第七十三卷,第 414 页上

的是如何通过观想坐断情缘,肉身成佛的问题。后半部分通过手与拳描述的是肉块金刚体的体性。其中,"拳手两无性"是说拳与手都无自性,无自性,表达的就是一种"空"的意思,这可以通过泐潭文准(1061—1115)禅师的一段话加以佐证:"政和五年夏,师(指文准—引者注)卧病,进药者令忌毒物,师不从。有问其故,师曰:'病有自性乎?'曰:'病无自性。'师曰:'既无自性,则毒物宁有心哉?以空纳空,吾未尝颠倒,汝辈一何昏迷?'"① 但是这种"空"又并不是空无一物的意思,虽说拳与手都无自性,都是"空",但是拳与手却就在我们的面前,"拳手宛然尔",就像沧溟中的幽幽之木载沉载浮。这种"空",可以说描述的是一种"空而不空"的状态。这种思想,与圆悟在"俱胝和尚"这则评唱中表达出来的思想是一致的。圆悟说:"唯是俱胝老,只用一指头,直至老死。时人多邪解道:山河大地也空,人也空,法也空,直饶宇宙一时空来,只是俱胝老一个。且得没交涉。"② 圆悟这段关于"空"的论谈,实际是要破除掉人们从通常知解的角度对于"空"的理解,从否定的方面确认"空"不是意指"空无一物"的"空",而是叫人悟入的"空",是一种在人的某种"思"中呈现出来的"空"。

"手"所道出的"空"还有另外一个容易为人从直观上加以肯定的重要特征,那就是"大"。雪窦和尚的颂云:"宇宙空来更有谁。"圆悟的评语也说得很明白:"会也恁么去,不会也恁么去;高也恁么去,低也恁么去;是也恁么去,非也恁么去。"向何处去呢?向"手"所昭示出来的"空"中去。一切尽在这个浩大的"空"中,一切都与这个"空"发生着不能割断的联系。"手"只是这浩大"空"中的一朵浪花而已。

---

① 《五灯会元》,第1153页。
② 《大正藏》第四十八卷,第160页上。

五、海德格尔的"手"与"思"

如上所述，中国的禅者们会以"手"向习禅者说法，用"手"讲述着一种浩渺的不空之"空"，引导习禅者去达到一种超越常人的境界。无独有偶，在西方，德国哲学家海德格尔在他的著作中，也试图在"手"与一种他所描述的"空"之间建立一种联系。如果说，禅者的"手"就像一道道神秘莫测的闪电，期望出其不意地点燃习禅者的性灵之思的话，在随后的论述中我们可以感受到，海德格尔的"手"更像一位哲人的舒缓的"手"势，不停地向着世人扬起，昭示出一些引导人们加以注意的东西。

"手"是什么？它是如何与一种"空"联系在一起的呢？在海德格尔看来，"手"与"空"的关系与"手"与"思"的关系有关。在其 1952 年所作的一个题为《什么召唤思?》的演讲中，他将人的"手"与他在其许多著作中表达出来的一种"思"联系在一起，从他的独特的"思"的角度去探讨人的"手"的本质："在常识看来，手是我们有机肉体的一部分。然而，手的本质却绝对不能界说或解释为肉体的抓握器官。类人猿也有能抓握的器官，但它们却没有手。手必定不同于所有能抓握的器官—猫和狗的爪、螃蟹的钳、野禽的脚爪，手与它们在本质上有天壤之别。手所能具有的本质是一会言说、会思的本质，并能在活动中把它体现在手的劳作上。"① 从这段话来看，海德格尔给予人的"手"的本质解释是"会言说、会思"，这与人们通常对于"手"的看法是不太一致的。"手"会言说，这一点也许人们不会怀疑：在

---

① 海德格尔：《海德格尔选集》（下），上海三联书店 1996 年版，第 1218 页。

我们的生活中,本来就充满着形形色色、表达着千奇百怪愿望的手势;但是,说"手"会思,我们就得问:如何思,思什么呢?

为了回答这个问题,我们先得明白海德格尔对于"思"的看法。海德格尔心中的"思"是与人们一般对于"思"的看法有很大的不同的,从总体上说来,他的"思"不是立足于现存于我们这个世界中的存在者的"思",所"思"的不是存在者之间的关系,而是一种力图超越所有存在者的"思"。这种"思"有一个海德格尔在几处地方都加以强调过的特征:"当人言说时,他才思。"① 一种这样的"思",在其另一本主要著作《哲学追问录》(《contributions to philosophy》)中,干脆就直接与言说联系在一起,被称作为"思-说"(thinking-saying):"这思-说是一个不得不接受的指示,但非命令,它指示着在众多存在之中的存在之真的解蔽的必然性。"(This thinking-saying is a directive. It indicates the free sheltering of the truth of be-ing in beings as a necessity.)② 由此看出:既然在海德格尔那里,"思"与"说"是具有某种同等意义的行为,"思"又非关存在者关系之"思",则与其相应的"说"也就不会是关于存在者的"说"了,从而,他的"手"所说出来的东西也不会是关于存在者的。

六、海德格尔的"手"与"空"

海德格尔的"手"在思,在言说,而又是非关存在者的,这自然就排除了听取这种言说的人从通常"手"所指称的器官方面去加以领会的可能性,用前面已陈述过的禅者的话来说,应该是

---

① 《海德格尔选集》(下),第1218页

② Martin Heidegger: Contributions to philosophy, P6, Indiana University Press, 1999.

佛教文化研究

"悟处不在指头上"。但是因此也就会引发一个相关的与对于禅者的"手"所作的同样的追问:在海德格尔那里,"手"所言说的东西究竟是什么?

为了搞清楚这个问题,也许我们必须跟随海德格尔的"手"势,走进他的《从一次关于语言的对话而来》。这篇文章,有一个副题:"在一位日本人与一位探问者之间"。德国学者莱因哈德梅依(Reinhard May)在其那本广受注意的著作《海德格尔与东亚思想》(英译题名《Heidegger's Hidden Sources: East Asian Influences On His Work》)中,专门在第二章《"对话"》和第五章《自我表白》中对于该文进行了解读,所得结果除从史料上勾现出东亚思想对于海德格尔思想影响的痕迹外,还有一个结果值得引起我们的注意:那就是海德格尔的这篇文章表面上记述的是与一位日本人的对话,但实际的情况是,"这篇'对话'在很大程度上可以被当成独白来读"①,"它提供了一则不同寻常的自我解释"②。在下文中,我们将根据这一研究结果,把源自于《从一次关于语言的对话而来》的思想看做是海德格尔自己所要表达的思想,不管文中的发话者是日本人还是海德格尔自己。

在《从一次关于语言的对话而来》中,"手"的引入是从对于电影《罗生门》的评论开始的。这评论是:"日本人觉得这部电影的描写往往太现实主义了,譬如在格斗场面中。"

海德格尔接着说:"但不也有一些柔和的手势吗?"③

将"柔和的手势"放在一个与"太现实主义"相对立的位置上,这本身就是耐人寻味的,预示着一种可能的不太那么现实的

---

① 莱因哈德梅依:《海德格尔与东亚思想》,中国社会科学出版社2003年版,第28页。
② 同上,第29页。
③ 海德格尔:《在通向语言的途中》,商务印书馆2004年版,第102页。

— 285 —

东西的出现。需要注意的是紧接着的一些描写,把"手"放在了一个更加远离通常理解的位置上:"这种不显眼的手势是丰富的,对欧洲观众来说几乎是不可察觉的,它贯穿在这部影片中。我想起一只停留在另一个人身上的手,在这只手中聚集着一些接触,这种接触远不是什么摸弄,甚至也不能再叫它手势了,不是我从中理解你的语言用法这个意义上的手势。因为这只手充满、包含着一种从远处而来又往远处而去召唤着的呼声,这是由于它已经从寂静中传送出来了。"[①] "在这里,手势多半不在于可见的手的运动,也不首先在身体姿势中。在您们的语言中被叫做'手势'的那个东西的本性,是难以道说的。"[②] 在海德格尔那里,"手势"已经不是通常意义上的"手势",它不是身体的某种姿势,不是某种可见的运动,而是一种从寂静中传送出来的呼声,而这种呼声的本性,是难以道说的。

但是,难以道说,并不是不能道说,在海德格尔看来,如果要找到一种"手势"的本性的话,就必须投身"在一种本身不可见的关照中,这种关照是如此专心地向着空承受自身,以至于一座山就在这种空中、并且通过这种空显现出来。"[③]

至此,海德格尔就将他的"手"与一种"空"联系在一起了,"手"的本性,实际是在诉说着一种"空"。

那么,通过海德格尔的"手"述说出来的这种"空",它的特性又是什么呢?

---

① 《在通向语言途中》,第 102 页。
② 同上书,第 104—105 页。
③ 同上书,第 105 页。

七、海德格尔之"空"的特性

"无"在海德格尔的著作中是经常出现的一个术语。在《从一次关于语言的对话而来》一文中,在海德格尔看来,"空"实际是"无"的另一种表达:"那么,空(Leere)与无(Nichts)就是同一个东西了,也就是我们试图把它思为不同于一切在场者和不在场者的那个本质现身者(das Wesende)。"① 需要注意的是,在这里,海德格尔强调了"空"与"思"的关联,强调了"空"是一种可以通过"思"去达到的"本质现身者",既然是一种"本质现身者",那么,这里的"空",就不可能是一种"空无一物"的"空";再者,按照海德格尔的说法,如果把"空"当作"空无一物"的"空"来看待,那就是把"空"当作了一种存在者,"但无恰恰是与存在者绝对不同的"②,存在者与海德格尔之"思"的关联绝不是一种本质性的关联。因此,海德格尔之"空"的一个重要的特征可以被归结为"空而不空"。

其次,关于海德格尔之"空",还有一句借日本人之口说出的话值得我们注意:"对我们来讲,空就是您想用'存在'(Sein)这个词来道说的东西的最高名称了……"③ 对于这句话的理解涉及对于海德格尔意义上的"存在"的理解。在《〈形而上学是什么?〉后记》一文中,海德格尔对于"存在"与"无"从而与"空"的关系作了如下的阐释:"但是,这个无(Nichts)是作为存在而成其本质的。如果我们在蹩脚的说明中,把无假扮成纯然虚无(das bloß Nichtige),并且把它与毫无实质的空无所

---

① 《在通向语言的途中》,第106页。
② 海德格尔:《路标》,商务印书馆2000年版,第123页。
③ 《在通向语言的途中》,第106页。

有相提并论,那么我们就过于仓促地弃绝了思想。我们不想屈从于空洞的观察力的这种仓促,不想放弃无的神秘的多样性,相反,我们必须本着独一无二的期备心情做好准备,在无中去经验为每一存在者提供存在保证的那种东西的宽广性。那种东西就是存在本身。"① "在无中去经验为每一存在者提供存在保证的那种东西的宽广性",这句话实际上讲明的是,海德格尔意义上的"无"也是具有一种"大"的特性的。

八、结　语

综上所述,禅者之"手"诉说着一种"空",海德格尔之"手"也诉说着一种"空",两种通过"手"诉说出来的"空"都具有"浩大"、"空而不空"的特性。禅者之"手"诉说的"空"是需要悟入的,海德格尔之"手"诉说的"空"也是与一种"思"联系在一起的。那么,这两种"空"会不会就是表达的同一个意思呢?有学者对于一般意义上的海德格尔之"空"与禅者之"空"作了分析,并将其与一种"自我"联系在一起,有如下的结论:"二者都表明这种'自我'不是一物,而是一种公开或者无,在其中,不断的现象游戏着,发生着。"(Both maintain that the "self" is not a thing, but rather the openness or nothingness in which the incessant play of phenomena can occur.)② 从前面所述禅者之"手"与海德格尔之"手"所述的两种"空"都与某种"思"相关联这一点来看,这种看法是有道理的。但是,

---

① 海德格尔:《路标》,第357页。
② Michael E. Zimmenman: Heidegger, Buddhism, and deep ecology, The Cambridge Companion to Heidegger, p255, Cambridge University Press, 1993.

看法始终都仅仅只是一种看法，也许更为重要的是：要真正建立两种"空"之间的关系，我们就必须学会像禅者那样去"悟"，像海德格尔那样走上一条"思"的道路。

思想文化史视域中的"三教关系"与信仰世界
——以黔地儒释道"三教关系"与宗教文化信仰为个案

◆ 黄 诚

一、"三教关系"的历史演变与黔地儒释道文化整体面貌

儒释道三教既是大传统文化的主体,也是古代思想文化的核心。自魏晋以来,三教既相互排斥,又相互吸取,在排斥中吸取,在吸收中融合,从而构成了中国思想学术史上波澜壮阔的历史性思想画面。隋唐时期,三教呈现出鼎立的新格局,以后则不断融合,出现了"三教合一"的历史大趋势①。宋代三教之间的相互影响和相互渗透进一步加深,各派继续高唱三教一致观点。

---

① 洪修平认为:"唐宋之际形成的三教合一的思潮逐渐成为中国学术思想发展的主流,以儒家学说为基础的三教合一构成了近千年中国思想发展的总画面"。参见洪氏著《中国佛教文化历程》,江苏教育出版社 1995 年版,第 337 页。

佛教文化研究

永明延寿站在佛教的立场上提出三教融合的思想,他说:"儒道仙家,皆是菩萨,示助扬化,同赞佛乘"①。道士张伯端则依据道教立场,云:"教虽分三,道乃归一"②。儒家名士苏轼、苏辙更一本儒家理论宗旨,高举"三教融合"、"三教合一"旗帜,提出调和之说云:"孔老异门,儒佛分宫,又于其间,禅律相攻。我见大海,有北南东,江河虽殊,其至则同"③,"老佛之道,非一人之私说也,自有天地而有是道矣。……圣人之所以不疾而速,不行而至者,一用此道也"④。可见无论佛家、道家或儒家,在三教同源的基本点上他们大体是一致的,融合已成为时代的话语主流。

明清以后,三教合一思潮仍在继续发展,最终则形成了三教合流的思想文化格局。而三教合流既成为历史文化进程的具体事实,国家权力亦会主动对其加以利用,通常都是以儒学为正统,兼摄佛道为辅翼,并以此为宗教政策来强化思想控制,从而形成了以儒学为主导、佛道为辅助的思想意识形态格局。明代朱元璋在其《三教论》中便说得很明白:"于斯三教,除仲尼之道祖尧舜,率三王,删《诗》制典,万世永赖,其佛仙之幽灵,暗助王纲,益世无穷,惟常是吉。尝闻天下无二道,圣人无两心。三教之立,虽持身荣俭之不同,其所济给之理一。然于斯世之愚人,

---

① 《万善同归集》,参阅《永明延寿全书》(下册),刘泽亮点校,宗教文化出版社 2008 年版,第 1639 页。

② 《悟真篇》自序,参阅《悟真篇淺解》,中华书局 1990 年版,第 2 页。

③ 《东坡后集》卷十六《祭龙井辩才文》。参阅洪修平:《中国佛教文化历程》,江苏教育出版社 1995 年版,第 341 页。

④ 《栾城文集》卷十五。参阅洪修平:《中国佛教文化历程》,江苏教育出版社 1995 年版,第 341 页。

于斯三教，有不可缺者。"① 清代之雍正帝也说："夫佛祖代代相承，称为父子，虽曰假世间之名教，表出世之真传……而其中父子济美，以沩仰为最。……盖沩山、仰山之父子，正同寒山、拾得之弟兄，于佛法中，如世间所云家庆人瑞矣"②。无论朱元璋高论三教理一，抑或雍正帝编选沩仰语录，从中都不难看出他们利用佛教禅学辅佐王道权力的政治意图。

儒释道三家不仅在义理上主动寻求相互间的同源一致性，而且在思想上尽可能地发现彼此间的同质性或同构性，它们在长时段的历史发展过程中不断趋于合流，并走向了辅助王化的政治道路，以致"在中国这块土地上最终找到了它们的共同归宿，找到了以儒为主、以佛道为辅的最佳组合形式"③。儒释道三教关系的互动性交流、吸收、融合、发展，对人们的思想世界、文化生活及政治行为等各个层面或领域都产生了深刻影响。唐宋以来贵州便受到"儒释道三教"历史发展整体格局的深刻影响，出现了以前未曾有过的历史性新姿态，尤其中原佛教的进入更丰富了地方历史文化的景观，加快了内地化发展的整体历史演进趋势。

中原佛教传入黔地，有可靠文献可以依据者，当始于宋人所编之《太平广记》：

　　唐牛腾，字思远，唐朝散大夫郏城令。弃官从好，精心释教，从其志者终身。常慕陶潜五柳先生之号，故自称布衣公子。……年壮而河东侯遇害，公子谪为牂牁建安丞。……公子至牂牁，素秉诚信，笃敬佛道。虽已婚宦，如戒僧焉，口不妄谈，目不妄视，言无伪，行无颇，以是夷獠渐渍其

---

① 《全明文》（第1册），上海古籍出版社1992年版，第146页。
② 《沩山仰山编序》。参阅雍正《御选语录》，中国社会科学出版社2004年版，第105页。
③ 洪修平：《中国佛教文化历程》，第337页。

佛教文化研究

化,遂大布释教于牂牁中,常摄郡长吏,置道场数处。居三年而庄州獠反,转入牂牁,郡人背杀长吏以应之,建安大豪起兵相应,乃劫公子座于树下。……后弃官,精内教,甚有感焉①。

牛腾"大布释教于牂牁中,常摄郡长吏,置道场数处",明显是国家政治权利推行佛教的一项重大举措。他一方面利用佛教教化功能移风易俗,推动当地文化的内地化发展进程,实现政治权力通过宗教控制统治黔地的目的;一方面也从个人信仰佛教的思想层面出发,看到了佛教对个人精神修养的益处,欲凭借布教的方式来践行其"笃敬佛道"的价值追求。因此,牛腾布教于牂牁,可视为中原佛教有目的地进入贵州之标志性事件,也可视为黔地佛教兴盛之开端②。

从历史上看,《太平广记》所载"牛腾布释教"事件,虽尚无具体明确之编年史年代,但亦足以说明贵州至迟在唐代就有了佛教信仰,亦表明中原佛教传入贵州并广泛流布已成为不争的事实,为贵州能够出现儒释道三教交融与互动的历史场景创造了重要条件。文化的传播与人文生态环境密切关联,黔地既属所谓苗蛮区域,始终都有自生的文化传统和根基,与汉地大一统的思想文化形态略有不同,甚至在一定程度上存在冲突,中原佛教传入黔地也必然有逐渐消化接纳的过程,因此佛教传入黔地,仍有一相互适应的阶段。

唐代以来,黔地虽明显出现了中原佛教传播的足迹,然仍主

---

① 李昉:《太平广记》卷一一三,中华书局,2006年版,第778页。
② 王路平认为佛教正式传入贵州为唐代,即以"牛腾布教说"为标志性事件。参阅王氏著:《贵州佛教史》,贵州人民出版社,2001年,第6页。笔者以为"牛腾布教说"固然是中原佛教传入贵州的象征性事件,但不排除非中原佛教早期出入贵州的可能。

— 293 —

要是与地方民间宗教交织互动,被巫化的发展趋势十分突出。虽然中原佛教的内容和形式已逐渐融入少数民族文化,且文化自身也在新的文化语境中获得一定的发展,但佛教的宗教形式亦产生了明显的异化。值得指出的是黔地佛教义理的发挥或发展显得相对薄弱,更多是停留信仰层面上文化因子的吸纳,故寺庙修建的佛事活动则很多。因此,尚谈不上汉语语境下严格意义上的学术和思想,也未见大部头的佛教著作、僧人语录或传记文献流传于世。故清代僧人善一如纯无不感慨云:

> 予行脚东南,经诸大刹,每于休夏之际,披阅传灯。见古今尊宿名目,多在江浙诸省。惟黔中未见片言点墨,不禁掩卷而叹曰:"圣贤"不择地而生,佛法遍一切处,何吾黔之独无也?是人以地囿耶?抑佛法有偏耶?……盖谓吾黔宗教未讫,泯泯无传,固无论矣。若自明迄清,风声所树,吾黔宗教已广,且各家亦有语录流行,卓然可观,较量诸省,不相上下,何近代竟无传也?岂圣贤果择地而生耶?佛法洵非普遍耶?予是怒焉,有感于斯也①。

黔地佛教史迹及相应典籍记载的匮乏,明代以后才开始发生根本性的改变。宋元以后,中原势力扩展到南疆(西南边地),禅宗净土等佛教宗派对黔的影响逐渐增强,也是不可忽视的史实。具有较高发展水平的佛教文化,更加直接地渗透到地方社会的各个阶层,尤其唐宋以来中原"三教合流"思想的整体发展,仍或多或少对部分知识精英产生了思想文化上的推动作用,而延至明清之际,则高僧辈出,著述繁多,一派繁荣景象,不仅佛教

---

① 善一如纯《黔南会灯录》序,见《锦江禅灯》与《黔南会灯录》合刊本,释慧海、张新民主编《黔灵丛书》之二,四川大学出版社1998年版,第399页。

佛教文化研究

内部主动自我调整并吸收其他思想资源，而且儒家知识精英也对佛道思想多有独到的理解，从而真正开启了黔地佛教学术和思想的新局面。故明清之际则形成了汉语语境严格意义上的地方佛教学术和思想。

就道教而言，道教传入黔地当在宋代初年。宋代，贵州东部和东北部的铜仁、印江等地属于四川，四川又为道教的一大发源地，正因为"黔东北一带在政治、经济、文化上与四川联系密切"，"四川道士有的在云游时进入贵州"① 则合乎情理。《铜仁府志》载："川主庙，在江宗门外，祀蜀太守李冰及子二郎，《华阳国志》：'周灭后，秦孝文王以李冰为蜀守。'《蜀志》：'神为隋嘉州太守多惠政，能入江斩蛟，以除水患，唐封神勇大将军，又封赤诚王，立庙灌口。'宋张泳治蜀，因乱，祷祀得神助，事平，以闻封川主清源妙道真君。"② 将建立川主庙的缘起归因于祭祀李冰父子以及唐宋的治水除乱英雄，这虽不能作为宋代就有道教传入黔地的可靠证据，但却说明黔东地区与四川的区域和文化渊源关系颇深，同时也表明当地对道教人物在观念上的基本认同和信仰上的无限崇拜。据《思南府志》所载印江县有三清观，"在县西四里，宋乾德间建"③，则足以说明至迟在宋代黔地就有了道教信仰的场所。又《贵州通志》载"宋开宝（968—976 年）间，铜仁瓮蓬寨人杨再从，崇尚修炼"④，以及《松桃厅志》载"天龙相公（杨再从），幼好道术，袭平头司长官，觐归旋殁，葬

---

① 贵州省地方志编纂委员会编：《贵州省志·宗教志》，贵州民族出版社 2007 年版，第 159 页。

② 《铜仁府志》卷三，"庆（坛）庙"，民国缩印本。

③ 《思南府志》卷四，"祠祀志"，1962 年上海古籍书店据宁波天一阁藏明嘉靖刻本印。

④ 参见《贵州省志·宗教志》，第 160 页。

正大营将军山,屡著灵异,至今土人虔祀之"之史实①,亦可作充分地说明。且从黔地出土的宋墓中,即从"在黔北、黔东一带,道教符箓文及方位神已进入墓葬雕刻"这一事件观察②,亦为黔地有道教信仰提供了有力的证据,同时则进一步说明黔地至迟在宋代就出现了中原道教的历史足迹当是不可辩驳的事实。但是,道教在黔地虽有信仰层面上的流传,但是理论化成就却一直不高,不像中原道教那样能够涌现出创派开宗的领袖人物,而更多的是依赖于佛儒以及本土民间宗教在民众下层广为流传,这可能是因为"贵州地瘠民贫,文化素质低下,与致力于宗教的形而上学意义的玄学无缘"③所导致不无关系。从《思南府志》具见道教于宋乾德年间(963—968)进入贵州,即当属北宋初年,具有明确的年代学记载与佛教传入却无编年史年代形成鲜明对比,而更能反映出道教在贵州活动的真实历史时间性序列。宋元以来,道教在贵州有较大发展,尤其是明清以来,面貌为之一新。宋代即有道士能文善画,邓椿《画继》载:眉山道士罗胜先,自号云和山长。善画山水,有古意。所画景物,多为他游历越嶲(今四川越西)、夜郎所见。南宋高宗(1127—1162)时,镇远女道士宫素然,精人物画,所作《明妃出塞图》,现藏日本东京国家博物馆。元代在贵州各地亦出现了一大批道观庙宇,有如贵阳大道观、崇真观和关帝庙,瓮安后岩观,遵义集贞观,赤水文昌祠,福泉凝真观,道真冲虚观,安顺城隍庙等④,显示了道教的一派繁荣景象。元代,道教深入民众生活,道士有以医药济人,

---

① 参见《贵州省志·宗教志》,第160页。
② 庹修明:《贵州民间道教与傩坛》,《贵州民族学院学报(社科版)》,1999年第4期,第18页。
③ 同上书,第17页。
④ 参见《贵州省志·宗教志》,第160页。

佛教文化研究

从事炼丹、符箓者，与民俗紧密结合，或直接参与民间丧葬活动。明代，贵州道教迅速传播，土官、流官、乡绅多奉道教。诚然，不乏一些有道之士进入贵州后，他们不仅在宗教信仰层面"神道设教"传播道教，而且在道教义理上也深探精研，推动了黔地道教义学的发展。《乾隆通志》载："陈致虚，号观吾，一号紫霄上阳子，曾到思南。著有《周易参同契分章注》、《上阳子金丹大要》等"，即是明显的例证。道门中也少数道士颇具文人气质，也时常涉足到儒家的经典。明代道士杨斌在其《夜读道书》便说得很明白："百岁光阴过隙驹，人间闲事早袪除。请看元晦朱夫子，也向寒泉读道书。"① 一方面是通过言说朱熹向道教学习过的事实借以抬高道教，另一面也隐含了道士即要评点朱学，也必然要求涉足到朱学并对其有所认识的思想意涵。宋元以来的道教的繁荣，并非一孤立的文化现象，不仅与中央王朝提倡三教合一的宗教政策大有关系，而且与知识精英对三教的认识和宣传亦有关联，同时也与民间追求长生不老、羽化为仙的精神信仰密不可分。此外，在贵州历史上，亦可以看到主张"三教合一"的道士，据载道士张道凝，"生有异质，有异人授洞天法律，能役使鬼神，居紫霞石，论三教一原之理。内则凝神定性，以合大道之虚，外则明教演法，以袪流俗之妄。"②即是明显之例证。

黔地儒学之起源历史较早，当可以追溯到西汉时期。汉武帝

---

① 《黔诗纪略》，参见《贵州省志·宗教志》第238页。
② 参见邢飞：《明代贵州的道教简论》，《宗教学研究》，2007年第1期，第29页。

时，犍为郡鳖邑（今遵义）舍人，曾撰《尔雅注》三卷进上朝廷①。可见，舍人之注《尔雅》，实为黔人最早之经学撰述，故道光《遵义府志》将舍人列为乡邦人物传记之首。舍人之注《尔雅》，不但为贵州学术文化之开山，地方经学之鼻祖，同时也是汉儒释经之发轫，北学南传之功臣②。追溯贵州学术思想发展的远源，则自当以舍人为第一。与舍人时代或稍晚时，贵州儒学史上还有两位十分重要的儒学关键性人物：一是汉武帝时牂牁（今贵州大部分地区）名士盛览（字长通），司马相如入西南夷，尝从其学赋；二是毋敛（今荔波、独山一带）人尹珍，东汉恒帝时官荆州刺史，曾从许慎、应奉受经书、图纬。《西京杂记》曾载盛览尝问司马相如如何作赋，"相如曰：'合綦组以成文，列锦绣而为质，一经一纬，一宫一商，此赋之迹也。赋家之心，包括宇宙，总揽人物，斯乃得之于内，不可得而传。'览乃作《合组歌》、《列锦赋》而退，终身不复敢言作赋之心矣。"盛览学成，"归以授其乡人，文教始开"③。与舍人、盛览相较，尹珍对贵州地方学术文化的影响最大。他"以生遐裔，未渐庠序，乃远从汝南许叔重受五经，又师事应世叔学图纬，通三材，还以教授，于

---

① 陆德明《经典释文·叙录》："《尔雅》，犍为文学注，三卷。"注："一云犍为郡文学卒史臣舍人，汉武帝时待诏，阙中卷。"《隋书·经籍志》："梁有汉犍为文学《尔雅》三卷，亡。"则舍人向汉武帝进呈《尔雅注》时，曾自署其官衔为犍为文学卒史，当可信据，否则便不必在郡吏下再加臣某字样。其书虽唐以前即已亡佚，然《齐民要术》尝引之，邢昺《尔雅疏》更多采及，清代辑本颇多，较流行者马氏王函山房本。遵义人赵旭亦有《辑犍为文学尔雅注》一卷，同邑郑知同尝序之云："世以文学陋南中日久，谓罕淹通之士。以余论之，当汉代经学萌芽之始，而吾郡初入版图，已有大师如犍为舍人者，固未尝深究也。"

② 参阅王燕玉《辨舍人的籍贯、官称和姓名》，见《贵州史专题考》，贵州人民出版社 1986 年版，第 347—354 页。

③ 道光《遵义府志》卷三十三《盛览传》。

是南域始有学焉"①。其返乡讲学之地,当在鳖县各地(今贵州绥阳、正安)。故正安城北尚有遗迹毋敛坝及尹珍宅故址;绥阳县有唐广明间尹公讲堂碑,明代犹保存无毁。其他各地,抑或有尹珍祠。足证其"还乡教授,自非一处,而沾丐鳖人,必较尤渥"。尤其"唐去汉未远,尚能指其讲堂之碣,流泽未湮,必非附会"②。唐以降,中央王朝加强了对边地的政治、文化和思想控制,"中原文化"亦随之南下,并迅速进入贵州,对民众思想信仰产生了重要影响。尽管唐宋之际中央对贵州的政治控制似有细微变化,然在思想文化上的交往却有进一步加强。宋代的官学以书院教学形式逐渐渗透边疆,尤其是黔北、黔东北的播州、思州受到中原文化的影响极深。宋代的思州沿河建有鸾塘书院,播州土官杨氏尊崇儒学,"建学养士"③,标志儒学在贵州进一步繁荣起来。明清以来,书院讲学制度盛行,出现了以王阳明、郑珍为代表的儒门巨匠,为贵州更是培养了一大批儒学人才,出现了贵州"六千举人,七百进士"④ 科举史上的盛况。

然整体而言,由于儒释道三教都传播到了贵州边地,且活跃于民众的生活世界中,因而儒释道三教互动、交融与合流有了文化土壤和思想条件,尤其是宋元以来受中原"三教合一"思想的大肆影响,贵州的三教关系亦形成了以儒学为主体,兼摄释、道为两翼的文化思想格局,表现出了与中原文化相一致的特点,它又与当地巫文化的思想元素相结合,在宗教思想层面呈现出了贵州儒释道三教与巫文化相结合的独特地域性特征。

---

① 常璩《华阳国志·南中志》,刘琳《华阳国志校注》,巴蜀书社1984年版,第381页。
② 道光《遵义府志》卷三十三《尹珍转》。
③ 道光《遵义府志》卷三十一《土官》。
④ 参见庞思纯:《明清贵州七百进士》,贵州人民出版社,2005年。

二、少数民族宗教文化信仰与
地方知识精英群体的儒释道"三教观"

有必要指出的是,黔地是一个多民族地区,不同的民族有不同的信仰,不同民族的信仰交相辉映,构成了黔中五彩斑斓的信仰世界。佛教传入贵州高原之前,当地就有了自己的自然崇拜或万物有灵的信仰世界,尤其是祖先崇拜与鬼神信仰,普遍存在于民众的生活世界之中,并形成了颇为奇怪的多元化特征,有如清人所说:"黔僻处西南,穷山深箐,所在无非苗蛮,其种类各殊,而部落亦不一矣。"①

不同的民族或部落,信仰则有不同的形式。在苗族创世传说中,所有的物种都从枫香树的根梢枝叶等各部分化生出,人祖姜央和雷公、龙王、老虎、大象、水牛等等,则由树心化出的蝴蝶妈妈所生十二个蛋中孵出②。故苗族历来皆以枫香为镇寨树,即使枯枝败叶亦不得毁损。多种山神和树木有灵观念,也构成了苗族民众重要信仰与习俗。侗族也有山神、树神崇拜,侗家伐木歌唱道:"我们要和杉树做朋友,我们要跟杉树做兄弟……山神、树神,你们准不准,你们依不依?"侗家植树歌唱道:"树苗原先生长在天上,白发仙人把它送给凡间人"③。彝族则"盛行着灵

---

① 《黔书·续黔书·黔记·黔语》,贵州人民出版社 1992 年版,第 16 页。

② 贵州省少数民族古籍整理出版规划小组办公室编:《苗族古歌》之《枫木生人》各节,演唱者:考富,搜集者:苗丁,整理译注者:燕宝:贵州民族出版社 1993 年版。

③ 《黔东南苗族侗族自治州志·民族志》之《侗族篇》第五章《习俗(一)》第一节《林业生产习俗》。

物崇拜与祖先崇拜的信仰"①,他们"尚树与其祖先有生源关系的神祇和自然物(包括谐音物)作为图腾来崇拜"②。诸如此类的宗教信仰,均具有满足人们精神生活需要的功能,成为地方民众信仰世界的主体内容。但是从国家意识形态的目的性诉求出发,宗教的意义仍不能仅局限于满足人们精神需要,而更为重要的是成为扩大或强化王朝统治体系的手段和工具。唐宋以来的官方史书,即意识到"夷人尚鬼,谓主祭者为鬼主,每岁户出一牛或一羊,就其家祭之"③。主祭者一般均为部落头领,称为"罗氏鬼主",具有世俗与宗教的双重权威性,既负责执掌宗教仪式,又管理地方社会秩序,"一切信使鬼巫,用相服制"④。皇权中心为达到通过鬼主控制边地民众人民的目的,也就一定程度上承认地方政权政教合一统治权的合法性。元代建立土司制度,鬼主演变为土司,但是中央皇权利用宗教信仰控制民族地区的旧局面仍未改变。明代设立贵州行省,中央权力已能直接有效地进入贵州腹地,经营开发新疆(西南边疆)的速度明显加快,经济文化亦得到迅速的发展。雍正六年开始开辟苗疆,加快改土归流进程,苗、侗各族聚落皆陆续纳入大一统的秩序结构,原有的土司管理结构和村寨运作体制产生了变化,经历了超过任何时代的内地化和社会形态变迁进程。宋陆游《老学庵笔记》载:

  辰、沅、靖州蛮有犵狑,有犵獠,有犵㰖,有犵㮌,有山猺,俗亦土著,外愚内黠,皆焚山而耕,所种粟豆而已。

---

① 胡庆钧:《明清彝族社会史论丛》,上海人民出版社1981年版,第35页。

② 龙正清:《彝族历史文化研究文集》之《彝族宗教信仰文化》,贵州民族出版社2006年版,第234页。

③ 《新唐书》卷二二二《南蛮传》。

④ 樊绰:《蛮书》卷一。

食不足则猎野兽，至烧龟蛇啖之。……农隙时至一二百人为曹，手相握而歌，数人吹笙在前导之。……上元则入城观灯，呼郡县官曰大官……其歌有曰："小娘子，叶底花，无事出来吃盏茶。"①

辰、沅之地，古属于黔中郡辖，即今贵州东部与湖南西部交接地带，犵獠则为现在的仡佬族。从陆游的描述不难看出，当时少数民族仿佛过着耕猎并重的落后（后进）生活，习俗劳作均与汉族大有区别。但是他们也有自己的音乐、歌舞，有自己的精神生活世界，同时也受到汉文化的影响，加速了内地化的发展进程。所谓"小娘子，叶底花，无事出来吃盏茶"，即是与汉文化互动的产物，"盖《竹枝》之类"也②。

陆游的观察可说明民族区域也有自身的习俗生活和宗教信仰，为佛教、道教的渗透和进入造成了一定的困难，"不从根本上改造（文化）土壤和气候，外部世界的文明花朵就无法盛开于苗、侗之乡"③。佛教、道教要进入"苗蛮"之地，就必须寻找当地文化相应的因子与之结合并促使其转化，才能让外域的新教（佛教）有生存的空间和扩大传播范围的可能。当然中原佛教传入贵州后，佛教自身也在为适应当地的文化土壤而不断调整变化④，中原佛教入黔后也有本土化的过程，如佛教地狱的概念，

---

① [宋] 陆游《老学庵笔记》卷四，中华书局2005年版，第44—45页。

② [宋] 陆游《老学庵笔记》卷四，中华书局2005年版，第45页。

③ 《民族传统文化与和谐社会建设》，《传统文化与和谐社会建设》课题组（由中国社会科学院历史研究所与贵州大学中国文化书院联合组成）赴贵州黔东南地区考察报告，2006年12月11日，打印本。

④ 文化之间的交往乃是"双向"的关系。当地的民间信仰与佛教即存在相互影响。

佛教文化研究

与苗人鬼神观念颇有契合之处,所以苗人崇拜鬼神的信仰也吸收了佛教信死后入地狱的信息和往生西方极乐世界的思想。苗人信仰鬼神的观念,表现在丧葬祭祀上,反映了对祖先的敬畏与怀念。彝族也有祭祀指路的说法,即"人死后即按布毪所择吉期予以祭祀和指魂归天之路。"① 道教产生于神仙方术,与巫术具有天然的融合性,故进入贵州即能较迅速地与当地民间信仰结合,甚至直接参与当地的祭祀和丧葬等宗教活动,使之融为一体。

当然,贵州区域的中原文化信仰遗迹也颇为明显。据《蜀汉岩墓题记》:"章武三年七月十日,姚立从曾意买大父曾孝梁石一门,七十万毕。知者廖诚、杜六。葬姚胡及母。"② 这一史料说明三国时期,贵州高原就有了造墓题碑的民间信仰活动。唐代的牛腾布教,更是佛教信仰层面的具体实践,反映中原佛教文化对黔地的渗透和影响。又《南宋播州安抚使杨文神道碑》:"和□郡夫人得异梦,殆与释氏抱送之祥相符。"③ 说明南宋时期的贵州民间社会已有了佛(观音)送子的宗教信仰。宋代周敦颐游览赤水,曾留下"到官处处须寻胜,惟此合阳无胜寻,赤水有山仙甚古,攀跻聊足到官心"之诗句④。表露出一种神仙学的倾向,也说明汉化已深入到当地。由于大、小传统文化长期交织互动,彼此都在朝着适合对方的方向发展,遂形成了黔地多彩多样的宗教人文世界面相与民众信仰世界多元化的文化格局。

必须一提的是,历代士大夫贬官入黔者,也对当地的社会生活产生了影响,极大地推动了学术思想的转变。向前追溯较早的唐宋时期,士大夫被贬官入黔,往往能带来新的文化思想,推动

---

① 龙正清:《彝族历史文化研究文集》,第275页。
② 贵州省博物馆编:《贵州省墓志选集》,1986年内部印刷,第1页。
③ 《贵州省墓志选集》之《南宋播州安抚使杨文神道碑》,第5页。
④ 谭松林等整理:《周敦颐集》之《有赤水县龙多山书仙台观壁》,岳麓书社2002年版,第79页。

佛教文化的传播。据《罗湖野录》所载黄庭坚受谪黔南①，在黔地彻悟佛法，便是一具体例证。据《罗湖野录》载：

> 太史黄公鲁直，元祐间……从晦堂和尚游，而与死心新老、灵源清老尤笃方外契。晦堂因语次……于是请公诠释而至于再，晦堂不然其说，公怒形于色，沉默久之。……及在黔南，致书死心曰："往日尝蒙苦口提撕，常如醉梦，依俙在光影中，盖疑情不尽，命根不断，故望崖而退耳。谪官在黔州道中，昼卧觉来，忽然廓尔。寻思平生被天下老和尚谩了多少？唯有死心道人不肯，乃是第一相为也。"……黄公为文章主盟，而能锐意斯道，于黔南机感相应，以书布露，以偈发挥，其于清、新二老道契可槩见矣②。

由此可见，黄庭坚"谪官在黔州道中，昼卧觉来，忽然廓尔"，又能"于黔南机感相应，以书布露，以偈发挥"，实为地方文化之一大事因缘，必然与黔地佛教文化的发展大有关系。他能"于无思念中顿明死心所问"③，固然反映了个人的佛学修为，但也预示着黔地知识群体精研佛学的出现。黄庭坚的悟道因缘亦说明了佛教对儒学的渗透，儒佛的交融已成为士大夫精英切身体验的具体事实，构成了他们思想世界复杂多样的历史意涵。

明代的王阳明为兼通儒释道三教的大思想家，受谪贵州龙场驿后，曾大悟"格物致知"之旨，提出"知行合一"理论主张，

---

① 关于黔南，指黔中郡所属之南部区域，虽非今日贵州所辖范围。但仍处于边界交涉的范围。而湘黔、川黔交界地带本身就具有文化天然的互动性。据王燕玉先生的考证，黔中郡涵盖黔北地区，故将黄庭坚视为影响黔地的文化人物也是可以成立的。
② 《卍新纂续藏经》，第83册，第1577页。
③ 《五灯会元》卷十七《太史山谷居士黄庭坚》。

佛教文化研究

以后又发展为"致良知"学说，最终创建了心学体系。他的思想的形成与受谪黔地近三年的生命体验密不可分，也与他长期浸淫于儒释道三家之学大有关系。正如他自己所说："吾亦自幼笃志二氏，自谓既有所得，谓儒为不足学。其后居夷三载，见圣人之道若是，其简易广大"①，"因求诸老释，欣然有会于心，以为圣人之学在此矣"②，"臣亦窃尝学佛，最好尊信，自谓悟得蕴奥"③。他未赴贵州前于新婚洞房之夜入道观铁柱宫与道士趺坐对谈忘归，铁柱宫是净明道弘宣道教的重镇，历来主张"贵在乎忠孝立本，方才净明，四美兼备，神渐通灵，不用修炼，自然道成。"④可见道儒融合已为其学说宗旨一大特点，对王阳明必有较深的影响。阳明之诗云，"尘网苦羁縻，富贵真露草，不如骑白鹿，东渡入蓬岛"，便流露出明显的道家取向。至于禅宗，王阳明更借用了其大量思想资源，形成了他的心学体系儒与释一体两面的独特言说特征，即使是龙场悟道后提出的"心即理"思想命题，虽然不可否认直接来源于自身深邃的生命体验，有如泉响山谷深壑一般，是心性悟道后自然流淌出的思想言说，但也未尝不是宋元祖钦禅师"理即心也，理外无心"说的继承和发挥，有学术渊源系谱上的线索可以寻觅，代表了同发于一境界的心性证量功夫⑤。可见无论在黔地的讲学活动，或以后思想学术的进一步深化，三教互融的思想都有可能通过他影响力的扩大，直接转化为地方知识精英群体吸收取用的思想资源。

此外，地方知识精英对儒释道的传播和发展也具有相当大的

---

① 《传习录上》。
② 《王阳明全书》卷五十七。
③ 《王阳明全书》卷九。
④ 《净明忠孝全书》卷之二，《净明大道说》。
⑤ 参阅柯兆利《论王阳明的禅学思想》，载《中国哲学》（第8辑），上海三联书店1982年版，第215—223页。

贡献，涌现出了具有代表性的思想人物。黔中王门的代表性人物孙应鳌便有一首五言诗《东陵寺》，以诗化的形式表达了儒学佛道化旨趣。

  逸客无俗轨，灵区寡尘迹；躁静实异缘，趣景各有适。东陵表黔中，奕奕清虚宅；长峦莽回抱，峭壁隐络绎。渐次入云林，潜觉市途隔；洞天忽开朗，径蹬递掀揶。飞岩覆远空，坐卧平于席；风雨万壑惊，泉响泻□□；芳木遥沉翠，素烟突浮白。以兹飘洒境，契我泓澄积；相对各忘言，熟信有真益。度阿愿考室，故里况咫尺；终当谢世鞅，托此忻晨夕①。

诗中"无俗"、"尘迹"、"异缘"、"清虚"、"忘言"等词汇，均表现出了道释二家清静无为、超拔世俗的出世心态，但又蕴藏着儒家本有的积极入世情怀。末句"终当谢世鞅，托此忻晨夕"，尤其具有禅道洒脱自在的思想意涵。而其《望仙台》一诗："望仙台迥草笼，蹋真仙落故踪。永乐当年书诰在，谁知不为觅三丰。"②则表现的是对道家颇为不屑的思想倾向。

清代周渔璜系贵阳青岩骑龙人，康熙三十三年（1694）科举中进士，入翰林院，累官侍读学士、詹事府詹事。他学识渊博，曾参编《康熙字典》，为第三编修；诗学成就很高，有文坛魁首之誉。郑珍曾为题像赞云："诗当康熙，如日正中；起问汉大，惟渔璜公。桐野一编，眉山放翁；经纬宫商，继盛长通。"③毛奇龄也称他，"以挟天之才，力持大雅，其于'四术'、'六教'，

---

① 《黔诗纪略》卷五"孙淮海先生应鳌古体诗"。
② 桃源洞题刻诗，明万历工部尚书孙应鳌作。
③ 《郑珍集·文集》，《巢经巢文集》卷五《桐野先生荷锄像赞》，王锳点校，贵州人民出版社1994版，第162页。

佛教文化研究

凡与经学有发明者,悉究根柢,不诡沉俗。……者所称风雅之策,领袖群秀者,非先生欤?"① 可见周氏长于诗作,兼擅经学,是一位纯正的儒者,但他亦通晓佛学,曾作《分咏京师古迹得明成祖华严经大钟歌》,气势磅礴,脍炙人口,一时名响京师,诗中有句云:"此时志佛西南行,荒陬一卷《楞严经》,归来西山不讨树,到今谈者泪纵横"②。则诗虽为咏史之作,亦可见他对佛教典籍的熟悉。足证佛学作为一般文人的修养,明代以来已是普遍的现象,即使是诗歌创作,也多有以佛教为题材者。《大钟歌》如果不以深晓佛理见长,便难以服众,更不可发生巨大反响。儒释道三教的交流融合,已成为人们生活和思想世界的文化氛围和存在图景。

清代经学家兼诗人的郑珍,他对佛教也多有自己的见解,《跋自书诗稿与王个峰》便说:"修炼家有三难:合鼎艰难,调鼎难,破鼎倍难。泥洹一路,若到此鼎不能破,必致郁塞以死。诗境正复如此。"③ 他把作诗的境界与佛教的"泥洹"比较,表明他对佛教义理亦多有体认或追求,并力于将其转化为诗歌创作必须积极调动的有效思想资源。事实上,他亦多引"空"入诗,以表达他所追求的空灵与境界,如"行至拉邦见拉当,虚空鸟道四里强"④,"空知方药妙,尚切米盐愁"⑤,"谢诗春空云,周诗花林虹"等等皆在⑥。更重要的是还以儒家精英学者的"三教"视

---

① 毛奇龄《稼雨轩近诗序》,见周起渭《桐野诗集》卷首,《黔南丛书》本。
② 周起渭《桐野诗集》卷四"古今诗"。
③ 参阅黄万机《郑珍评传》,巴蜀书社 1988 年版,第 294 页。
④ 参阅黄万机《郑珍评传》,第 278 页。
⑤ 杨元桢:《郑珍巢经巢诗集校注》后集卷一《久病》,贵州人民出版社 1992 年版,第 418 页。
⑥ 《书周渔璜先生璜桐野书屋图后》,第 400—401 页。

野,感慨人生世事的无常。说:"无定者其即所以为定乎!不事焉事,事焉不事,事无事也,无事事也,百年有穷哉?天而云,云而天;土而木,木而土。人何独非是也。老氏谓此为名,佛氏谓之为缘,吾儒曰此我也。无此非我,无我无此;我也此也一也。"①又说:"众人似我年,不肯须出颐。而我过半白,岂非气血衰?学禅旧辟佛,学仙今已迟。惟思老墓下,稍稍足铺糜。闲理礼堂业,举十五略知。"② 从中不难看出郑珍虽持守儒家立场,但也并不排斥学禅学仙。儒释道三教合一的时代思潮,在他的身上仍有明显的反映。贵州士大夫精英受中原文化,尤其是儒释道三教关系影响之深,则更可以从他的诗文作品略窥一斑。

郑珍的家乡遵义沙滩东安江畔,有一著名禅院名禹门寺,明末清初丈雪道醉曾在此主持说法,一时闻法而至者颇多,禹门寺亦成为弘宣别传之旨的一大重镇。王玉生为《丈雪语录》撰序,称"三教歧途,互相诋毁,是不知一贯传心,喟然悟道,直下承当,死活来。"③ 可见丈雪也主张以禅宗心经统摄三教,反对脱离具有形上本体意义的本心本性相互诋毁的做法。故丈雪周围也凝聚了一批内外学知识精英,并对后来晚出学者产生了极大的影响。郑珍便盛赞丈雪云:"今禹门存有住院时《(丈雪)语录》,皆于一大事,随指见月,坐断舌头,嘉兴张玉可为写真,犹悬堂上。其自书赞末云,夫是为三巫峰嫡冒,宗门作《春秋》之罢。则固以祖师正法眼,藏自任矣。余于彼教,尝轻为易知,不足学,家近禹门,每过观旧遗释藏,环列一楼,而破(山)、(丈)

---

① 《游海龙囤后书记》,转引自黄万机:《郑珍评传》,第204页。
② 《书遣知同以十七日归五首》之第一首中,转引自黄万机:《郑珍评传》,第130页。
③ 王玉生《昭觉丈雪醉禅师语录序》,见《丈雪醉禅师语录》卷首,王燕玉等点校,《续黔僧录》,释慧海、张新民:《黔灵丛书》之四,巴蜀书社2000年版,第194页。

雪师弟手迹，体正力厚，纯法二王，辄叹即渠出家人之雄，已非不从积学可得，乃姚江、龙溪诸子，欲以一良知良能尽，圣人之道，恐真正学佛者亦不如是也。"① 又有《独游禹门寺诗》云："意行无适去，遂至雪公山；独鹤与人立，松门长自关。老僧延客入，丛桂看人攀；扎攘兵戈里，愁心得暂闲②。"诗中之雪公云云，即指丈雪禅师。足证山川、文物已合为一体，构成了三教互融的浓厚学术氛围，影响了一代又一代学人的成长，以致持守汉学实事求是考据立场的郑珍，也要援引佛教资源批判王门后学的空疏捃大。

《丈雪禅师语录》原藏禹门寺，惜咸同兵燹后已遭毁损，幸黎庶昌出任日本公使时，从友人中村正直假得真家藏本《昭觉全书》，遂录出住禹门宗法语及关涉遵义者，以活字版重新排印合编③。裨重返黔省流传。黎氏又撰有《禹门寺置佛藏记》一篇，略云：

> 距吾居里许，有寺曰禹门。国初时蜀僧丈雪暨吾宗策眉九十翁相继居之，飞楼涌殿，踵事加辟，遂力坛场胜境。旧有倍本佛经金藏，同治以还，兵兴寺扰，经卷散轶不完。光绪七年（1881），余奉使日本，遇坊肆间有翻刻南藏本佛经全帙。遂以千金购制寄储使，与寺藏经楼之名相称。十一年（1885），余奉诏旋里，见寺多阤挠，楹栋榱角，风穮雨谶日益朽剥，丹艧失华，乃命工修饬，改易而髹塗之。四阅月告竣，一木一石，焕然增新矣。余之为此，非欲求倖于佛，实

---

① 郑珍《播雅》卷二十四"丈雪大师通醉诗传"，咸丰三年刻本。
② 杨元桢：《郑珍巢经巢诗集校注》后集卷一《独游禹门寺》，第131页。
③ 参阅黎庶昌《丈雪醉禅师语录跋》，见《续黔僧语录》，释慧海、张新民：《黔灵丛书》之四，巴蜀书社2000年版，第208页。

以其他与吾居相近,治此为游观之所,而又念名胜之不可任废灭也。故保而存之,意如是而已。……自唐宋大儒论辟后,佛说之不足为天下愚亦已大明,而后世儒者乃欲援儒入释,俱其虚灵不昧,以主静良知立为宗极,便与吾儒心性微旨相乱,不尤过矣哉!君子之持身也,不敢造次涉于虚无之境,居常恳恳,以忠心诚愨为本,以戒欺求歉为功,以存不忍人之心为用,博约乎文礼之途,潜息乎仁义之府,无歧其趋,无堕其行,明德而新民,开物而成务,由象亡国,推己及人,其始无过致,严异端之辨,而其终遂达乎天人之故,仁民爱物之原,充类以极于尽性至命,方日从事圣贤不暇,又何有清静寂灭窈冥诞幻之说爨视而惑听哉!……余故因置佛藏,并发斯论,使乡人知所敬惧焉①。

文中提到的策眉和尚,乃与黎氏同郡(遵义)共宗(黎姓)之黎怀智,曾官黄冈知县,明亡后不仕新朝,遂回乡里削发为僧,时年已近六十,永历五年(1651)丈雪至,拜其为师,赐名彻智,法号策眉。拜师时丈雪四十二岁,策眉较其年长二十二岁,亦可谓学道不分老少,惟以有德者为归也。明亡后,士大夫之逃禅出家者,除钱邦苞、陈起相、郑逢元诸人外,策眉也为其中之一位重要代表②。黎庶昌从日本购回《南藏本佛经》,藏于遵义禹门寺,沙滩士子多乐于寺中读书,非特促进了黔北文化的发展,同时也触媒了儒释道三家的融合。而黎氏本人虽然依据纯正儒生的立场,严于儒与释的分别,然其不满宋明儒在心性终极体悟上的有意混乱,但也看到了儒释道三家融合的历史发展趋

---

① 黎庶昌《拙尊园丛稿》卷二《禹门寺置佛经藏记》,《近代中国史料丛刊》第 8 辑影印本,台北文海出版社 1973 年版,第 76 部(1587—1676),第 188—192 页。

② 《黔诗纪略》卷二十三"黎黄冈怀智"录有其诗十四首可参阅。

势,承认佛教传播"不足为天下患"的客观事实。严格地说,黎氏对佛教清净寂灭之说,亦即所谓"虚灵不昧"的形上本体是有严重误读的,但他仍出于对佛教文化的尊重,特别是对家乡禹门寺作为一方教化中心的关注,主动捐资购回藏经全帙一部,则说明他对佛教义理并非完全采取排斥的立场。也就是说,他的文化立场是以儒学为主,佛教为辅,主辅轻重之间,决不容许任何颠倒错乱。他是晚清纯正儒学的捍卫者,但同郑珍一样,仍严守汉学家派,不满意王门后学的虚玄,表现出重实学的学术文化倾向。佛教的取舍与夺,都以他的实学立场为转移,即使是王门学者苦心经营起来的形上世界,在他看来也必须重新拉回到现实人生社会之中,才是有价值和有意义的。与郑珍、黎庶昌先后同时之丁宝桢,乃贵州平越(今织金)人,咸丰三年(1853)进士,官山东巡抚、四川总督,一生勇于任事,决不随人俯仰,曾杀太监安德海,声名天下传闻。而修治黄河,整顿盐政,力求以实学兴国,政绩亦为士人所景仰。黎庶昌撰《丁文诚公专祠碑文》,末有句云:"抚瑶华兮延伫,建芳馨兮以遗我来者,臣有则兮士有师,我铭质兮公知之。"① 王闿运作《丁文诚公诔词》,中亦有句说:"实屈己而推贤,好彦圣以利民;谒沉静而汪洋,若凛秋之又春。"② 都可见时人对他的推崇,不愧为一代名臣。

丁宝桢临终留有遗言云:"外洋和约万不足恃,止可以安为攘不宜重外轻内,皇上指日亲政,应请举行日讲以裕圣功,近贤人君子,远宦官宫妾,勿以财用不足而进言利之臣,勿以时局多

---

① 黎庶昌:《拙尊园丛稿》卷二《丁文诚专祠碑》,《近代中国史料丛刊》第 8 辑影印本,第 123 页。

② 王闿运:《湘绮楼文集·四川总督丁公文诚诔词》,参阅丁宝桢《十五弗斋诗文存》卷首"附录"《黔南丛书》本。

— 311 —

艰而行苟且之政。团结民心,即深培国脉①。"完全一派儒家用世心态,可谓老成谋国既深且远矣。然他亦撰有《了禅和尚传》一篇极力表彰了禅修葺焦山寺功绩,以及太平兵燹从容护寺之状,连带牵连悟春妙计秘之,保存山旧藏法物之事,文末附有赞论云:"尝闻之白傅论《维摩诘经》云:证无生忍,造不二门,住不可思议解脱。诚哉其言也。然余阅僧多矣,卒未见有其人者,岂僧与佛皆相反耶?今观了禅,其殆庶几乎!悟春于万死仓卒中全山中藏物,亦智矣哉。"② 可见他亦熟知禅学,认为形上的证量功夫必须以形下的行事来见证,否则便会造成僧人行为与佛教义理的分裂。形下的世界儒与释皆可共同经营之,前提是应该尽可能满足儒家用世的基本价值诉求。三教合一的发展趋势,越到后来就越普及了佛教义理知识,使知识精英群体的思想世界呈显出复杂多元的特征,从郑珍、黎庶昌、丁宝桢的身上即可清楚的看出来。

三、民众生活世界中的三教信仰与人文世界

黔地的民众信仰世界丰富多彩,表现出复杂的多元性特征,既有外部输入的儒释道三教信仰,又有少数民族自身草根性的原生信仰,中原文化与地方本土文化既相互交融,又各自并行不悖地发展,情况十分复杂,不可一概而论。

其实黔地宋代就有了同时崇尚儒释道三教的历史人物。南宋嘉泰至宝庆年间(1201—1227),播州第十三世土官杨粲崇奉儒释道三教,遂修建寺庙,并设道观,其中尤其以创立普济庵于湘

---

① 陈田:《黔诗纪后编·文诚公总丁宝桢传证》,宣统三年陈夔龙刻本。
② 丁宝桢《十五弗斋诗文存》下篇"文存",《黔南丛书》本。

江之畔影响最大①。明清以来，中原主流思想文化随着政治行政力量的进入，经济开发力量的南移，也在不断加快其传播速度，边地一域的贵州的学术思想世界也受到极大影响而产生变化。

明清儒释道三教的互动关系，亦表现在民间信仰的各个方面，"贵州思南府地方民人杨昌贵，先习弥勒教，后奉禁停止行教，改习端公道士，与人祈祷治病。故后，其徒杨胜佑复兴旧教"②。清朝"嘉庆二十三年，贵州都匀人、大乘教师傅王道林病故后，遗有护道榜文并大乘经十二本。……据供，护道榜文向来传说是康熙年间由官府颁发的，所习大乘教系吃素行善，每逢初一十五供奉天地君亲师的牌位，烧九品烛，礼佛念经，并不敛财，也没为匪不法的事"③。具见儒释道三教信仰已经深入各个社会阶层，逐渐走进了人们的生活世界。而寺院道观儒释道交织的特征也很突出，不少寺庙甚至直接以"三教寺"为名。"仅贵阳一个地区的三教寺即达 25 座之多"④，类似三教诸神共奉的寺庙可谓遍布全省。施秉县文物管理所收藏的清代至民国所绘"傩坛彩绘挂图"，也有玉清、太清、祖师、中佛、右佛、文殊、普贤等⑤，更明显地集中体现了民间信仰的三教融合思想。

现今，而最具有代表性的寺庙则有镇远的青龙洞、赫章的普照寺。始建于明初的镇远青龙洞，有观音殿、老君殿、圣人殿、灵观庙等，供奉儒释道诸神。可谓菩萨、神仙与圣贤混杂，以具体的实物形式向人们展示了三教合流与诸神巫化的实况。关于赫章的普照寺，今人撰有碑文，亦涉三教合一情形云：

---

① 《贵州省志·宗教志》，第 6 页。
② 梁景之：《清代民间宗教与乡土社会》，社会科学文献出版社 2004 年版，第 288 页。
③ 同上书，第 322 页。
④ 王路平：《贵州佛教史》，贵州人民出版社 2001 年版，第 469 页。
⑤ 《贵州省志·宗教志》，第 163 页。

普照寺初建于明万历间。清雍正二年,增其旧制,有前后殿、左右厢,规模宏伟,工艺精湛,为地方名胜。……此佛寺亦道观亦圣殿,其所供奉前殿为伏羲、神农、轩辕,教民田猎、种植、制作,物质之需要也。后殿供释迦、老聃、孔子,教民六波罗蜜、无为不争、曰仁与礼,精神追求也。皆古圣人也。天地无穷,人生长勤,以有涯之年寿,逐无限之时空,诚堪悲悯。……必有宗教之所由生也。前人谓三教同源,言其产生之历史条件;吾则谓殊途同归,言其传布之社会功能。人为灵长,缘有信仰。信仰者合理智与感情。言之信仰,凡四道德为其极致,宗教云乎哉!不朽有三圣贤享后世奉祀,帝王不与焉①。

寺庙亦道观亦圣殿,前后南殿分别供奉伏羲、神农、轩辕、释迦、老聃、孔子,均各有功德,能满足世俗人间物质与精神的双重需要,可见该寺庙具有三教同源合流的典型特征②,既满足了小传统精神信仰必须依赖权威的现实需要,也符合大传统凭借"神道设教"的方式来维护地方秩序的目的。而无论"三教同源"或"殊途同归",都足以说对三教的认同并非只是历史的遗响,至今仍存在地方民众的集体无意识记忆之中。易言之,地方民众既有信仰层面的精神追求,同时也有物质利益的切身关怀。复杂文明分属大、小传统的两个文化层次,明显地在这里得到了有效的整合。前者(大传统及其人格化的诸神谱系)往往对后者有范导规约的作用,后者(小传统及其地方民众)则是前者扎根必须依托的基础。无论宗教文化如何变迁,地方民众的信仰世界总是

---

① 今人《重修普照寺碑记》。
② 该寺尚有清代长沙籍官员所题"三教同源"匾额一副。

佛教文化研究

多神论的,而神的恩惠则是无条件的,儒释道三家具有开宗创派意义的人物,已在不知不觉中进入了地方民众的神仙崇拜系谱,成为经过他们重新认定改塑的形象。无论青龙洞诸神混杂,或普照寺多神合流,都是民众信仰世界的真实体现,造成这一复杂多元文化景观的原因,主要是"乡村百姓出于最朴素的感情、最现实的考虑,圆融三教诸神,无差别地纳入自己的宗教世界,构筑了一幅地地道道的三教混同、仙佛圣同尊的多神信仰图式"①。

而更为奇特和罕见的是在贵阳花溪青岩古镇,三教信仰表现出了独特的复杂样态,形成了以儒释道三教及基督教、天主教为主体并兼及少数民族习俗的宗教信仰世界。青岩古镇始建于明代天启年间,《徐霞客游记》中对之曾有记述。古镇地理位置优越,交通便利,既是贵阳通往定藩的重要通道,亦是文化交汇的重要区域,故历史上文人荟萃、文化多样、宗教繁荣。青岩既在康熙年间出现过编撰《康熙字典》的周渔璜,又在清光绪年间出现过贵州历史上第一位科举文状元——赵以炯②,这些历史名人即是当地儒家人物的主要代表。而在他们登科取士、光宗耀祖的事迹影响之下,以科举为中心的儒家经典的学习,自然是成为学子们追求金榜题名、达到学而优则仕这一理想目标所乐意接纳的重要活动。因此,与这一历史文化氛围相契合,修建文庙、崇尚孔子、信仰儒家、树立牌坊的文化精神活动,自然成为古镇民众生活世界中之一必然性要求,为儒家的传播创造了良好的人文环境。中原佛教进入贵州后,也曾积极地活跃在这一文化区域。据《贵州省志·宗教志》,青岩仅明一代就有龙泉寺、朝阳寺、迎祥寺、凤鸣寺、寿佛寺、圆通寺、观音庵七座寺庙③。至清代,又

---

① 梁景之:《清代民间宗教与乡土社会》,第296页。
② 赵以炯(1856—1906),字仲莹,光绪丙戌科殿试第一名,是贵州省科举考试历史上第一位文状元,曾任广西提督学政。
③ 参阅《贵州省志·宗教志》,第37页。

新增了狮子山庙、慈云寺、凤凰寺、青龙寺、琼林塔等寺庙①，都足以说明青岩佛教文化的繁荣景象。道教，这一本土性宗教在青岩这样一个多样性的文化生境中，自当不甘示弱，也大肆建庵堂、宫观传播道教信仰，据《贵州省志·宗教志》载，明清两代在青岩建有的道观就有斗姆阁、万寿宫、奎光阁、药王庙（观）、雷祖殿、财神庙、火神庙、文昌阁、东岳庙等道观②。可见，明清时期，佛教寺庙以及道观大量出现在青岩，综合地反映出了这一区域宗教文化的繁荣与兴盛局面。历史地观察，青岩的儒释道三教长期处于交融互动中，并形成了与中原较为一致的三教关系格局。青岩不仅仅是儒释道三教并存的文化生息区，而且明清以来随着西方传教士的传教活动渗透到了内陆腹地，青岩也出现了西方传教士的足迹和他们所修建的教堂。因此，在青岩这一土地上既有基督教、天主教，又有儒释道，并且西方宗教与东方宗教开始出现了历史性的交汇，从而形成了该区域比较独特的历史文化景观。东西方两种文明的交融与互动出现在青岩这一特殊的区域中，但也因两种文化自身的差异性而曾一度表现出敌对和斗争的态势。咸丰十一年（1861），在贵州提督田兴恕的支持下，青岩团练赵国澍所发动和制造的震惊中外历史的"青岩教案"③，

---

① 参阅［道光］《贵阳府志》卷三六，《祠宇附记第六》。
② 参阅《贵州省志·宗教志》，第180页。
③ 笔者认为，青岩教案，是历史中的政治、文化现象，反映了东、西方世界两种文明的冲突，尤其是东方世界以儒家思想为主轴的文化意识与西方以天主教、基督教为核心的文化思想的对抗。教案呈现出来的一方面是政治意义的斗争，另一方面是思想文化（包含习俗）意义的抗争。从政治意义而言，它是民间力量与部分上层官僚、权贵相结合，为维护本土民族政治利益，其中也包含幕后组织教案的官僚权贵的个人利益，而展开的政治排外和集体抗争；从思想文化层面言，它是保护共同的民族文化世界，即民族的价值标准、宗教信仰、风俗习惯、文化心态、生活及行为方式，而与异域文化抗争的一次正面思想交锋。

则把这一敌对和斗争推向了高峰,这也是两种文明交锋的历史性必然现象。青岩这一区域具有错综复杂的宗教文化多样性复杂样态,为贵州民众的信仰世界增添了多元化的文化色彩和历史景观。至今,该区域仍为汉族与少数民族混杂聚居生息区,依旧保留了历史延续而来的复杂宗教人文活态情境,并具有现实的文化影响。

综上所言,黔地虽然地处边缘,但仍长期受到中原儒释道三教文化的影响,形成了民间社会广泛性的儒释道三教共奉同尊的信仰,这不仅与中原历史文化的内涵有着渊源上的密契关系,而且也与少数民族巫文化鬼神崇拜糅合混杂,体现了明显的地域特点或民族特征:一是黔地的儒释道三教关系具有明显的地域性特征,不仅在主体精神面貌上表现出与中原文化传统内涵相应的一致性,而且也呈现出地域文化吸收过滤后的变异痕迹,儒释道三教无论形式或内涵均与中原文化具有一致性。二是由于中原文化在主体上是以儒释道三教并立格局为核心的,传入黔地后依然大体保持这一关系格局,只是形式上增添了某些新元素,即或多或少融入本土少数民族的文化因子,如苗人鬼神观念与佛教的地狱概念有契合之处,死后堕入地狱的可怕信息和登西方极乐世界的人生思想,便很容易地透过苗人鬼神信仰得到认同和实践。三是黔地儒释道三教在"判教"问题上①,基本没有新创建或新内容,中原地区原有的"三教合一"的判教立场和观念,或业已形成的"三教同源"的基本共识,也很容易地便延伸到了贵州边陲,即使偶有论及儒释道三教异同的观点,大多亦人云亦云而已。

---

① 所谓判教问题云云,此处意指三教各自站在自己的立场上,评判其他各教派,与学界所言的"佛教判教"略有区别。

梵净山历代高僧考略

◆ 张 明

梵净山不仅是贵州开发最早的历史文化名山，具有两千多年的传统文化底蕴，而且也是贵州第一佛教名山，拥有一千多年的佛教传承历史①。梵净山佛教于宋代传入，元代发展，明清鼎盛，明万历皇帝、清康熙皇帝两次敕封加冕。梵净山因惠沾皇

---

① 张明《梵净山开发和佛教的兴衰》，载《贵州师范大学学生科研成果选编（1991—1993）》贵州师范大学科研处编，1993年版；张明《梵净山佛教源流初探》，载《史志林》1994年第3期；张明《梵净山佛教考》，1996年9月贵州首届宗教学术研讨会交流论文，载《史志林》1998年第1期，选入《黔灯——中国佛教二千年论文集》，贵州省佛教协会、黔灵山弘福寺编印1998年版。

恩，被称为"天下众名岳之宗"①，是中国著名的"弥勒菩萨道场"②。梵净山是大山、大佛、大庙、大菩萨（即高僧）四位一体的佛教名山。在弥勒菩萨道场形成过程中，历代高僧作出了不朽的贡献。惜至今未见有考察梵净山高僧的文章发表，使梵净名山大为逊色。本文依据有关史料，初步考证梵净山自明初至清末民初共六百年间的二十二位高僧，表彰其开辟山林、兴建寺庙、开宗演派、传法授徒、教化民众等功劳。本文抛砖引玉，翼有助于促进对梵净山佛教文化的进一步整理与研究。

一、开山之祖：宗安自然和尚（天马寺）

梵净山佛教于北宋乾德三年（965）正式传入，祖庭为"西岩寺"③，明清多次重修，是为贵州著名的千年古寺。清末光绪年间改为"玉皇阁"，梵净山碑刻多有印邑玉皇阁的记载，"玉皇

---

① 明万历四十六年（1618）《敕赐碑》。
② 梵净山佛教源流与弥勒道场的形成，详见张明《梵净山佛教源流考》，载《佛学研究》（总第14卷）2005年版；张明《论梵净山在贵州佛教历史上的作用和地位》，载《2010'中国梵净山佛教文化研讨会论文资料汇编》，中共贵州铜仁地委宣传部、铜仁地区民宗委、政协铜仁地工委文史委员会、铜仁地区佛教协会编，2010年8月。另可参见王路平、释行愿《论贵州梵净山弥勒菩萨道场》，载《贵州大学学报》（社会科学版）2005年9月。
③ 梵净山佛教祖庭为"西岩寺"，详见张明《梵净山佛教源流考》，载《佛学研究》（总14期）2005年卷。西岩寺在今印江县城郊，建于北宋乾德三年（965），是梵净山核心地区第一座有确切年代可考的寺庙。（道光）《印江县志》、（道光）《思南府志》、（民国）《贵州名胜古迹概说》等有载。本文作者曾亲自考察西岩寺，得知每年二、六、九月朝山期间，香火仍然十分旺盛。

阁"即为"西岩寺",是佛道融合的寺庙①。清代印江诗人徐起痾有"此处千年歌渐陆,何时万里更博风"述其沿革②。然而"西岩寺"在"文革"时期遭到严重破坏,只残留一座小型墓塔、一幀摩崖,以及一方"西岩胜迹"匾③。又因地方史志简略,无法知道梵净山地区在宋代是否还有其他寺庙或僧尼。梵净山在元代的佛教史料也尚未见发现。故宋元两代梵净山高僧事迹暂付阙如。

迄今有确切名号可考的最早的梵净山高僧是明洪武年间的宗安自然。万历元年(1373)《天马寺钟铭文》载④:"始祖宗安和尚,号自然"。道光《松桃厅志》也载:"天马寺……明洪武六年僧毁墨建,道光九年重修。"(道光)《天马寺碑》载:"始祖宗安和尚,号自然……孰肯身处荒凉,愿甘淡漠?于洪武年间得创天马寺;荒田一段,周围老山一副,册载额粮一斗四升⑤。"由此可知:宗安和尚,号自然,俗名毁墨,是天马寺的开山始祖。另据《天马寺碑》记载,宗安和尚之后有慧本、明聪、洪政、天性等历代僧祖,相继开岭垦地,复造高堂,塑换金身,使"上下诸尊有光,前后佛像辉煌,此铜江梵刹之伟观!"⑥天马寺不仅是北宋西岩寺之后四百年间梵净山地区出现的第二座有确切年代可考

---

① 赵平略:《梵净山地区佛教与道教的融合》,《2004'中国梵净山佛教文化研讨会论文选编》,铜仁地区民宗局、铜仁地区佛教协会编印,2004年。

② 张明《梵净山历代诗钞》(未刊稿);也可参考印江县诗词楹联学会编《邛江遗韵》,第34页,2003年版。

③ 摩崖为(民国)《培植西岩寺观碑序》,见章海荣《梵净山神》第210页,贵州人民出版社1997年版。"西岩胜迹"匾,长约1米,宽约0.3米,现收藏于印江县民族陈列馆。

④ 天马寺在今松桃县乌罗镇。万历元年天马寺钟,铁质古钟,重600余斤,是梵净山保持至今最大的佛钟。

⑤⑥ 张明《梵净山历代摩崖碑刻考释》,未刊稿。

佛教文化研究

的寺庙，而且还是明代梵净山地区第一座"天"字号寺庙[1]。宗安和尚虽只是天马寺"始祖"，但在目前无法考证比他更早的梵净山高僧的情形之下，我们不妨将他视为梵净山的"开山之祖"。

宗安和尚上继自宋元以来400余年梵净山佛教之遗绪，下启明清佛教之鼎盛，比万历高僧妙玄早约250年，是为梵净山明初佛教史上最重要的高僧。从明初实行非常严格的佛教政策来看，宗安和尚当是大有来历的。明太祖曾下令"不准私创寺院"，且僧人必须常住山泽丛林，即使游诸四方的行脚僧，也不得妄入市村，违者一律处以极刑[2]。宗安和尚创建寺院，置常住寺田、并拥有山林，政府册载额粮一斗四升。说明宗安和尚是在得到政府明确许可之下修建天马寺的。考明初高僧对政府有重大影响力者，是为宝金碧峰。明末清初的文人钱谦益指出，"国初大浮屠，惟碧峰最著[3]。"宝金碧峰的影响，在明初可谓至极，宋濂称其"所至化之。故其在山也，捧足顶礼者，项背相望。其应供而出也，持香花击梵乐而迎者，在在如是。不啻生佛出现，其行事多可书。弟子散之四方，无以会其同[4]。"

宗安和尚以及其后的历代高僧慧本、明聪、洪政、天性衍为

---

[1] 明代梵净山"四大皇庵"都是"天"字号寺院，清代重新敕封后改为"国"字号。据《敕赐碑》记载，明神宗除敕封"敕赐圣旨承恩寺"（金顶正殿）外，还敕封天庆寺、朝天寺、天林寺、天池寺四大"天"字号寺院，各置有常住寺田。是为明代梵净山一大正殿，四大皇庵。不知何故天马寺未被敕赐为皇庵。

[2] 转引自葛静萍《憨山大师与晚明社会》第43页，贵州大学硕士研究生学位论文（导师张新民），2007年。

[3][4] 《宋文宪公护法录》卷第一，皇明金华宋濂著，云栖袾宏辑，虞山钱谦益订。转引自黄夏年《贵州〈梵净山天池院海阔慧惺禅师正觉塔铭〉与〈脉源宗谱碑记〉研究》，载《2010'中国梵净山佛教文化研讨会论文资料汇编》，中共贵州铜仁地委宣传部、铜仁地区民宗委、政协铜仁地工委文史委员会、铜仁地区佛教协会编，2010年8月。

— 321 —

一系,是为宗安系,对梵净山明初佛教的兴盛作出了重大贡献。更重要的是:宝金碧峰下第七世突空智板法系的字辈出现在梵净山《脉源宗谱碑记》中,与250年后的妙玄系的字辈完全相同。因此,宗安和尚是否与宝金碧峰是否有师徒关系,是否将宝金碧峰系的法系字辈传入梵净山,以及万历高僧妙玄是否为宗安系的直系后嗣,这些都是值得进一步研究的课题①。

二、重辟之祖:钦命僧李颖妙玄(敕赐圣旨承恩寺)

妙玄,俗名李颖,又名李青莲,妙玄是其法号,故又称李妙玄②。妙玄于明万历四十六年(1618)奉敕重建梵净山金顶,是明神宗钦命僧③,民间称之为"李国舅",被尊为"重开山场之祖"。妙玄是为梵净山最重要的高僧。梵净山在明万历、清康熙年间两次受到朝廷敕封,妙玄功莫大焉。梵净山妙玄法系共传七代,上承宗安系,下启破山系。至康熙年间第七世方丈海阔禅

---

① 关于钦命僧妙玄的法脉来源和梵净山传法世系的讨论,详见张明《2010'中国梵净山弥勒道场金玉弥勒开光仪式暨佛教文化研讨会综述》第七部分。

② 妙玄,俗名李颖,见光绪《铜仁府志》卷二《地理》"梵净山"条:"相传前明国舅李颖与僧妙元建刹,请有敕赐碑文,今尚存","相传前明李国舅隐居修炼,百日飞升"。文中"妙元"系"妙玄"之误,当为形近之误。妙玄与李颖当为同一人,李颖是俗名,妙玄是法号。妙玄又称李青莲,见田宗润《梵净山诗会集韵》,其《敕赐碑》诗云:"华岳曾输陈睡仙,卓山钦赐李青莲。龙章凤诏今安在,断碣模糊洞口边。"妙玄称国舅李妙玄,则见于《脉源宗谱碑记》:"故明国舅李妙玄"。2010年中国梵净山佛教文化研讨会对妙玄有激烈争论,在于没有确实史料证明。此争论现应可得一了断也。

③ 明万历四十六年《敕赐碑》。

师,妙玄系融入破山系之中①。

梵净山佛教自宗安和尚后,兴盛一百余年。降至嘉靖年间,红苗首领龙许保在梵净山地区发动大规模起义,攻破印江县、石阡府、思州府,执印江知县徐文伯、石阡推官邓本忠、思州知府李允简,战火波及贵州、湖广、四川,是明代贵州规模最大的少数民族起义。嘉靖二十七年(1548),兵部左侍郎张岳总督湖广、贵州、四川军务,亲至铜仁督阵,合兵十万余人,与贵州总兵沈希仪、铜仁参将石邦宪等分道并进,龙许保义军失败②。由此,梵净山开始第一次重建,自隆庆至万历初年,历时二三十年,修复西岩寺、天马寺,又新建孝慈寺、回龙寺、天庆寺③。此外还修复朝山道路和金顶寺殿:天池寺、茶殿、释迦殿、弥勒殿等。金顶《"院道"摩崖》、棉絮岭《剪刀峡摩崖》详细记载印江知县雷学皋与信众杨洪德"开砍山道,起竖庵殿,例行朝觐"等史实④。梵净山隆庆万历第一次重建,朝山大道汇集于金顶,使金顶成为佛教的兴盛地,遁世之人多来此隐居。高僧妙玄云游至此,隐居于老金顶之石洞中。《脉源宗谱碑记》云:"妙玄为神宗椒房雁字,心厌荣宠,喜浮屠者,遂隐于黔思、铜之深麓,因见其山幽异峭拔迥常,审之古籍,乃得山名为梵净山也。"妙玄为皇室外戚,故当地人直呼"李国舅"。清代印江诗人田宗润《怀李国舅》云:"远辞椒室至山巅,餐谷餐露不计年。千古宋明两

---

① 张明《梵净山在贵州佛教史上的地位和作用》,载《2010,中国梵净山佛教文化研讨会论文资料汇编》,中共贵州铜仁地委宣传部、铜仁地区民宗委、政协铜仁地工委文史委员会、铜仁地区佛教协会编,2010年8月。
② 《明史》卷二百《列传第八十八》张岳传。
③ 道光《印江县志》。
④ 《"院道"摩崖》在金顶石壁,刻于万历元年(1573)。《剪刀峡摩崖》在棉絮岭剪刀峡,刻于万历十六年(1588)。两块摩崖记载同一件事可知重开西朝山道共历时十六军。

国舅，能抛富贵得神仙。"妙玄隐居遗址即九皇洞，又称妙玄洞。田宗润《九皇洞》云："争来玉局访仙踪，洞府深居第几重。就里真身原不朽，迷离无奈白云封。"清铜仁诗人徐阊《妙玄洞》云："妙玄洞口紫云台，开士前身去复回。夜半无风骑鹤返，千山明月待公来。"

万历二十七年（1599），播州土司（今遵义）杨应龙举兵叛乱，祸及梵净。"既自播乱之后，传闻四方，往来朝觐人稀，非复日盛①。"万历四十六年（1618），妙玄奏请明神宗重建梵净。"已而为当道者宽以状秦闻，帝追尺一为建刹。""以故天哀名山之颡，而赐以钦命僧妙玄重建金顶正殿。"②明神宗皇帝降旨重建梵净山金顶，令妙玄为钦命僧，敕有镇山印，主持重建事宜。各级官员亲往督查，北京户部郎中李芝彦撰《敕赐重建梵净山金顶序》（简称《敕赐碑》）。该碑庄重华丽，碑文赞梵净风光，述重建缘由，志重建盛况，附刻参与者官僧民等百余人。时有钦命僧一人、高僧五人、法徒三十四人。计此次重建五寺六殿：承恩寺、天庆寺、朝天寺、天林寺、天池寺、九皇殿、三清殿、圆通殿、弥勒殿、释迦殿、通明殿。其中，老金顶茶殿被敕封为皇庵，曰"敕赐圣旨承恩寺"，又称"金顶正殿"。承恩寺内供奉"当今皇帝万万岁"牌位一方。九皇殿等六殿分布于正殿左右，拱护正殿肘腋，世称"脚庵"。天庆寺、朝天寺、天林寺、天池寺扼四方朝山大道，称"四大丛林"③，与承恩寺同被敕封，是为梵净山"一大正殿、四大皇庵"的来历。此次敕建的寺庙都带有"天"或"恩"字样，以示天子皇恩的浩荡。妙玄住持承恩寺，统辖全山朝拜事宜，被尊为重开山场之祖，续传梵净灯火。

此次重建梵净，因惠皇恩，梵净山之名遂播于宇内，香火盛

---

①② （明）李芝彦《敕赐碑》。
③ （清）印江诗人廖云鹏《重登梵净山迭韵》有："红云盖顶展高眸，四大丛林望里收"句。选自廖云鹏《花山投戈集》。

极一时,"所谓古梵净鼎而新焉。""盖自开辟迄今,海内信奉而奔趋,不啻若云而若水,王公大人之钦谒,恒见目而日新[1]。"明万历铜仁诗人张简臣《尖岩望梵净山》以"巍尔嵩华泰岱千万言"句赞梵净雄奇,喻政《登梵净山》则以"古殿灯燃长百昼,危楼钟动欲黄昏"句志其朝拜之盛。妙玄深受当地官僧百姓景仰,后圆寂于梵净山[2]。二世方丈彻空圆通撰《九皇洞碑》云:"山灵地杰,圣地者必载圣人……至尊……或焚香火,或寂静讽涌,或持密咒,摄念山林,亿千万载,精进持戒……僧或在岩穴,或在古洞,或餐疏粗食饮水,或饥馁数日,如重耳在宋,孔子在陈,伯夷居首阳山无异也……终有败坏,何太惜之,即日损指,炳烛仰叩朝谒,十方贵官长者,化银于本寺……"至尊当为妙玄。妙玄除载于碑刻外,其故事也广泛流传于民间,当地民间妇女甚至把他改头换面,刻成女性形象,称之为"九皇娘娘",成为祈求送子的神灵。

三、破山系始祖:明然如泰禅师(敕赐圣旨承恩寺)

明然如泰,西蜀涪州人,俗姓周氏,生于明万历二十八年(1600),自幼出家,礼破山祖师受具,后入黔梵净山,从妙玄下第四世方丈宝山真贵师,昼夜参禅,猛力精进,兴置常住,伏劳多载。真贵师寂后,明然践方丈法席,为妙玄下第五世方丈。明然如泰受具于破山,当与破山嫡传弟子敏树如相同辈,为临济三十二世。明然佛法受破山影响,故自明然起,梵净山开始传破山佛法。明然虽尊妙玄为祖,实为破山之脉。明然纯古朴素,博识

---

[1] (明)李芝彦《敕赐碑》。

[2] 寂昆楚岳撰:《脉源宗谱碑记》云:"玄师寂后,传彻空圆通。"可知妙玄圆寂于梵净山。

多闻，不务巧异，不趋势，不衒名，从容自得，一心守正持中，开法行化，朝枕白云于松头，夜挹明月于溪畔，意自无求而从者众，志不要誉而崇敬者多。其时远近朝拜者云集至此，"凡滇、黔、楚、蜀人，莫不争趋朝觐。自明迄今，迨有百载。"① "春月进香者，日以千计。" 江苏江阴诗人陈鼎、贵州铜仁诗人徐阊等均有吟梵诗文。明然有高徒二人：长曰性晓，次曰性亮，皆早逝，幸孙枝茂续，可振梵净宗风。明然于清康熙十六年（1677）示寂于承恩寺，年七十六岁，僧腊四十三龄，嗣孙海澄建塔藏骨于金顶之下敕赐圣旨承恩寺右。十二年后（1689），象崖性珽下香林馨嗣法寂昆楚岳撰《脉源宗谱碑记》，赞明然如泰铭曰：

> 梵净之始，鼎于妙玄。玄之五世，嗣传明然。
> 次第承递，迨有百年。然翁朴素，以德自全。
> 不迁不贰，与道同全。孙枝眷属，蔓引瓞延。
> 心宗月皎，禅脉渊源，永哉法化，万古其传。②

四、法脉延绵四百年：天隐道崇禅师（太平寺）

天隐道崇，四川垫江人，俗姓毕氏，号南滨隐人，生于明天启元年（1621），卒年不详。年二十四，礼破山祖师披剃，得名天隐，法名道崇。后入黔往参石阡中华禅院破山弟子敏树如相和尚，敏树以三顿棒话示之，天隐领参三载，竟无着落。复觐破山，遇一士问破山棒喝因缘曰："弟子止知其痛，而不知其地。" 天隐曰："痛处即是地。" 破山曰："痛处即是地耶？" 天隐从此悟入，遂辞破山，参遍诸方。又参破山弟子象崖性珽禅师相契，受

---

①② 寂昆楚岳撰：《脉源宗谱碑记》。

圆具。复觐敏树如相，得证心印，嗣法焉，为临济三十三世，乃敏树如相禅师首座弟子，是贵阳黔灵弘福寺开山祖师赤松道领同门师兄。天隐道崇历坐黔五道场①。康熙初，受梵净山性佛天恒禅师邀请，入住梵净山太平寺。天隐道崇弘破山一敏树佛法，著有《天隐禅师语录》八卷，《南游集》一卷。在太平寺住持时收得著名弟子大凡昌宗、福圆满等。后至石阡中华山寺又收弟子三，即定番九龙古源海鉴、石阡中华识竺海伦、湄潭白筠以四德教。五大弟子传法于黔北地。太平寺在天隐道崇、大凡昌宗、福圆满，以及历代高僧培护下，成为梵净山北路著名古刹。天隐道崇法脉延绵，传四百年之久，至20世纪80年代，是为慧松法师。慧松法师在赵朴初会长支持下重振梵净山（见后），为梵净山佛教带来新的发展契机。追根溯源，天隐道崇禅师功莫大焉。

五、幽居三十余载：性佛天恒禅师（坝梅寺）

天恒禅师，思南府绍家桥人，俗姓朱氏，生于明天启七年（1627），自幼出家，入思南九龙寺多年，及至披剃，遂入梵净山坝梅寺，幽居三十余年，竟不逸足。素行清洁，不染六欲之尘；道眼圆明，顿觉一乘之路。发宏愿扩建坝梅寺，经年辛劳，扩建寺宇，坝梅寺终成梵净山南路大庙。康熙八年（1670），修备舡只，远至楚中，参迎高僧天隐道崇，乞受昆泥，开演戒坛，受具足之戒，得名性佛，号天恒，偕天隐道崇至梵净山。后于半云禅师印可，为临济三十三世。康熙二十年（1681），性佛天恒撒手

---

① 天隐道崇历坐偏桥云岩华严寺、梵净山太平寺、石阡中华寺、湄潭宝台寺、龙泉毗卢寺等。著有语录十五卷，已佚。

西归。时天隐道崇在石阡中华山①，相隔三百里，生死存世两不知。天恒禅师剃发弟子空如远求塔铭。天隐道崇铭云："一法支所印不拟，湘之南、潭之北，内有黄金充一国，无影树下合同船，流口殿上无知识，噫！隔山人听鹧鸪词，调转葫笳十八拍。"②康熙二十五年（1686）嗣徒智清作《因垣重建承恩寺常住碑序》云："如我恒师，迷居三十余载，重建梵净，不逸一足，不染尘，□□□禅，虽逝犹存也，而今人何为往师仿效哉？"

六、棒喝激烈：大凡昌宗禅师（太平寺）

大凡昌宗，西蜀人，俗姓谢氏，生卒不详，礼我一和尚披剃，康熙初，入梵净山太平寺，久亲天隐道崇，得圆具，并承印可，嗣法焉，是为临济三十四世。天隐往石阡中华山，大凡遂留太平寺，后践方丈法席，传天隐法脉。大凡昌宗棒喝激烈，《黔南会灯录》录其上堂说法云："'阴极阳回，百卉萌芽开万境；乾旋坤转，群芳吐艳遍三千。分明漏泄无余事，天地同根体一然。山僧恁麽告报，大似将浊物投入净器，撒沙向诸人眼里。于中还有忍俊不禁底麽？出来为众竭力看看。如无，山僧还有第二杓恶水，泼汝诸人去也。'卓拄杖，喝一喝，下座③。"大凡昌宗禅师

---

① 中华山：原属石阡府，称"石阡中华"，即今凤冈县王寨中华山。原名昆卢山，天隐道崇循迹隐居此山，改名中华山。中华即大明天下，国破家亡，江山易主，恨回天乏力，天隐道崇创禅院于中华山，聊寄故国之思。

② 天隐道崇撰：《漕溪正脉三十三本师天恒和尚之塔梵净名山性佛天恒禅师塔铭》。原存坝梅寺，塔毁碑存。

③ 《黔南会灯录》卷五，释慧海主编：《黔灵丛书》之二，四川大学出版社，1998年版。

之激烈棒喝，由此可见一斑。

七、授法传戒：圣符道越禅师（香山寺）

圣符道越禅师，是破山明祖下敏树如相之嗣法门人，入敏树座下亲炙佛法多年，得承心印。敏树付源流并为之作偈云："雪峰常辊木毯寒，争似老僧眼界宽。付嘱阇黎为大用，流芳千古续心安。"遂为临济三十四世正宗传人，是为天隐道崇同门师弟，两人均弘敏树佛法于梵净山。清康熙初，天隐道崇住持木黄太平寺，圣符道越则住持江口香山寺。圣符大树法幢，远近僧众吏民俱来求法，使香山寺成为梵净山一大著名传戒寺庙，恰如其禅堂楹联云："要成法界开源处，此是禅宗第一关①。"康熙元年（1662），思南府营副总兵王平至江口请师圣符，梵净山高僧海阔、海澄等俱来请语，"得无字公案，宗通大振"②。

圣符说法传戒，多以俗语俚曲引导初学者入门，具有深入浅出、亲切平易的特点。如《黔南会灯录》载圣符于佛成道日上堂云："今朝腊月八，悉达成释迦。忽地觌明星，刺却双眼瞎。老瞿昙没偎籁，正好推出山门外，一任风吹雨打。虽然如是，也不得辜负伊四十九年说法。法说非法非非法，狼藉五千四十八。检点将来，笑倒巫山十二峡。喝一喝，云：恰恰。"③ 又有中秋节上堂云："今朝中秋节，长空明皎月。万里片云无，千山狐气绝。江水不生波，斗星拱紫阙。露柱跋跳时，灯笼笑摇曳。木人唱哩囉，石女歌未歇。向这里会得，诸佛相续不绝。亦任倒浪横云，亦任敲风打月。噫！还有拄杖头边动静，分明底亲切更亲切，天

---

① 《神奇梵净》，第238页，贵州人民出版社，2006年版。
② 海澄禅师撰：《天池院海阔慧惺禅师正觉塔铭》。
③ 《黔南会灯录》卷七。

上人间浑莫测。以拄杖卓一卓,下座。"

圣符还将文字禅、公案禅等融入到生活之中。如其上堂语云:"佛法无多子,仁者自述源。南山对北斗,门户共相连。出入同来往,坐卧同起眠。恒河沙数劫,常在于其间。天左转,地右旋,日月双轮悬。照破寒山鼻孔,只教拾得流涎。咄!咄!咄!是什么干屎橛?"元旦上堂云:"'时清地泰,发生万籁。风雨频调,八方庆快!普天扬道化,遍空飞瑷甏。只如出格道人,作什么庆贺?'遂拈拄杖作笛势,云:'惟这一支无孔笛,风前常韵太平歌。'"圣符要求学人现成自在,不假他觅,此为习禅之基本。如其小参云:"一是一,二是二,分明题目分明句。不作有相看,不作无为会。未许圣同群,难容凡逐队。一切时中常现前,无下无高无向背。诸人会也么?张公饮酒李公醉,醉后归家横接䍦。"

圣符之香山嗣法弟子有:梵净山天池寺海阔禅师①、梵净山天庆寺福圆满禅师、石阡凤凰衡岳禅师等②。他们各为一方寺庙之宗匠巨擘,后嗣世系传衍不绝。

八、莫管人间是与非:福圆满禅师(天庆寺)

福圆满,生卒不详,南直隶凤阳人,俗姓杨氏。据《黔南会灯录》载,福圆满自幼出家,年十九,行脚至楚之靖州青云山,依愿如律师受具。康熙初,入黔江口之香山寺,久亲圣符道越印可,传圣符香山法嗣,为临济第三十五世,住梵净九台山天庆禅院。《黔南会灯录》录其上堂偈云:"年年此夕庆元宵,万户千门

---

① 见海澄禅师撰:《天池院海阔慧惺禅师正觉塔铭》,其铭云:"香山授法,水月同全",表明海阔为圣符之香山嗣法弟子。

② 见《黔南会灯录》卷七。

佳气饶。一盏无油灯自焰，光明破暗不须挑。"又云："金刚宝剑当头截，莫管人间是与非①。"

九、大振宗风：慧惺海阔禅师（天池寺—护国寺）

海阔禅师，蜀东茶陵人，俗姓杨氏，生于明天启四年（1624），早岁出家，历游名山古刹，脱红尘于河南嵩山之野，抛习气于淮海之滨，遍访名贤，不籍寒暑。清顺治十七年（1660），入梵净山拜妙玄下第六世方丈见空性晓禅师，求名慧惺，法号海阔，从待师命，潜心修持。康熙元年（1662），思南府副总兵王平请师江口香山寺圣符道越禅师②，海阔与梵净众僧往谒圣符，众诣指归，宗风大振。海阔作偈云："憭然透彻千峰外，似日平波万水源，方识佑禅崛起处，欣心落沐迈荣蕃。"遂得圣符印证，为"传临济正宗破山明祖下第三世香山嗣法师"③，与福圆满为同门师弟，是为临济三十五世传人。见空性晓师逝后，海阔为第七世方丈，住持天池寺④。海阔禅师受破山佛法影响，已将世系

---

① 《黔南会灯录》卷五。
② 圣符道越禅师乃破山明祖三世嗣孙，为临济三十四世传人，清康熙初，入黔住持江口香山寺。贵州又有圣符大友和尚，四川富顺人，明末河南道御史，明亡后入贵州遵义掌台山，祝发为僧。今人常将此两圣符和尚混为一人。
③ 海澄禅师撰：《天池院海阔慧惺禅师正觉塔铭》。
④ 天池寺于万历四十六年第一次敕封，清康熙年间第二次敕封，并改为护国寺，是梵净山全山最大的寺庙，清末有都司衙门派兵保护。后毁，2004年已重新修复。

直接连入破山法脉①。康熙二十五年（1686），海阔禅师招诸门人，示偈曰："六十三秋已，飘然迷到家。徒无佛法碍，继祖渡芦花。"示揖而寂，时年六十七岁，僧腊二十七龄。嫡徒寂受奉薪昆塔于天池寺，同维法弟悟惺海澄禅师撰铭云：

  梵净之始，辟于妙玄。玄嗣七世，海阔荣缘。香山授法，水月同全。天意慧命，述征遣源。流迁不贷，蔓衍枝蘩。既令窀穸，镌壁永奈。惟吾兄化，再续祇园。降意春芳，同道弘禅。愁尘斯现，徒揖神旋。

十、出世奇人：深持禅师（天庆寺）

深持，籍贯生卒不详②，清康熙初，隐于梵净山，礼天庆寺大方禅师圆具，得证心印，嗣法焉，为临济三十五世。大方寂后，深持践天庆寺方丈席，决意扩建天庆寺，务使辉煌。思南府营署副总兵王平捐银三百六十两，朗溪司乡绅献地。天庆寺自万

---

  ① 梵净山在明然如泰时期，妙玄系开始受到破山的影响；降至海阔时期，妙玄系与破山系已经完全合流；此后，破山法脉一统斯山，临济香灯流衍不绝。详见张明《论梵净山在贵州佛教历史上的作用和地位》及《附表：梵净山主要寺庙历代主持传承世系表》，载《2010'中国梵净山佛教文化研讨会论文资料汇编》，第214—215页，中共贵州铜仁地委宣传部、铜仁地区民宗委、政协铜仁地工委文史委员会、铜仁地区佛教协会编，2010年8月。

  ② 《贵州省志·宗教志》称深持籍贯为陕西长安，活动时间为约康熙四年至四十四年（1665—1705），康熙初为翰林院编修，后至梵净山天庆寺出家。不知语出何处。见《贵州省志·宗教志》第146页，贵州人民出版社2007年版。深持墓塔保存于天庆寺，载其生卒军为（1637—1705），并无籍贯记载。

历四十六年（1618）敕封，又经此次扩建，遂成为梵净山北路一大寺院，其巨大石块为基，世人称奇，今尚存精雕细琢寺基、台阶、古井、高大藏经塔，以及历代高僧墓塔等遗迹[①]。天庆寺深持禅房有楹联云："古迹尚存，拾阶梯登，视天庆宏观，宛若上清仙境；前生是我，蒲团静坐，缅深持道行，居然出世奇人。"当地民间仍有不少关于深持禅师的传说，然都无史料印证[②]。

十一、六削发于兹山：铭真密空禅师（坝梅寺）

密空禅师，印江县城人，俗姓周氏，生于清雍正三年（1725），自性不昧，幼而好善，慨然有离尘之念、访道之心，因老母在堂，六削发于兹山，经不忍离去，叹曰："父登仙去，慈母高堂，而思大恩，经身难报。"母见子有忧容，知其志，乃叹曰："三子志不同焉，尔非周氏之宁馨，而为佛氏之奇特也。"割爱以成子之愿，遂子之行。乃皈依坝梅寺华大和尚，得名"铭真"，法号"密空"。苦行修持，披星戴月，焚香礼课，酌水润华，后得戒于晓大和尚，传临济三十七世法嗣。参明心性，彻悟大乘，至晚年，调众安和，利物利生，广引普渡，开示四众，传依体者百有奇焉。乾隆五十九年（1794），顾诸弟子，示偈曰："来来往往云忙忙，迅速光阴没商量。等闲扑开泥团面，清风透出秋月凉。"示偈而逝，时年六十九岁，但见垂眉合目，鼻露银光，鹤唳长空，一天花雨。临济三十八世孝嫡徒严正率众建塔藏

---

① 天庆寺原有规模巨大之塔林，现尚存《天庆堂传临济正宗第三十四世大方和尚塔位》、《天庆堂传临济正宗第三十五世深持和尚塔位》等。

② 《深持和尚的传说》，《印江文史资料》（第十三辑）"民族民间故事专辑"，政协印江县教卫文史委编 2004 年版。

骨于坝梅寺旁①。

十二、说法二十四年：证觉修禅师（坝梅寺）

证觉修禅师，湖广常德桃源人，俗姓杨氏，生于明崇祯九年（1636），自性不昧，幼闻梵净山名，及壮年志坚，愿往参证。康熙六年（1667），年三十一岁，径入梵净山坝梅寺披剃。天姿敏捷，道学超群，后得戒于江口香山寺圣符和尚，定慧清高，不亢上品。康熙三十二年（1693），年五十七岁，嗣法于遵义府杉丘堂藏天和尚，大振宗风，光辉祖道，堂堂正正，说法二十四年，遐迩诸方，宰官护法，善男信女，乞法皈依者数百人。康熙五十五年（1716）年八十岁，付偈示寂，偈云："竖拂承恩堂，手眼现大方。吾今归去也，两目露金光。心摄大千界，鼻传海底香。印尔诸佛子，续我法中王。"端然而逝，临济三十九世嫡系徒德参塔于寺旁②。

十三、皈依千百余人：月盛德全禅师（坝梅寺）

德全禅师，石阡府鬼野屯人，俗姓许氏，自幼不贪浮利，常存向善之心，去情息妄，禁恶止欲。康熙三十二年（1693），忽闻梵净山之名，乃天下名山之首，外省都来朝觐，乃径诣名山，视山景秀丽，一如西方，真是修行之佛地，连朝数次而无厌倦之心。康熙四十一年（1702）乃至承恩堂叩礼大觉道老和尚，剃发

---

① 《铭真上人塔引》。
② 《证觉修禅师塔铭》，坝梅寺原有证觉修禅师墓塔，"文革"时被毁，现碑铭尚存。

出家。大觉道老和尚曰:"见汝连年朝谒,无干断之心,后必有向上一乘。"康熙四十四年(1705),建腊八之戒坛,大开佛会,具授三衣钵杖,次年(1706)嗣法,得名月盛,号德全,为临济三十九世,接诸祖余脉,续后世传灯。后开堂教化,大振宗风,说法利生,朝参夕课,内外坚持,晨钟暮鼓,德行洪彰,剃发弟子数十余众,皈依千百余人,其接人如冬向日,其授徒谆谆教诫,恩似太山,无能报答。康熙五十九年(1720),寂于承恩堂,法兄月意德全塔其于寺侧,临济四十世嫡徒崇深撰铭①。

十四、禅林达士:月意德参禅师(坝梅寺)

德全禅师,思南府安化县(今德江)人,俗姓罗氏,幼而聪颖,长而慈仁,坚心慕道,轻功名,康熙四十八年(1709),离尘脱俗,皈依坝梅寺大觉道老和尚,剃发为徒,慧自性生,闻言即悟,无怠无荒,口不绝经,念兹在兹,礼会三乘,佛慧双修,是为禅林达士,真佛子也。康熙五十五年(1716),继法嗣,得名月意,号德参,为临济第三十九世。为方丈数载,不骄不矜,待众接物,无我无私,食不自私,衣弗独温,途人戴德,内外沾均。雍正二年(1724),善土云集,徒众趋承,运石兴土,营造寿塔。铭云:

> 法子徒孙满大千,钦崇师范道则天。
> 德重哪知山岳重,恩深谁识海渊宽。
> 卧云枕水心田静,点头乱堕为多言。

---

① 《梵净山承恩堂月盛全禅师受生塔铭》,坝梅寺原有月盛德全禅师墓塔,"文革"时被毁,现墓塔之碑铭尚存。

难报师德修宝塔，愿祝长生万万年①。

十五、苦行僧：修善松青禅师（坝梅寺）

松青禅师，思南府思唐（今思南）人，俗姓詹氏，少时不荤酒，中龄默叩灵山，往坝梅寺皈依应芳和尚，简默寡言，苦练直修，遵守戒律，是为苦行僧也，然于方丈问答之际，较于先辈，莫不合节，闻兹其妙道，每有翻然觉悟，真所谓"生来无一学，全凭心地用功夫"。后得戒于懋琳和尚，得授衣钵，得名修善，号松青，为临济四十世。道光十年（1830）松青延众徒谓曰："流光易逝，人寿几何，坝梅之侧，云水行窝，禅机寂静，颇惬于怀，余将罄我钵囊，建一寿塔，俾异日屯岑于兹，君以为可否？"大众曰："然！师言甚善。"为其营建寿塔，歌云：

　　铁牛耕破古荒丘，来大乾坤撒手去。
　　自去自来云里鹤，无根无蒂水中鸥。
　　沧海外碧山头拄，拄杖芒鞋到处游。
　　从今打破虚空界，界任梅溪水自流。②

十六、拓宽险道：法慧禅师（金顶观音殿）

清康乾之际，梵净山佛教鼎盛，时有四大皇庵、四十八大脚

---

① 《梵净山承恩堂月意参禅师长生塔铭》，月意德参禅师墓塔和塔铭在坝梅寺，保持较好，是梵净山仅存的几座墓塔之一。
② 《传临济正宗第四十世上修下善青老和尚寿生塔铭》，坝梅寺原有松青禅师墓塔，"文革"时被毁，现墓塔之碑铭尚存。

庵,又有五方朝山道路。红云金顶是朝拜中心,故佛事朝拜最盛,寺殿多达十余处,有敕赐圣旨承恩寺、报恩寺、天恩寺、释迦殿、弥勒殿、观音殿、九皇殿、玉皇殿等。因金顶极其险陵,故历代僧众多次开凿金顶绝壁,拓宽道路,建有三座天桥,留有大量摩崖碑刻。雍正六年(1728),梵净山住持僧法慧禅师招集思南安修德、安永圣、印江生员严璠、戴法贤①、匠人向文浒等,募化凿宽金顶险道,称"新路",又重修金顶半山之观音殿(洞)。《新路观音殿碑记》载:"梵净山自我朝敕封以来,尤称黔州之佳境也……有坐净僧人往往见金身而显像……修殿宇,砌石栏,盖石瓦……久之而殿宇维新亦。""坐净僧人"指梵净山僧法慧禅师;"金身而显像"指神奇的"梵净佛光"。此次重修金顶天桥、观音殿,使殿宇维新,绝壁成坦途,法慧禅师功莫大焉。

十七、严惩奸商:圆昌禅师(天庆寺)

梵净山历来盛产金砂,早在明初永乐、宣德年间,朝廷已设木桶金场局、提奚金场局等开采,派有工部官员吴邦佐作镇督办,留下宣德五年(1431)铜香炉一个②。清康乾年间,铜仁上关码头(在今江口县城)开辟③,商船可以从洞庭湖经湖南沅江、铜仁锦江而直达梵净山东麓。湖广香客和商人纷纷前往梵净山。不法商人在此伐木烧炭,开挖金砂等。乾隆七年(1742),湖广商人聚众天庆寺界内私挖金砂,侵占山林土地,破坏寺庙水土。天庆寺住持僧圆昌禅师,多次交涉无果,遂远赴省城贵阳控

---

① 印江峨岭寨《戴氏宗谱》载:"十四世祖戴法贤,号豫章,邑生员,生下三子。"
② 宣德五年铜香炉,今收藏于江口县。
③ 《铜仁上关码头碑记》。

告,贵州巡抚张广泗派贵阳府同知,会同思南知府、朗溪土司正副长官等调踏勘,划定寺庙山场范围,规定界内不许湖广商人开挖,而界外依照纳税,准其开采。厂头作具遵依甘结(保证书),始平息长达三年之久的僧商纠纷。天庆寺住持僧圆昌勒石为记,附刻天庆寺所属山场四至界址,竖界碑六块,以杜绝后患。《天庆寺界碑》保留至今,是研究梵净山寺庙山林土地的重要实物资料。

十八、振刷出世精神:心常和尚(朝阳寺)

嘉庆至光绪初八十余年间(1795—1880),梵净山连遭三劫,松桃苗民首领石柳邓、铜仁红号军首领赵子隆,以及太平军余部刘胜等,先后以梵净山为根据地,据山抗清。清军从川湘黔三路痛加歼洗,寺宇毁于战火,梵净佛教大衰。《重修朝阳寺碑记》(1889)云:"寺院及诸菩萨俱为灰烬,尔时僧众风散云流。"

光绪年间,在严密军管之下,重建梵净山,是为第四次重建。朝阳寺有高僧心常和尚,振刷出世之精神,不辞艰辛,一心募化,历时八载(1881—1889),修复朝阳寺。据《重修朝阳寺碑记》,心常和尚先后修复正殿、两廊,又外修墙垣,内装佛座,诸如释迦、如来、观音大士,以及十八罗汉、诸天、韦陀尊者等像,又焕然一新,较之从前,有过之而无不及。成为东路一座重要的寺庙。朝阳寺在新中国成立后作为公社保管室,故该寺殿宇基本保存完好,是梵净山唯一保存下来的寺庙。其正殿石雕龙柱,刀法娴熟,龙腾雾蔚,栩栩如生,表现了清代梵净山石雕艺术的精湛技巧。

十九、中兴功臣：隆参云开和尚（镇国寺）

隆参和尚，号云开，湖南人，早岁出家，削发晃州福星庵，入黔坐铜仁东山寺，慕梵净盛名，前往参证。时值赵子隆红号军之变（1855—1870），梵净山寺宇多遭焚毁。隆参遂募化重建，先后修复回香坪寺、报恩寺等。光绪元年（1875），太平军余部刘胜率二十余人持洋枪入山，自号"黑地大王"，四出攻掠周围府厅县。隆参因反对刘胜，被义军绑于钟钮，准备加以杀害，突然狂风骤至，隆参挣脱绳索逃跑下山，屡赴省垣贵阳请发兵征剿，清军畏缩不前，久而无功①。光绪五年（1879），隆参赴湖南洪江，迎贵州新任巡抚岑毓英。岑亲往梵净山督军围剿，将环山五属团练编为"松桃协左营"，②委隆参和尚，以及印江生员廖云鹏、武举吕嘉会等为向导官，分五路围剿。光绪六年（1880）平定刘胜。岑乃奏请于护国寺建都司衙门，移松桃协左营驻守，环山分设八汛，对梵净山实行军管；又移铜仁县于江口（今江口县城），移安化县于大堡（今德江县城）③，控扼东西两路朝山大道。是为清末梵净山"两县一都司"的建立。岑命高僧隆参和尚重建梵净山。隆参和尚依次修复回香坪、明镜山各庵，整新、老金顶各殿，又创修镇国寺，水源寺、明珠寺等寺庙。是

---

① 见《镇国寺碑记》。

② 环山五属指梵净山五个环山府厅县：思南、印江、松桃、铜仁、石阡。五属地方清军统一编为"松桃协左营"练军，由巡抚岑毓英亲自统领指挥，分别五路围剿梵净山。太平军刘胜二十余人据山共六年，发展到二百余人。岑毓英亲剿一年，才最终剿灭刘胜。

③ 《移建安化县碑记》

为梵净山第四次重建①。

光绪十一年（1885），全山开斋放戒，公举隆参为方丈。至光绪二十年（1894），梵净山重建完成，恢复到康乾之盛，斯时庙辉煌，香客云集。《铜仁府志》载其盛况云："佞佛者朝谒名山，号称进香，往往结党成群，携老扶幼……或百人，或数十人为一队，导之以旗，每人背黄袱，呜呜唱佛歌，前呼后应，举队若狂。"印江诗人田宗润《朝山客》云："为名为利为长生，许愿香客结队行。一步一声山谷应，南无声杂本鱼声。"四川酉阳州刘华里刻对联于金顶石壁云："到此间来来往往减了许多奸雄；由是路口口声声念不尽的南无。"光绪二十年护国寺都司镇军吴月楼、幕客朱仲衡邀集文人学士，登临游览，举办大型诗会②。田宗润《诗会集韵》于梵净风物名胜，一一题咏。其《序》云："爰于六月既望，邀集学士文人，登临消夏，既而烟茶互吸，诗酒兴连，启凤腾蛟，宾主尽东南之美，信可乐也。"《承恩寺碑》云："新显豪士，群贤毕集，壁间重写梦游，清风明月，各志高怀，则又与岳阳楼竞衡。"四川著名武僧铁肩和尚慕名前往，流连忘返。印江著名书法家严寅亮（题北京"颐和园"匾者）亲题"黔山第一"巨匾悬于护国寺，都司衙门大殿又有"黔山领袖"、"明政宽和"匾等，名山墨宝，相映生辉。隆参和尚是为梵净山中兴功臣。光绪梵净山之盛，延至民国年间，成为梵净山佛教史上最后的辉煌时期。民国初年，贵阳著名高僧了尘和尚、贵阳名人何麟书游览梵净山，均作有诗文，且流传至今。

---

① 梵净山历次重建，参见张明《梵净山佛教源流考》，载《佛学研究》（总第 14 卷）2005 年版。

② 护国寺《梵净山记略碑》，现藏印江县文管所。

二十、著名武僧：铁肩和尚（护国寺）

铁肩和尚，民国时期著名武僧，俗名刘仁纪①，同治七年（1868）出生于四川仁寿县一户有钱人家。少时知书，酷爱武术，家中专门聘请武术教练传授武功，觉得教练不能满足自己的要求，于是外出游览名山大川，拜访武林高手。闻梵净山隆参和尚武功超群，前往拜访切磋，盘缠用尽，遂入护国寺削发为僧，得名"铁肩"。铁肩在梵净山武功大进，精通杨家枪、滚堂刀、南拳，尤以一指功和朱砂掌闻名，堪称绝技，能以一指击穿桌面，能随意拉开十二力的硬弓，能赤手与狂奔的水牛搏击。后至贵阳青岩江西会馆（万寿宫），因义弟与当地权势人家发生冲突，铁肩前往营救，打伤对方多人，故不能在青岩容身，乃入省城，礼黔灵山弘福寺第十寺方丈智明法师为师，被派往南京街五显庙主持事务，因经常留宿无家可归者，违反寺规而被逐出寺庙。转投东山栖霞寺本川方丈为师，旋至平坝高峰山持性方丈门下受戒，返贵阳后主持回龙寺、大乘寺等。当时正值光绪末年，社会动荡，不少青年从他学习武艺，在其徒弟中，不少是在校学生和军队士兵，他培养出著名的贵阳武林名流，如：屈乃伸、周本渭、李际时等。辛亥革命前夕，贵州革命党人平刚等派进步青年入铁肩门下习武，以便组织革命骨干力量。辛亥革命成功后，铁肩入军营教练起义新军。铁肩精通中医，建济民医院，深得民众敬重。民国二十四年（1935），东山栖霞寺本川圆寂，众举铁肩继

---

① 《贵州省志·宗教志》称铁肩和尚俗名"刘人纪"，见该书第156页，贵州人民出版社2007年版。《南明区文史资料》载铁肩和尚俗名"刘仁纪"。后者为当事人口述资料，故当以"刘仁纪"为是。见查继垫《铁肩和尚事迹补轶》，载《南明区文史资料》第11辑，第228—231页。

任方丈。当时国民党军队追剿红军至贵阳,常驻扎东山,砍树拆房作为燃料,东山栖霞寺遭到破坏,铁肩出面周旋,栖霞寺得以保全。民国三十年(1941),铁肩圆寂于栖霞寺,年七十三岁,塔于东山。

二十一、贵阳高僧:了尘和尚

了尘和尚,贵阳金华人,俗姓张,法名圆洲,号了尘,早年丧父,入塾读书,颖敏异常,通经史大义,年十五,母为议婚,不愿,遂投碧峰长老披剃,入四川合江法王寺,参果山法师,受具足戒,承临济正宗。后云游江南,广参博习,在金陵遍阅经藏,德业精进,与名士杨仁山相契。光绪元年(1875)回贵阳,皈依者众,开法于九华宫,入平坝高峰山,变卖家业,重修高峰山叩华寺。清光绪二十六年、二十七年(1900-1901),贵阳大饥,了尘主持赈饥,饥民得救。宣统元年(1909),了尘与空月赴金陵,购回日本版《大正藏》一部,藏于高峰山。宣统三年(1911),贵州官府禁烟,拟派兵入镇宁扁担山屠杀种鸦片之民。了尘闻讯,急见贵州巡抚庞鸿书,要求暂缓用兵,只身入扁担山,向民众陈说利害,民皆自动铲除烟苗,避免了一场兵祸。民国初年,任贵州佛都总会会长。了尘和尚大力推行"人间佛教",是清末民初贵州佛教中兴之大功臣。著述颇富,有《了尘语录》十卷,《俗语对韵》一卷等。民国三年(1914)卒。了尘和尚曾多此次朝觐梵净山,与梵净高僧隆参和尚诗文唱和,留下吟梵诗文多首。今选录了尘和尚四诗如下:其一《为隆参上人题梵净山图》:"千变烟云百变山,难将万一画中传。逢人笑指图相示,此寺此崖此树泉。"其二《赠梵净山护国庵主》:"共住人无俗,林深任鸟游。云山幽若此,或认是丹邱。"其三《梵净山》:"崔巍

危险乎,梵净之山!菌首蜂腰不可攀,独有芝苓参术生其上,独许风雷烟霞游其间。山灵爱护常如此,是谁化鹤飞破舍其清悭。划斜壁,扶堕环,铁铸巘梯蹬,钉代石斑斓。创兰若,塑圣颜,无缁素兮咸游屐,无男女兮任往还。清净栖真域,忽变名利关。泉翻碧汉难驱浊,石上青云倍逞顽。呜呼山兮!汝不能生于蓬莱弱水状仙班,又不能生于八荒四夷群诸蛮。呜呼山兮!穿凿若此,纷糅若此,污染若此,鄙俗若此,遭变若此,命何艰!呜呼山兮!吾为汝祝,愿得巨灵突涌出,逆挽银河净洗浴,擘开一岭界真俗,任还汝本来真面目。"其四《朝觐梵净山就便暂回云居》:"满山景物久萧然,假道登临自可怜。别去系心宁一夕,归来屈指记三年。已无密树浓遮日,惟有寒崖淡抹烟。今夜莫辜连岭月,明朝便是断魂天。"① 了尘和尚朝觐梵净山并与隆参和尚结下深厚友谊,成为梵净山佛教史上的一段佳话。了尘"人间佛教"思想,当也影响梵净山清末民初的佛教发展。

二十二、重振梵净:慧松法师(太平寺)

慧松法师(尼),俗名陈代儒,松桃县甘龙人,自幼多病,食不茹荤,五岁入梵净山太平寺拜净参法师为师,取名慧松。太平寺承清初天隐道崇、大凡昌宗法嗣,至民国年间已历十余代。清末以来,太平寺由女尼住持,先后有传月、万炳、策福、达园、秉坤、净参等法师②。净参为太平寺主持时,寺内外有女尼二十五名,寺殿完好,正殿七间,两厢十六间,寺田三百余挑(一百多亩)。慧松聪明伶俐,净参法师将她送入太平寺附近的排

---

① 张新民等点校《贵阳高僧了尘和尚事迹》,巴蜀书社,2000年版。
② 策福、达园等墓在太平寺。

龙田私塾读书,又送入印江县城玉皇阁(即北宋古寺"西岩寺")学习佛教经典四年①。在净参法师培养下,慧松成为能写会道,聪惠能干的接班人。她帮助净参法师管理庙内外事务,组织女尼种植寺田,纺纱织布,又勇斗地方恶霸,保护寺庙财产。1949年以后,太平寺由慧松主持。此后,太平寺殿遭到破坏,女尼被遣散,太平寺只剩下一间小小的观音堂②。慧松孤身看管残庙。80年代初,落实宗教政策,慧松矢志重修太平寺。1985年7月4日,她亲自致书赵朴初会长③,在赵老关怀和多方帮助下,数百年著名古刹得以重新修复,太平寺成为新时期梵净山恢复的第一座寺庙。梵净山佛教由此开始重新兴起,相继修复金顶释殿、弥勒殿、镇国寺、观音阁等,又拓宽护国寺—钟灵寺—剪刀峡—滴水岩—金顶西朝山古道,新修鱼坳至金顶七千余级"万步云梯",建成东、西牌坊山门及"梵净山碑林"等。赵朴初亲题"梵净山"山名,印江著名书法家魏宇平题"梵天佛地"坊匾。贵州佛教协会会长、贵阳黔灵山弘福寺十五世方丈慧海大师派弟子通灵主持镇国寺,负责梵净重建事宜。1992年,"92,中国梵净山佛教恢复大典"隆重举行。2004年,"2004,中国梵净山护国寺恢复大典暨佛教学术研讨会"举行,中国佛教协会副会长学诚法师亲临会场,肯定梵净山是中国著名的弥勒菩萨道场,并亲题"梵净山中国弥勒菩萨道场"保存于护国寺。2010年,"2010,中国梵净山弥勒道场金玉弥勒开光仪式暨佛教文化研讨会"举行,盛况空前,与会大德高僧、专家学者一致认定:梵净山作为弥勒菩萨道场,是与中国四大佛教名山五台山文殊菩萨道

---

①② 邱桂兰:《梵净山名僧与梵净山佛教》,载《2010'中国梵净山佛教文化研讨会论文资料汇编》,中共贵州铜仁地委宣传部、铜仁地区民宗委、政协铜仁地工委文史委员会、铜仁地区佛教协会编,2010年8月。

③ 慧松法师致赵朴初会长信件,见文志高:《印江风采》第16页,贵州人民出版社1995年版。

场、峨眉山普贤菩萨道扬、九华山地藏菩萨道场、普陀山观音菩萨道场齐名的中国第五大佛教名山。

余 论

古语云:"天下名山僧占多"。僧人对一方古迹名胜乃至民风习俗的形成多有草创开拓之功。正如陈垣先生在其名著《明季滇黔佛教考》中所指出:"滇黔之开辟,有赖于僧侣。"① 梵净山是两千多年来武陵山地区各少数民族朝拜的神山、圣山;佛教自北宋传入后,梵净山又成为西南地区重要的佛教圣地,清代正式成为中国著名的"弥勒菩萨道场"。梵净山佛教的发展演变是贵州佛教史的一个完整缩影。本文初步考证梳理了明初以来六百余年间共二十二位梵净山高僧,具体展示了他们创建庵庙、开拓险道,保护山场、弘宣佛法、教化民众、大振宗风之功绩。从中足以证明梵净山历代高僧辈出,他们在梵净山作为"贵州第一佛教名山"和"中国弥勒菩萨道场"的形成过程中,具有举足轻重的作用,在挖掘和研究梵净佛教文化资源时,不可不表彰他们的巨大功绩。

---

① 陈垣:《明季滇黔佛教考》,第191页,中华书局1962年版。

文学研究

◈ 千年蝴蝶梦

◈ 陶渊明的固穷诗

◈ 春风恨不到天涯
　　——《一地风吟》序

文学研究

千年蝴蝶梦

◆ 苏 颖

"昔者庄周梦为蝴蝶，栩栩然蝴蝶也，自喻适志与！不知周也。俄然觉，则蘧蘧然周也。不知周之梦为蝴蝶与，蝴蝶之梦为周与？周与蝴蝶，则必有分矣。此之谓物化。"①

"飘粉羽，扬翠鬣，始飞飞而稍进，俄栩栩而自慊。烟中荡漾，媚春景之残花；林际徘徊，舞秋风之一叶。"②《齐物论》诗意终尾。那只蝴蝶，飞进庄子的梦中，搞糊涂了庄子——"到底是我变成了蝴蝶还是蝴蝶变成了我？"那只蝴蝶，也飞进后世千万人的梦中，成为中国人梦乡里最虚最美的意境之一。

---

① 《庄子：齐物论》
② （唐）张随：《庄周梦蝴蝶赋》，《御定历代赋汇》外集卷十八。

庄子的蝴蝶：蝴蝶之心理意象与解析

梦是什么？弗洛伊德认为"梦是一种愿望的达成，它可以说是一种清醒状态精神活动的延续，它是高度错综复杂的智慧活动的产物。"① 他认为，人的精神活动是一座海洋中的冰山，意识只不过是海洋上露出水面的冰山之巅，而在水下面还有一个看不见的巨大的冰山底部，这便是潜意识。而梦，是潜意识的自由表达②。庄周梦蝶，所梦不仅仅只是一只简单的蝴蝶而已。

在文化意义上，蝴蝶是一个具有非常特别的象征意义的符号。西方人很自然地会想到古希腊文，关于心灵（psyche）的词与关于蝴蝶的词同义。严格地说，蝴蝶被视为心灵的化身；或者更准确地说，蝴蝶之翼被作为心灵的形象化比喻。塞姬，丘比特所深爱的美女，被视为灵魂之化生，在艺术界常被画为蝴蝶或者有翼的人。在东方文化中也存在跨文化的类似，例如在缅甸语中，蝴蝶（Hlepa）一词意味着死者的灵魂③。

在心理学界，动物的意象往往与人格意象相通。比如同样表达的勇敢，鲁智深是"大象"，他的勇敢中有智慧，而李逵是"牛"，牛的勇敢是"视死如归"。而蝴蝶在人格意象中至少象征着自由、美丽、爱情、性爱、死亡、灵魂、精神世界等等④。美

---

① 弗洛伊德：《梦的解析》，罗林等译，九州出版社2004年版，第18页。
② 同上书，参见第48页。
③ 参见爱莲心：《向往心灵转换的庄子：内篇分析》，周炽成译，江苏人民出版社2004年版，第86页。
④ 参见朱建军：《你有几个灵魂》，中国城市出版社2003年版，第86页。

国学者爱莲心认为蝴蝶象征"美丽的同时象征着转化",是精神转化的原型象征①。在对中国人做心理意象分析时,蝴蝶这个意象更加频繁地出现。蝴蝶难道是中国人某种心理特点的象征?

中国最著名的两只蝴蝶,一只是我们需要重点分析的人蝶幻化的"庄周梦蝶",另外一只就是化蝶双飞的"梁祝"了。在梁祝的故事里,蝴蝶象征着美好的爱情和自由。在故事中,梁和祝二人不能在一起的原因是祝家对祝英台婚姻的强行干预。在古代中国,婚姻是父母之命,媒妁之言,本人无权选择。婚姻的不自由造成了梁祝的爱情悲剧和许许多多与梁祝二人一般为自由恋爱而抗争却以失败终结的悲剧。所以,梁祝化蝶的含义之一就是:作为蝴蝶,他们现在是自由的。

与自由紧密相联系的,是死亡和灵魂。蝴蝶也常常可以象征死亡。梁祝故事中,二人在死后化为蝴蝶。蝴蝶之所以可以象征死亡,原因之一是它非常轻盈而又会飞翔,非常符合人们心目中灵魂的特点。蝴蝶还有一个变形的过程。它的幼虫变成蛹,然后再变而成为蝴蝶。蝴蝶的幼虫和它的外表差异极为巨大,没有谁可以从外表看出它们是同一个生命。躯体死亡也许正是灵魂的解脱,就如蝴蝶从蛹中飞出。

这一点弗洛伊德也有证明:梦境里的化蝶在很多时候表示死亡。他讲述了一个案例:一个小孩子梦见他的兄弟姐妹和他一起玩,突然,兄弟姐妹们都变成了蝴蝶飞走了。这个梦的意思是,妹妹希望姐姐死掉,希望独占父母的宠爱。而直接梦见自己或亲人死亡往往只是象征性心理上的"死亡"而不是真正"死亡",如:对一件事情完全放弃希望,死了心;消除了自己的某一个性格弱点,即所谓"过去种种犹如昨日死";失去了活力,形同行尸走肉;被解雇,和一个工作永久分离;和一个朋友长久告别;

---

① 参见爱莲心:《向往心灵转换的庄子:内篇分析》,第79页。

和一个朋友绝交等①。

在庄周心目中,死亡未必不是一种对肉体和现实束缚的解脱,蝴蝶是最适合表达这个意义的意象。庄周梦蝶,"不知周也。俄然觉,则蘧蘧然周也。不知周之梦为蝴蝶与,蝴蝶之梦为周与?"庄周为什么用蝴蝶为喻,而不把自己比做兔子和牛,或者蛾子和螳螂?原因也是一样。因为庄周正在思考自由、生死、逍遥。在庄周心目中,活着未必胜过死亡;死亡未必不是一种对肉体和现实束缚的解脱,死亡是自由的极致。所以他选择最适合表达这个意义的意象——蝴蝶。

现代文艺作品中借用了大量的蝴蝶意象。电影《江姐》中,小萝卜头被带去枪决前,监狱里的阿姨们帮助他抓住了一只白色的蝴蝶,放在火柴盒里,小萝卜头微笑着天真的摇一摇盒子,把蝴蝶放走。他说她也需要自由——"飞吧"。蝴蝶在阳光下的飞翔那么优雅美丽,美丽的蝴蝶在阳光下刺激着人们的眼睛,这种美丽表达了对自由的渴望,同时也预示着死亡。安妮宝贝小说里的女孩喜欢杀死蝴蝶,在蝴蝶翅膀剧烈的煽动下仍然坚持把它们埋葬在土里,小说把场景描述成一种残忍的美丽——它表达的是人们在绝望的状态下对命运的抗争。

我们或许还可以说,幼虫的粗笨的肉体象征着现实生活,而蝴蝶轻盈的彩翼象征着精神世界。化蝶的象征意义在于:现实也许是不美的,但是精神世界却可以是美丽的,一如蝴蝶。梁山伯和祝英台在现实世界失败了,但是在精神世界却有着美丽的生命。坟墓似蛹,孵化出梁祝美好的爱情精神的存在。

弗洛伊德认为梦境存在"梦的伪装",梦境中也存在置换、转移或者凝合②。庄子蝴蝶梦里除了"蝴蝶"这一特殊的意向符

---

① 参见弗洛伊德:《梦的解析》,第88页。
② 同上书,第25页至40页。

号之外,更重要的是"人蝶幻变"的过程。庄子的"梦为蝴蝶"是在心理学界被称为"自我原形变成了他物"的转换①——自我原形在梦中变成了蝴蝶,不但自我的形象变化了,自我的身份也变化了。但自我并未消失,可以说蝴蝶的形象就是自我的形象,蝴蝶的身份就是自我的身份。亦即庄周蝴蝶梦中的自我乃非周非蝶,而又亦周亦蝶。庄子曰:"此之谓物化。"②

"物化"为何?《庄子·至乐》曰:"万物皆化。"可见"物化"是万物的自然变化;《庄子·天道》曰:"知天乐者,其生也天行,其死也物化。"可见"物化"可引申为专指人的死亡;另外,物化也指梦中主体化为外物,例如"梦为蝴蝶"。梦中主体化为外物,与死亡一样同样也是万物自然变化的一种特殊表现,在庄子看来,这些自然变化均根源于大道。"物化"的三种意义,实际上是相通。但其中只有"梦为蝴蝶"才能使主体自我获得"物化"的体验,因而才能使人感悟到主体自我"物化"的意义。没有蝴蝶与我的界限,物我相化,物我想忘,世界交融为一,世界相通一体,都处在了变化的链条上。这正是庄子所言的"无我无封无是非"的至高境界。

梦中的自我"物化"体验是获得庄子所言"齐物"之途径。庄周与蝴蝶之间的隔阂被消解,这是"齐周蝶",也说明了有智慧的人与无智慧的动物之间的差别是可以打通、消解的;消解梦境与现实的界限,这是"齐梦觉",而人生如梦,因此"齐梦觉"也消解了生与死之间的界限,融死生的对立于和谐之中;精神上消解自我意识,自我与外物的隔阂被打通,这才真正达到"齐物我"之境界!除了"庄周梦蝶"之外,"齐物我"的另一典型是《齐物论》起始子綦所言"吾丧我","吾"指主体,"我"指我的

---

① 参见刘文英:《精神系统与新梦说》,南开大学出版社 1998 年版,第 107—139 页。
② 《庄子·齐物论》。

心,具体即是自我意识。"吾丧我"也就是主体丧失自我意识。

无论"不知周也"抑或"吾丧我",都是"坐忘"或"梦忘"的状态,这种状态是暂时的,但是,主体的确可以从这短暂的片刻体验和感悟到物我界限的消解。比"齐物我"更高的境界是"齐万物"——如果人们不是从自我看外物、看自身、看万物,而是从大道看外物、看自身、看万物,那么天地万物包括主体自身在内,都不过是大道的产物和表现,如此而已。庄子并不否认人们看到的万物差别和物我差别,而是强调以道观之,物无差别,物无贵贱。

物化、齐物之后,是逍遥之境。从整体来看,庄子蝴蝶梦并非庄子的最高境界,其中心并不在"逍遥"义,但其中包含着"逍遥"义则毋庸置疑。蝴蝶翩跹飞舞,自在悠游,何曾受时空限制?左右翻飞,斑斓上下,何曾受戒律禁锢?栩栩然,自适其志,飞舞于草野花丛,这是何等自我何其随意地吸取、选择阳光、空气和花朵啊,这是人类何曾企及的境界?

"庄周梦蝶"里的逍遥是梦中所得、梦中所现的自由,因而是一种精神性的自由。由于这种自由超越了主体器官构造的限制,超越了主体存在的时空限制,同时亦超越了主体功利、道德的限制,因而是一种超越性的精神自由。

历史的蝴蝶:蝴蝶塑造了庄子,还是庄子塑造了蝴蝶?

著名心理学家卡尔·古斯塔夫·荣格曾提出"集体无意识"的理论。"集体无意识"反映了人类在以往的历史进程中的集体经验,它包括婴儿记忆开始以前的全部时间,实际上是人类大家庭全体成员所继承下来并使现代人与原始祖先,更重要的是与种族的往昔相联系的种族记忆,这种种族记忆是一些先天倾向或潜

在的可能性,即人类往往采取与前辈同样的方式来把握世界和做出反应。"集体无意识"的内容被称为"原型"。"原型"就是一个民族的典型情感体验的知觉方式①。

我们用蝴蝶的意象分析了庄周梦蝶的梦境。实际上,蝴蝶在中国文化中的意义内涵深入人心,庄周所梦蝴蝶不仅仅飞进了庄子的梦中,也飞进后世千万人的梦中,在某种程度上,它展露了中华民族的某些心灵状态。比如蝴蝶意象中心灵与灵魂的部分,辜鸿铭在论及中国人的精神时就曾说:"真正的中国人是指带着孩童般的心灵,过成年理性生活的人。"② 真正的中国人具有成人的思维和孩童的心灵,他们对心灵和情感的重视是许多西方人不能理解的地方。约瑟·史密斯说中国人缺乏精确性,相对于西方人,走向现代化之前的中国人的思维里确实不追求所谓严谨的逻辑、纯粹抽象的科学,因为他们是用心灵而非智力思考。中国人的语言——汉语(口语)没有复杂的语法规则,它源自心灵,类似牙牙学语孩童的表达,这也正是汉语的学习,对于外国孩子和未受过教育的人比较轻松,而对于受过严谨教育、讲究语法规则的西方知识分子却很困难的原因。另一例证是,中国被人评价为礼仪之邦,其礼仪的真正含义,并不是表面上礼节的周全,而是"照顾他人的感受",是"缘自心灵的礼貌"③。很多时候,真正的中国人太过重视心灵的感觉,甚至会忽视肉体世界,中国人对精致生活、对卫生环境的冷淡也是许多西方人无法理解之处。

问题在于,对心灵的过分注重却使中国人步入与庄子的齐物、无封的原意相反道路。也许是社会现实太多压抑太多无奈,庄子

---

① 参见荣格:《本能与无意识》,载《荣格文集》,改革出版社1997年,第5页和第8页。荣格:《集体无意识的原型》,载《荣格文集》,第57页。
② 辜鸿铭:《中国人的精神》,杨华青译,天津教育出版社第28页。
③ 同上书,第24页。

的蝴蝶就像一个美好的愿景,吸引着文人们一代代地赞美、羡慕、追求。然而现实是现实,愿望是愿望,文人们太脆弱,没有心理力量改变,或者抗争现实社会,甚至自己的命运。他们只有把希望寄托于另一个世界:梦中的世界、幻想中的世界、死后的世界。他们借助道家或佛家的理论,告诉自己死后的世界也许更美好。生活中种种的不满足,他们都在另外的世界寻求补偿。他们的心理能量不够,不足以让他们抗拒生活中的种种痛苦烦恼,于是他们借助宗教和幻想逃避现实,逃避这个丑恶的现实世界。这是何等的悲凉?"庄生晓梦迷蝴蝶"给我们如此忧伤的情感体验①。

这样的蝶变是蝴蝶梦的无奈。也许,我们现在已经分不清楚,到底是蝴蝶塑造了"庄子",还是庄子塑造了"蝴蝶"?他们误读了庄子。他们只认同了庄子"人生如梦"的避世哲学,却忘掉了庄子的精神世界是多么逍遥和快乐。中国的文人就像蝴蝶。虽然美丽斑斓,但是脆弱,它没有有力的身躯。所以,在民族心理的象征意义上,蝴蝶象征的应该是一种唯美、超脱、敏感而脆弱的性格——典型的文人性格。

时代的蝴蝶:21世纪的集体庄周梦蝶

现代人发明了庞大的机械,却又使自己成为机械的奴隶,"我们塑造了工具,工具又重新塑造了我们"。② 人的存在需要精神的支柱——宗教、意识形态,或者对科学的信赖。然而现代化就像一个陷阱,它使得人们所有的踏实支柱——坍塌。当所有的精神支柱不复存在的时候,当这个时代强行地将庄子所言的"界

---

① (唐)李商隐:《锦瑟》。
② 尼尔波兹曼:《娱乐至死》,广西师范大学出版社2004年版,第2页。

限"撤离，现代人被动地进入庄子所言的"无我无封无是非"的境界。然而，精神的安宁却没有随之而来。荣格有本书《寻找灵魂的现代人》，仅仅标题就深深打动了我们。如果说蝴蝶梦代表的是"人本该有美好的灵魂"，那么现代人只能寻寻觅觅地找寻着那只蝴蝶，也就是人类可以依托的灵魂世界。

对庄子的"人生如梦"的现代典型误读之一，就是虚拟与现实的边界模糊。譬如每个人互联网构建的全球化虚拟世界中，自以为站在了地球村的中央目睹着信息的纵横交错，然而桑斯坦也说互联网带来的可能是一个"信息窄化"的"封闭世界"①，同外界的隔离感以及现实生活的逼迫感是现代人内心承受重压的最深沉的征象。

当然，对虚拟与现实的迷惑古代也曾出现，比如那段著名的"黄粱美梦"，只是从来没有像现代社会这样让几乎所有的人沉溺于虚拟与现实的随意转换当中。有网友对"庄周梦蝶"做出这样科幻似的解读："我们生活的空间是唯一的吗？我们的梦是在另外的一个空间吗？我们的梦是不是属于另外一个更大的的空间，我们醒来时，那个特定空间的东西就永远停留在了那个空间里面，我们带出来的只是零零星星的模糊记忆。"现实与梦境成为两个真实存在的空间，或许现实并不真正存在，另外一个空间才真正存在？譬如电影《黑客帝国》（The Matrix，1999）告诉我们，人类所处的世界并不是真正的世界，而是 22 世纪的人类虚拟的 20 世纪的世界。现代人类开始对真实生存空间感觉到前所未有的困惑。而这种困惑也许将塑造新一代的心理与人格。

21 世纪，集体庄周梦蝶？

---

① 桑斯坦：《网络共和国》，黄维明译，上海人民出版社 2003 年版，第 6 页。

陶渊明的固穷诗

◆ 朱美禄

孔子说过:"君子固穷,小人穷斯滥矣。"固穷成为了儒家文化的一种价值取向,也成为了区分"君子"与"小人"的道德标准。陶渊明写过不少关于田园生活的诗歌,而田园生活在陶渊明笔下呈现出两幅不同的面孔:一是"采菊东篱下,悠然见南山"式的宁静美好;一是"饥来驱我去,不知竟何之"式的穷困潦倒。前者作为高度纯化了的诗歌被世人关注较多,后者作为"固穷"的歌吟,则被有意无意地遮蔽和忽视了。陶渊明的固穷诗,反映了他的生活状态、人格理想和文化渊源,对我们道德上的自我完善以及和谐社会的建设都不无启示意义。

一、固穷诗与陶渊明的生活状态

陶渊明现存诗歌一百二十多首,在这片并不阔大的版图上,

涉及"固穷"主题的，占了三分之一强，是不可忽视的存在。南宋汤汉曾指出陶渊明"诗中言本志少，说固穷多。"① 袁行霈也说过，"固穷"和"安贫"主题，"在陶渊明之前还没有一位诗人如此集中地写过。这也是他的独创"。②

文学来源于生活，固穷诗的创作，是通过审美距离和艺术形式，化痛感为美感，对苦难进行征服和过滤的结果。假如披文入情，以意逆志，进行历史还原，可以分析出陶渊明穷苦的根由所在。陶渊明家里人口多，依靠耕种难以自给，因此生活难免贫困潦倒。在《归去来兮辞》序文中陶渊明说过："余家贫，耕植不足以自给。幼稚盈室，瓶无储粟。"而归隐后不久，陶渊明家里不幸失火，房屋被焚毁殆尽，一家人不得不栖身船上。在《戊申岁六月中遇火》一诗中陶渊明写道："草庐寄穷巷，甘以辞华轩。正夏长风急，林室顿烧燔。一宅无遗宇，舫舟荫门前。"这一变故，无疑使陶渊明雪上加霜，家境更趋败落。另外，在陶渊明生活的时代，浔阳地方成为了各支政治势力争夺的焦点（先有刘裕和桓玄之间的战争，后有卢循和官军之间的鏖兵），百姓生活极不安定，加上自然灾害肆虐，使得浔阳地区农村异常萧条凋敝。陶渊明在《怨诗楚调示庞主簿邓治中》一诗中说："炎火屡焚如，螟蜮恣中田。风雨纵横至，收敛不盈廛。"诗中明确呈现的自然灾害和含蓄暗示的社会动荡，给陶渊明以及当时的农村带来了深重灾难。

"饥者歌其食，劳者歌其事"，陶渊明的固穷诗，大多作于辞官归隐之后，是一种现实性很强的诗歌，真实地反映了陶渊明的生活状态。"自余为人，逢运之贫。箪瓢屡罄，絺绤冬陈。"这是陶渊明在《自祭文》中对自己进行的总结和概括，贫困如影随

---

① 汤汉《陶靖节诗集注自序》，见北京大学北京师范大学中文系《陶渊明资料汇编》（上），中华书局 1962 年版，第 109 页。

② 袁行霈《陶渊明研究》，北京大学出版社 1997 年版，第 117 页。

形,终其一生都未曾摆脱。"弱年逢家乏,老至更长饥。菽麦实所羡,孰敢慕甘肥。恕如亚九饭,当暑厌寒衣。岁月将欲暮,如何悲苦辛。"(《有会而作》)由于衣食匮乏,陶渊明的贫困接近于"三旬而九食"的子思,填饱肚子就成了最大的奢望;而在酷热难耐的夏天,还穿着冬天的衣服。"夏日常抱饥,寒夜无被眠。造夕思鸡鸣,及晨愿乌迁。"(《怨诗楚调示庞主簿邓治中》)在饥饿与寒冷双重压迫下,陶渊明希望时间能过得快一点,以减轻生理上的痛苦,但是"天行有常,不为尧存,不为桀亡",陶渊明的心愿恐怕难以达成。至于房屋破败所导致的痛苦,陶渊明也有歌吟:"弊庐交悲风,荒草没前庭。披褐守长夜,晨鸡不肯鸣。"(《饮酒》十六)陶渊明"以其平昔所行之事,赋之于诗",[1] 因而固穷诗是他生活状态的真实反映;陶渊明正因为有了切实的生活体验,所以固穷诗才写得生动感人。

在陶渊明的固穷诗中,《乞食》一首显得非常特别,在中国诗歌史上也堪称是一个独特的存在。"饥来驱我去,不知竟何之。行行至斯里,叩门拙言辞。主人解余意,遗赠岂虚来。谈谐终日夕,觞至则倾杯。情欣新知欢,言咏遂赋诗。感子漂母意,愧我非韩才。衔戢知何谢,冥报以相贻。"乞食本是在饥饿驱使下以牺牲尊严为代价的行为,不是迫不得已,人们多不屑为之;陶渊明写下《乞食》诗,可见其生活状态已困窘至极。从另一方面说,一般人即使乞过嗟来之食也会讳莫如深,但是陶渊明却如实记录了自己这样一段经历,可见其襟怀的坦率真诚。

虽然"君子固穷",但贫穷对君子也有心理影响。陶渊明对待贫穷的态度是复杂的,一方面显示出处在贫困生活中难得的淡定,"贞志不休,安道若节,不以躬耕为耻,不以无财为病"[2]。

---

[1] 许顗《彦周诗话》,见《陶渊明资料汇编》(上),第56页。
[2] 萧统《陶渊明集序》,见《陶渊明资料汇编》(上),第8页。

在《感士不遇赋》中陶渊明自我表白说:"宁固穷以济意,不委曲而累己。既轩冕之非荣,岂缊袍之为耻。诚谬会以取拙,且欣然而归止。"诗人表达了一种恬淡自适、超然物外的态度,不以轩冕为荣,不以缊袍为耻。但另一方面,在饥寒的煎迫下,陶渊明有时也显得焦灼不安,不免发出了忧生之嗟。《怨诗楚调示庞主簿邓治中》一诗标题就含有一个"怨"字,这是陶渊明情感取向一种明显的外在标志。在《杂诗》其八中陶渊明说:"代耕本非望,所业在田桑。躬亲未曾替,寒馁常糟糠。岂期过满腹,但愿饱粳粮。御冬足大布,粗缔已应阳。正尔不能得,哀哉亦可伤。"躬耕不辍,却无法避免冻馁之苦,陶渊明内心难免有挥之不去的哀怨之情。根据马斯洛的需要层次理论,生存需要的满足是居于首位的,因此当陶渊明生存受到威胁时,不是一味地静穆,内心出现了不平静的波澜是很正常的。这种情感反应,不但无损于陶渊明的形象,反而使他的形象更富有立体感,显得更加真实可信。

二、固穷诗与陶渊明的人格理想

不为五斗米折腰而辞官归隐,这是陶渊明一身傲骨在行动选择上的体现。在诗歌中,陶渊明也多处表明了不与统治者合作的傲世情结和人格理想。在《饮酒》之十中陶渊明写道:"在昔曾远游,直至东海隅。"但是诗人对自己的选择产生了怀疑,"恐此非名计,息驾归闲居。"正是因为怀疑自己追求功名的合法性,陶渊明萌生了辞官归隐的打算。在《归园田居》之一中陶渊明说:"少无适俗韵,性本爱丘山。误落尘网中,一去三十年。"为世俗所企羡的为官作宦,被陶渊明视为"误落尘网",他像"羁鸟恋旧林,池鱼思故渊",最终辞官归隐,发出了"久在樊笼里,复得返自然"的啸傲，诗歌反映出了与世俗官场难以调和的高致情怀和人格理想。陶渊明笔下这样的诗句很多，"岂忘袭轻裘，苟得非所钦"，表明了对不义富贵生活不羡慕。"好爵吾不荣，厚馈吾不酬"，也表明了不慕荣利的淡泊宁静。

体现陶渊明人格理想的，还有诗中频繁出现的"松柏"、"菊花"等意象。在中国传统文化中，"松柏"和"菊花"作为套语符号，背后常常蕴含着一种"比德"思想，是理想人格的象征。孔子在《论语》中说过："岁寒，然后知松柏之后凋也"，意味着"时穷节乃见"，经受严峻的考验，才能够发现不屈不挠、坚守道德情操的理想人格。而秋菊也是如此，"秋菊能傲霜，风霜重重恶。本性能耐寒，风霜其奈何。"松柏历寒而坚韧不拔，菊花傲霜且高洁出尘，它们因契合陶渊明的人格理想，在诗歌中成为了一种"有意味的形式"[①]。"因值孤生松，敛翮遥来归。劲风无荣木，此荫独不衰。"（《饮酒》之四）"青松在东园，众草没其姿。凝霜殄异类，卓然见高枝。"（《饮酒》之八）这两首诗都凸显了肃杀严冬背景中青松的高洁之态，所表达的情感和价值取向，与孔子在《论语》中所说的毫无二致。"园田日梦想，安得久离析？终怀在壑舟，谅哉宜霜柏。"（《乙巳岁三月为建威参军使都经钱溪》）表明了面对流逝不居的时光，要学那凌霜的柏树，坚守志节，回归田园。"芳菊开林耀，青松冠岩列。怀此贞秀姿，卓为霜下杰。"（《和郭主簿》之二）在对秋菊和青松进行讴歌的同时，也曲折地表达了自己卓然不群的傲世情怀。"秋菊有佳色，裛露掇其英。泛此忘忧物，远我遗世情。"（《饮酒》之七）在陶渊明的视野里，秋菊作为忘忧之物，激发了他遗世独立的情怀。"松柏"和"菊花"意象，在陶渊明诗歌中包含着丰富的韵味，

[①] 克莱夫·贝尔《艺术》，中国文艺联合出版公司，1984年版，第4页。

文学研究

成为了陶渊明人格理想的象征,反映了陶渊明"倚南窗以寄傲"的情怀,也折射了陶渊明对个人品德修养的期许。

"人生归有道",陶渊明的固穷诗,还体现了一种与道冥合的追求。陶渊明赋予"道"以一种理想人格的含义,既有儒家政治伦理的内涵,也有道家清静无为的思想,具有儒道合流的趋向。孔子在《论语》中说过:"君子谋道不谋食","君子忧道不忧贫",意味着君子把对道的坚守看得比谋求作为生活资源的衣食更重要。陶渊明就是这样的君子,在《咏贫士》之五中说:"贫富常交战,道胜无戚颜",折射了陶渊明对"道"的关注胜过对贫富的牵挂。在《饮酒》十七中说:"行行失故路,任道或能通",作者觉得在迷茫之中,只有"任道"才能找到人生的真谛。在《咏贫士》之四中,这种思想体现得更加明显,"安贫守贱者,自古有黔娄。好爵吾不荣,厚馈吾不酬。一旦寿命尽,弊覆仍不周。岂不知其极,非道故无忧。"只要与"道"同在,即使贫穷困苦也无怨无悔,甚至具有"朝闻道,夕死可矣"的殉道精神。

陶渊明的固穷诗,还折射出他具有挥之不去的立德意识,从中可见出他的人格理想。《左传》有言:"太上有立德,其次有立功,其次有立言。虽久不废,此之谓不朽。"在中国古代,"立德"处于"三不朽"之首,许多人为此付出了艰辛努力。陶渊明在诗歌中也表达了对"立德"的追求。在《影答形》一诗中,陶渊明写道:"身没名亦尽,念之五肠热。立善有遗爱,胡为不自竭",表达了立德向善的意愿。"立善常留欣",可以从中获得精神上的愉悦。对立德意愿表达得更明显的,是《饮酒》其二:"不赖固穷节,百世当谁传","固穷"已被视为立德的表现和追求不朽的手段。

陶渊明虽极写饥寒穷困,给人的印象却无后来孟郊、贾岛那样的寒俭之态,显出一种清癯孤洁之感,一种韵味深长的情怀。苏轼说陶诗"质而实绮,癯而实腴";刘克庄评陶诗"外枯而中

— 363 —

膏,似淡而实美",原因正在于此。在实际生活中,固穷使陶渊明物质生活有所下降,却使其精神境界得以升华,人格理想得以净化。陶渊明正是凭着对贫困的坚守,占领了道德制高点,才得以成就高标卓越,名传后世。

三、固穷诗与儒家传统文化

陶渊明受传统文化影响颇深,朱自清曾据古直《陶靖节诗笺定本》引书切合的各条统计,陶诗用事,《庄子》最多,共四十九次;《论语》其次,共三十七次;《列子》第三,共二十一次①。道家对陶渊明影响很大,但是传统儒家思想对他的影响也不可忽视。儒家安贫乐道思想塑造了陶渊明的理想人格,同时也是他诗歌的重要主题。

需要说明的是,陶渊明并不是一开始就恬淡自适、安贫乐道的。"少年心事当挈云",早年的陶渊明受到儒家思想的激励,曾一度有过积极进取的入世精神,梦想在政治上有所作为。"时来苟冥会,宛辔憩通衢。投策命晨装,暂与田园疏。"(《始作镇军参军经曲阿》)希望步入仕途建功立业的情怀溢于言表。"忆我少壮时,无乐自欣豫。猛志逸四海,骞翮思远翥。"(《杂诗》之五)"少时壮且厉,抚剑独行游。谁言行游近,张掖至幽州。"(《拟古》之八)这又表明了少年陶渊明颇不乏游侠豪情。

生活于东晋向刘宋过渡时期的陶渊明,人到中年后身不由己地陷入了政治漩涡。而社会现实与诗人的政治理想相去甚远,陶渊明深感"邦无道,富且贵焉,耻也",(《论语·泰伯》)对自己

---

① 朱自清《陶诗的深度》,见《朱自清说诗》,上海古籍出版社 1998 年版,第 229 页。

出仕的选择感到愧悔,"望云惭高鸟,临水愧游鱼",不禁"心念山泽居",起了"守拙归园田"之意。在 42 岁那年,辞去彭泽县令,回家过起了躬耕自资的生活。

"先师有遗训,忧道不忧贫",陶渊明的价值选择与古代儒家思想的影响是分不开的。在《论语·卫灵公》篇中孔子说:"君子固穷,小人穷斯滥矣",而陶渊明写过"斯滥岂彼志,固穷夙所归"的诗句,无疑是对孔子思想的一种呼应。其实,孔子也知道追求富贵安逸乃是人的本性,"富而可求也,虽执鞭之士,吾亦为之。"(《论语·述而》)但他追求富贵的前提是要符合"道义","富与贵,是人之所欲也,不以其道得之,不处也。"(《论语·里仁》)"天下有道则见,无道则隐。"(《论语·泰伯》)孔子所强调的"道",无疑包涵了行动正义性这一维度,陶渊明辞官归隐,就是对"天下无道则隐"的恪守,与孔子所谓"道不行,乘桴浮于海"价值取向完全一致。归隐后陶渊明经受了贫苦生活的考验,坚守志节而不动摇,以实际行动实践了传统儒家所倡导的"固穷"精神。

在《论语·学而》篇中,"子贡问曰:'贫而无谄,富而无骄,何如?'子曰:'可也,未若贫而乐,富而好礼者也。'"传统儒家思想认为"贫而乐"是一种至高境界,陶渊明的许多诗歌正体现了对这种境界的追求。"死去何所知,称心固为好。客养千金躯,临化消其宝。裸葬何必恶,人当解意表。"(《饮酒》十一)诗歌中陶渊明表达了对人生的富贵穷达并不介怀,只要能够活得称心如意,即使裸体埋葬也无怨无悔。在《咏贫士》之五中说:"刍藁有常温,采莒足朝餐。岂不实辛苦,所惧非饥寒。贫富常交战,道胜无戚颜。"只要符合道义,即使吃野菜也不会感到忧愁,这无疑是"贫而乐"情怀的反映。在陶渊明笔下,类似的诗句很多:"介焉安其业,所乐非穷通";"诚谬会以取拙,且欣然而归止",诸如此类的歌咏,都能见出陶渊明"贫而乐"的价值

取向和胸次悠然的精神风貌。陶渊明这种不为物役、以心转境的主体精神，在中国诗歌史上第一次反映了自我意识的觉醒和自我中心地位的确立。

"馁也已矣夫，在惜多余师"，陶渊明对谨守固穷志节的古代高士表达了心仪和崇敬之情。"汲汲鲁中叟，弥缝使其淳。凤鸟虽不至，礼乐暂得新。"（《饮酒》二十）诗中所谓的"鲁中叟"，指的就是孔子，在当时王纲解钮、礼崩乐坏的时代，孔子致力于恢复古代的礼乐制度，重建社会道德秩序，即使"饭疏食，饮水，曲肱而枕之，乐亦在其中矣"，因此成为了陶渊明崇仰的对象。再如《饮酒》十一中说："颜生称为仁，荣公言有道，屡空不获年，常饥至于老。"在这里"颜生"指的是颜回，在《论语·雍也》中，孔子称赞颜回："一箪食，一瓢饮，在陋巷，人不堪其忧，回也不改其乐。贤哉，回也！"被孔子所称赞的颜回，因为有"固穷"志节，有良好的道德操守，也成为了陶渊明心仪的对象。至于"荣公"，指的是荣子期，据《列子·天瑞篇》中记载，荣子期"鹿裘带索，鼓琴而歌"，因为他深深明白："贫者，士之常也；死者，人之终也。处常得终，当何忧哉！"在陶渊明的诗歌中，荣子期多次出现，如《咏贫士》其三中说："荣叟老带索，欣然方弹琴"，对于这样的高贤，陶渊明心里满怀钦敬之情。"安贫守贱者，自古有黔娄"，《咏贫士》之四是一首对古代贫士黔娄的颂诗。需要特别指出的是，黔娄修身持节，安贫乐道，其辞让之德，与陶渊明有相似之处。据皇甫谧《高士传》记载："鲁恭公闻其贤，遣使致礼，赐粟三千钟，欲以为相，辞不受。齐王又礼之以黄金百斤，聘为卿，又不就。"黔娄这种高风亮节，陶渊明心有戚戚焉。据萧统《陶渊明传》记载，陶渊明辞官归隐后，"江州刺史檀道济往候之，偃卧瘠馁有日矣。道济谓曰：'贤者处世，天下无道则隐，有道则至。今子生文明之世，奈何自苦如此？'对曰：'潜也何敢望圣贤，志不及也。'道济馈

文学研究

以粱肉,麾而去之。"陶渊明和黔娄有着相同的价值取向,因此在诗歌中把他引为同调。此外,像肘见踵决的原宪,邈然困雪的袁安,弃官归隐的阮公,穷居绝交游的张仲蔚,清贫略难俦的黄子廉等,都因具有一种崇高感,成为了陶渊明所景仰的对象。"何以慰我怀,赖古多此贤",古代贤士深深宽慰和激励着陶渊明;"谁云固穷难,邈哉此前修",他们也成为了陶渊明行为的表率和榜样。

四、结 论

尽管"耕也,馁在其中",但在前贤的激励下,陶渊明还是努力把"安贫乐道"变成了"躬耕乐道",使儒家高悬于空中的"道"落实到了具体可感的现实人生之中。在躬耕的同时,陶渊明还创作了不少体现自己人格理想和生活志趣的固穷诗,恰如海德格尔所说:"充满劳绩,但人诗意地栖居在这片大地上。"①

从陶渊明固穷主题的诗歌中,我们看到了陶渊明灵魂的崇高。他固穷守志的价值选择和人生理想,为当今物欲横流的人类树立了一个精神标高,成为了一种无形的精神力量。也许人类社会发展会消灭绝对贫困,但是贫困作为一种动态的形态将永远存在,而固穷作为一种难能可贵的美德和一种难以企及的精神境界,警示人们避免沉溺于物欲,促使人们进行道德的自我完善,最终有助于和谐的社会的建设。

---

① 海德格尔《海德格尔选集》(上),上海三联书店1996年版,第320页。

春风恨不到天涯
——《一地风吟序》

◆ 何 锐

安顺是个什么地方？旧志承上称其为"黔之腹，滇之喉"，听上去还有点通衢要冲的意思。然而数十年前我从黔中腹地来到川西天府求学谋生，早些年每有学兄同僚问起籍望之类，我甫应诺，人家每曰：呵，安顺场么！这真让人气短。安顺旧称府，现代好歹也是个地级市；而安顺场乃四川石棉县的一渡口，古今都是乡镇建置。不过七十多年前，工农红军长征中由此越大渡河；又七十多年前，洪天王麾下翼王石达开在此丧师殒命。说到底，地名之有名，全靠有大人物上演出大事件。从字面说，南华智者庄生所谓"安时而处顺，哀乐不能入也"，强调个人感受；就大处言，安天下，顺人心，社会安定，生计顺遂，于国于民，"安顺"二字作为地名，绝对是汉文字文化中的上品之选。

我等便是安顺人，是非土著则毋庸讨论。我们生长于斯，父辈的灵魂已安息在这里的山水之间，这便是家乡，斯地即为根。但也没有自豪的理由，多少年来，外地人——京沪湖广不说，即

文学研究

在省城贵阳以外的人们眼中，安顺人？不过是一群来自蛮荒之地的乡巴佬。长年在外谋生干事的游子心里明白，别人有权这么看。倘若你是我们这一帮，生于新旧交替的上世纪50年代，而对此"俗眼"，先前会有些愤愤然，尔后也会心平气和。你明白，和皇城京都、十里洋场，乃至天府之国比起祖先的史上辉煌，差远了，不是一个级别。但这些并不重要，我感兴趣的是讨论我们自己：生于50前后的安顺人，幸耶，不幸？

显而易见，这一段风云诡谲，世道艰险。涉世之初，我们便饱尝苦难、野蛮、凶险，也曾颠沛流离，长歌当哭，但这只是一个层面。更多地，我们昂扬奋发，勤奋磨砺，求索真理，拥抱美善，播种良知；更重要的，我们将苦难据为精神财富的积累。我们还拥有一个盛满人间悲喜剧的称谓：老三届知青。早先有一部知青小说名《蹉跎岁月》，我一直不以为然，为何不叫"峥嵘岁月"？知青下乡的利弊，兹事体大，姑且不去讨论。它或许荒废了一代人的学业（主要是自然科学方面），但仅就对这代人人生抱负、意志品质的磨炼，日后肯定是难觅此良机了。我们的下一代，80后的年轻朋友，就谋事交友，气量毅力，也即生存能力方面，恐怕和我们"相去不可以道里计也"。

许多基本的生存技能，今天及以后（尤其是城镇中）的年轻人不会再有机会实践——如我者，干过水田旱地里的所有农活，梭爬过千米深的土煤窑，吆过马车推过鸡公车，也曾开山放炮修铁路砌砖墙石墙作木工钳工，会祭神退鬼撰碑联写神榜，能焙豆豉也会酿甜酒烤烧酒，会种茶炒茶品茶，也能养鸡放鸭杀猪置办酒席，也抽烟喝酒娶妻养子，与此同时也能读书抄书偷书教书写书——这在我们这一代，确切地说在我们这一小群安顺兄弟中不过是平常的生活经历、生存方式而已。——1973年冬，我在安顺边陲一个叫高寨的小村做民办教师，用十来天时间，将此前五年的几十本读书笔记中的文史哲译作部分按主题选编成十类，整理出十几万

字的格言录,抄满了一个小32开的厚笔记本。到了1984年中秋我已在川西负笈求学,是夜星月朦胧,我在笔记本后扉页写道:

> 如今这种名人格言集已比比皆是。然而它可贵之处是辑录在十一年前,那是文苑中百花凋零的年代。
>
> 那时候,我和朋友们几乎不能糊口,而寻书等于盗宝。借、求、诓、高价买,乃至做梁上君子。一页、一卷、一部搜了来;马上、车上、路上、枕边,煤油灯下,柴火光里;读、背诵、抄写、畅读,才辑出了这本小格言录。其勇可贾,其志可嘉;难能,不易啊。
>
> 不希望下一代遭此乱离,却希望他们有这点志气,这点毅力。

不幸一语成谶。现实让人揪心,我们的下一代聪慧阳光,活得实际、实惠、实用。不知多少人还有梦想、理想、信仰?相信人间还有永恒的事物?仰望头顶的星空,顶礼膜拜?遭逢天地间的大悲愤,大感慨,还会不会鼻梁发酸,心尖刺痛?

几十年来,我也曾将这些疑问反复拷问我们自己。结论始终如一:我们有。我们会。我们一直在这么做。

例证之一,就是呈现给您的这部专著——描述、评析故乡逝去的岁月里感泣后人的大事小情。它截取明、清一段,抉微撷英,诉说故土贤杰,表述人文沉思,观照的正是故国家园的现实。斯人已逝,家山依旧长青;人文不灭,薪火神脉相传。从根本上说,任何过去的"史",均为活着的"今人"所记,必然都是借古喻今。至允至公至慎的良史,也有事件人物材料的取舍详略,记录记忆偏差,核心乃史家的态度!故有"孔子删《春秋》而乱臣贼子惧"之说。而本书的作者,我的挚友武光兄,不过是僻处黔中,劳碌一生——干了近二十年的基层教育局长,这是个

文学研究

"脚最长、事最多,人最累"的角色。穷年累月难积一功,出事则无小事,动辄影响社会、惊动高层。没有铁臂铜腰,却要管家顾友立业忧天下;并非清客儒士,偏好读书究理舞文论世道。《百态人间红楼梦》梓行两年之后,武光又撰写出这部专著。可谓咬定青山,执著不辍。其实,我们这一干人,整四十年前下乡的安顺知青基本都是这个做派。

那是 1976 年孟春,春节刚过,一个格外阴冷的雨夜,二十多个年轻人聚集在市郊一个小厂的会议室里,纪念一位刚逝去的中国伟人。我四妹何幼带来了当时很难寻觅的周公丝质绣像,全体人员低头默哀如仪。尔后便是长时间的讨论和激烈的争论。我和武光倒是意见一致。那种时刻,这可是极其危险的活动。比尔后名垂史册的天安门"四·五"运动早了五十多天。它发生在僻远的黔中小城,弥足珍贵,引人深思。我一直认定,那天与会的兄弟姐妹都是时代精英,日后每个人的生存轨迹证明了这一点。几乎可以说,心忧天下的"精英意识"是知青群体心中的烙印,是我们挥之不去的生存状态。当晚,我还撰书了一副上联求对,至今仍无人对上。联曰:

虔,映山岳,六十载春秋一笔写。

后果是严重的。事后不知怎么走漏了风声,当局追查了好久,由于可以理解的原因,据说有些追查者也不是特别卖力。意味深长的是,悼念会上争论热烈,一派提出疑问:周公晚年是否过于委曲求全?为何不当机立断,站出来驾驭中国革命的航船?忧国忧民的超前意识显而易见,虽然我们彼时不可能了解中国政局的多少实际情况,认识会有偏差。

整个六七十年代,奔波谋生是我们的命运,不懈地读书求索是我们青春焕发、激情澎湃的原动力,也是我们这一群来自安顺

各中学的"老三届"成为终生挚友的根基。许多年里,我们没有温饱,为求食奔波山野,然而日穷思而夜不能寐者,绝非稻粱之谋。处心积虑弄到一本好书,便没日没夜地轮流传阅乃至整部抄录,聚在一起则议书论世,常常通宵达旦。朋友们会永远铭记两个地方:1980年前在我南街老家后院中的厢房里;之后在武光寓所,尤其是每个游子归家的春节。武光成家之后,此聚会竟持续至今,二十多年不变。我们交流切磋,谈天说地,一如明人薛瑄《题休休亭》中所吟:座中爽气常飘洒,天际浮云任去留。反复磨砺让思想碰撞出绚烂的火花,锻造出吾侪坚忍不拔、悲天悯人的德性。就思想领域而言,朋辈中还成长出中国思想界指称的"散落民间的思想家"。在政界、学术界、文化教育界也不乏成功人士。后来,武光干上了忙碌非常的教育局长,近几年还写出两部专著,真让以舞文弄墨为业的我辈汗颜亦感佩更欣慰。朋友们都清楚,先前家计艰难,以后俗务如麻,作者一直都在学习,在思考,笔耕不辍,遂能结出硕果。也可以说,那些让我们一生魂牵梦萦的日日夜夜,已然铸就了我们的生死之交,也为这两部专著架构了精神脉络,奠基了学术平台。

《安顺明清人文之旅》是本书的副题。其内容分为四个版块,以人系事,回溯追忆明清时期安顺人士和来安顺的人士的行迹言行。"人文"则是三十三篇非虚构性文化散文赖以串联的红线。不论今人古人、天子庶民,也不过以天地为羁旅,百年光阴,倏忽而过。然而人文不灭,文采风流,世代芬芳。正是作者刻意关注人文,着意描述人心,抒情写意,皆成锦绣。至于言止明清,则因此前安顺尚未明确建置开发,文献阙如,岂能作无根之论?

正题曰《一地风吟》,同样浸透了浓厚的人文情意。从选材到铺叙,渲染出一个个鲜活的人物、生动感人的事件。历史人物、事件仍不过是借题发挥的一个由头。阅读中你会很容易发现,叙事记言点到为止,字里行间议论抒情比比皆是。有时连描

文学研究

绘山水风物也透出抒情。如书中《徐霞客过安顺》一文谓徐氏著名的《游记》中记安顺仅二十八个字,但本文却有近三万字。其幽思深邃,饶富机趣,当得一篇徐氏评传,而又处处不离对安顺故土的人文思索。遥望逝去的岁月、远去的背影,读出的是我们一代中国文人的即时思考。我们热爱祖国民族,捍卫人及生命的尊严和自由,讴歌智慧,扬弃愚昧,勇于承担责任,爱恋亲友,愿为天下苍生作出贡献,也尽力使自己的一生过得精彩。这一切都曲折却明白地体现在《一地风吟》中,所谓文如其人,文胆、文情、文心,归一人心耳。

今天四十岁以上的共和国公民,都知道和使用过众多的购物票证。国家有困难,为维持多数民众的基本生计,政府制发票证是必要的。其中,粮票肯定极其重要,黑市上一直非法流通,安顺城便流行用《宝贝》曲填上的词:宝贝,你爸爸(妈妈)在新桥上卖粮票被抓进了市管会……然而在1970年,那是"文革"中期,政局动荡,国家经济几近崩溃,城乡民众生活艰难,武光竟背着大过砖头的一陀地方粮票奔窜、辗转于安顺几所中学下乡知青落户的村野。那年月这可是真正的宝贝。性命攸关,藏在哪儿都不保险,背在身上同样心惊肉跳。因为这是国家财产,是年前我们在一次学生集体活动中偶然捡到的,大家决定暂由武光保管,待政府粮食机构恢复建置后处理,也就是上交。我们仔细数过并记录在案,共六千余斤,因为都是一二两的小票面。但当时吃饭是每个家庭压倒一切的大事,我们几家更处于半饥饿状态:穷教师家庭、子女众多且不止一个去了农村,食不果腹。我还清楚地记得,那年武光家还在地区一中的小屋中自养了一头猪,在今天看来几乎不可理喻,而在穷极饿极的当时,却是一桩令人羡慕的事。到该杀的时候我充当了屠夫,打整干净后我们几个还用手推车送半架肉到市郊的华严供销社上交国家——据说居民也需执行国家所定"调五留五"政策。其实那玩意儿名为肥猪,比狗

— 373 —

胖不了多少，半片才三十多斤，基本上是吃了一年的猪草长大的，人都吃不饱，哪有粮食喂它。那天下午，一帮朋友在武光家美美地吃了一顿久违了的杀猪饭。其间有人抱怨：一头瘦猪，调什么五？三级猪都够不上。再说县上乡头供销社有哪个晓得你家杀猪？它自己死了。调个狗屁。

这就是我的知青兄弟。其时城镇居民每月供应二两猪肉，但我们诚实守法，有做人的底线，即便政策有空子也不去钻。六千多斤救命活人的粮票，武光兄为它的安危惶惶不可终日，岂敢稍动私分挪用的邪念，埋藏数月之后，如数奉交了粮食部门。

生计再艰难，书还是要读的。我们读普希金、果戈理、陀思妥耶夫斯基、别林斯基、屠格涅夫、（大小）托尔斯泰、肖洛霍夫、歌德、海涅、拜伦、莎士比亚、司各特、哈代、伏尔泰、卢梭、巴尔扎克、（大小）仲马、惠特曼、海明威、泰戈尔，也读《斯巴达克斯》、《牛虻》、《第三帝国的兴亡》……而高贵的维克多·雨果是我们一直景仰的文化伟人。作为法兰西名宿，竟大义凛然，直斥侵略中国的英法政府为"强盗"。他的《九三年》、《巴黎圣母院》、《笑面人》及号称浪漫主义宣言的文艺论《克伦威尔序》等让我们竞相阅抄，争论不休。他在《悲惨世界》中说：信仰、是人所必需的。什么也不信的人，不会有幸福。真乃圭臬之言。人生斯世，在先立德。只信奉动物丛林法则，只为自己而活，了无牵挂，还有多少人生意趣？1970年起，我们中不少人在农村做民办教师，而且都是绝对优秀的园丁。那一年我离开只任教一年的安顺上羊场学校时，几十名学生步行二十里山路送行。临别时哭声一片，感人至深。女孩子们还硬塞给我一大摞自绣的鞋垫。那时流行办"戴帽初中班"，这些淳朴可爱的学生只比我小几岁，但他们的实诚让我更深地理解了感恩的真谛，成为我一生的信条：知恩必报。付出是快乐，牵挂别人是幸福。而武光在安顺毗邻普定县鲍家庄勤勉任教两年，与大队（村）支书

文学研究

等成了至交。为该村通电抽水上山,我和武光曾多次往返省城,帮他们搞紧俏的水泥电杆、六吋铸铁管。此时我在镇宁县属的一个叫罗摆的小寨教民办,距鲍家庄不足一公里。那是我和武光交往最密切的时段之一。我们见天在一起谈天说地,读书写作。隔三岔五,安顺城里城外的一帮新朋旧友来两地聚会,杀狗举杯,苦中寻乐。但毕竟衣食已逐渐安稳,不变的仍是对国家命运、人民福祉的切切牵念。那些年,我和武光有更多的日夜纵谈,年方二十出头,探讨的全是世界风云、国家大政、信仰真理、历史英雄、故土家园、孔墨老庄、文学艺术等,当然也放言生活幸福,爱情友谊,激情伴随惆怅。后来相隔有空间,则有大量书信往返。尚存的部分书信和大量笔记,今天看来不少相当稚嫩,但那是一个时代一种赤子之心的载录,是我们成长的阶梯,求索的线脉。或许哪一天略加整理裁剪付梓,于世人还有些参考价值?

1975年初,在广州中大上学的友人带回了一份"供批判用"的文件。文件前有数百字的编者按,言明仅供批判参考云云,主体则是笔名李一哲的时论名文:《关于社会主义的民主和法制——献给毛主席和四届人大》。(这种"供批判用"文件或"内部发行"书籍等又是那些年的"一大发明"之一。因此我们得以读到透露东欧社会主义国家重大改革信息的《布拉格之春》,揭示(前)苏联新思维先兆的小说,柯切托夫的《落角》、《你到底要什么》、沙米亚金的《多雪的冬天》、西蒙诺夫的《他们为祖国而战》等,以后更有平装四册本张国焘《我的回忆》等。真是大开眼界。)这篇文章犹如重炮在我们这一小群人头上炸响,其效应略同于1966年长沙高一学生杨曦光的《中国向何处去》(杨因此文入狱,狱中自学外语、数论、经济学等。后出国深造,成为国际知名经济学家。国外曾有学者预言,杨是可能获诺贝尔经济学奖的唯一华人,惜天不佑杨,2006年病逝于澳大利亚。死前他说:愿上帝保佑中国),窃以为,这是"文革"期间影响一代青

——区域·传统·文化(第四辑)

年的两篇出自民间的最重要文献。这是后话。那几个月,若干次若干种场合,朋友们相聚热烈讨论。文中许多观点我们各有异议,但一点大家认识一致:中国要变,必须变。只有邓小平先生再复出,才能以较小的代价收拾中国此时的残局。身处祖国西南一隅,且对时事,特别是政治上基本没有多少知情权的当时,凭着对时局的一贯高度关注和对时势走向的基本把握,翌年早春我们能自发集会纪念总理周公,显然是顺理成章的事了。

面对命运,无论何种处境,我们从不轻言放弃。很多年后,武光还是回到了写作的路上来,用他的话说,这是最后的逃遁之地、也即归宿。其实,和驾驶车辆、说写外语等一样,写作不过是一种技能。常人读些中文系的必修课,多多练习,便可望成为一名写手。做个好写手,写什么不重要,怎样写也不重要,赍抱一颗真挚、感恩的心去写最要紧。庄生在《渔父》中所谓:真者,精诚之所至也。不精不诚,不能动人。作者以真心面对古人,对宦游、旅游安顺及从安顺走出的先人过细审视,在同一分野的星空下聆听他们的足音,捕捉他们灵魂的呼喊,其实是对人生的严肃探讨,追索安顺过去、现在、未来自然人文资源保存发展脉络,语花心曲,可供故友知交诵吟欣赏,亦可资地方官员立言施政、传承利用一方生态人文资源之借鉴。

1968年11月15日,安顺一、二、三中的数千学生乘坐大卡车到本县农村插队。呐喊擂鼓欢送,我们也都是激情飞扬地奔向广阔天地,很有些壮士去兮的悲壮。至今我们仍无怨无悔,我这样说,至少能代表我们这一群铁杆兄弟姐妹。1988年春节之后,我和武光及罗运琪、李平英等发起安顺知青下乡20年聚会,数十名代表与会,追忆往事,畅叙友情,传达的一致情结正是无怨无悔。几年中,数以千万计的青少年学生到农村、农场务农,且不去讨论它对稳定城市局势、缓解就业压力等方面的必要性和紧迫性,对当事人而言更重要的是:它改变和影响了一代人,奠

文学研究

定了一生的思想行为规范。具体到个人，中学时本人喜欢数理化且成绩优异，武光后来大学的专业是数学，没有"文革"及"上山下乡"这一段特别经历，今天我和他肯定不会在这里咬文码字。试图剖析表白自己，谋求刻画世道人心。我不知道这是悲抑或是喜。不过脚迹是自己踩出来的，这应该不算是一种最差的活法。人生天地之间，若庄生在《大宗师》中所言：大块载我以形，劳我以生，佚我以老，息我以死。活着，操劳，老去，走完生命的历程，气定神闲，平和安详，有遗憾，没有抱怨。回望往昔，爬梳家乡先哲飞鸿泥爪，将忏悔、钦慕的沉思留给我们终将告别的世界，这或许就是本书的价值。

2008年对于中国是一个重要的年份，安顺知青上山下乡也已整整四十周年。真可谓去者青春年少，来时双鬓染霜。这些年几位密友一直在谋划，编撰一本纪念册，还为此搜集了不少相关的老照片，有的已动手撰写文章。眼看已是年中，书未成形，适逢武光的专著《一地风吟》交我供职的出版社由我编辑出版。我们一拍即合，让本书承载这项千钧使命：

借本书以追溯遥远的岁月，由此思及现世此生。
在上山下乡四十周年之际，谨以此书献给安顺知青，献给我那因同一命运相聚且同甘共苦的兄弟姐妹。

这使命它可以承载。先人和我们都来到安顺这方热土，前三四百年他们走过，后三四十年我们追随。广义地说，我们都是学子士子出身，生命的岁月走的都是人文之旅。

作为一名老编辑，这些年也应邀为不少学友知交的著作写过跋言后记，但撰写序言倒是第一次。我是自告奋勇，武光欣然赞诺。不仅仅我们是挚友，不仅仅我们了解对方许多地方甚于了解自己，也不仅仅是我最适宜交代本书的来龙去脉和心路历程。直白地说，我有话要说有情要诉。我必须从四十年的禅悟生活中拈出几枚莲叶，勾勒它的性状，描画它的脉络。你也许只读到两个人的安顺。其实不然，写着这些悲凉动情的文句，连我自己都常常心痛不已。知青朋友们饱经沧桑的亲切面容老在字里行间浮现。他们都是我和武光的亲人，我们的交往求索应当可以算是一代人的缩影：遭逢千变万化，心路历程相同。另者，从对古人旧事的追忆中，作者还力求开掘并表达出人性中某些永恒的精气神，从这个意义上说，书中那些远去的长衫朋友，他们各自的人文之旅，其神脉和我们也是息息相通的。

北宋文坛大师欧阳公有名句曰：春风疑不到天涯，二月山城未见花。不知怎的，在我记忆中总是"春风恨不到天涯"。今拈首句作序言之题，还是用讹记中的"恨"字。此字传达的是一种情绪，"疑"字乃描述一种意境，如我者或许是情绪更炽烈而意境稍逊耳。

本集中附有六十多张有关安顺的图片、老照片，多为民国以前绘制或摄制，其中不少还相当珍贵。它们自是安顺人文风物的见证，也是文集的组成部分。序言的主题则是论述作者与我以及知青朋友们四十年来的追求历程，也附上两张旧日照片，分别摄于1970年和2000年，三十年间，我的几位铁哥们儿已从青涩转呈老道，但啸咏山水、笑傲人间的意气没有改变。可惜照片后景上没有白塔，那可是安顺城中的标志性建筑，塔不算高，也没有文庙前的透雕龙柱珍贵，但我每每梦回故乡，隐约出现的景物只有塔影和虹山湖水，那是我少年嬉戏的去处，是游子岁月集攒的家园情结。祈愿春风更多眷顾我的故乡小城。它现在相当热闹，但远称不上繁华，都说有后发优势，其中也包括保住自然生态、传承利用人文资源方面，这也许是《一地风吟》学术之外的现实意义。

戊子年小满·成都
写毕于 5.12 汶川大地震后余震不断期

区域史研究

◆ 孝的隐喻
　　——明清贵州因应虎患观念的演变

◆ 明清以来泸江流域水灾与环境变迁

◆ 从宪政发展论清末民初的贵州地方自治

区域史研究

孝的隐喻
——明清贵州因应虎患观念的演变

◆ 袁轶峰

数百年来，虎患就有文献记载，到了明清时期，无论是从虎患发生的次数和广度，还是危害程度，已成为人们关注的历史现象，也引起了学界的极大注意，学者们从不同角度对这一问题做过精彩的论述①。在这些论著中，大致可分为两种不同观点：第一种观点从自然破坏史的角度，认为虎患是人类的经济开发活动破坏了老虎居住的环境所致，是人们垦殖山区所引发的生态灾难。另一种观点则与上述研究相反，认为"虎患"非"虎"患，是古人对虎的认识不清的原因，倾向于把虎患看成一种"文化现象"进行分析。我们在以往研究的基础上，通过分析明清时期贵州的虎患，试图显示人们是如何从虎患的历史记录和记忆逐渐转化成了孝的隐喻，地方社会在这一转变过程中又是如何因应这种变化。更为重要的是，我们并不把虎患问题仅仅看作简单的生态环境恶化的结果，而将其放在社会观念的变迁去思考和分析。

---

① 就作者所见，关于明清时期虎患的研究有：蓝勇《清初四川虎患》，《文史杂志》，1993 年第 2 期。刘正刚《明清南方沿海地区虎患考述》，《中国社会经济史研究》，2001 年第 2 期；《明末清初西部虎患考述》，《中国历史地理论丛》，2001 年第 4 期；《明清闽粤赣地区虎灾考述》，《清史研究》，2001 年第 2 期；《明清时期广东虎患考》，《广东史志》，2001 年第 3 期。闵宗殿《明清时期东南地区的虎患及相关问题》，《古今农业》，2003 年第 1 期。黄志繁《"山兽之君"、虎患与道德教化——侧重于明清南方地区》，李文海、夏明方主编《天有凶年：清代灾荒与中国社会》，三联书店，2007 年 1 月。郑维宽《明清时期广西的虎患及相关生态问题研究》，《史学月刊》，2007 年第 1 期。曾雄生《虎耳如锯猜想》，（日）上田信《生态环境的变化与驱虎文——18 世纪的东南山地》，王利华主编：《中国历史上的环境与社会》，三联书店，2007 年 12 月。Robert B. Marks. Tigers, Rices, Silk, & Silt, Economy in Late Imperial South China. Cambridge University Press, 1998.

一、虎与虎患

(一) 从文献中识别虎

虎患是指虎对人类及其家畜的侵害。要弄清楚虎患,首先必须明确对虎的认识。黄志繁先生依据生物形态分类学知识,认为中国历史文献中出现的大量"虎患"并不是全部都是"虎"患。因为传统时代人对虎的认识还停留在相当粗糙的水平之上,完全有可能把一些不是"老虎"的野兽看成老虎,其实那是外形上类似老虎的其他猫科动物。

我们在阅读文献的过程中发现,人们对虎的认识并非相当粗糙,而是相当清晰。根据现代动物分类学的知识,华南虎在形态和经济意义上有如下主要特征:

外形:体长1.2—2米,尾长1米左右,体重100—200公斤。头圆大,颈部粗而短,四肢中等长,强劲有力。

毛色:毛短密,色深呈棕黄,条纹较宽。眼上缘黑色,下缘白色间黄,眼内侧角旁各有块黑斑。眼上方各具一白色区,故有"白额虎"之称。

头骨:头骨大而厚实,颅形狭长,脑室部低而小。

牙齿:牙齿较大。

经济意义:虎皮用作被褥、椅垫和挂毯。虎骨对治风湿性关节炎具有较高的疗效,对镇静止痛也有一定作用。

生活习性:前文已有论述,在此省略①。

---

① 参阅高耀亭等编著《中国动物志》兽纲第八卷,科学出版社,1987年版,第352—358页。

依据以上知识,我们对明清时期人们对虎的认识作对比分析。

遵义府多虎,有四种:斑虎与常虎文质同;黄毛虎无黑文,尤狞恶;蓑衣虎毛长被体,如蓑衣状,刀箭不能入;而朱虎最狞,尝闻于绥阳县村落间,二日啖三十七人,捕之则咆哮入山,卒不能致。其毛殷红如猩猩毡色①。

上文主要根据虎的毛色给虎分类,可见对虎的了解是较清晰的,所描写的虎大多是真虎。老虎所具有的毛色,牙齿,经济价值,习性等特征有了简单而准确地把握。民国《麻江县志》对上述特征做了更细致的描述:

> 虎性鸷力猛,形似猫,全身长五六尺,黄毛黑条曰斑虎也。有纯黄者尤狞恶,有白虎见于绥阳,居易录有白虎,秦襄王时为害,见常璩巴志。清乾隆时至南乡翁若村,见杂记本邑岁贡李杏林白虎记,至遵义志蓑衣虎长毛被体,疑即狮也。清光绪时汛兵金阿猫在城附郭老猫洞独立打死一虎,有威骨如一子长寸许,在两胁旁及尾端,其骨主除邪恶气,杀鬼注毒止惊悸,疗恶疮,鼠瘘膏治狗啮,疮爪辟恶,魅肉疗恶心欲呕,益气力,皮作垫褥带孕妇临产束易生子,骨视病所在取用或熬膏亦美。②

文中"全长五六尺",符合虎的体长。而且对虎的经济价值可谓了如指掌。华南虎的"毛短密,色深呈棕黄,条纹较宽。"而遵义府志中的"蓑衣虎长毛被体",说明此物非华南虎,而更像狮子一类的动物,文中对此提出异议,可以看出,人们对虎的

---

① 道光《遵义府志》卷十七,《物产》,道光十八年刻本。
② 民国《麻江县志》卷五,《食货志·物产》,民国二十七年铅印本。

认识更为准确。

时人对虎的了解不亚于现代,不仅对其外形有精准的描述,而且对其习性也非常了解,"此物亦不易栖,止惟以威暴耆",这正说明虎在平时没有固定的巢窝,虎看似凶猛,但一般不会主动攻击人。

通过以上几则材料,反映了古人对虎的外形、利用价值和生活习性等有清晰的认识。同时也说明这一时期的虎的数量当不在少数,或者说虎患比较频繁,因此,古人对虎的认识才那么深刻,甚至摸索出一套捕虎与驯虎的方法①。

(二)明清时期贵州的虎患

明清时期,人与虎的遭遇非常多,虎患在贵州各地多有所见。康熙时,僧彻字作诗曰:虎亦何多事,山城屡见过。惊人犹自可,害物其如何②。贵州不断发生虎患,成为令人关注的现象,因此在地方志中都会详细地加以记载,笔者根据各地方志的虎患记载进行汇总。

明清时期贵州虎患表

时间	地点	具体事件	资料来源
万历五年	威清	威清虎入城,害三百余人	万历《黔记》卷二,《大事记下》
嘉靖庚申	永宁	虎患。	万历《贵州通志》卷八,《永宁州·祥异》

---

① 徐珂编撰《清稗类钞》第五册《农商类》,中华书局1984年版,第2271—2272页。

② 道光《遵义府志》卷四十五,《艺文四》,道光十八年刻本。

续 表

时间	地点	具体事件	资料来源
万历二十二年	毕节	虎入郭内,陈诗家卧床上,伤六七人,乃就毙。	万历《黔记》卷十一,《灾祥志》
万历七年	普市	普市所群虎集伏道旁,噬人。	万历《黔记》卷十一,《灾祥志》
雍正十二年	清平	是年,虎群入清平县城,伤八十人,其中城北六十三人,城东十七人。	贵州省凯里市地方志编纂委员会编《凯里市志》大事记
万历二十六年	兴隆	虎患食百余人。	康熙《贵州通志》卷之第二十九,《灾祥》
嘉靖四年	思南	虎至府堂,吼啸数声,莫知所之,又一夕,三虎渡河止于桥下,众搏之毙。	万历《贵州通志》卷十六,《思南府·祥异》
嘉靖二十七年	铜仁	秋,铜仁虎渡江越城攫市畜。冬至府廨,又至李参将廊,毙马三。	万历《黔记》卷十一,《灾祥志》
康熙三十七年	独山	戊寅虎入城伤苗民夫妇二命。	民国《独山县志》卷十四,《祥异》
乾隆七年	大定	虎入城伤畜。	民国《大定县志》卷三,《前事志·纪年一》
顺治六年	遵义	其时虎狼之害愈虐,行者虽五七同群,执器械,前后中间,必有一失。	道光《遵义府志》卷四十一,《念纪三》

续 表

时间	地点	具体事件	资料来源
康熙二十四年	绥阳	乙丑春,虎屡入县城,伤害人畜。	民国《绥阳县志》卷九,《大事表》
康熙四年	安南	安南卫有虎,为民害。	咸丰《兴义府志》卷四十四,《大事志·纪年》
康熙四年	平远	始建府堂,是夜两虎入卧天明,不知所去。	乾隆《平远州志》卷之十五,《灾祥》
康熙年间	玉屏	虎大出为患,公家牛豕已被攫食。	乾隆《玉屏县志》卷之九,《事纪志·杂纪》
康熙三十六年	威宁	丁丑十二月,有虎质文身每夜入城西北隅號吼。	民国《威宁县志》卷十七,《杂事志·祥异》
同治六年	仁怀	仁怀县虎豹豺狼均甚,凡昼行夜居,一二人辄遇害。	民国《续遵义府志》,卷十三,《祥异》
乾隆二十年	桐梓	虎夜入桐梓汛署,衔千总某妻去。	民国《桐梓县志》卷十九,《食货志·物产三》
嘉靖二十三年	镇远	镇远虎。	万历《黔记》卷十一,《灾祥志》
嘉靖二十四年	石阡	夏,石阡虎昼入城。	万历《黔记》卷十一,《灾祥志》
嘉靖三十四年	黎平	黎平府有一飞虎集南门街。	万历《黔记》卷十一,《灾祥志》

二、明清贵州因应虎患观念的演变

虎患的蔓延,给人们及财产造成重大损失。虎患成了地方性的重要事件,政府、民众和社会采取了多种应对措施。

(一)捕 杀

对于虎患,切实可行的办法就是捕杀,但是要想捕杀老虎并不是件容易的事,人们想了不少办法。例如:赵毓驹在《杀虎记》一文中有如下记载:

> 乾隆二十年,虎夜入桐梓汛官署,衔千总某妻去。某率兵民数百人遍索城中,次日,得之后山,已食尽,惟余一足。众官因募猎户捕虎。时一囚在禁,闻之,告曰:"若宥我,虎不难捕也。"遂纵之。囚即召其徒凡数辈,持杀虎具来。寻数日,得其穴,虎见之,惊走。遂至木碌,虎走,负隅待囚。囚以伞进,虎跃起,衔之,机发,口不能张禽,囚牵以行。其徒有捉虎耳者,有擎虎尾者。入城献俘千总,寸磔。别有二虎,数日中亦为囚杀①。

"囚"采取"钓鱼"的办法,然后由其徒摁住虎耳及虎尾,生擒之。有些采取射杀的方法,如《仁怀志》中说道:"县有虎匠,邑令与之券,令寻虎。以白竹弩,濡以药,射杀之。"②类似的记载还有:"黔中多虎,匠用秦昭王白竹弩杀虎法,其矢濡以

---

①② 道光《遵义府志》卷十七,《物产》,道光十八年刻本。

药，血缕辄死，是荆轲之遗法也。"① 这种方法早在秦昭襄王时就已使用过，看来似乎效果不错。有些采取火攻，思南府的张名雅，"闻楼流洞有虎踞其中，雅用巨薪塞洞口，熏以椒，亦毙，虎患竟除。"②

这几则成功捕杀虎的案例，其实在史籍记载中并不多见，更多的是虎战胜人。捕杀效果并不理想，只有采取防御措施——驱虎。

（二）驱　虎

老虎行踪不定，人们很难找到它并加以消灭，而虎却不时地骚扰地方，而使人并不理解虎患的原因主要是生态环境恶化的表现形式，而是把虎患看做是自然界中"祥异"征兆。顺举几例：

嘉靖乙卯有一飞虎集于南门街，徐林家佛事旌竿上，自后地方多事③。

嘉靖十二年郡守葛鸮一日郊行，从者甚众，忽有虎于旁攘一羊去，未数日，而葛公没矣。夫虎，大人之象也。是故三公之变，皆于虎征④。

明崇祯庚辰冬十月，参足突入玉参，占曰：虎狼暴害。其实张献忠蹂躏两川，盖其验也⑤。

---

①　（清）曹维祺、曹达纂修《普安州志》卷二十一，《灾祥志》，乾隆二十三年刻本。

②　思南县志编纂委员会，《（嘉庆、道光、民国）思南府县志》卷之七，《人物门·续增孝义》，（点校本，内部发行），1991年版。

③　万历《贵州通志》卷十五，《黎平府·祥异》，日本藏中国罕见地方志丛刊，书目文献出版社1991年版。

④　嘉靖《思南府志》卷七，《拾遗志·祥异附》，天一阁藏明代方志选刊，上海古籍书店1962年版。

⑤　民国《桐梓县志》卷一，《天文志·祥异》，民国十九年刊本。

康熙四年始建府堂是夜两虎入卧,天明不知所去,至十二月,逆目陇安籍白泥攻城①。

每当发生虎患时,地方政府就要作《驱虎文》之类的祷告文进行驱虎。如嘉靖二十三年(1544)镇远虎患,知府陈烨作驱虎文:

> 烨与神也。阴阳表裹民之贻患是方者。烨当殚力驱之物之贻患是方者。神不能张,咸以驱之邪,是方军民频年酷罹苗虐。圣天子明敕有罚诸监司,恭行天讨,其所以宣布明命而通达机隐者,以驿是传,以马是布也。故得一当十,得十当百,不敢以兽视之。
>
> 兹者驿馆十马,道路偏桥而群虎噬其七,不犹其百乎。况民之畜是马也。时而□之蹄而铁之信宿,而裹橐之雨风,而居室之不敢以兽畜之也。是何贵重若此哉。用以宣命而代诸监司部下之劳者也。神血食是方,烨奉命为是方守,均有责任者,今苗之患也,不能厉之虎之患也。不能驱之,是神上不能体。圣天子德意下部,能解军民倒悬,所云能捍大灾者否矣。神未尽职也。宁不为神羞邪。镇远万山熊罴兔兕麋鹿亦万种,群虎食之为有余,乃不食有余之兽,而食有用不足之马,岂之牧非其地乎。抑守之不得其人乎。古人为守虎东渡江北渡河。烨为守而虎当道食马。烨愧于古人矣。烨不职矣。神当降殃于烨,毋以移吾马,神职未尽者。烨得以无言哉。是故驱群虎入深山以安吾马,以解吾军民倒悬,神职尽矣。于赫天命,血食无穷蠢,兹黎庶报祀,弗替亦不敢爽信于神也。不然民不得常安,神岂能以久存哉②。

---

① 乾隆《平远州志》卷十五《灾祥》,乾隆二十一年刻本。
② (明)郭子章《黔记》卷十一《灾祥志》,《中国地方志集成·贵州府县志辑》第二册,巴蜀书社,2006年版。

从这些文书中可以看出地方社会的秩序是由神和地方官双方进行管理。虎患是对地方秩序的破坏，因此必须求助于神明的力量来驱虎。在贵州的风俗中也常见"感应说"。在说到遵义的风俗时，有一段这样的描述：

> 土地，乡神也。村巷处处奉之，或石室，或木房。有不塑像者，以木板长尺许，宽二寸，题其主曰某土地。塑像者，其须发皓然，曰土地公，粧髻者，曰土地婆。祀之纸烛肴酒，或雄鸡一。俗言，土地灵，则虎豹不入境①。

因此作驱虎文的传统经久不衰。清代骆玉图的《驱虎文》可以说相当精彩，现全录，以飨读者：

> 遵义之仁怀，多崇山峻岭，茂林深箐，虎惯为之藏焉。强食弱肉，饕餮无厌，以肆其荼毒，以延其种类，以肥其子孙。居民屡被其害，而莫可如何。有世家庄春元，智足而谋深，往往预防之，高其闬闳，厚其墙垣，密其藩篱，勤其牧养。其虎虽窥伺日久，而无隙可入。一日，偶乘其疏，潜闯其栏，尽损其畜，计值约百金。春元遂鸣之县官，请健壮兵民，操强弓毒矢，以与之从事，必歼渠魁，庶警余孽。捕之数月，卒莫敢近巢穴。爰卜于端岩先生，得大壮之上爻，曰："上六，羝羊触藩，不能退，不能遂，无攸利，艰则吉"。春元不服，求再卜之。得既济之三爻。曰："九三，高宗伐鬼方，三年克之，小人勿用。"端岩先生，乃详其辞，玩其占而断之曰：吉凶有数，盛衰有时，道长道消，自有定

---

① 道光《遵义府志》卷二十，《风俗》。

期。子其退而修省,姑以待之,慎勿触其怒,犯其锋,窃恐联络其党羽,以陷子于幽囚之中。"春元曰:"虎何党羽乎?愿先生明以教蒙。"先生曰:"夜聚晓散,欺善扰良,吃余不足,又顾他方,此一乡之虎也;颠倒是非,任意吞噬,欺上罔下,民瘼不知,此一邑之虎也;好腴悦色,利令智昏,黄钟毁弃,瓦缶雷鸣,此通都大国之虎也。一虎失威,众虎争援。呼朋引类,恶焰熏天。"春元弗听,退而仍恃其才,任其性。虎乃负嵎,山崩石迸。大声疾呼,群虎为之相应。而一家之老幼大小,由是为虎所病。欲去其乡,虎势愈猖;欲去其邑,虎势愈炽;欲投其郡,虎势愈奋;欲鸣于通都大国,虎势愈迫。进退无能,沉冤莫白。抑郁穷愁,夫乃悔其弄巧之成拙。自揣生平,殊为寡怨。自怨自艾,焚香以告天,而默为之祝曰:"春元之祖,义胆忠肝。流香史册,奕世共传。春元之父,含英咀华。骄吝悉化,后学争夸。春元之身,茹蘖饮冰,葆真自守,先绪思承。春元之家,和顺满庭。长幼尊卑,各敦彝行。昊天曰明,及尔出王,岂容恶兽,丧心病狂。昊天曰旦,及尔游衍。无乃苍苍,居高昧远。"衣冠瞻礼毕,复诣祖父之神主而泣高曰:"不孝子孙,小忿累亲,乃父乃宗,魄怖魂惊。群邪高张,势莫与争。惟今之计,忍气吞声,祸淫福善,听诸冥冥。"哀祷之暇,怵惕惟厉,夜寐夙兴,思征思迈。日积月累,如是三年,仁孝之忱,诚敬之心,格于天帝。乃命谢仙为之前驱,祝融为之树帜。统领神将,共相诛殛。渠魁碎尸。余孽敛迹。然后知正之所以胜邪,在德而不在力①。

文章叙述了仁怀多虎患,人们不知如何办法驱虎。有一人名

---

① 道光《遵义府志》卷四十四,《艺文三》。

庄春元,足智多谋,采取了一套有效的办法防虎,但智者必有一失,结果还是遭虎劫。庄春元状告官府,请官府出兵绞杀,但毫无结果。怎么办呢?文中借一位端岩先生的口,只有通过社会教化解决问题,即通过"德"的办法才能驱虎,消弭虎患。我们知道用驱虎文的办法是不可能真正把虎患消除的,认为主要是因为自己的德行道义还不行,因而,人们对此加大"驱虎"的力度。乾隆《玉屏县志》中《虎厅驱逐》一文写道:

> 枢部万年策晚居碧土寨,足迹罕履城市,一日野服立门外,突有虎从门过,遇公,执芭蕉扇挥之曰:"畜生速速徙,勿为此方害。"虎睨视公,若俛首状,遂摇尾而去。越数日,公复倚门立,适有郡胥经过,公谕以天晚有虎患,留其止宿,胥以催粮限促,坚辞去,翌日访之,胥去不半舍,果被害,虽胥之死有定数,而公之止宿则亦仁心,随时流露之一端也。又总制郑逢元居茂龙塘时,虎大出为患,公家牛豕已被攫食,一日有一黑羊乃畜以俟小祥,祭母夫人供少牢之选者,虎亦攫去,公自为文诘责土神,言甚痛切。夜忽梦一老人逡巡,言曰:"理数有定,仁爱无穷,谨如所言,已遣之矣。但此孽畜时亦宜出,止以邻国为壑耳。"自是茂龙塘一村无虎患,盖一感于万之盛德,一感于郑一念之孝也①。

从这个故事可以看出,驱除虎患,光靠"德"还不够,必须加上"孝",双管齐下,才能使地方"无虎患"。于是人们似乎找到了更有效的办法——"感化"——来驱虎。

---

① 乾隆《玉屏县志》卷九,《事纪志·杂纪附》,乾隆二十年刻本

（三）感 化

明清时期，在贵州各地出现了"孝"与"虎"关系的故事。随着虎患的增多，类似这样的故事也越来越多。这些故事中，有"孝"的人通常能感化老虎。现按照时间顺序罗列几则：

时间	人物	具体故事	资料来源
嘉靖	邵元吉	天性孝友，博通经史。嘉靖庚子乡试第一场毕，闻行路人私语曰："重庆邵郡丞病，郡丞者元吉父也。"趋问："语从何来？"行人漫应曰："得之传闻。"元吉心动，急返旅舍束装倍道行至重庆，父已没，哀，毁骨，立匍匐，扶榇归。经播州遇虎，同行人令避茅屋，元吉泣下，弗忍离父柩，虎竟去。	民国《贵州通志》，《人物志四·明二德行》
嘉靖	申祐	幼常从父之田间，父遇虎难，祐挺身执杖击，虎遁去。	万历《贵州通志》卷十六思南府，《孝义》
康熙	李蕃	一日，三虎入市，其父逐之，虎扑父，啮其脑，父持虎，急蕃，奋往救之，格杀虎，父乃得生，县上其事，巡抚田雯旌之。以孝勇。	康熙《贵州通志》卷十九《孝义》
乾隆	袍索	太平里亩却寨苗民，右总女，总为虎搏去，索持斧追逐，杀虎负父以归。	乾隆《平远州志》卷之十二，《人物·孝义》
道光	徐光之	家贫力学，笃于孝友。除夕，回至中途，猝遇虎至，马不前，虎亦不动。乃喻虎曰："我生平谅与汝无仇，阻此奚为者？"虎乃啸而去。	民国《大定县志》卷十五《乡贤志·德行》

"孝"历来当作一种美德在地方志中都有记载,高尚的美德,让凶猛的老虎受到感化,以达到驱虎的目的。除了"孝",还有那些修"道"高深的人也能感化老虎。如明代遵义县人,语嵩居住在玉屏山的慈云寺,"此山荒僻,多蛇虎,语嵩往来遇之,了无害。"① 为什么语嵩无事呢?在于他已"得戒",因此其"往来,若甚帖服者,年过百岁,乃化。"②

三、结语:孝的隐喻

面对虎患,地方社会采取各种办法应对,捕杀是最有效的办法,能直接消除虎患,但捕杀虎是不易的,因而只有采取防御的办法——作驱虎文,教谕大众通过"德"和"孝"的手段对虎进行感化,以达到"驱虎"的目的。从虎患向孝的隐喻的变迁过程可以看出:明清时期社会教化的力量弱化了,而虎的力量则相对增强,人们对虎的态度也由捕杀、驱逐变成了礼让与请求,虎被神化,人则被鬼化,实际上反映了明清时期社会秩序的失衡。

明清时期,由于社会动荡加剧,社会矛盾日趋尖锐,社会秩序被异化为人与虎的关系,因此各地有许多关于"驱虎"的传说,而这些传说正逐渐的喻示着中国固有的礼俗秩序逐渐受到严重破坏,使人民生活日益失去了其行为赖以凭靠的规范体系。长期调控人们生活的礼俗秩序逐渐失去了其"一统"地位。人们希望整个社会和个体家庭坚实的树立起"三纲五常"的社会秩序。因此,把虎当成了孝的化身。

---

① 道光《遵义府志》卷三十八,《列传六·方伎》。
② 道光《遵义府志》卷四,《山川》。

明清以来泸江流域水灾与环境变迁

◆廖 波

引 言

西南生态环境的研究,近年来引起众多学人的注意,并出了一系列高质量的文章,而对于云贵灾害生态史的研究还十分薄弱,仅限于对历史时期灾害的梳理,较少从生态视角关注灾害与生态环境间的关系。仅杨煜达《中小流域的人地关系与环境变迁——清代云南弥苴河流域水患考述》[①],杨伟兵《旱涝、水利化与云贵高原农业环境(1659~1960年)》[②],《滇西旱坝的水利与

---

① 曹树基主编:《田神有祖:明清以来的自然灾害及时社会应对机制》,上海交通大学出版社2007年版,第28—46页。
② 同上书,第54—81页。

区域史研究

地文——以宾居下村为例》[1];周琼《清代云南内地化生态变迁后果初探——以水利工程为中心的考察》等文章[2],杨煜达主要考察了弥苴河这条小流域水患发生的原因、分期和特点,以及应对措施及其反映的环境变迁;杨伟兵主要讨论云贵高原农业发展的主要灾害及其水利化过程,并以滇西旱坝的宾居下村为考察对象,揭示"地龙"为代表的灌溉工程形式,并且通过大王庙的修建反映以水利为中心延伸出来的区域社会关系体系;周琼则从生态史的视角,通过水利工程的兴修和疏浚反映环境变迁,来透视清代云南内地化的过程。

本文以南盘江流域为研究对象[3],以南盘江支流泸江流域为中心,通过对于明清本地区水灾的梳理,来探究包括水利在内的一系列社会应对机制,及其反映的环境变迁。

本文所讨论的泸江,是南盘江水系的一条支流,发源于石屏县赤瑞湖西北山麓,经异龙湖、建水,至倘甸揽盘寨,自市(开远)西南入境,北穿开远坝,在存旧附近汇入南盘江。境内流长25千米,流域面积331平方公里,平均流量10.64立方米/秒,最大573立方米/秒,最小0.87立方米/秒,年平均径流量3.91

---

[1] 复旦大学历史地理研究中心主编:《历史地理研究3》,复旦大学出版社2010年版,第303—319页。

[2] 杨伟兵主编:《明清以来云贵高原的环境与社会》,东方出版中心2010年版,第183—202页。

[3] 南盘江:发源于云南沾益乌蒙山脉马雄山南麓大冲沟水洞,由北北往南流经沾益、曲靖,至陆良上折西流,至宜良上折南流,至八大河(清水江口)南岸进入广西境内,至三江口(黄泥河汇口)北岸进入贵州后折东南流,至仓梗折东北流,至天生桥复折东南流,至百口折东北流,至蔗香双江口纳入北盘江,称红水河。资料来源:贵州省地方志编纂委员会编:《贵州省志·地理志》下册《水文》,贵州人民出版社1988年版,第910页。

亿立方米，含沙量每立方米 0.97 千克①。

一、明清泸江流域水灾的分期和特点

根据史料记载，泸江流域最早关于水患的记载，在明嘉靖十四年（1535），建水"四至六月，大雨连日不止，河水泛涨，平地深丈，田禾尽没，是岁大饥"②，明代泸江流域，发生洪水 11 次，其中嘉靖 1 次、隆庆 1 次、万历 7 次，天启 2 次，这 11 次水灾中，发生在石屏 4 次、建水 6 次、石屏、建水两地群发 1 次，明代泸江流域的水灾重灾区为泸江中上游地区，泸江下游的阿迷州则没有发生水灾的记录，而水灾以万历、天启等明中晚期为多。建水"明嘉靖十四年（1535），四至六月，大雨连日不止，河水泛涨，平地深丈，田禾尽没，是岁大饥"③；"明万历四年（1576）七月二十四日……维时，大雨弥月，风雷昼晦，泸江河决，人以为异……"。④ 石屏"明天启五年（1625），据石屏县报称，自八月二十日至二十五日，昼夜大雨如注，海水涌涨，田亩俱成巨浸，稻已割者，漂流入海，未割者，漂流入海，未割者，湮没萌芽，近城行舟，四门城墙俱被冲到"。⑤

有清一代，泸江流域水灾次数增多，单决堤发生 27 次，而多数发生在泸江中游。在清初，决堤多在中上游的河段。"清康熙三十二年（1693）6 月大雨，河决淹西南一带田庐，较乙丑年

---

① 云南省开远市志编纂委员会编纂：《开远市志》卷一《地理》，云南人民出版社 1996 年版，第 55 页。

②③ 《古今图书集成·临安府》。

④ 康熙《建水州志》，引自《云南水旱灾害史料》，第 15 页。

⑤ 《云中药草》，引自《云南水旱灾害史料》，第 21 页。

(1695) 尤甚。"① "清康熙三十五年（1696）丙子淫雨为灾，水患尤甚，秋间溃，横流泛溃无涯，西南半壁，田禾尽没，庐舍尽漂，儿童妇女于惊涛怒浪中，趋避不及。"② 而到清中期淤塞面积扩大，决堤转移到了泸江流域的象冲、塌冲等支流河道。乾隆五年，"建水州之象冲等河，于六月初五、六等日（6月28、29日），雨水冲塌河埂五处，沙压田稻三四十亩。……督率募夫将堤工上紧修筑，并加砌石堤以资永远捍护。"③ 清嘉庆六年（1800），建水县城重山环绕，自郊西演漾而东之河三，中曰泸江，左右象冲、榻冲二河之水，皆旁注泸江而归岩洞，……榻冲旧有木桥，嘉庆五年雨淫堤溃，板架荡析而不留，旅人临流嗟叹……④；到清后期，水灾发生更加频繁，泸江中段水灾呈现群发效应，水灾来势猛，损失巨大，多处堤段出现溃决，泸江河道屡次出现改道的现象。"清道光二十五年（1845），建水堤决二十四口，育婴公堤费钜金旋筑旋溃，十七孔桥下边堤决，水势汹涌，逐于万顷田中别开一河，长约二十余里，二、三里间任其逶迤冲决，一片汪洋。难以数计，梨园堤近城潭亦于是年冲决，越至咸丰十一年（1861）始成筑，而城一带世族田庐，湮没殆尽矣。"⑤ "清光绪二十五年（1899），堤决二十四口，溃十七孔，水势汹涌，逐于万顷田中冲开一盒河，长约二十余里，宽二、三里。"⑥

而在水灾的发生区域上，除在发生水灾的石屏、建水等泸江中上游区域之外，泸江下游的阿迷州，在清后期，也开始有发生

---

① 雍正《临安府志》，引自《云南水旱灾害史料》，第29页。
② 《滇文丛录》引自，《云南水旱灾害史料》，第29页。
③ 《清代珠江韩江洪涝档案史料》，中华书局1991年版（1740年，档案一号），第61页。
④ 《介亭全集》，引自《云南水旱灾害史料》，第56页。
⑤ 民国《续修建水县志稿》，引自《云南水旱灾害史料》，第77页。
⑥ 同上书，第117页。

水灾的记录。"1823年（道光三年）其……阿迷……则因山水陡发，冲决河堤，以致各属低洼田房，间被冲淹倒塌。"①

由上述史料可知，明清泸江水灾分期的基本概况。兹根据自明到清代水灾史料的整理和梳理，全面加深对明清泸江水灾具体时期、次数及其频率的了解，如表1—1：

表1—1　明清泸江流域水灾统计表　　（单位：次）

年号	一般性水灾年数（次）	较大水灾年数（次）	决堤年数（次）	总计
嘉靖	—	1	—	1
隆庆	—	—	1	1
万历	2	3	2	7
天启	—	2	—	2
康熙	6	6	5	17
雍正	3	2	1	6
乾隆	5	2	3	10
嘉庆	3	3	2	7
道光	2	—	4	6
咸丰	3	1	—	4
同治	4	1	—	6
光绪	13	7	11	31
总计	41	28	30	99

资料来源：光绪《临安府志》、康熙《石屏州续志》、乾隆《石屏州志》、民国《石屏县志》、雍正《建水县志》、民国《续修建水县志稿》、康熙《阿迷州志》、民国《阿迷县志》、云南省防汛抗旱总指挥部办公室、云南省水文水资源局编：《云南水旱灾害史料》；水利电力部水管司、水利水

---

① 《清代珠江韩江洪涝档案史料》，中华书局1991年版（1823年，档案三号），第121页。

区域史研究

电科学研究院编:《清代珠江韩江洪涝档案史料》

说明:本表对水灾分类指标:1. 记载"大雨"、"水溢"、"水潦"、"大水"等的描述,归为"一般性水灾";2. 记载"漂庐舍"、"淹没田亩"、"水入城"等的描述,归为"较大水灾";3. 一年内县州多次发生水灾均视作一次记。

通过表1—1可以看出,明清两代,泸江流域发生水灾次数达99次,平均5年一次水患,其中"一般性水灾"共41次,"较大水灾"共28次,"决堤"共30次,其中较大水灾和决堤数约占总水灾年数的64%;其次明代泸江流域发生水灾次数达11次,而到清代,其水灾次数达到88次,是明代的八倍,特别指出的是,决堤数从明代的3次增加到27次,是明代的九倍。

笔者从1532—1911年,将每十年为一阶段,将水灾次数反映到图表上,能够清晰地看出明清泸江流域水灾变化趋势的特点(表1—2、表1—3):

表1—2 明清时期泸江流域旱涝年次统计表(单位:次/年)

时 段	次 数	时 段	次 数
1532—1541年	1	1722—1731年	5
1542—1551年	-	1732—1741年	3
1552—1561年	-	1742—1751年	3
1562—1571年	-	1752—1761年	1
1572—1581年	3	1762—1771年	2
1582—1591年	2	1772—1781年	2
1592—1601年	1	1782—1791年	-
1602—1611年	2	1792—1801年	2
1612—1621年	-	1802—1811年	3
1622—1631年	2	1812—1821年	7
1632—1641年	-	1822—1831年	3
1642—1651年	-	1832—1841年	1
1652—1661年	-	1842—1851年	2
1662—1671年	1	1852—1861年	5

续表

时 段	次 数	时 段	次 数
1672—1681 年	2	1862—1871 年	5
1682—1691 年	2	1872—1881 年	8
1692—1701 年	6	1882—1891 年	8
1702—1711 年	3	1892—1901 年	9
1712—1721 年	3	1902—1911 年	8

表1-3 明清泸江流域水灾指数变动曲线表（单位：次/年）

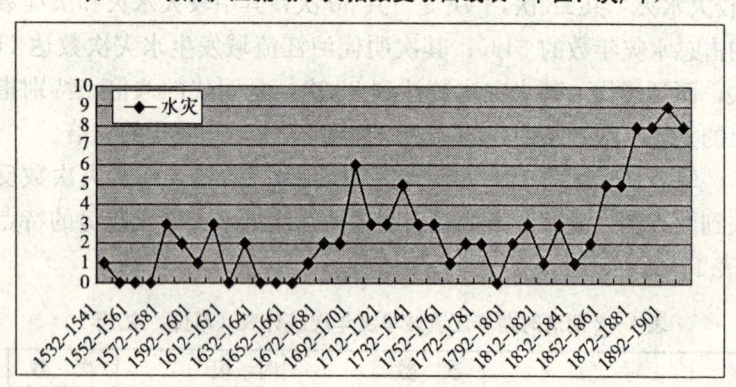

通过表1—2、1—3综合可知，明朝（1368—1644）泸江流域水灾相对较少，发生频率年际次数变化不大；而入清以来，水灾发生频率、次数尤为明朝有所增加，特别到清中后期水患次数明显增多，到光绪朝发展到顶峰。

二、水灾重压下的应对措施

泸江自石屏州异龙湖东流会三河水，入建水县之岩洞，洞出阿迷州南，为乐蒙河，入于盘江。泸江的上流水患的问题，在于湖泊的治理，而在泸江中流，主要以疏通河道，修建河堤水利工程为主。

3-1 上游湖泊的治理

明弘治十六年（1503）自春至夏五月不雨，云南布政使司参政陈宣、副使包好问，临安知府王资良，临安卫指挥庞松，组织军民决异龙湖水灌田。"每丈平处一人至二人，有沙有土处倍之。凡一千五百人，每五十丈督一指挥、通判等官，察其勤惰，以上下其食事，三旬而成。水通物润，且有地以乡计者四，以亩计者数百万。"① 自此以后，异龙湖始有正式河道。惟此河道，因地形、地貌等原因，雨季来临经常淤塞，湖水泛滥，洪涝频繁。明嘉靖间，知州陈仲晦即修海口，建六闸，万历初，石屏大雨，湖水涨入东城。万历六年（1578），沐国公昌祚命布政使司派员履勘。崇祯年间，知州朱统㸂冒雨至海口巡视后，以"民田相错，湖滨者几万顷，田高湖卑，浮沙四塞，土民筑坝希灌溉之利，湖水不得行，渔者耕桩，积葑草为梁，湖水又不得行，与是壅而上侵"，乃下令"旧坝拆毁，力浚河身，沙无留行，石堤未筑浮沙未可砥也。下耕排桩，筑土埂，树榆柳数百丈如铁瓮焉，又搬运木石培护内堤，外堤湖水趋下而汇于东，出淤田数百亩。"②

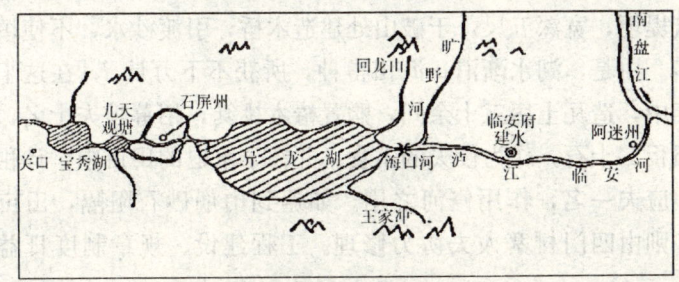

图 1-1 泸江上游湖泊简图

---

① （明）陈宣：《石屏水利记》，乾隆《石屏州志》卷五《艺文》。
② （明）杨忠亮：《朱州守生祠碑记》，乾隆《石屏县志》卷五《艺文》。

异龙湖的疏浚主要在海口,而海口淤塞主要由泥沙造成的。明天启年间,海口"水口旁有王家冲、芦子沟二水,逆流而上,两沙壅淤,随开随塞",知州顾庆恩主持海口疏浚,以"每岁二月时,必量其水势,相其地形,拦以深桩,卫以巨石,使二水合处不为冲击崩塌,则沙不能塞,而水寻故道,西走如驶马矣。"①

清初,"数十年来,壅滞愈甚,值夏秋之交,霪雨不息,狂流暴发,黄芪尽委巨浸,民益苦之。"水患日益严重,"干沟水,昔人堤之,堤坏则土石直奔海口,此一患也。王家冲水,河堤难免冲击,又一患也。南岸干溪数处,雨水暴集,砂砾随至,亦一患也。"②清康熙三十七年(1698),知州张毓英,修管海口,采取布桩瓮石、分流归海的方法,试图使水不直冲海口,以畅其流,使得"分流归海,以杀其势,""河渠浚深丈余,开凿十有数里,他若坝心山间诸水,或分其势,或厚其防,有条有理,云涛怒卷,雪浪湍飞,决之如建瓴下,而勾町邻亩,亦大沾余润,称两利焉。"③

自康熙五十七年(1718)至雍正九年(1731)州史目叶世芳,"每年农务稍暇,齐集人工三百名,动工二十日,疏浚河道,堵筑堤埂,宽深五尺,于破山处建造木桥,引渡沙水,不使填河壅滞。由是,湖水渐消,海田得种,所获不下万计。"④在这十一三年中,造瓦土房三十余间,购置椿木挑箕,招募坝夫十名,并置田租二十石,作为役夫的工食。并在于水退的田亩中,计租十石,应夫一名,作用修河之用。如遇到山崩砂石阻隔,田亩受淹,则由四门村寨人夫协力修理。工程建设、规章制度日益完

---

① (明)顾庆恩:《海口说》,康熙《石屏州志》卷十《艺文》。
②③ (清)许贺来:《张公新浚海口记》,康熙《石屏州志》卷九《艺文》。
④ (清)周勋:《岁修海口碑记》,乾隆《石屏州志》卷五《艺文》。

善。"年春,必官为督率,大修一次,按田拨夫,旧有成例,修深必三尺,乃差免水患。"①

乾隆二十三年(1758),海口河淤塞,知州官学宣呈上宪,以原有田租下敷支付,捐金倡修,与州士绅会集民工,共同修浚,改建渡沙木桥为石桥,并另辟沙河,使回龙山水倒流入海,以防沙石注入海河②。

乾隆三十八年(1773)大雨,湖水注入县东城,知州蒋振阅修浚海河堤,添建蒋公堤,并建洄澜亭桥,以畅其流。后知州台弼、傅应奎等续修"福田堤"长30余丈③。

同治、光绪年间,连年修治,几无间断,疏浚海河除疏浚以畅其流外,还将障河之砂沟,分流入湖,筑堤引水,以煞其势,撤除拦河堤坝,免阻其流;河堤遍植榆柳,以固堤基,设有专官,专司管理,负责修浚。并置有田产,为岁修之费。建官房,以作建都工程之用。

3-2 中游水利的兴修

明隆庆四年(1570),泸江三河口沙泥已经开始淤塞,万历四年(1576)兵道副使许宗继躬视修浚,设椿柞田,置田征租,以备疏筑之费,二十七年(1599)兵道副使漆文昌,二十八年知府张守则相继筑泸江堤。到清康熙朝,河堤屡决,三河堤由于河源诸山多崩坏,造成夏秋雨涨,流沙四出,积之日久,河堤已经高过田亩或至一二丈,一经冲决,田为受水之壑。④ 而泸江主河道也由于支流泥沙的增加,已经造成河道淤塞,河道抬升,水流

---

① 乾隆《石屏县志》卷一《舆图志·水利》。
② 乾隆《石屏县志》卷一《地理志·堤闸》。
③ (清)蒋振阅:《旧洄澜亭记》,民国《石屏县志》卷三十四《艺文》。
④ 康熙《建水州志》卷四《堤坝》。

趋缓,河水停滞的局面,对两岸防洪造成巨大压力。"年来山叠水泆(患)沙土填实,河身日高,河咽日塞,膏腴者渐编为泽卤,众河皆然,然而泸江之患为尤大,盖河之腹既无宽广停蓄之处以消融其暴戾,而举骤盛之势,一往冲射,两岸更低;任其狂澜肆溢则未得就水之利,而先受水之患矣。"①清雍正年间,云贵总督鄂尔泰在《临安修河教》中认为,因为泥沙涌入河道,使河流水流平缓,堤坝所以"岁岁兴修,年年倒塌",提出了泸江疏浚的工程原则,在河道弯曲的地段,"应用桩石,使无冲漩之虞",在河道涌宕处,则应"尽须击凿,以免阻遏之患。"在注重堤坝修筑的过程中,必须对河道的泥沙进行疏浚,深挖河道,使河道顺畅。

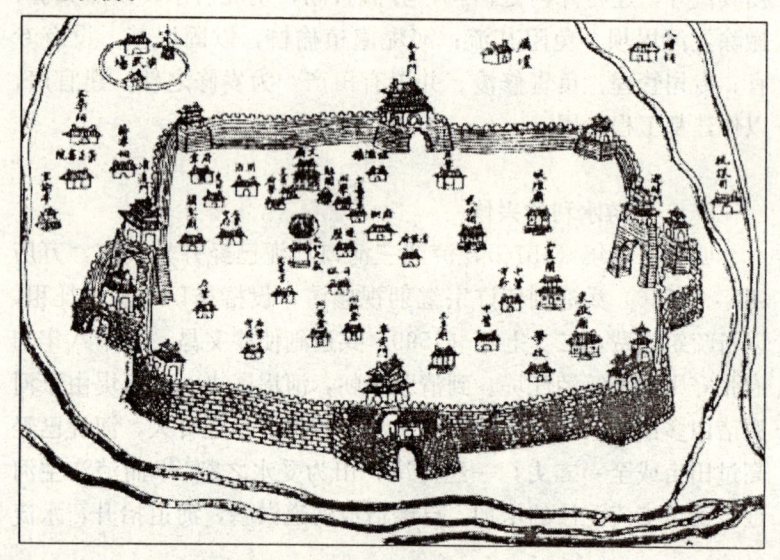

图1—2 建水州(临安府附郭)城图
资料来源:雍正《建水县志》卷一《图考》

---

① (清)王立宪:《工筑河湾石堤碑记》,雍正《建水县志》卷十一《艺文》。

区域史研究

在对于主河道进行疏浚的同时,中游主要有塌冲河,象冲河,又有蚂蟥沟、索龙、青云、迎恩等支流。塌冲河、象冲河两河在支流中的水患最为严重,经常发生决堤。"南为塌冲河,又南为象冲河,原与泸江并行,夹岸则皆田亩,归入河口。二河之身虽略平直,但塌冲则浮沙掩埋,石桥低矮,水流不及。象冲则高流急泻,河窄埂薄,水势难容,每遇涨发,漫案崩堤,冲没田禾,为患更甚。"对于塌冲河,象冲河的治理方案则"必须尽去浮沙,使咽喉无碍;原培堤埂,使腹背皆坚。"而对于蚂蟥沟、索龙、青云、迎恩等诸水,由于河道阻塞,河流经常改道。则"必疏决开挖河道,使其就势归流。"对于支流的泥沙,主要依靠修筑拦沙坝。"如宗坝河,每从黑石冲口,冲滚大石,填塞河中,当建坝筑埂,以逼沙挡石。"①

对河尾岩洞开凿疏浚。泸江从尾闾岩洞潜伏下注阿迷境内为乐蒙河,在石洞前有十三道石埂,导致河水不能直泄。"岩洞之前石磴嶙峋纵横,洞口细流则峡到曲如洪,涛则湍波四溃,腹多石埂,横截中流者十有三重",鄂尔泰令张无咎等人督工伐石,"不一月而十三重埂尽拔而去,自此涌沙流河身,丈余无腹避礙岩洞,逐不为患。"并在河堤两岸"伐木为椿,编竹为篾,以为两岸之障"②

由于治理河道是一个长期而艰巨的任务,必须常抓不懈,往往疏于管理,泸江水患并没有减少,受灾面积、人口等反而有增加的趋势。面对水灾,必须制定更加行之有效的措施,清乾隆朝,临安府知府张无咎根据泸江的水患特点,总结提出了治理泸江水患著名的《修河方略八条》:

在修理河道上,(一)须分河身的高低。"如河身低于田者,

---

① (清)鄂尔泰:《临安修河教》,《建水县志》,中华书局1994年版,《附录·要文辑存》,第833—834页。

② 《鄂少保开岩洞碑记》,雍正《建水县志》卷十一《艺文》。

将堤照旧修筑;如河身与田相平者,须量挖尺许,将堤加厚;如河身高于田者,须深挖河沙添于堤后,倍工修筑。"(二)须分河道的宽窄。"如河宽者水势必缓,可照旧修筑;如河窄者水势必急,务须取大块胶泥堆筑两岸,使其高厚。"(三)河道挖沙上,须辨明形势,"如沙一边高一边低,即就高者挖之,使水就高边,而低者方不受害;如有弓弦弓背,应就弓边挖之,以分其势。"

在修理堤坝上,(一)须分形势。"如直河堤岸照加高厚,至转弯弓背即上流所冲,其堤即须加倍,方保无虞";(二)须辨明堤坝沙土、及有无树木。"如原系土堤,旁已种树木,不过查其河身高低,将所取之沙堆于堤后,用胶泥盖顶,即可无虞";(三)修理堤坝须打桩木。"堤既新成,务令堤主插木栽柳使根株盘结,则埂土牢固。至转弯内之处,内布密桩,外连丛树。"

在河道日常管理上,主要任命埂主、堤长等进行管理。"沿河埂主堤长逐名传到,先将修完者交令承管,彼既身干系,自不肯令人夫草率筑及牛马践踏,如日后损伤,埂主堤长是问。"

最重要的是,在《修河方略八条》中指出了泸江河道的险工险段,制定出了相应的治理对策。"如象冲河之鸡粪土,此土性遇水即散,于堤工有害,该管官更留心料理,即不能全用泥块,须加六分泥块,方可坚固。""如原系沙堤,旁又无树木,此堤遇雨即危,何况山水暴发。该管官务督令人采大块胶泥,并有草根者堆筑,如近处或无,即拔夫远取,不得仍堆以沙,虚应故事。如蚂蟥沟、小庙、泸江桥一带,宜加倍留心。""自谢家湾至岩洞,又有象冲、塌冲各河,俱应加工。然素常受伤之处,尤不可忽略。如犁花尖系第一紧要,人所共知,有不尽知者,须问堤主堤长,逐段查明,加倍用工,工毕时再修一次可也。"[1]

---

[1] (清)张无咎《修河方略八条》,《建水县志》,《附录·要文辑存》,第 834—835 页。

区域史研究

由此可知,在长期的治河实践中,人们对水患规律性的认识,已经达到了很高的水平。

表1-4 明清泸江流域水利工程分布、类型及数量

地区	坝	闸	箐沟涧泉	堰塘湖海	渠 堤	涵 洞	总 计
建水县	2		7	7	4	3	23
石屏州		1		8	2		11
阿迷州			3	3			6
总 计	2	1	10	18	6	3	40

资料来源:光绪《续云南通志稿》卷二十一《地理志·水利》

通过明清两代对于泸江的治理,泸江水灾在清中期发生的频率有所放缓,这一时段,跟水利的兴修不无关系,可以说水灾的发生频率与水利投入可以成正比例,但这种趋势并不是线性上升的,投入的大小也非于实际效果完全画等号,而是当地的生态变化的关系更大。这就说明为什么在泸江流域经历一个长时段的相对平静的无大规模的水灾后,在清朝后期,光绪朝时泸江流域分布的各类水利工程共计已达到四十处(如表1-4),但水灾次数没有减少,反而突然陡幅上升。

三、水灾所反映的环境变迁

泸江流域水灾频繁,有着复杂的原因,既有自然因素的影响,也有人为因素的干扰。

泸江流域地形侵蚀,切割强烈,山坡陡峻,山顶呈脊,河谷幽深,状如V形,高山峡谷相间并列,形势险峻雄伟。地势以

山多地少，山河相间，岭谷并列，高低悬殊，垂直明显为特点①。由于上游河道狭窄，高低海拔悬殊的差异，造成水灾来势猛，洪水宣泄不及，导致洪水泛滥。

11月至次年4月，西南哀牢山脉对西南暖湿气流向东移动的阻碍，造成泸江流域降水稀少，风干物燥，降水量占降水的19%左右，为干季。湿季为5至10月，东南季风沿孟加拉湾北上带来的暖湿气流的影响，而又造成泸江流域降水明显增多，降雨量占全年降水的81%左右②。自然因素的影响造成泸江流域干湿季分明，降水年季的不均匀，极易导致大雨和暴雨，造成水土流失和泥石流的发生。

洪武十四年（1381），傅友德、蓝玉、沐英率兵三十万征云南，而后分兵戍守云南各地，设置卫所，洪武二十七年，建立临安卫，设立五个千户所，分布在建水、通海、蒙自等地，沿泸江分布着石屏、曲江、宝秀等屯。据天启《滇志》记载，临安卫本地共屯军1036人，加上军余15666人，共有16000人，共屯田479顷42亩③。

明代万历时，石屏知州萧廷对在《石屏水利碑记》中④，对当时石屏水利全貌进行了概说，而大段都是对于屯军活动造成生态环境变化以后，导致石屏河道淤塞，水灾频发的描写。

> 宝秀去城两舍许，东与石屏合为两屯，输屯储养临城卫军，力耕敢斗。先是丁改啸聚，剽掠间阎若扫，独宝秀未敢一矢相加。遣兵农合一之制，即蕞尔明效较著，矧建屯，而

---

① 石屏县志编纂委员会编纂：《石屏县志》，云南人民出版社1990年版，第54—55页。
② 《石屏县志》，第66页。
③ 天启《滇志》卷七《兵食志》。
④ （明）萧挺对：《宝秀水利碑记》，康熙《石屏县志》卷九《艺文》。

后国家文教翔洽,多士赏序,翩翩应科贡。庶几,免置之计宁复兵食不支,是虞惟是四山䢳峚,苦若无泉灌注田亩,山雨暴涨,岁久为民患二焉。其一,通远桥:桥直接高、余两箐,牌楼坡诸水下达河口,初沟广六尺,深入之水循故道,民居安堵。正嘉以来,下流沙壅,沟道高于田园等,且藩垣隔绝,久不复寻故址。近佃牟利,奄有播种,众水漫演四出,道途日高。庐舍日卑。至以民居为壑,旦夕弗退水啮,居垣老幼凛凛,莫必其命。其一,中、左二所屯田逼草海,雨集辄为巨浸,山下旧河一沟势难容泄,又数十年无议开者,浚之难,不胜其壅之易也。

徐霞客崇祯十一年(1638)八月到达石屏,留下了相关的游记记载,"迤东之州,石屏为最盛,迤东之堡聚,宝秀为最盛"。反映了泸江流域从明屯军以来,人口迁移不断进入,泸江流域坝区,已经被大范围的开发。在徐霞客在游记中,水土流失的现象已经十分严重。"滇南之山,皆土峰缭绕,间有缀石,亦十不一二,故环洼为多。滇山惟多土,故多壅流成海,而流多浑浊"①。

至清康熙二十九年(1690),实行休养生息政策,各卫所军田照民田上、中、下则起科,荒田听民开垦,新垦田地三年免收田赋。到乾隆二十三年(1758),仅石屏州一州户口就达到8217户,口数达17958人②。

为满足人口的增长的需要,须"尽地力而教",不断开垦土地,而坝子的土地毕竟有限,而开垦的重点逐渐转向坝区周边湖泊、沼泽等滩涂,进行围湖造田。泸江上流的异龙湖首当其冲。

---

① (明)徐宏祖著,朱惠荣校注:《徐霞客游记校注》之《滇游日记》,云南人民出版社,1985年版,第752页。
② 乾隆《石屏州志》卷三《户口》。

"开浚直河,湖水决矣,民屯出矣。始以为饶有济于屯。"① 围湖造田在一定程度缓解人口增长的压力,但是随之而来的造成湖泊的库容量减少,泥沙淤积。"异龙湖水周遭百五十里,民田相错,湖滨者几万顷,田高湖卑,浮沙四塞,土民筑坝希灌溉之利,湖水不得行,渔者耕椿,积葑草为梁,湖水又不得行,与是壅而上侵。"② 而泥沙淤积,调节洪水的能力下降,造成异龙湖河口尾闾宣泄不及,这又是导致异龙湖水灾频繁的重要人为因素。"村民欲激水入田,架木作坝,横截河中,沙日壅,水口淤,其患尤甚,缘此数患,故累开累塞。"③

雍乾以来,外来移民达到顶峰,如嘉庆时知府江浚源《条陈稽查所属夷地事宜议》指出:"历年内地民人贸易往来,纷如梭织,而楚、粤、蜀、黔之携眷住居其地租垦营生者,十之三四。"④ 土地面积不断减少,土地开垦逐渐由坝区向周围的山地扩展。而客民开垦新土地时,多使用放火烧山的方法。这样树木被烧毁,原生植被破坏殆尽,极易发生水土流失。"称原宝秀一坝,各处无知之徒,放火烧山林,连挖树根,接踵种地,以致山崩水涸。及雨水发时,沙石冲滞田亩,所得者小,所失者大,数年来受害莫甚于此。"⑤

明初,泸江流域的少数民族还处于原始农业状态。或"专稼

---

① (明)杨忠亮:《宝秀新河碑记》,康熙《石屏州志》卷九《艺文》。
② (明)杨忠亮:《朱州守生祠碑记》,乾隆《石屏州志》卷五《艺文》。
③ (清)许贺来:《张公新浚海口记》,康熙《石屏州志》卷九《艺文》。
④ 转引方国瑜:《中国西南历史地理考释》,中华书局1987年版,第1233页。
⑤ 《宝秀秀山兴利除害碑记》,石屏文史资料选辑第1辑,第186—187页。

稔，尽力田畴"，或"采猎为业"。母鸡部落在明代还是"迁徙无常"、"藏匿山林，惟事剽掠。"① 明清以来，农业经济的发展，土地大量开垦，母鸡部落则改变成了"耕山食荞，暇则射猎"②，"朴喇则以种植棉花、杂粮为业。"③ 游牧经济逐渐被迫转变为农牧兼营或固定农耕的形式，少数民族生计方式发生了改变。"土人依山麓平旷处开田园，层层相间，远望如画，至山势峻端，蹑坎而登，有石梯磴名曰梯田；水源高者，通以略约数里不绝，至高亢处待雨播种曰雷鸣田，亦曰靠天田。"④ 而对于适应山地的游牧经济而言，这种转变必然导致土地的高度利用化，如果利用不当，就会造成土地的退化、沙化现象，对山地环境造成破坏。

明代，本地矿产就得到开发，《滇略》称："临安之繁华富庶甲于滇中。谚曰：金临安，银大理。言其饶也。其地有高山大川，草木鱼螺之产不可殚述，又有铜锡诸矿，辗转四方，商贾辐辏。"⑤ 到清代，泸江流域周边的矿产被大范围开采，如建水摸黑厂，乾隆七年，额课52两，年产值银347两；个旧厂，康熙四十六年开办，额课2306两，年产值银15373两⑥。

清后期由于个旧锡矿的开采，本地木材已经消耗殆尽，木材采伐越来越远，周边建水、石屏、开远等森林被大肆开采。郝景盛教授在《云南林业》中："蒙自附近之山，在不久之前尚有天然林存在，后因个旧锡业发达，大量用木炭……最初取自蒙自山

---

① 天启《滇志》卷三十。
② 雍正《阿迷州志》卷十一。
③ 雍正《临安府志》卷七《风俗附种人》。
④ 道光《云南通志稿》卷三十《地理志》。
⑤ 《滇略》（明）谢肇淛纂，南海孔氏岳雪楼，清末（1851—1911）抄本。
⑥ 民国《新纂云南通志》卷一四五《矿业考一》。

林,后至建水,现已用至石屏山林,而石屏山林又将砍伐殆尽矣。"① 在建水县,"建水因受个旧炼锡之影响,天然森林砍伐殆尽,濯濯童山举目皆然。"② 开远县,到 1916 年:"城附近林木,近年烧炭砍伐殆尽,其余小松每被樵人采薪,野火焚烧,昔之森林而今已成秃山,深为所慨!"③

个旧地区炼锡对木材的消耗量较大。在炼锡方面,个旧炼锡方法分土法和新式方法,土法炼锡的燃料为木炭,土法和新式办法炼锡所需木炭主要为松炭。在个旧锡业的发展中,木炭需求量中,木炭需求量大。至于土法炼锡的木炭消耗量大,郝景盛教授 1940 年在《云南林业》提及:个旧锡业大量用木炭,每年炼锡用木炭在 1500 万斤以上④,约 7500 吨,从 1890 年至 1911 年的 22 年中,个旧土法炼锡至少消耗木炭 16 万吨以上(表 1—5)。

杨煜达在研究清代滇东北铜业对于木炭的消耗量上,曾估算一吨木炭约合木柴 3 吨,一吨木柴约合木材 1.111 立方米⑤。而炼锡和炼铜所用木炭基本相同,据此 16 万吨木炭折合木柴 48 万吨,折合木柴至少 53 万立方米。

这说明随着个旧锡矿的开采,泸江流域的森林消失殆尽,泸江流域的生态环境遭到了灭顶之灾。随之而来的是,水灾频繁,光绪一朝,泸江流域水灾达到 33 次。这和泸江流域的生态破坏有着密切的关联。

---

① 郝景盛:《云南林业》,《云南实业通讯》,1940 年第八期。
② 建水县志编纂委员会编:《建水县志》,中华书局 1994 年版,第 326 页。
③ 李朝闻等辑:《阿迷劝学所报征集地志编辑书》,民国五年,阿迷县印钞本。
④ 郝景盛:《云南林业》,《云南实业通讯》,1940 年第八期。
⑤ 杨煜达:《清代中期(1726—1855 年)滇东北的铜业开发与环境变迁》,《中国史研究》,2004 年第 3 期。

表 1—5　个旧锡矿（1890—1949）年产量表

单位/吨

年份	产量	年份	产量	年份	产量	年份	产量
1890	1315	1905	3627	1920	10900	1935	8534
1891	1740	1906	3790	1921	5880	1936	9796
1892	2060	1907	3450	1922	8980	1937	9187
1893	1930	1908	3675	1923	7810	1938	10731
1894	2340	1909	4743	1924	6850	1939	10050
1895	2440	1910	6000	1925	7119	1940	9094
1896	2010	1911	6347	1926	5586	1941	5094
1897	2480	1912	5802	1927	5466	1942	4641
1898	2740	1913	6580	1928	6000	1943	3096
1899	2560	1914	6660	1929	5738	1944	1613
1890	2900	1915	7360	1930	7218	1945	1600
1891	3020	1916	6850	1931	6025	1946	2200
1892	3320	1917	11070	1932	7566	1947	3500
1893	2317	1918	7900	1933	8349	1948	4000
1894	3413	1919	8330	1934	8350	1949	3300

资料来源：《个旧市志》，第 378—379 页

结　论

本文讨论明清泸江流域的水灾，通过多幅图表，反映了水灾发生的次数、时段、频率、特点。而明清泸江的水灾的治理，在于上游湖泊的疏浚，中游河道重点在于修建河堤水利工程。通过明清两代对于泸江的治理，泸江水灾在清中期发生的频率有所放

缓。但是研究得出，水灾的发生频率与水利投入有时不成正比，投入的大小也非于实际效果完全画等号。

纵观明清两代，泸江流域的水灾，虽然受其季节降水、地形等因素的影响，但明清水患的主要原因，关键在于长期以来，人类不断地围湖造田、开矿找矿、滥伐森林等造成植被破坏，加之山区农业生产措施不当，陡坡开荒，加重水土流失。生态环境出现人口增加—滥砍滥伐—森林减少—水土流失—河道淤塞—水患增加等一系列连锁的生态恶性循环。

在西南环境灾害史研究中，注重一个大地区、甚至扩至一个省、几个省的宏大的叙事，研究时间跨越时段冗长。而对于小流域视角下的灾害关注不足，可能囿于资料收集的不易，研究不能深入有关。但是对于小区域的研究，有利于深化对于特定自然环境、区域社会下，引起自然灾害产生的不同条件、不同原因，而在不同时期，灾害的变动情况，及其灾害重压下的社会应对机制。这是今后西南环境灾害研究应该注意的问题。

区域史研究

从宪政发展论清末民初的贵州地方自治

◆ 林 芊

地方自治是近代欧美民主政治发展中逐渐健全起来的一种国家制度,它将国家权力分解为多中心而非单一的权力秩序,核心是国家中央政府与地方的分权,更是推崇联邦制的国家体制。19世纪法国著名政治家托克维尔认为地方自治是民主社会的根基,他说:"一个国家也许可以确立一个自由政府,但是,没有地方自治,它不可能具有自由精神。"地方自治运动一般被视为向民主过渡的宪政发展进程,也在晚清的政治改革中驶入中国政治发展的轨道,清末宪政最重要的一项工作是预备立宪,而预备立宪首做的工作是地方自治,认为"布地方自治之制","实宪政之精髓"之一①。清末新政预备立宪自治先行,因此地方自治运动成为推进国家宪政的重要环节。早有学者提出:"清季以来,谈国

---

① 《出使各国考察政治大臣载泽等奏请以五年为期改行立宪政体折》,《辛亥革命》(四),上海人民出版社1957年版,第25页。

是者，咸以地方自治为立国之基础。"①

一、清末新政中的贵州地方自治

贵州地方自治运动兴起于1907年自治学社的成立。清廷在1909年1月18日颁布《城镇乡地方自治章程》和《城镇乡地方自治选举章程》，谕令各省洛议局筹办地方自治事宜推进地方行政改革，贵州直到1910年（宣统二年）才成立自治筹办处。但这并不意味着贵州推行自治始于这一年。因为贵州地方自治的初步实践在观念上是1907年成立的"自治学社"所进行的广泛社会动员，在组织上也并非一开始就以地方行政改革为对象，而是从发挥社会团体职能然后才推广开来。

自治学社筹组成立于1907年11月②，目的很明确，就是要"以助成立宪为宗旨，以救亡为目的"③。为此进行了广泛的社会动员工作以宣传"自治主义"，基本观点被表述为"个人自治、地方自治、国家自治。以个人自治为起点，以地方自治为延长线、以国家自治为最终之结果。"④可见，在清廷明令自治之前，贵州开始为地方自治进行了大力宣传活动。同样，1908年创立的"贵州商务总会"、"贵州教育会筹备会"所开展的许多工作，实践上也承担了地方自治的功能。贵州地方社团走在了地方自治

---

① 柳诒徵：《中国文化史》下，东方出版中心1996年版，第840－841页。
② 光绪三十四年（1908）九月十日抚宪批复而合法化。
③ 《自治学社杂志》第一期，贵州省博物馆藏。其理论及宣传活动在本文第二节中详细讨论
④ 张伯麟讲，刘镇笔记：《自治学社成记事》，《自治学社杂志》第三期，贵州省博物馆藏。

的前列，他们主动干预社会生活，松动了铁板一块的专制统治权力之一角，以至于有的学者在分析近代中国社团之于宪政发展作用时认为："晚清商会组织已经把自己的影响力渗透到城市社会生活的各个领域。……在很大程度上左右着城市经济和社会生活"①。

贵州推行地方自治的过程是从"宣传教民"工作开始。按谕旨，自治分为"自治之预备"和"自治成立"前后两个阶段。前阶段的任务主要是宣传和学习相关地方自治章程、公民法制等政策。在这阶段，自治学社在各地的分支机构"自治研究所"扮演了重要角色。这里我们以府、县一级的自治活动为典型反映这一时期的状况。宣统二年平坝县办起自治研究所，除城内设两所外，又分别在槎头堡、毛昌堡、才能、鸡场各设一所，为期三个月，大约有三百人。内容为首先是宣传教育工作，进行广泛地社会动员：

> 顾当时一般人心理，不惟草野庶民不识自治之旨趣，即拘墟士夫谈虎而色变。所以于施行自治之前，当有一度引导式之鼓吹，或灌输自治常识，或培养自治道德，或矫正自治谬解，或潜消自治助力。荆棘既罔，坦荡方登。安平（即现平坝县——引者注）这自治学社即应此种时代，此种需要而成立。……
>
> 从事传习，由县城推及四乡。每所学员 50—60 人。全县毕业者 300 多人。会中除研究外，还有出版之刊物。呼吁所及，空气一变。其成绩"筚路蓝缕，岂曰小补之哉。"②

---

① 马敏、朱英：《传统与近代的二重变奏》，巴蜀书社 1993 年版，第 3 页。
② 陈廷棻：《平坝县志·自治》，民国二十一年（1932）印。

再如遵义，早在宣统元年知府袁玉锡于府治桃园洞就举办自治研究所，召集五属人员共 96 人，其中遵义 38、正安 32、绥阳 12、桐梓 8、仁怀 6 人①。这些人再回到本县，从事地方自治的宣传和组织工作。

然后依据法律促成"自治之成立"，即创立推行自治的各级领导机关。贵州"自治成立"是在 1910 年，标志是省自治筹办处成立，随后向府州县辐射。据史载，"宣统二年（1910）三月成立自治筹办处。……拟定城镇乡自治分期筹办表，通行各县尊办。"②因而真正触及制度创立的行政改革出现，是按照贵州宪政派领袖任可澄所拟定的"城镇乡自治分期筹办表"，在各地创建自治机关。自治机关以府、州、厅、县为上级机关，城、乡为下级机关。宣统三年（1911）二月贵筑城自治会正式成立。在遵义，宣统三年城乡议事会均成立，乡议事会（自治公所）共 15 所。在绥阳县也组织起城乡议事董事会，在东南数乡也成立乡议会会董③。各自治机关成员皆由选举产生。县城各议事会议员由县城乡居民中之选民选出城乡董事会。乡董由城乡议事会选出。遵义城议事会议员 20 名，正议长李道垫，副为曹青照。15 所乡议事会文员 98 人④。绥阳城议事董事会，选出议员 13 名⑤。从各地城镇纷纷成立的议事会和董事会成员身份看，其主体是各地的知名绅士。

贵州省自治筹办处成立及随后向府州县辐射而产生的各城（镇）乡组成的议事会和董事会，担当了领导地方自治的机构的

①④ 周恭寿、杨恩元：《续遵义府志·卷三十一·法制》，民国二十五年（1936）印。

② 《贵州通过志·前事志》，（四）贵州人民出版社 1991 年版，第 950 页。

③⑤ 胡仁修、李培技纂：《绥阳县志》，民国十七年（1928）铅印本。

角色。尽管它的性质与形式都未能触动封建专制政体根基，实事上是地方议会政治制度的初次尝试。贵阳、遵义及绥阳等城乡议事会等自治机构的建立并行使其职责，本身即是对清朝高度中央专制权力的分权转移，在清中央集权一统专制下的地方政权上开了一个缺口。且在制约的方式上，采用了民主选举的形式选出议董和总董，虽只是在一部分有士绅身份地方精英的有限选举，也开创民主选举的风气，这些都为贵州地方民主之风吹拂的一个方向标。

全省各地自治机关相继成立后，接着是铺开和行使自治工作。自治机构的行政职能范畴及工作主要为以下几个方面：第一，发展本地教育。如创办新式学堂（如蒙养学堂、小学堂、中学堂），建立教育管理机构，如贵州教育会、各府劝学所。第二，社会及文化和卫生工作。组织宣讲所、图书馆、阅报室，城镇公共卫生、道路垃圾有清扫，第三，城镇公共生活设施的管理与修膳，如沟渠疏通、道路和桥梁的修筑，第四，社会救济工作。如救济、恤寡、育婴、义仓积谷、筹集款项，组织救火会、救荒会等。

近代欧美国家的地方自治，是以与中央政府分权，从而保障人民自由与权利为根本目的的政治制度。从上述贵州地方自治机关主持的四个方面工作来看，显然关涉不到中央与地方分权政治要害，只不过是引入和发挥着西方资本主义国家市政机关部分职能。因此，清末推行的自治绝对不是也不可能是"离官治而独立"①的政治分权为出发点，只是在官治的范围内作出部分社会公共事务权力的让渡，目的"只是为了在科举制度废除后给地方绅士以补偿，因此它仅仅是一个权力资源配置方面的权宜之计。

---

① 清朝晚期，部分学者将"中央统治"称为官制。

……这些地方自治机构使地方精英得到了新的集中和合法化。"① 然而不能忽视它也是一个权力生长点,一方面它给予体制外有能力的"士绅"群体提供政治参与的机会,也进一步激发了他们主动参与政治的欲望和内在要求。尽管参与的方式不是直接参与决策,但随着政治参与的力度不断加深、力量聚集而为政党,就越来越试图影响政府的决策,如绥阳县议事会就呈请县署在"浮征丁粮内酌减一二"②,这种政治参与自身发展惯性就超越了它原有的轨道,使参与地方自治地方精英扮演反对政府组织者角色,他们日后站在了政府的对立面发动针对政府的一系列运动,如贵州地方自治运动中组建的"自治学社"与稍后成立的"预备立宪会"的出现③,某种程度上说,颠覆清王朝在贵州统治的辛亥革命的爆发恰恰就是参与清廷推进的贵州地方自治中成长起来的各地士绅和精英。

二、辛亥革命以来的二次贵州地方自治

从1911年11月4日贵州辛亥革命爆发至1922年袁祖铭"定黔"期间,地方自治作为政治制度建设,先后经历了两次。

第一次从贵州大汉军政府成立伊始。如果说清末的地方自治只限于公共事务,并没有触及政体实质的话,那么,贵州辛亥革命新成立的贵州军政府,则是深刻触及到政体的大动作。大汉军政府成立当天所发布的《贵州光复并晓谕全省文》就明确规定了

---

① 孔力飞:《中华帝国晚期的叛乱及其敌人》第236页。中国社会科学出版社1990年版。

② 胡仁修,李培技纂:《绥阳县志》,民国十七年铅印本。

③ 全国的状况可参见魏德斐:"历史演变的模式:中国的国家与社会(1830—1949)",《国外中国近代史研究》第26辑,第1—8页。

区域史研究

新政权的国体与政体。其中"宗旨"称："本省与各省人民同意组成大汉联邦民国，以达共和立宪之希望。"①是用"联邦"的模式宣告新政权独立于清廷的政治表达，也是对未来政治重组的国家体制的诉求。地方与中央分权的联邦体制是近代西方民主国家地方自治的精髓，贵州新政府即是以"联邦"共同体之一个体政治身份，成为国家的一部分，完全是遵循地方自治精神的践行；在对政府结构的设计上也是完全以地方自治为原则。由平刚等人起草的《大汉军政府三个月期间之约法》规定政府实行军民分治。认为"贵州去敌绝远，无实施军政之必要，且防武人专横之渐，并树文人。"② 上述政治建设随着同年12月25日公布《贵州立法院拟定宪法大纲》而成为现实。宪法大纲明文规定："中国……将来必为一联邦国。……各省自治之宪法，则为特定宪法。贵州国领……原十三府定之。"③宪法大纲以地方自治最高原则——联邦的国体模式为贵州大汉军政府颁发了一张合法的出生证。

然而不幸的是，大汉军政府由于内部矛盾激化引发了"二·二事变"，再由唐继尧统领滇军进入贵阳，不仅颠覆了合法的政府，唐继尧统治贵州时还迎合袁世凯扼杀地方自治。

第二次是1920—1922年间贵州当局响应南方各省"联省自治"实施的地方自治政治改革。中央与地方权力分配问题一直是民国以来国会立法及各政党争论的焦点，随后演化为全国范围内的自治运动，各省都争取自治成为自"五四运动"后规模最大的一次全国性政治震荡，湖南省率先宣布"制定省宪"维护地方自

---

① 贵州省社会科学院历史研究所编：《贵州辛亥革命资料选编》，贵州人民出版社1981年版，第13页。

②③ 《贵州辛亥革命资料选编》，第16—17页。

治和推行"联省自治"①。贵州也在四川公布自治的决定后宣布自治，成为继湖南、四川之后第三个自治的省份。

活跃于这一时期的政治活动家周素园是这样分析贵州自治的政治环境，他说："民八以还，研究系失欢于段派，拾其唾余，倡为联省自治之说，迎合西南割据武人之心理。湖南省宪，始翘然自命为创作。"②先是在1920年，从日本早稻田大学毕业回省的窦觉苍在贵阳创办了《自治周刊》，宣传在全国风起云涌的自治理论。而活跃于国会的政治人物牟琳返回贵阳发起自宪期成会，"颇索辛亥草案"，③为贵州实行地方自治作先期宣传和组织动员工作。时正值"民九事件"发生，省长刘显世出逃昆明，旋即贵州实力派政治人物、黔军总司令王文华也在上海遇刺身亡，贵州政治上出现了政治真空，卢焘代任黔军总司令④，任可澄代理省长。他俩于是响应湖南在1921年1月28日通电宣布贵州自治，在发布施政宗旨中称："此后施政方针，决当顺应潮流，实行'自治'。关于制定省宪，刷新政治，悉由民政当局主持，敝军确定军人不干政之原则。"⑤由此发起省宪运动。

首先筹组省宪会议（参事会）作为省政决策机构。又设自治、选举两处办理改造省县议会及地方自治设施。然后颁布省制大纲，主要内容为改选省、县议会；省长由民选；改革行政区划，裁撤原有的三道，直接分为省、县两级。一时间，在贵阳出现了省宪研究会、省宪期成会等民间组织，地方自治在全省逐步

---

① 以1920—1922年为高潮，1923年后逐渐退潮，只有张耀曾、沈钧儒等在1925年1月发起成立"联治党"，算作这一运动的回光返照。在国共两党合作掀起的革命大潮面前，自治运动逐渐失去了政治吸引力。

②③ 周素园：《周素园文集》，贵州人民出版社1994年版，第238页。

④ 在3月间卢焘接受孙中山提议，正式接受广州方面的任命成为黔军总司令了。

⑤ 湖南《大公报》，1921年3月31日。

铺开。在省府组织上,增设了教育、实业两厅,实行司法行政独立。作为自治之依据,制定和颁布了县、乡、区组织法。据此重新对区乡调整了行政区划。成立区长训练所训练区长、乡长。又设区、乡监察委员会,监察区乡公所财政,明定公务员人数。

1921年由湖南提出联省自治时,卢焘、任可澄赞成和拥护联省自治,分别与湖南、云南、四川"进行联合之自治政策"[1],4月2日又联合通电,"主张联省自治,统于中枢,自治法规组由议会,并冀各省同志咸趋一途,共保和平,力排异己。"[2]贵州参与联省自治,壮大了南方各省反对北洋政府"武力统一中国"企图的力量,最后在旧国会复会后,也对联省自治予以赞同,也使1923年公布的《中华民国宪法》确定中华民国为联邦制做出努力,黎元洪也下令表示尊重地方自治。这是贵州在声先护国反抗袁世凯专制统治之后的又一次华丽亮身。

这次自治运动中对宪政发展最为有益的是省第二届议会选举中代表为捍卫民权所体现出来的民主张力。事由为议会代表名额分配的不合理及选举筹备处成员构成问题。就议会代表名额分配的不合理一事,一些代表提出,事先拟定的新选举办法所规定的依照第一届省议会代表名额分配原则,不能体现代表全省的民意。首先,目前全省已有八十余县,如果依照旧法,达不到每县均有1名代表;第二,第一届议会中谋些县有数名代表,而另外一些县则没有代表。针对上面不合理的规定,各县旅省同乡会联合商议,共同推出代表向省长任可澄提出二项建议:一是增加议员名额,二是每县至少一人。任可澄先是以不符合选举办法予以否决。于是各县旅省同乡会联合代表再次提议,如果按照选举法规定议员名额以人口多寡为准则,大县人口多可以选出代表若干

---

[1] 湖南《大公报》,1921年3月1日。四川《国民公报》1921年5月15日。

[2] 《刘军长复黔省长电》,四川《国民公报》1921年4月7日。

名,那么,人口少的县应当选出代表1名。任可澄以增加代表名额将加重省财政为由再次拒绝。面对省当局的态度,各县旅省同乡会联合代表一致表示,如不遵循代表合理提议,允许增加议员名额,各县旅省同乡会联合代表将发出通函,呼吁各县人民拒绝选举。逼于代表的强烈不满,省署不得不修改选举办法,增补规定:凡不及选举法规定人口的小县亦可选出1名。第二届议会代表选举结束,共选出代表104名,比第一届代表增加一倍多。代表方策以过半数票,当选为议长。

在选举筹备处成员构成问题上,代表们也对原有不合理规定提出修正。有代表提出,省选举筹备处应当有各县人士参加,以防政府操纵选举。共同向省署请求,每个府治推出一人参加省选举筹备处。省长任可澄最后表态要"庶政公开",尔后应允各参议商定每周开会一次,遇重大问题开会协商①。尽管这届议会由于军阀袁祖铭率"定黔军"入主贵阳,用3000元大洋驱散了这届议会,但议会选举中实现的地方民主,不能不说是贵州地方自治运动中最为亮丽的一笔政治遗产。

三、地方自治是宪政在贵州的一次重要实践

清廷新政推行地方自治,首先得在观念上清楚何为地方自治?为何要地方自治?怎样实施地方自治?这样,以保障人权、民权、自由、权力制衡等为核心的西方地方自治民主思想,随着推行地方自治的理论需要,在国内获得了合法的宣传权。因此,地方自治运动为宣扬资产阶级民主观念提供了一次广泛的机会,

---

① 魏幼安:《第一届省参议会之始末》,《文史资料存稿选编》第一卷,贵州人民出版社2006年,第28—29页。

也成为偏远闭塞的贵州资产阶级民主观念思想的一次启蒙。

1907年11月在贵阳筹组成立的自治学社肩负了这次启蒙重任，掀起了贵州宣传资产阶级民主观念思想的高潮。自治学社的主要成员，如张百麟、钟振玉、张鸿藻、蔡岳、周素园、朱焯等都是清末贵州长期从事立宪运动的著名政治活动家，他们利用创办的《西南日报》宣传宪政思想，此次又创办《自治学社杂志》（1908年），在关系自治的诸多问题中，将西方宪政的基本观念糅合在自治解读中向公众进行宣传。首先，宣传了法治、自由、平等的观念。如在解释何为自治时，讲到"自治有两义，知某事为适于正义公益之法律行为而为之，知某事不适于正义公益之非律之行为，则不行为之，国民之能自治者，生存于法律，活动于法律，竞争发达于法律。有义务即有权利，不为仆婢之义务；有权利必有义务不望盗贼之权利。自治以合群为目的。"也就将民主政治的一套基本概念诉之公众，这些概念包括了做一个现代公民的法律意识、权利意识、义务意识；人民是平等与自由人格，不是权力的奴仆；要建立一个公民社会（合群为目的）等。并以此造就民众的现代的人格："权利义务为何物。能主张权利义务。扩张法律政治之范围。……吾国民之俊秀者，皆不可徒不勉焉。"[1]

第二，宣传了民主国家的政体。如在解释自治目的"以助成立宪为宗旨，以救亡为目的"[2]，实际上告诉读者国家独立就要实行宪政。并在《发起自治学社意见书》中作了进一步发挥，以"国会开设"和"地方自治"为"振救中国国家之至计"为大前

---

[1] 显谟：《对于法政学者之希望》，载《自治学社杂志》第三期，贵州省博物馆藏。

[2] 《自治学社杂志》第一期，贵州省博物馆藏。

提,明确提出"国会开设"、"地方自治"等宪政体制①。再进一步强调,现代民主国家体制最终要在国家层面上体现:"个人自治、地方自治、国家自治。以个人自治为起点,以地方自治为延长线、以国家自治为最终之结果。"②因此,提出地方自治是一次循序渐进的全社会的改造运动:"以个人自治为第一步,凡个人应有之智识、道德,皆入其范围。以地方自治为第二步,凡地方制度、地方教育、地方财用,皆入研究之范围。以国家自治为第三步,凡国家富强、独立之原理,皆入研究之范围。"③

第三,宣传了现代民主政治中公民的参政权利。认为地方自治,不唯是"官制",也应当是"绅治":地方自治是为"官吏绅董共任地方行政之事"④也是"民治":"政府而实行立宪耶?吾人赞襄之、协助之可也;政府而无意立宪耶,吾人启发之、请祷之可也。"⑤

鼓励民众积极参政,是民权观念至关重要的一环,因此,"今者……发表自治诸学理,贡献于多数之同胞。盖欲养成人格的国民,使多数人有国家思想、政治能力,赞助地方自治之实行,辅翼国家立于自治之地位。"⑥可以说,自治学社的宣传涵盖了西方宪政学说的各个方面;通过自治学社的广泛宣传,现代意识闭塞的贵州经历了一次民主政治教育的洗礼,并且影响波及全省各个角落,因为五十余个府、州、厅、县都成立了自治学社分

---

① ⑤ 张百麟:《发起自治学社意见书》,载《自治学社杂志》第二期,贵州省博物馆藏。

② 张伯麟讲,刘镇笔记:《自治学社成记事》《自治学社杂志》第三期,贵州省博物馆藏。

③ 钟振玉《上各大宪禀稿——发起自治学社200等谨禀》《自治学社杂志》第一期,贵州省博物馆藏。

④ 《地方自治制》,《自治学社杂志》第一期,贵州省博物馆藏。

⑥ 张百麟:《发起自治学社意见书》。

区域史研究

社,更因为自治学社会员达三万人之众①,现代民主宪政思想深入人心。以至于当时的贵州预备立宪派活跃人物陈廷棻也意识到自治运动"原不限于自治,为研究政治经济之法团","但审时度势,因而当务之急揭櫫之故,首先是宣传教育工作"②。

民国建立,传统专制被推翻,新的权力空间使民主政治找到了试验的机会,较之清末自治运动有了新的生机,尝试着在权力分配上进行政治设计。辛亥革命时的贵州大汉政权在理论上和实践都进行了一次重重的"省宪"尝试,从而深化了宪政在贵州及全国的政治影响。

1911年11月4日贵州宣布独立当天,新成立的贵州军政府发布了《贵州光复并晓谕全省文》其中"宗旨"称:"本省与各省人民同意组成大汉联邦民国,以达共和立宪之希望"③。可见,新政权是以联邦主义政治理念设计贵州,视贵州为联邦。由平刚等起草的《大汉军政府三个月期间之约法》,认为"贵州去敌绝远,无实施军政之必要,且防武人专横之渐,并树文人。"④两份政治文件中提出的"建立联邦"和"军民分治"(军政民政)两大政治方针,都将地方自治民主政治的核心观念——防止个人专制统治、尊重自由民权公之于世,告之于民,是民主观念制度化迈出的重要一步。更为重要的是,这两大方针最后又以宪法的形式确立在12月25日公布的《贵州立法院拟定宪法大纲》中,又以"贵州国"具体化。宪法大纲有:

> 统观中国……将来必为一联邦国。……各省自治之宪法,则为特定宪法……拟定国宪大要,以质我全体国民

---

① 吴雪俦:《贵州辛亥革命始末》,载《贵州文史资料选辑》第11集。
② 陈廷棻:《平坝县志·自治》,民国二十一年印。
③ 《贵州辛亥革命资料选编》,第13页。
④ 《周素园文集》,第274页。

贵州国领……原十三府定之
国宪制定为共和政体
行政法对邻邦有遣派公债及认定公债之权 ①

上述几条有以下几点值得注意,首先,言"中国……将来必为一联邦国",再次明了以前确定"联邦"理念;第二,"省自治之宪法,则为特定宪法",提出了政治共同体(省)自治的民主观念;第三,"贵州国领……原十三府定之",进而自我确定贵州省为将来联邦国中之一邦,实行地方自治,名之为"贵州国";第四,"行政法对邻邦有……"可见称邻省为邻邦。比照辛亥革命贵州宣布独立时前后各省的宪法文件,虽然大都明确未来国家是"共和"政体,但都没有"贵州国"如此强烈色彩的表达地方民主政治的词汇②。宪法大纲何以称贵州一省为"贵州国"。这显然是借美国联邦宪法中联邦国家与州权限关系作了贵州式理解。省宪以美国宪法为依照,而组成美国联邦的各州,历史上曾相当于一独立的国家。在1783年颁布的美国第一个宪法《邦联条例》中,十三个州在法律上被赋予至高无上的权力,而各州之间的关系也被描述为"友好同盟"关系。《贵州立法院拟定宪法

---

① 《贵州辛亥革命资料选编》,第16—17页。
② 1911年11月14日湖北军政府发布了由宋教仁起草的《鄂州临时约法草案》,将革命后的湖北称为"鄂州"、新政权称为"鄂州政府":"中华鄂州人民,以已取得之鄂州土地为境域,组织鄂州政府统治之。"(辛亥革命武昌起义纪念馆、政协湖北省委员会文史资料研究委员会编:《湖北军政府政府文献资料汇编》,武汉大学出版社1986年版,第40页。)1911年12月7日发布的《江苏军政府临时约法》自称为"中华江苏省"(上海《民立报》,1911年12月7日第一版),1912年1月18日公布的《蜀军政府政纲》,称在重庆成立的新政权为"蜀军军政府"(重庆地方史资料组编:《重庆蜀军政府资料选编》,1981年,第63页),相似的还有"中华民国浙江省"、"中华江西省"等。

大纲》又"大抵以美国各州宪法为蓝本。"综合上述分析不难发现，贵州国的命名，其"国"实乃美国之州含意。

"贵州国"一词充分表达了贵州政治家企望以宪政思想来建设"新贵州"。他们采用欧美等西方民主国家联邦体制，强调从中央分权，其政治目的不光是取代千古一帝的专制主义制度，同时还有用来防止或限制出现的中央集权制度有可能带来的专制。可谓是欧美联邦制下尊重地方自治的民主精神在贵州地方的政治实践。被称为美国宪法之父的麦迪逊，在设计未来美国联邦国家宪法时，就尤其重视遵守地方自治的民主这一根本原则：认为"拟议中的政府不可能被认为是一个全国性的政府；因为其权限仅只限于某些列举的对象，而把对于所有其他对象的其余不可侵犯的权力留给各州"，因而宪法"既不是一部国家宪法，也不是一部联邦宪法，而是两者的结合。其基础是联邦性的不是国家性的；在政府一般权力的来源方面，它部分是联邦性的，部分是国家性的；在行使这些权力方面，它是国家性的，不是联邦性的；在权力范围方面，它又是联邦性的，不是国家性的。"[①]因此在确立的 1787 年《宪法》中，即没有将主权完全赋予代表国家的联邦政府，也没有把它交给组成联邦的各州政府，实行了一种分权、自治、多中心的制度安排。同时，"贵州国"一词还充分表达致力于贵州政治现代化力量——尤其是自治学社推进民主政治的继续。正是自治运动自清末开始，自治精神的不断深入和强调才有了贵州国理念。

尤其要指出的是，在宪法大纲中"贵州国"体现出完整的地方自治宪政精神。宪法大纲共 26 条，其中第 4—5 和第 22—26 条明确和保障了人民具有的广泛政治权力，将民选与人权原则写入

---

① 麦迪逊：《美国政府的联邦性质》，《联邦党人文集》，商务印书馆 2004 年版。

了宪法大纲;第21-19条明确规定了司法权限及司法的独立;第13-18明确行政权限、第3-12条明确规定了立法院(议会)的权限及组织构成。宪法大纲同时又界定了各权力机构相互间的关系。遵循主权在民的出发点,对贵州地方的政治体制做了三权分离的制度安排,具有资产阶级民权宪章的性质。这无疑是宪政观念宣传在促进贵州人民思想觉悟与政治心理认同上的一次重大胜利。尽管宪法大纲随着滇军的到来和唐继尧实施的军阀统治,"贵州国"宪法随之变成一纸空文,但"贵州国"概念浸漫的宪政民主思想当是辛亥革命时期国家宪政建设上的惊鸿一现。

清水江学研究

◆ 清水江流域林木生产的社会控制研究

◆ 清水江借贷契约初探

青木正兒研究

清水江流域林木生产的社会控制研究

◆ 吴声军　马国君

一、前　言

（一）清水江林业

清水江是洞庭湖水系沅水上游的主要支流之一，是一条贯穿贵州东南部的重要河流，也是贵州省林木输出的关键孔道。它发源于今天贵州省黔南布依族苗族自治州首府都匀市邦水乡的斗篷山，跨黔南、黔东南两自治州境内，流经丹寨、麻江，至凯里市属的三岔河与重安江汇合，始称清水江。汇合后再经贵州省的凯里、黄平、施秉、台江、剑河、锦屏、天柱等县市入湖南省境内的会同、黔阳，进入湖南境内托口后称为沅江。最后进洞庭湖入

长江，全长约有 376 公里，流域面积约为 14883 平方公里①。

清代吴振棫对清水江有专门的记载："清江源出都匀东北诸山，绕城西南合流，俗名"长河"，又曰"剑河"，亦名"马尾河"。在八寨厅境曰"鸡贾河"，在麻哈州境曰"平定河"，在清平县境曰"凯里河"，入清江厅界始名"清江"。……自都匀府起至楚之黔阳止，凡一千二十余里。"②八寨厅、麻哈州、清平县、清江分别为现在的丹寨县、麻江县、凯里市和剑河县。清水江与重安江汇合处到沅江这一带为木材重点产区。主要支流有南哨河、乌下江（又称瑶光河）、小江（又称八卦河）、亮江（又称黎平河）、鉴江等。这五条支流大部分在清水江南侧，其流域也都是木材产区。

清水江为黔东南木材的贸易提供了方便，影响木材贸易河段起于麻江的下司，从下司至重安江这一段江面，虽河面狭窄，河床砂卵石、浅滩居多，但在丰水季节可以流放木材。木材贩运的关键起点站起于清水江与重安江汇合点，从这里到下游锦屏河段，枯水河宽 50—100 米，能扎木筏运送木材。

清水江下游的锦屏县和天柱县，地处云贵高原边缘向湘西丘陵盆地的过渡地带，由于受地质构造的影响，地形复杂多样。整个地势由西北向东南逐渐降低，层峦叠嶂，有丘陵、有河谷平坝，也有低中山，海拔在 400—1200 米之间。在海拔 500—1200 米的地带，土壤多为黄壤，土层较厚，一般为 1—3 米。土壤疏松，土体湿润，质地多为壤土，结构为多粒状，有机质含量较高，氮素和钾素丰富，PH 值在 4.0—5.5 之间，呈酸性。海拔在 500 米以下的地带，土壤多为红壤，一般土层较厚，结构疏

---

① 黔东南州志编委会：《黔东南州志·地理志》贵州人民出版社，1990 年版，第 181 页。

② 清·吴振棫《黔语》卷上《开通清江之利》，任可澄：《黔南丛书》第二集，第二十册，贵阳文通书局，1924 年版，第 3 页。

松,质地为壤质,土壤也呈酸性反应,PH 值在 4.5—5.0 之间,土壤有机质较薄①。加之这里属于亚热带季风气候:气候湿润,雨量充沛,年平均降雨量 1316 毫米,降雨 187 天,且日照时间少,对中性偏阴的树种生长非常有利。因此适宜多种林木生长,其植物品种达 302 个科 3 259 种,森林资源非常丰富,堪称天然植物园②。在这些植物中,杉木、樟木、楠木等植物特别适宜在此地生长,此地也能产出桐油、樟脑油、杨梅、五倍子等多种林副产品,有发展人工林业的天然条件。

历史上清水江流域森林茂密,素有"林海"之称,很早就引起了中原汉人的注意。从宋代起这里的原木就外销,如汉文典籍《溪蛮丛笑》的"野鸡斑"条就提到了外销杉木的计价等级标准③。这里所产出的林木中,尤其杉木质量最好,前人对这里的杉木情况早有记载:"干端直,大者数围,高七八丈,纹理条直,有赤白二种,赤杉实而多油,入土不腐,作棺不生白蚁。"④ 这是前人对杉木特点的总结,这里所谓的"干"是指这里的杉木不汲水,在河里漂流后,一捞上岸杉木就干;所谓"端"就是树干的纹理很端正,不会歪斜、扭曲,无论怎么样加工,木材不会扭曲开裂;这里所谓的"直"是木材通直,容易加工。"高七八丈"说明杉木最大的直径超过 1.5—2 米,最长有二十多米。"入土不腐,作棺不生白蚁"是因为这里的杉木富含草酸盐,能够抵御白

---

① 黔东南地方志委员会:《黔东南苗族侗族自治州林业志》中国林业出版社,1990 年版,第 10 页。

② 黔东南苗族侗族自治州概况修订本编写组:《黔东南苗族侗族自治州概况》,民族出版社,2008 年版,第 5 页。

③ 符太浩:《溪蛮丛笑研究》,贵州人民出版社,2003 年版,第 121 页。

④ 石开忠:《明清至民国时期清水江流域林业开发及对当地侗族、苗族社会的影响》,《民族研究》1996 年第 4 期,第 100 页。

蚁的啃食，耐腐质量很高，耐受昆虫侵蚀的能力很高，质量不同一般，经久耐用。

故当地的民歌唱道："干千年，湿千年，半干半湿几十年。"① 这里所谓的"干"指用作建造房屋，"湿"指用作堰坝地梁。为了生计，生活在当地的苗族、侗族等人民长期在适应他们所处的自然环境中，与林业生产结下了不解之缘，正如林农所说的："林不兴则山无衣，水无源，粮不丰"。② 他们实行人工营林，发展林业，使这一地带成为全国著名的"杉木之乡"，一直是我国杉木原材的重点产区之一。

黔东南所属的清水江流域的各族人民从事人工林由来已久，本文仅以原木汇聚和拍卖地锦屏县为例，介绍清水江林业发展历史状况。历史上锦屏县所属的清水江流域就以盛产优质杉木驰名省内外，从明朝开始其杉木就被采伐随清水江运到京城，供作建筑皇宫的"贡木"。其后，大量的民商也来到锦屏购买木材，木材由清水江运输到全国各地出售。因木材进入商业性的经营，当地人们尝到了木材带给他们的甜头，长期生活在这里的苗族、侗族和汉族等各族人民都热衷于从事林业生产，因此清水江林业蓬勃发展，制度性保证日趋完善，因而造就了这一地区的繁荣。大量的木材也随着清水江运输，出卖到汉族地区。清乾隆、嘉庆、道光三朝木材贸易进入了鼎盛时期。木材交易金额在木材交易中心卦治、王寨、茅坪三地每年营业总值最盛时期曾达 80—200 万元（银元），折合现在人民币 0.6—1.6 亿元，黎平府内每年卖木就可得到"二三百万金"。

根据文化的整体观，人工林业繁荣了，必然牵动其他社会文

---

① 廖耀南等：《清水江流域的木材交易》，《贵州文史资料选辑》第 6 辑，贵州人民出版社 1980 年版，第 2 页。

② 黔东南州志编纂委员会编：《黔东南州志·林业志》，中国林业出版社 1990 年版，第 5 页（序）。

化的变迁。由于长期大规模的木材采运贸易和人工造林,造成了异常频繁的山林土地使用权和劳动利益的复杂转换和分配关系。相应地在当地苗、侗人民把汉族农业上的土地使用权租佃关系移植于林业生产领域,于是引起了林业生产关系的变革,而产生了制度化的林业活立林木转让租佃关系,并在契约上得以体现,伴生了大量作为确定经济权属凭据的林业契约。在清水江流域的锦屏、天柱等地,人们租佃山场、活立木买卖、管理山林和伐卖林木等行为,无不通过签订契约文书来实现,形成了一种独特的社会控制机制。通过这种社会控制机制,当地的人们在林业生产的过程中签订林业契约,使林地产权明确,权利、义务、利益得到了保证。林业的繁荣带动了契约文化的繁荣,林业契约反过来又支撑着锦屏数百年人工林业的发展繁荣,成为人工林繁荣事实的见证。这些林业契约文书有相当部分被保存至今,是我国不可多得的历史文化遗产。

(二)林业契约文书研究状况

清水江流域是我国南方传统林区,也是我国南方重要的木材供应基地,林木贸易规模宏大,近3个世纪长久不衰。历史上生息在这一区域内的各族居民在长期的林木生产实践过程中,形成了一整套支撑林业生产的社会控制机制,这种机制主要体现形式为林业契约文书。

林业契约是伴随着人工林业的兴起而产生的经济活动文本,是明、清及民国时期清水江流域侗族、苗族及汉族林农用于界定缔约双方权利与义务的一种准法律文件,是在双方协商一致的基础上订立的林业财产权利的凭证。虽然没有经过官府的认定,但却是产生于民间能反映基层经济运行的历史文献。这些契约文书能够客观地反映自明王朝以来林业生产力和生产关系的形成与变迁轨迹,其内容涉及了林业经营的方方面面,对多种学科的研究提供了准确翔实的资料,具有较高的学术价值①。因此,锦屏林业文书一旦引起学者的关注,立即受到学术界普遍关注,形成清水江林业文化遗产和林业契约文书的研究热②。但从目前产生的研究成果来看,主要集中在以下三个方面。

第一是林契整理。清水江流域目前保存有大量的清代至民国的林木契约文书,这些文书程度不一的反映了该地区近三百余年来林木贸易、林地租赁等实况,对深入探究这一地区林木生产的社会控制机制有着积极意义。目前这些文书大部分已经整理汇编成书,其中包括日本学者唐立博士等人编撰的《贵州苗族林业契约文书汇编(1736-1950)》、罗洪洋收集整理的《贵州锦屏林契精选》、王宗勋、张应强主编的《清水江文书》第一辑(共13册)和《清水江文书》第二辑(共10册),陈金全主编的《贵州文斗寨苗族契约法律文化汇编》等。此外还有1959年黔东南苗族侗族自治州工商联、锦屏县工商联合编的《锦屏县木材行业史料》,贵州省民族研究所于20世纪60年代整理而成的《锦屏半殖民地半封建经济调查报告》,以及王宗勋等主编的《锦屏林业碑文选辑》等。从整理出版的这些清水江文书内容看,均不同程度反映了该地区的林木生产背后严密的社会控制机制。但这些出版的文书主要停留在资料的收集整理层面,对文书研究的具体工作根本就没有展开,因此也就难以系统揭示这些文书背后有关林木生产过程中的社会控制机制的具体内容。

第二是史志资料。清水江流域自明代以来就是我国"皇木"集产地之一,其优质木材声名远播,目前由当地政府各部门相继出版了一些史志资料,一定程度上涉及了这一地区的林木管护机

---

① 李良品,杜双燕:《近三十年清水江流域林业问题研究综述》,《贵州民族研究》,2008年第6期,第140页。

② 傅安辉:《论清水江木商文化遗产的现代价值》,《原生态民族文化学刊》,2009年第3期,第7页。

制。这些资料包括《黔东南苗族侗族自治州林业志》、《黎平县林业志》、《锦屏县林业志》等。但是这些书籍多为介绍性质的地方志书，无法充分揭示清水江流域社会控制机制与林木生产的兼容。

第三是研究著作与学术论文，目前涉及清水江流域林业问题研究著述及论文共131篇。其中以杨有赓、罗洪洋、张应强、沈文嘉等人研究最深。研究方向主要集中在社会学、法学、民族学、林学等相关学科内。专著有张应强的《木材之流动：清代清水江下游地区的市场、权力与社会》、徐晓光的《清水江流域林业经济法制的历史问题》、沈文嘉的《清水江流域林业经济与社会变迁研究》等。但这些研究主要停留在法律、林木维护的纯技术层面，无法将文书所载的民族社会控制机制直接落实到具体的林木生产过程中去，因而也就难以展示林木生产与生态维护的完美兼容。

林木生产社会控制机制是维持林木生产过程正常运转的重要保障。清水江流域是一个民族社区在林木生产过程中当事人之间所形成的担保制度、产权分配等内部社会控制机制，对清水江流域林业生产的稳定性和周期性发挥了积极的支持作用，进而成了贵州省林木生产和生态维护相互兼容的典范。因此揭示清水江流域林木管理的内部社会机制，不仅对贵州省，而且还对当前我国的生态建设和经济建设都有着积极的启迪价值。但是目前所研究的成果或停留在资料收集整理层面，或停留在简单的罗列史料介绍层面，或停留在法律、技术管理层面，因而也就无法将文书中所涉及民族习惯法、技术管理制度落实到具体的林业生产的社会控制中去，实现林业生产和社会控制两方面的完美结合。

（三）研究目的和意义

20世纪20年代出现的英国功能主义学派，其代表人物马林诺夫斯基认为:"文化是包括一套工具及一套习俗——人体的或心灵的习惯,它们都是直接或间接地满足人类的需要,一切文化要素,都是在活动着,发生作用,而且是有效的。"① 每一个文化因子都有其存在价值和功能。弗斯和拉德克利夫·布朗也提倡结构功能主义,但他们所讲的结构-功能主义讲的结构是看得见的稳定结构,讲的功能是它表现出来的社会价值②。功能学派的理论出发点是把文化看成物质的和精神的工具,"人借助这种工具来解决他所面临的具体而特殊的问题"。该学派认为文化是一个内在的由众多文化因子有机结合起来的整体,这个整体在其运动中系统地发挥其功能,以满足文化持有者的生存需要③。可见,文化的各个事项是密切相连的,文化内部是一个网络,其运行是有序的,而且相互依存。

清水江契约文书作为清水江苗族、侗族人民文化的一个有机组成部分,同样是具有功能和价值。可以说没有林业契约文书进行社会控制,以稳定林地产权,规范人的行为,规范林业贸易,清水江林区几百年的林业繁荣可能是不能实现的,因此,它是解开清水江流域人们长期进行林业生产制度保证的一把钥匙。

笔者以黔东南清水江流域锦屏县文斗寨林业契约为文本研究对象,并以林业契约内容所涉及的文斗寨林地为田野对象,把具体的内容拿到林地现场去证实,林业契约是否保证林业经营是大面积连片经营、封闭式经营、长周期经营和综合经营。从而揭示清水江流域清代以来林业经营的的实质,以及林业长期繁荣的原

---

① [英] 马林诺夫斯基著,费孝通译:《文化论》,中国民间文艺出版社 1987 年版,第 14 页。
② [英] 拉德克利夫·布朗著,夏建中译:《社会人类学方法》,华夏出版社 2002 年版,第 157~167 页。
③ 杨庭硕、罗康隆、潘盛之:《民族、文化与生境》,贵州人民出版社 1992 年版,第 21 页。

因，进而还可进一步揭示清水江流域的乡民现在为什么还保存上万份契约文书的缘由。

当前，在我国一些地区，由于林地产权不稳定、不明晰，利益归属不清，责权不明，转让不合理，监管服务不力等原因，对林农造林的积极性有所压抑，乱砍滥伐、偷盗林木等现象颇多，甚至林农为产权打官司等屡见不鲜，影响了社会的和谐和社会主义新农村的建设。本课题的研究有望对清水江流域的这些问题的解决有一定的参考价值，希望能给我国当前清水江流域的林权改革提供启发和借鉴。

（四）研究思路与方法

笔者研究的思路和方法主要体现为文献与文本资料的田野实证法，即用田野调查的资料去证实文本、文献记载的历时态资料的研究方法。具体而言，就是把对具有社会功能的林业契约文本所涉及的具体内容拿到田野中去加以验证，从而证明它的真实性、可靠性，然后进而归纳林业契约在林木生产过程中的社会功能。

本课题需要实证的文本资料主要来源于《清水江文书》（第一辑）、《贵州苗族林业契约文书汇编》、《侗族社会历史调查》以及贵州大学中国文化书院收集的契约文书；民间资料来源于清水江沿岸村寨的清代地方志书、民间碑刻、族谱资料、口述史资料和锦屏、天柱两县地方政府的档案；田野资料来源于笔者在实地调查时获得的材料。本文研究的对象就是以上这些资料，研究的目标是对这些已有的文化事项关键的文化要素抽出来逐项进行验证，然后从中得出它的社会功能。

本课题研究的方法共分三步：

第一步是把上述各种文本进行整理和归纳，从中抽出林业契约所涉及的所有相关人名、地名、面积、位置、经营情况及当时的价格以列表形式整理出来。

第二步是针对已经整理列表的文化要素内容下田野逐一进行验证,对契约涉及的人名访问乡民,弄清他们的社会身份,查阅族谱,厘清人名之间的亲属关系;对地名要逐一落实它现在所在的地点位置,地块面积的多少,多找乡民回忆过去这些地块的经营状况。再次就是查看相关的碑文、寻找相关的民间文献,故事和民间传说。通过当代田野查调资料,反观契约文书相关记载实况,理清林业生产与社会控制间的关系。

第三步是解读这些通过田野实证的文本资料。林业契约文本的签订是短时的,但它的制度性保障是长时段的。要证明它的功能是长时段的,首先要把短时段的文书读成一个网络——一个历史上延续、空间上稳定的网络,才能了解林业契约的制度性保证以及社会控制的具体内容,并对清水江流域林木生产的社会控制机制进行展望与总结。

二、清水江林业契约文书

(一)林业契约文书的发现

清水江流域的各族同胞发展林业,进行庞大的林业生产和林业贸易,如果没有规范进行社会控制,肯定是不会繁荣的。林业是一种长周期的产业,因而在林业经营中的每一笔买卖后面都必然有一个长期或短期的文本契约,才能保证贸易顺利进行。长期以来,学术界关注的仅仅是进入汉族地区的木材贸易流转实情,对于木材生产经营的过程缺乏必要的关注,以至于林业契约长期没有引起世人的关注,仅是被村民一直搁置在家中。经过几百年的沉沦以后,在20世纪60年代,清水江流域的林业契约有幸被

一些学者发现,至 80 年代末期,这些林业契约开始进入部分学者视野,到 21 世纪以来,民间林业契约整理研究才得到学者们的充分关注。

1964 年春,贵州省民族研究所为了深入认识贵州少数民族地区近代社会经济状况,组建了近代经济调查组,耗时半年多,行程五百余公里,调查了林农、旱夫、水夫、行户、商人、干部和手工业者,被调查对象多达数百名,收集、摘抄和调查所获的资料达七十余万字,获取了包括政府文告、林契、民间讼词、碑文在内的等多种第一手资料。调查组据此于 1976 年整理成《锦屏半殖民地半封建经济调查报告》①。其调查组成员在锦屏文斗上寨发现并收集到了部分清代林业契约,并加以发表公布,从此开创了清水江流域林业契约研究的先河,1988 年出版《侗族社会历史调查》一书,但此书中的契约只是清水江文书中的"九牛一毛"。

1984 年,锦屏县档案局成立不久,该机构立即着手对锦屏古代林业契约、家族谱、碑刻等民间档案资料开展调查征集工作,共征集到清乾隆二十八年(1763)到宣统三年(1912)的契约原件 280 份。1998—1999 年底,锦屏县档案局又集中力量开展了大规模民间档案的征集活动,这次收获颇丰,征集到 2 875 份清代契约原件,34 份复制件②。

20 世纪 90 年代后,日本东京外国语大学国立亚非语言文化研究所唐立博士、武内房司教授等学者开始有组织地将锦屏苗族林契作为个例展开研究,并多次来华,深入锦屏文斗、平鳌等苗寨考察,征集到数千件原始的清代林契。2001—2003 年他们在

---

① 贵州省编辑组:《侗族社会历史调查》,贵州民族出版社 1988 年版,第 222~223 页。

② 刘守华、潘祥:《翻开杉木林背后的人间约定》,《中国档案》,2006 年第 4 期,第 25 页。

日本出版发行了《贵州苗族林业契约文书汇编》(1736—1950),共分第一至第三卷,其中的史料编共收录山林卖契283件,含租佃关系的山林卖契277件,山林租佃契约或租佃合同87件,田契55件,分山、分林、分银合同90件,包含油山、荒山、菜园、池塘、屋坪、基地之卖契及乡规民约、调解合同等杂契45件,民国卖契21件。这些林契均使用汉字书写,时间是从乾隆元年(1736)到1950年①。这是学界首次对清水江文书的系统整理和出版。

2001年8月,锦屏县人民政府与中山大学就收集和研究锦屏林业契约开始合作,成立了由锦屏县县长王甲鸿为组长,中山大学人文学院院长陈春声教授为副组长的锦屏县民间林业契约征集领导小组,并成立了由锦屏县档案馆馆长王宗勋为主任,中山大学人类学系张应强教授为副主任的锦屏契约征集研究办公室,具体负责征集和研究工作。到2002年12月底,共计收集到契约12 000份,并完成《锦屏契约选辑》第一、二辑初稿,并于2007年出版《清水江文书》第一辑②,该书共分13册,收集了5 092件文书。于2009年出版《清水江文书》第二辑③,该书共分10册,收集了5 080份文书。《清水江文书》以清代以来的山林契约为主,也有族谱、诉讼词稿、山场清册、账簿、官府文告、誊

---

① 唐立、杨有赓、武内房司主编:《贵州苗族林业契约文书汇编(1736—1950)第一至三卷》,东京外国语大学国立亚非语言文化研究所,2001—2003年版。

② 张应强、王宗勋:《清水江文书》,广西师范大学出版社,2007年版。

③ 张应强、王宗勋:《清水江文书》,广西师范大学出版社,2009年版。

抄碑文等①。书中文书以村寨、家族和家庭为单位,并以文书的时间先后顺序分卷收藏。

2004年由山东人民出版社出版的《民间法》第三卷,收录了罗洪洋收集整理的《贵州锦屏林业契约精选》,其中收录了康熙年间(1662—1722)林业契约3份,分别为康熙五十四年(1715)1份,康熙五十八年(1719)2份。卖土林契18份,卖木不卖地林契10份,佃种林契21份,卖栽手林契13份,外批研究31份,卖地林契7份,分合同10份,当借抵换林契8份,其他类12份②。2005年,锦屏县志办公室编辑出版了王宗勋、杨秀廷主编的《锦屏林业碑文选辑》。2008年人出版社出版了陈金全,杜万年主编的《贵州文斗寨苗族契约文书汇编》。

从2003年以来,以张新民教授为主的贵州大学中国文化书院极为重视清水江文书的搜集整理工作,曾多次组织专家学者赴清水江流域开展调查研究,并呼吁政府部门与学术同仁协商制定整理规划,既要避免文书可能发生的流散亡佚,也要以出版的方式向学界公开,不能重演"敦煌在中国,敦煌学在西方"的历史性悲剧。在各级政府部门的积极支持与配合下,大型文献专书《清水江文书集成考释》(天柱卷)已开始有计划地进行编纂;目前已完成首批近九千件文书的文字录入工作,更加繁难的校勘考释则已于2010年年初正式启动,最终拟在三年内推出三十巨册,以向世人展示文书的学术研究价值。

清水江流域民间清代林业契约已引起国内外学术界广泛关注。林业契约总量经推测不低于一百万件,目前存留量约为十万件。自2001年开始征集、整理以来,在锦屏县就约有一万多件

---

① 张应强:《流淌的故事——写在〈木材之流动〉出版之际》,《博览群书》2007年第3期,第15页。

② 罗洪洋:《贵州锦屏林契精选》,转引自谢晖,陈金钊主编:《民间法》(第3卷),山东人民出版社2004年版,第509—573页。

被地方档案部门妥善保存,其余八万多件仍然散落在民间。在天柱县也保存了近一万件契约文书。据初步调查,目前在清水江流域的农村大多数农户都还保存有旧契约文书,多的上千份,少的也有数十份。从目前保存下来的林业契约来看,大致可以分成八类:山林土地买卖、佃山造林、分山林和家产、瓜分出卖山林银钱、山林管护、山林纠纷调解、乡规民约、山林登记簿。

上述已经发现并正式收集整理、出版的文本资料,自然成为本论文的主要资料来源和研究对象。这些文本作为清水江流域文化的一个重要组成部分。按照结构功能学派的文化理论,任何一种文化事项在特定的民族文化中都可以和其他文化事项结成相互依存、相互制约的文化结构网络,在这一网络运行中每一个文化事项都具有特定的功能①。如果把林业契约作为一种特定文化事项和文本表达形式,那么它肯定有其不可替代的社会功能。而对于林业生产而言,最迫切需要的社会功能正在于如何维护林地产权的稳定,因而林业契约对林地产权的维护就自然成了林业经营中最为集中、最为关键的制度性保障。从传世的锦屏县林业契约入手,必定可以解释林业契约在林地产权维护中的各种社会控制功能,进而还可以全面揭示我国南方各民族林业繁荣的文化成因。

(二)调查点及其林业契约文书

文斗是清水江下游的一个苗族村寨,位于锦屏县河口乡东北部。寨子位于清水江南岸海拔 600－650 米的山岭上,距乡政府水路 12 公里,距县城水路 30 公里,呈带状分布,有约三四公里长的陡峭山路自江边攀缘至寨中。文斗横跨九冲十一岭,面积约十一平方公里,东隔乌斗溪与平略乡平鳌村对应,南及西南与本

---

① [英]马林诺夫斯基著,费孝通等译:《文化论》,第15页。

乡九佑、中仰、加池三村相邻，西隔乌傍溪与本乡岩湾村相望，北隔清水江与彦洞乡黄门村遥相呼应。2005年锦屏三板溪水电站建成后，文斗高峡出平湖，湖面宽达80平方公里，文斗苗寨自然形成了一个三面环水，一面靠山半岛似的优美独特景观。村内现还保留着古石板路、古寨门、古寨墙、古峰大台、古四合院、古炮、古号和古旗，还有数十块古石碑，记载着文斗寨的沧桑。

文斗分为上、下两寨，新中国建立后又分为三个行政村，即上寨村、下寨村和河边村，2005年因锦屏三板溪电站的建设，河边村被水库淹没而整体搬迁，因此河边村建制撤销。文斗上寨与下寨并没有明显的自然分布上的界限，上下两寨处在同一水平线上，处于东面的称为下寨，处于西面的称上寨。2007年两村合并为文斗村。现文斗上寨有6个村民小组，198户，899人，下寨4个村民小组，100户，450人。有苗、侗、汉等民族，其中苗族人口占95％以上。下寨全寨姓姜，上寨有姜、易、龙、高、朱、范、陆、蒙、舒等11姓，其中上、下两寨姜姓人口占90％以上。三板溪电站未建成之前，文斗村有地域面积1797.53公顷，其中农田面积102.32公顷，林地面积1113.9公顷。三板溪电站建成后，海拔475米以下的田地和林地全被水淹，文斗村现有土地总面积1045.27公顷，其中农田面积只有86.8公顷，林地面积679.8公顷①。

文斗因山多田少，属山林地带，江岸群山巍巍，加上气候温和，雨量调匀，适宜林木速生丰产，因此盛产优质杉木，而且地近清水江，有连通长江的水运便利。因此，文斗寨苗族人民进行林木生产历史悠久，据文斗《姜氏家谱》记载："先辈自宋末，从军至银矿坡，散居各处，大垦田土，在居中仰，有居羊告，在

---

① 王宗勋：《乡土锦屏》，贵州大学出版社，2008年版，第182页。

居里丹,人户廖廖,每处数十家而已,明初居里丹者放之鹅鸭,每放辄至文斗,恋不舍回。质之堪舆,请来观看,云:此处真是到头横结,前朝鹅情,依此筑室,富贵可期。遂告羊告之人,于明正统初年同移于此,一居上寨,名皆也丢,一居下寨,名皆丢南。万历年,居中仰者,咸移附居。只知开坎砌田,挖山栽杉,不肯迎师就读,教子求名①"。文斗寨的另一份民间文献《三营记》也记载了明代清水江居民的植杉活动,"明时,黎平北路之清水江……众兵丁散落四境,各相地掘垦田土,专以挖山栽杉为业。"②

由于木材质量优良,明清两代朝廷就有"皇商"一直源源不断地在文斗征集"皇木",这里的木材被运到京城作皇宫的材料。文斗地名"皇木坳"即是当时输送"皇木"的起运点的遗址。清雍正时期,朝廷在黔东南"改土归流"后,统治者采取了一系列措施,如疏浚河道,开通道路,设立集场,沟通苗汉交易,促进了侗族、苗族地区林业经济的开发。"民商"大量涌入了锦屏,木材贸易兴起,拉动、刺激了当地人工造林业的繁荣,并日益繁荣兴旺,出现了以林业经营为主体的社会生产关系,产生了相当完善的商品市场运作体系。随着商品经济的发展,有力地激发了清水江流域少数民族林区商品经济的发展,以锦屏为中心的清水江流域木材贸易兴起。沿江的文斗寨纳入了全国的木材市场运行网络,由于他们的林地宽广,只靠本地人是不能完成大量的植杉造林的,因此,不仅文斗人栽杉造林,他们还把湖南、江西、安徽、浙江、江苏、福建等省和天柱等邻县的急于养家糊口的破产

---

① 转引自杨友耕《〈姜氏族谱〉反映的明清时期文斗苗族地区经济文化状况》,《贵州民族调查之六》,贵州民族研究所,贵州民族研究学会编1988年版,第346—347页。

② 姜海闻、姜名卿:《三营记》,王宗勋点校,《贵州档案史料》,2001年版,第78页。

农民和手工业者都带来。文斗人把林地招租给外来人栽杉种粟，才使文斗的人工育林能够顺利实施，为锦屏三江木材贸易中心市场提供源源不断的木材产品。

这些外地来的佃农争相佃山造林，在经营林木过程中逐渐形成了一种较为成熟的，在我国西南少数民族林区乃至世界林业史上都堪称独特的林业生产关系。他们在林业经营中的佃山造林，合伙造林，家族造林，封闭管理，买卖青山活立木，利益分成和纠纷解决等情况，都以林业契约体现出来。这样一来，就导致文斗寨成为林业经营的繁荣地，而且最初成为林业契约产生的温床。

如今这些泛黄、古老的林业契约，虽然保存下来的只是少数，但现在文斗村内95％的农户家中都还珍藏着清代林业契约历史文书，大约有三万多件。其中林业契约保存量最多的姜元泽家就有两千份以上。从这些保存下来的林业契约文书签订的时间上看，文斗的林业契约文书产生于18世纪初，鼎盛于18世纪中后期，一直延续到20世纪，最晚的一份林业契约则是写订于1956年，这些林业契约文书的时间跨度至少为三百年，足以全面、系统地反映了文斗寨清代的林业经营情况和社会发展状况，本文借助这些林业契约文书，探讨其对林地产权的维护显然具有足够的可靠性和准确性。

这些契约文书全面反映了文斗寨人们处理各种物权和债权的记录，在他们的社会生活中占有非常重要的地位。因为这些林业契约带来的利益是需要长时间才能见效的，这就使得他们把契约视为珍宝而妥善保管，能确保这些契约能发挥保证他们利益的实际作用。导致契约文书一代一代地传递，几乎每家每户都会因此收藏契约。可惜长期以来，在火灾、水灾等不可抗拒的自然灾害中，以及历次政治运动中，契约的损毁是非常严重、令人痛心的。如在土地改革时，锦屏县文斗寨仅烧契约就烧了三天三夜，当时的林业经营大户是用箩筐挑着契约去烧的。可以想象当时文斗民间林业契约藏量之多,当时的一些人冒着风险把少数契约保存了下来,从而留下了这一瑰丽的人类文化财富。今天看到的只是劫后余生的契约,但是对于认证林业契约对林地的维护还能起到作用。

在1964年春,贵州省民族研究所近代经济调查组来到文斗寨,首次在上寨收集了二百六十多份契约以来,锦屏县档案部门和国内外众多学者来到文斗收集考察契约文书。仅在1991年至1993年间,日本学者武内房司来华时,就连续三次到锦屏县文斗苗寨进行以林业契约为主的学术考察。一些学者已经把契约文书进行了整理并出版了书籍加以收藏。张应强和王宗勋2007年出版的《清水江文书》第一辑中就收录了文斗寨保留下来的文书共735份。经过统计,林业契约有594份。在这些契约中林地使用权转让、活立木买卖契约有182份;出卖栽手契约有16份;租佃契约有99份;伐木分银单、分林地股份及确认山场股份的有155份;调解林业纠纷契约11份;其他的131份文书为族谱、家书和田赋收据等,这些田赋收据都为民国时期留下来的。从表1中可以看到,这些林业契约涉及文斗一些主要人物的林业经营的事实。

表1:文斗寨林业契约所涉及的主要事实表

契约签订人	契约签订时间	山林契约数量(片)	契约类型
姜富宇	乾隆	58	山场出租或购买活立木等
姜映辉、姜映翔	乾隆——道光	112	山场出租或购买活立木等
姜绍吕	乾隆——道光	98	山场出租或购买活立木等
姜绍雄	嘉庆——道光	45	购买活立木等

续表

契约签订人	契约签订时间	山林契约数量（片）	契约类型
姜佐周	乾隆——嘉庆	21	山场出租或购买活立木等
姜朝瑾	乾隆——道光	23	山场出租或购买活立木等
姜绍昌	嘉庆——咸丰	48	购买活立木等
姜绍韬	嘉庆——道光	24	山场出租或购买活立木等
姜述盛	嘉庆——道光	140	购买活立木等
姜钟英	道光——咸丰	67	山场出租或购买活立木等
姜春发	道光——咸丰	19	山场出租或购买活立木等
姜永松	道光——民国	34	购买活立木等

这些林业契约的行文格式大致包括如下的几个关键内容：立契主题、立契人、立契原因、山林土地的来源、地名、地界四至、买主或佃主、价格、主佃分成、买卖双方的权利和义务、中间人（公证人）、书契人、立契时间和执契人等要素。绝大部分林业契约都为纸质契约，也有少量布契和刻在石头上的石契。

这些契约文书反映了当时的文斗寨人民日常社会生活。由于文化的习得性，签订契约文书的习惯与形式在文斗寨一直承继。即使到了21世纪，文斗寨村民间一些重大的经济活动还保留着签订契约的习惯和这样的契约样式。不光经济活动如此，有些家庭的婚姻嫁娶、抚养继承、分家析产都要签订契约，特别是家族的族规和乡规民约基本上都是以契约的形式表现出来，让大家都来遵守执行。

(三)林业契约文书的文化解读

人类是地球生命体系中一个特殊的群体,人类社会的建构具有双重性,即生物性和社会性①。从生物性上说,按照功能主义学派的需要理论,人是动物,首先要解决的是满足基本的生物需要,人类在进行谋取食物、燃料、盖房、缝制衣服等活动以满足需要时,便创造了文化。于是,我们可以说,人类有机的需要形成了其基本的"文化迫力",强制了一切社区发生的种种有组织的活动②。因此,文化是满足需要的手段,文化也作为一套特有的人为信息系统,它能有效地组织民族成员,改造和利用其生境,索取成员的生存物质,维系民族及其成员的生存延续与发展的工具③。文斗寨居民在满足其需要的过程中,创造了文化,有效地组织当地人民进行生产和生活,维系了民族的生存延续和发展。林业契约作为其文化的一个有机组成部分,它在文斗寨人民林业生计中存在了三百多年,必定有其特定的功能,并借助"文化迫力",对当事个人加以文化控制,使之有序化。

作为社会动物存在的人,人与人之间的关系,必须加以协调和控制,才能形成社会的文化迫力,形成有效的社会控制机制,实现其生物需要的产品得到加工与利用。文化在这方面的功能具体表现为对人际关系的有效节制。具体到林业契约文书而言,正好可以集中表现为当地社会文化节制人际关系的客观物证。剖析这些林业契约文书在节制人际关系上的社会功能,同样是民族文化社会功能的不可分割的有机组成部分,也是本文要系统探讨的主要方面。鉴于林业契约其主体内容意在节制林业经营中的人际

---

① 杨庭硕:《生态人类学导论》,民族出版社 2007 年版,第 6 页。
② (英)马林诺夫斯基著,费孝通译:《文化论》,第 24 页。
③ 罗康隆:《文化人类学论纲》,昆明,云南大学出版社,2005 年版,第 26 页。

关系,因而本文自然以这样的人际关系的功能作为探讨的林业契约存在的文化实质。

本节以文斗寨出现较多的林地使用权转让、活立木买卖、出卖栽手契约、佃山造林契约和林地分银单等分析其文化实质。

1. 林地使用权转让契约

山场使用权转让契约往往以"立卖山场约"、"立断卖山场约"或"立卖杉木山场约"为题开头。所卖的对象仅为山场使用权和山场中长出的杉木活立木。如:

> 契1①:立断卖山场约人,族弟(姜)老路、老岩,为因要银使用,无出,兄弟商议,情愿将已受分祖遗公山一股,坐落地名甘食,其山原作十二股均分,岩路兄弟实占一股,央中出断卖与兄兴周、佐周兄弟名下承买为业。当日凭中实受断价,纹银三两三钱五分,亲手领回应用。其山自断之后,凭二兄管业、栽插、收租,卖主不得异言。此系宗人承买宗业,并不与外人相干。倘有来历不明,并私当等情,俱在卖主向前理落,不干买主之事,一断百了,永不翻悔。今恐人信难凭,立此断契存照。
>
> 卖主:老路、老岩
> 凭中:范文德
> 代书:姜国昌
>
> 乾隆四十一年九月十五日
>
> 契2②:立卖杉木山场契人姜文佐,为因家下要银使用,无处得出,情愿将到分下山场一股,土名穷劳夏出卖与本房

---

① 贵州省编辑组:《侗族社会历史调查》,第12—13页。
② 张应强、王宗勋:《清水江文书第一辑》(12),第13页。

内姜富宇名下承买为业,凭中面议银一两四钱整,亲领入手应用,其山自卖之后,任凭买主子孙永远管业,卖主房族不得异言,如有来历不清,俱在卖主向前理落,与买主无何干,今欲有凭,立此契永远存照为据。

外批:此山作四股均分,文凤名下存一股,文秀名下存一股,应求名下存一股,文佐名下一股连木带地卖与富宇。

凭中:姜严谷

依口代书:姜文玉

卖主:姜文佐

乾隆三十三年三月十三日立

在契1中,姜老路兄弟将祖遗公山自己所分股份出卖给姜兴周兄弟。在契2中,姜文佐将杉木山场的股份出卖给姜富宇,表面上看他们出卖的是山场所有权,其实仔细分析其内容,山场所有权并没有出卖。姜老路出卖的是十二股中的一股。姜文佐出卖的也只是其山场四股中的一股,其山场还是家族的公山,他们购买到的仅是山地林产品利润的分配权,也就是栽活立木的利润,没有买到林地的所有权。因为他们所买的林地使用权的股份,仅是在家族统一管理下用于栽杉植树,不能挪做它用,等木植长大砍伐下河出卖以后,按股份分成。在买卖中,买主买到了山场使用权股份的同时,还拥有了林地活立木的管护权,还要承担活立木的护理,管不好还是要负责任的。可以说买主买林地权是假,买林地使用权和活立木股份分利权是真。

从文斗寨林地使用权转让契约中可以看出,文斗山场使用权转让绝大部分是文斗本家族内相互转让,外地人一般不能参与买卖,如契1和契2两份契约中林地使用权都是卖给本家族内的人。如果是外地人,而不是本家族成员,要想在文斗寨买林地股份使用权和活立木是很难的。有的外来人为了购买到文斗寨林地股份使用权,不得不直接和文斗人结为亲家,成为文斗人的女婿,纳入到了姜家的家谱。有的外地人通过连宗关系,干脆成为姜姓成员。为此,他们还不得不接受长时间的考验,被同化为苗族后,才可以顺利地买进林地股份。如下两份契约可以为证。

契3①:立断卖杉木约人姜凌汉、凌霄、凌云、凌青弟兄为因缺少钱用,情愿将到三奶所遗之山场与下寨绍吕等所共山一块,地名白号山,别名容周。此山分为十两,三奶名下占山五钱七分八厘。凭中出卖与任志泰公名下承买为业,凭中议定价银一两八分入手应用,其山自卖之后,任凭买主管业,卖主不得异言。今欲有凭,立此断卖山场字为据。

外批:此山界至依此共山管业。

凭中:姜通齐、姜通学

道光二十六年七月十一日立

契4②:立断卖山场杉木约人江西任志泰,为因缺少粮食,自愿将到先年得买姜凌霄、霄汉、凌青之山一块,地名白号山,此山分为十两,志泰得买五钱七分六毛。又一处山场,地名勇早山一块地,二处之山俱照老约,界至管业。今凭中出卖与姜绍吕、绍齐、钟英叔侄名下三老家名下承买为业。当日凭中议定价银八钱八分,亲手收足应用,其山自卖之后,任凭买主修理管业,卖主不得异言,恐口无凭,立此断字为据。

此山老契俱已缴清

凭中:龙宗达

---

① 《清水江文书第一辑》(12),第290页。
② 同上书,第299页。

代笔：朱达材

咸丰三年十月二十四日立

在这两份契约中，姜凌汉、凌霄等兄弟表面上将林地出卖给了江西人任志泰，结果后来江西人任志泰又将这块林地青山和自己的一块林地出卖给了文斗"三老家"。凭借这两份契约可能看出，这块林地经江西人任志泰转手后又回到姜家，出现这种奇怪现象的原因显然值得深究。按照文斗寨的传统，作为外来人的任志泰是不能拥有林地股份使用权转让的。但进一步调查表明，江西人任志泰来到文斗后，先当上了文斗寨的女婿，他被认定为文斗寨内的人了。因而在契约3中，他被文斗寨人理所当然地称为任志泰公了，也就是通过这样的身份，而获得了可以买进林地股份权的合理身份。这才出现在契约3所反映的买卖过程，他可以买卖林地股份使用权。但他买了"地"之后，林地所有权仍在姜姓家族控制之内，实际上他并没有拥有林地产权，仅是买到了林地产品利润的分股权，可以从林产品利润中按股份获得收益。这对他而言，实际意义并不大，这才导致在契约4中，他又将此林地股份转卖给了姜姓家族。这两份契约的对照中展现的戏剧性，恰好可以从一个侧面表明，这些林业契约反映的林地买卖、林地转让，不是真正意义的林地买卖，而仅仅是林地使用权与收益分配权的买卖转让。我们绝对不能将这样的契约与汉族地区的土地买卖契约相提并论，正是因为在清水江林业契约中出卖的只是林地的使用权和林产品利益的分配权。这才使得尽管林业契约层出不穷，买卖转让频繁发生，但林地的超长性稳定经营却能得到可靠的制度性保障。

2. 活立木买卖契约

活立木买卖在清水江林区也称为"青山买卖"，出卖的对象为林地中尚未成材的树木。由于树木的生产周期较长，生活贫困

的林农往往等不到树木长大砍伐出卖,他们就不得不出卖青山,以解生活上燃眉之急。对于买主而言,其购买的树木实际上就是买进了一种期货,他们看中的是树木成材后的市场增值。而卖方则是为经济所迫,不得不出卖具有巨大经济利益的活立木,这显然是一笔不公平的交易,但却是长周期林业生产过程中不可或缺的一种人际关系节制机制。这种机制的存在才能确保林业生产可以长期稳定地经营,不会因为树木所有者的经济困难而导致林地树木抚育的中断,因而这样的买卖也是林业正常生产经营中不可或缺的社会制度性保障。

在文斗寨的林业契约中,我们发现常有许多"立卖杉木约人……"或"将先年得买某某之山场杉木一块……今出卖与……"等字样的林业契约文书。请看契5和契6:

契5[①]:立断卖杉木字人姜举周,为因家中要银使用,无从出处,自愿将到祖遗杉木一块,坐落土名皆晚,出卖与族内姜佐周、侄姜朝瑾叔侄二个名下承买为业。当日议定价银二两五钱整,亲手领回。其杉木上凭田,下凭大冲,右凭冲,左凭老剪,四至分明。日后木植长大,发卖砍尽,地归原主。不得翻悔异言,如有来历不清,俱在卖主理落,不干买主之事。今欲有凭,立此卖契为据。

凭中:姜国珍、姜方启

依口代笔:姜朝佐

乾隆五十年十二月二十四日立

契6[②]:立断卖杉木契人,上寨中房姜氏景香、子老寿、

[①] 贵州省编辑组:《侗族社会历史调查》,第13页。
[②] 《清水江文书第一辑》(12),第91页。

老余兄弟三人,为因要银使用,无处得出,自己将到先年所栽之木,地名番故得九。界至,上凭荒坪,下抵溪,左平买主子木,右平买主,四至分明。此山地主、栽手分为五股,本名占栽手二股出卖与下寨姜绍吕,绍熊,钟英叔侄名下三老家管业。当日面议定价七钱整,亲手领回应用,其山自卖之后凭买主管业,卖主房族人等不得异言,今欲有凭,立此卖栽手契为据。

凭中、代笔:姜帮彦

卖主:姜老寿押

道光十九年五月二十七日

在契5中,买卖双方都为同一家族人。在契6中,买卖双方为文斗下寨和上寨,两寨是两个不同房族的姜氏家族成员。在这两份断卖杉木契约中,所卖的对象仅是林地的活立木,买主买到的仅活立木采伐后的所得收获的利润分成权。同时他还买到了活立木的管理权,所以买价也并不是很高。树木砍伐后,林地还是要归原"地主",也就林地还是在本家族内流转,始终在本家族的控制之内。因此活立木买卖,既可以适应于本家族人,也可以适用于外地人。按照文斗的惯例,树木的买卖,家族内成员有先买权。如果家族内成员没人购买,才可以卖给家族以外的人,甚至可以是锦屏县以外的人。如:

契7[①]:立断卖山场杉木契人,文堵寨人姜远福,今家下无取,情愿自将本名杉木二所。土名坐落对门卧蓝山上头,木五十根一所。四至分界:上抵姜保求,下抵三保,左抵溪,右凭岭。下一所共栽五十根,四至分界:上凭岭,下

---

① 《侗族社会历史调查》,第12页。

凭路，左右凭冲。将本名杉木二所，请中问到天柱雷寨阳仕俊名下承买为业。当日凭中，三面议定，价银一两二钱整，入手领回应用，分厘不欠。自卖之后，其杉木任从阳姓处理、管业，姜姓等房族弟兄，不得异言。如有异言，俱在卖主上前理落，卖主光钱，愿光物，不干买主之事。今欲有凭，立此杉木存照。

凭中：姜仕贤

代笔：姜起渭

卖主：姜远福

乾隆三十四年四月初十日立

该契约明确交代了买主为天柱县人，但买卖的实体仍然是活立木，相关的权责与义务也与卖给本家族成员相同。可见，这份林业契约反映的内容仅是一个特殊的例外，仅是作为本家族内的人不愿意购买的情况下而发生的买卖事实。因而这样的买卖也不会对林木生产的长周期稳定经营构成损害。

3. 佃山造林契约

佃契均以佃种人的名义起草，契约条款包括佃种人名、所佃种土地的主人名、佃种的山地的地名、四至界限、树木长大后佃与栽手各自所占的股份、凭中代笔人、立约时间等，如：

契8①：立佃字高酿寨人龙文品、龙光渭二人，因佃到文斗寨姜映辉，连合二人名下之山地名翁扭，栽杉种粟。其有界限，上平陆姓之山，下平田，左平岭，右平冲，四至分明。其木栽定五股均分，地主占三股，栽手占二股，限定三年成林。如有不成林，另佃与别人，龙姓二人毫无议论，恐

---

① 《清水江文书第一辑》(13)，第107页。

后无凭,立此佃字存照,永远为据是实。
  外批:日后木植成林后再分合同
  凭中:姜钟英
  代笔:龙文光
       道光十三年十一月初十日立

  在这份租佃契约中,佃农只是租佃到了山场的造林使用权以及在林地种粟自给的权利,佃农从中得到的是自己种植杉木长大后的五分之二林地的杉木利润分配收益。为了防止佃农不认真栽杉,租佃契约中都特意注明佃农要精心管护好林木,保证栽杉成林,否则山主会另租佃别人来栽木。木材长大砍伐后,地归原主,林地产权仍由家族控制。因为林业经营需要投入大量的劳动力。虽然在某些时候,山场的拥有者会自己在其拥有的山场上植树造林,但对于成片山场的拥有者的家族来说,仅依靠他们家族或一家一户的微薄劳动力来进行人工育林是不切实际的。尤其是随着文斗寨人工林业经济的壮大,到了清朝的嘉庆、道光年间,林地作为一种珍贵的生产资料,其价值日益显现出来。

  对佃主来说,他拥有山场的所有权,把林地分成股份租佃给佃农,只需要投入杉苗和一点前期的伙食,自己就可以坐收林木分成,山场所有权还是自己的。如契8,佃主就有山场林木的五分之三,至少18年之后,这些利益就可以得到实现,也是他们所乐意的。对于佃农来说,通过签订租佃契约,拥有了山场的使用权,可以在山场林粮间作,至少可以有三年的粮食收成,佃主还要补贴一定的伙食和杉苗。也就是说,除了投入自己的劳动力之外,佃农人不需要任何物质形式的投入,18年以后木长大发卖后又可以按股份分到五分之二的股份利润,他们也是乐意的。于是,不少周围及外地无地或少地的农民来到这些租佃林地,种粟栽杉。因此,林农租佃林地栽杉成为文斗人工营林的主要方

式,林地拥有者和造林者在身份和职业上泾渭分明,这标志着林业经营的精细化和社会分层的普遍化。林业契约所反映的这一事实同样可以为林业长周期稳定经营提供制度性的保障。上述林业契约恰好为这种制度性的保障提供确凿的物证。

总之,从上述这些林业契约的分析入手,我们不难看出文斗寨林地产权所有制仍然是家族公有制。通过林业契约进行转让的仅仅是林地的使用权,并没有改变林地的家族公有性质,转让的仅仅是家族内部经营股份结构。比如在他们所谓有卖山场契约中,交易双方大多数往往都为文斗寨家族内的姜姓家族成员,买卖的对象也只是利润分享的股份,而土地资源本身与地本身没有进入买卖的范畴,而且上述利润股份的分成转让,并不会对林地资源挪作他用。这对于确保林地长期稳定地作为林地使用,显然是一种制度性保障的体现。至于外地来文斗寨和文斗人结成亲戚以后,他们也可以买到林地使用权和股份权。但这样的买卖同样不会涉及林地产权的转让,不管林业契约涉及多少形式不同的买卖,林地资源仍然是文斗寨姜氏家族内公有,个人只能从中按股分成。契约中所涉及的林地拥有者和林地活立木股份拥有者,他们买到手的只是林地的股份分配份额和林地活立木股份份额。因而涉及的买卖内容仅是具有利益分享的价值,并没有涉及林地产权的转让。在这样的制度保证下,林地产权始终牢地控制在家族内部。

活立木买卖契约,买卖的对象仅仅是林木的利润分配权和管理权,因而这样的转让极为有限,其实质正在于转让仅仅是林业生产的产品,而不是林业生产的生产资料。作为林业生产长周期连片经营的活立木买卖契约中,林地产权不得触动。在租佃契约中,佃户虽然可以是外地人,而佃主只是把林地的使用权租佃给了佃户,而且佃主必然是文斗寨的姜氏家族成员。因为只有这样的成员才拥有地权的处置权利,而这样的处置权利又掌控在整个

家族内部。具体表现为佃主在林木砍伐后有权收取地租，并按家族议定的股份分银。这一制度保障的实质在如下两份分银合同中可以得到明确的认定。

4. 分银合同

契9①：道光十九年正月内所卖白号山番故得与姜本和，价银二十八两五钱，除伙食剩下银十二两九钱四分。地主分为五两：绍雄、绍吕、钟英名下占二两二钱，起宾名下占七分（收）；姜文勤名下占一大股（起宾收）；文聘、文九二人名共占一股；仕周名下占一股卖与起宾（收）；廷佑名下占一股（起宾收）；文勤占一股（收）；昱祖、玉桥二人共占一股（述圣占半股，之辉占半股）；宏达、宏章二人共占一股卖与绍吕领清）；廷模、绞天二人共占一股卖与载渭；胜祖、载渭二人共占一股；士荣、士昌、士晚、廷贵、福廷五人共占一股（收分清）；廷贵、廷瑜二人共占一股（廷贵半股，亲手收。绍吕、绍略、登鳌共占半股，收）；廷照名下占一股（亲手收）；文勤、起相二人共占半股。

契10②：立分银单合同人，姜周礼、姜登熙、姜全相等共有对门河翁扭盒山，杉木一幅。今有平鳌买客姜四向买，砍伐下河作贸生理，凭易元芳喊价光洋五十二元。其山界，上凭岭与廷柱山，下凭土坑向姓私山横过小溪，左抵岭与廷柱山，右凭大冲与三十六股为界，四至分清。立此分银单合同，日后管业字据。

地土、栽手分为五大股。

姜全相占栽手二股，该光洋二十元零一角六。地占三大

---

① 《清水江文书第一辑》（12），第86页。
② 《清水江文书第一辑》（12），第186页。

股,又分为十二小股,该光洋三十元零三角四。

姜登熙占地三小股,该光洋四元七角。

姜全相占登云一小股,占洋二元五角。

姜周礼占八小股,占洋二十三元四角。

第一纸　登熙存

凭中:姜宣武、姜元昌、姜登廷

民国二十一年十月二十二日　廷柱　笔　立

在契9和契10这两份合同中,所涉及的林地都为家族共有。共有林地砍木分银时立下契约,再一次澄清各家庭的股份,以便依据合同永远管业。各家庭凭股份执行利润分成,体现了山场的家族公有性。从时间上看,这二份合同从道光十九到民国二十一年,时间虽然跨越了九十二年,但文斗林地所有制仍然实行大家族公有制,还是保持了生产资料与主要生活资料的集体占有形式①。

明清时期在黔东南苗族、侗族地区,80%左右的山林财产为各姓家族、宗族共有,家族中各房分股占有林地的使用权。一个父系大家族包括三四个乃至七八个小家庭,它们在一个男性家长的统一领导下,组成一个共同生产、共同消费的集体。这个家长往往是祖父、父亲,或者是长兄,或者是大家推选的有能力的男性成员,作为众多成员组成的家族首领。他既是家族进行生产的指挥者和组织者,同时还是生产资料分配的负责者,对外还是这个家族的代表。大家族家长和其他成员没有显著的不平等现象,家长和大家一样去参加劳动,这是他们处于平等地位的一个重要

---

① 徐晓光:《清水江契约、文书研究的几个问题》,《民族研究》,2007年第6期,第95页。

基础①。文斗寨就出现过许多人口众多的大家庭,这些家庭家长治家有方,几代和睦相处而不分家,人口少的四五十人,多的上百人。相传姜佐卿家拆分时人口达 107 人;文斗民间文献《万宝归宗》抄本也还记录:自嘉庆十五年至道光二十一年(1810—1841),文斗姜氏家族姜述盛以其族长的名下买进山林总计 166 块,这些山林都为其家族共有。在表 3−2 中,在乾隆年间以文斗下寨姜富宇名下订立契约有 28 份。从乾隆后期开始至嘉庆年间,文斗下寨这批契约中的主角则以姜映祥、姜映辉、姜绍吕三人为主。姜映祥、姜映辉、姜映魁是姜富宇的三个儿子,姜绍吕则是姜映魁之子。此后各种中常见的"三家"或"三老家"即为姜富宇的三个儿子姜映祥、姜映辉、姜映魁三家。道光至咸丰年间,姜绍吕、姜钟英是出现在与"三老家"有关的契约上的核心人物。如契 6 中的"姜绍吕,绍熊,钟英叔侄名下三老家管业"。出现"三老家"有关的契约一直延续到民国年间,如契 26 中的"我三老家占山股十六股半"。可以看出,从乾隆以来姜富宇和他的三个儿子及其后代,他这个大家庭就实行林地家庭公有,生产和生活实行大家庭化,被当地人称为"老三家"。这些大家庭在生产和生活上都有严格的管理制度,平常谁管护山林,谁经营农田,谁经营木材,谁负责砍柴割草、舂米煮饭,都有严格的分工,家长在家庭中有至高无上的权威。

通过对文斗寨林业契约内容的文化解读,可以看出每一份都明确地写明了林地和林木等生产资料所有者的实情、佃主与佃户或卖主与买主不同的经济地位,各方不同的利益分成或成交所得收入。小小的一张发黄旧纸的简短记载,却集中全面地体现了人

---

① 贵州省编辑组:《苗族社会历史调查》(一),贵州民族出版社 1986 年版,第 363 页。

们在社会物质资料生产过程中所形成的社会关系①。更表明文斗寨内的家族在林业经营一直是稳定存在的,所以林地家族公有产权也非常具有稳定性,林业生产所需要的长周期性、连片性、封闭性和综合经营性是全部可以得到实现。

(四) 林业契约文书的考察验证

本文所要进行田野验证的林业契约来自《清水江文书》第一辑,在此书中收录的文斗寨 739 份林业契约中,涉及当地文斗寨的林地名有 78 个。可能由于林业契约保存的原因,涉及这些林地名的契约最少的有 1 份,最多的有 22 份。本文选取了涉及 18 块林地名的 140 多份契约进行田野验证。这 18 块林地情况如下表:

表 2:锦屏县文斗村部分林地情况表(E=东经,N=北纬)

编号	林地名	现存契约(份)	坐标位置	海拔(米)	面积(亩)	契约签订时间	备注
1	白号山	22	E:109°30′470″ N:26°36′780″	505—690	1 000	嘉庆九年(1804)—民国十一年(1922)	现在为文斗村集林场,1985 年承包给村民造林
2	番故德	8	E:109°21′462″ N:26°36′452″	475—505	600	乾隆三十二年(1767)—民国三年(1914)	被三板溪水库淹没三分之二,其余为村民林地

---

① 单洪根:《木材时代——清水江林业史话》,中国林业出版社 2008 年版,第 155 页。

续 表

编号	林地名	现存契约（份）	坐标位置	海拔（米）	面积（亩）	契约签订时间	备 注
3	松离	7	E：109°22′324″ N：26°36′342″		500	嘉庆二十四年（1819）—民国二十二年（1933）	被三板溪水库淹没
4	下冉下宜	13	E：109°21′542″ N：26°36′300″		550	民国三年（1914）—民国十一年（1922）	被三板溪水库淹没
5	凉亭坡	3	E：108°59′804″ N：26°35′981″	590—682	50	乾隆三十一年（1766）—嘉庆二十五年（1800）	现为村民自留林地
6	假堵	7	E：109°12′470″ N：26°35′780″	475—559	300	咸丰七年（1857）—民国十三年（1924）	被三板溪水库淹没约三分之二，其余为村民林地
7	白斗	2	E：109°00′181″ N：26°35′532″	475—592	200	光绪二十八年（1902）—民国七年（1918）	被三板溪水库淹没约三分之一，其余为村民林地
8	党宜	8	E：108°40′651″ N：26°35′285″	475—602	700	乾隆三十二年（1767）—民国八年（1919）	被三板溪水库淹没约三分之二，其余为村民林地

续 表

编号	林地名	现存契约(份)	坐标位置	海拔(米)	面积(亩)	契约签订时间	备注
9	翁扭	8	E：108°39′768″ N：26°35′003″	475—631	150	嘉庆二十三年(1818)—1952年	现为村民自留林地
10	冉安	7	E：108°36′470″ N：26°35′332″	475—690	400	嘉庆十六年(1811)—道光二十八年(1848)	被三板溪水库淹没二分之一，其余为村民林地
11	乌号山	5	E：108°36′464″ N：26°35′300″	475—695	680	道光十九年(1839)—光绪二十八年(1902)	被三板溪水库淹没三分之一，其余为村民林地
12	乌冉	9	E：108°36′256″ N：26°35′009″	475—680	700	嘉庆八年(1803)—光绪二十六年(1900)	被三板溪水库淹没三分之一，其余为村民林地
13	污泥	6	E：108°36′170″ N：26°34′789″	475—700	300	乾隆三十年(1765)—光绪二十八年(1902)	被三板溪水库淹没三分之一，其余为村民林地
14	乌鸠	4	E：108°36′089″ N：26°34′520″	475—720	600	乾隆三十年(1765)—嘉庆六年(1801)	被三板溪水库淹没四分之一

续 表

编号	林地名	现存契约(份)	坐标位置	海拔(米)	面积(亩)	契约签订时间	备注
15	党加、党兄出	13	E：108°36′004″ N：26°34′302″	475—727	2 000	乾隆三十二年(1767)—民国九年(1920)	被三板溪水库淹没五分之一，其余为村民林地
16	九龙山	9	E：108°35′785″ N：26°34′220″	475—750	900	乾隆三十二年(1767)—同治元年(1875)	现为村集体林地
17	冉丰浓	5	E：108°36′534″ N：26°34′770″	475—730	1 400	乾隆二十九年(1764)—道光二十三年(1843)	被三板溪水库淹没四分之一，其余为村民林地
18	因堆	13	E：108°36′464″ N：26°34′807″	480—680	1 200	嘉庆十三年(1808)—咸丰八年(1858)	被三板溪水库淹没四分之一，现为村民自留林地

这18块林地位于文斗寨村落四周，最近的林地为凉亭坡，此地位于文斗寨背部与村落相连，最远的林地为九龙山，此山距文斗寨村落有9公里。白号山、番故德、松离和下冉下宜和文斗寨隔河相望，木材砍伐后可以直接放入清水江；假堵、白斗、党宜、翁扭、乌号、乌冉、冉安、乌泥、乌鸠、党加和九龙山位于文斗寨村落的背面，都位于乌堵溪的南面；冉丰浓和因堆位于乌堵溪的北面；这两片林区的木材砍伐后可以直接放入乌堵溪，再顺溪排放到清水江。现在这些林地除了被水库淹没的以外，其他

没有被水淹没的林地仍然为文斗村民种植杉木。九龙山和白号山为文斗村集体所经营，其他林地每块林地都划为小块分给村民承包，都成为了文斗村村民的自留山。

与文斗寨隔河相望的白号山、番故德、松离和下冉下宜四块林地连成一片。由于三板溪电站的建设，松离和下冉下宜地处海拔475米以下，因此全被淹没，番故德也有三分之二处在海拔475米以下被水库淹没。现在这块大林地只留下白号山和番故德的三分之一。如下图3.1：

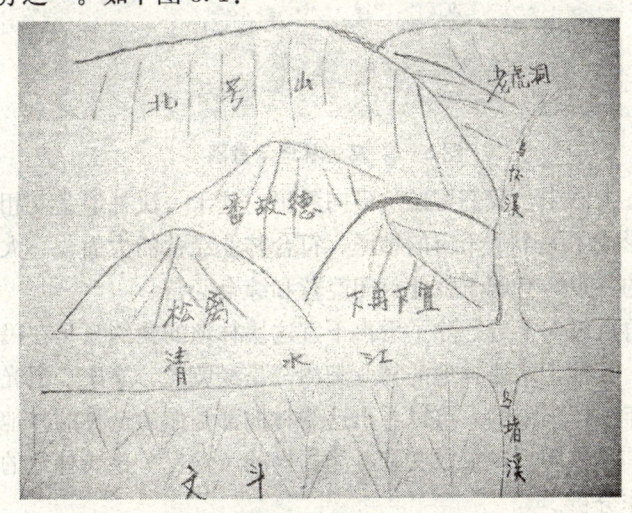

图1：北号山、番故德、松离、下冉下宜示意图

与文斗寨村落山脉相连的假堵、白斗、党宜、翁扭、乌号、冉安、乌冉、乌泥、乌鸠、党加和九龙山十一块林地，除九龙山没有被三板溪电站水库淹没外，其他的九块林地都不同程度地被水库淹没。这十块地为文斗寨主要的林地，它们的位置依次沿乌堵溪而上，连成了一片，而且土壤肥沃，木材生长的条件非常优越。文斗寨林农去林地劳动没有受河流的阻隔，而且距文斗村落很近，因此这一带为文斗寨人工营林及"皇木"的主要林地。如下图3-2。

— 471 —

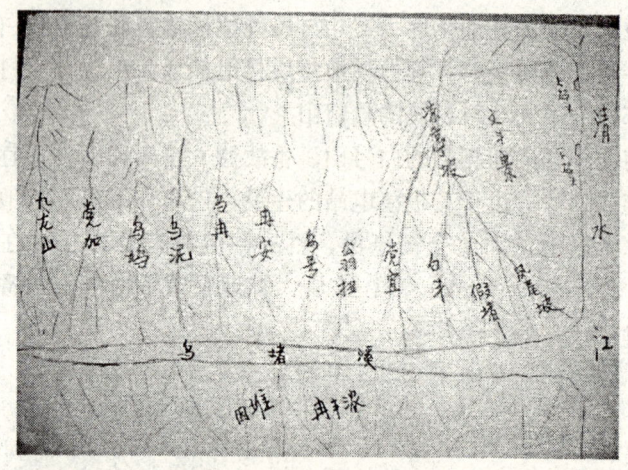

图3-2：乌堵林地示意图

在上图中，我们可以从横向看出，这十一块林地是互相相连的，形成了一个上千亩的林区，符合林业经营的大面积、大规模经营的特点，有利于林业封闭经营和综合经营。

再从纵向上看，除了下冉下宜这块林地的契约只是在民国年间外，其他十八块林地的林业契约都是经乾隆、嘉庆、道光、光绪等年间留下来的。可以看出这些林地都是作为造林的林地，没有作其他使用。现仅以文献所能提供的"党宜"这块林地的8份契约作分析。

契11[①]：立卖山约人姜岩五因家下缺少银用，自己到姜富宇名下之山，土名党宜，本系四股，岩五占一股卖与富宇为业，当日议定卖价一钱五分，亲手领回应用。其山任凭买主栽杉卖主产得异言，恐后无凭，立此卖山契存照。

依口代笔、凭中：姜弘道

[①]《清水江文书第一辑》(12)，第315页。

卖主姜岩五

乾隆三十二年二月二十九日立

契12①：立断卖杉木约人文斗下寨姜映科，老福，老遐兄弟三人要银使用，自愿将到亲手所栽杉木一块，地名党宜，上平田下平田，左平岭，右平岭，出志与姜廷楔，廷式，钧渭，绍韫，绍曌，绍吕二家承买为业，当日凭中面议价银贰两八钱，亲手领用其木之银，任凭买主修理管业发明奖卖主并无系分，今欲有凭，立此卖杉木约永远为据。外批日后木植长大发卖二股均分，绍韫，绍曌，绍吕共占一股，廷柱，廷楔，廷式，钧渭共占一股。

凭中姜显祖

代笔姜通义

嘉庆十九年二月初四日立

契13②：立卖杉木字人上寨中房姜显明为因先年栽到下寨姜绍曌，姜绍吕，姜绍滔弟兄之山，地名党宜，今木成林，要银使用，无处得出，自己将栽手出卖与下寨姜绍曌，姜绍吕，姜绍滔三人名下承买为业，当日凭中议定价银一两八钱，亲手领回应用，其杉木自卖之后，任凭地主修理管业，栽手不得异言，今欲有凭，立此卖字为据。

凭中、代笔：姜邦彦

道光六年八月二十一日（1827）立

契14③：立断卖山场杉木契人姜凌霄，为因缺少银用，无处得出，情愿将到祖遗与买主所共山场一块，地名党宜。其山界上下凭田，左右平岭，弟兄之股本人本名一股出卖与姜绍吕、绍雄二位大爷、钟英兄弟名下承买为业。当日面

---

① 《清水江文书第一辑》(12)，第531页。
② 《清水江文书第一辑》(13)，第372页。
③ 《清水江文书第一辑》(13)，第17页。

议，价银八钱，亲手收足应用。自卖之后，任凭买主修理管业，卖主族下兄弟不得异言，今欲有凭，立此卖字存照。

道光二十五年二月初二日亲笔立

契15①：立断卖杉木约人姜凌青，姜凌汉为因家下缺少银用，自愿将到山场，地名党宜，界至上下凭田，左右凭岭，四至分明，凭中出断卖与姜绍吕，绍雄大爷名下承买为业，凭中议定价银二钱八分，亲手收足，其山场自卖之后，任凭买主修理管业，今欲有凭，立此断山场约存照。

凭中：范有凤

道光二十五年六月十六日　凌汉笔立

契16②：立佃种栽杉字人龙作连，为因无栽种，今佃到三老家姜钟碧，世清，世俊叔侄之山一块，地名坂牵狗界即系党宜，世珍台田坎下，界趾上平世珍田，下平超柱之田，左平世俊弟兄之山，右平岭与相珍父子之山，四至分明，限定五年成林，若不成林，另招别人，栽手无分，恐口无凭，立此佃字为据。

凭中姜光宗

代笔姜世龙

光绪十二年正月十七日　立

契17③：立分单字人姜世龙，世清，姜齐相，龙氏卧音等因卖党宜山一块砍伐下河，价银三千二丰零八文以作五股均分，栽手占二股，地主占三股，此三股分作八小股。

姜世龙，世俊叔侄占地主五小股。

姜世清，姜世珍叔侄占地主一小股。

姜齐相，姜齐尧叔侄占地主一小股。

---

① 《清水江文书第一辑》(12)，第286页。
② 《清水江文书第一辑》(13)，第42页。
③ 《清水江文书第一辑》(12)，第135页。

龙氏音妙，老三二人占地主一小股。

共合计八小股，日后照此分单，不得错乱。

第一张世清存，

第二张世龙存，

第三张齐相存。

光绪二十年十月二日立

契 18①：立分卖木单字人姜世龙、登文、登熙、江氏引连、元贞、姜周礼、朱家煜卖共山一块，地名党宜与客人姜兴贵砍伐下河，议妥价元一十三千八十枚，内除合食去钱一千七百二十四文，除伙食存钱一十二千四百二十一百五十六文。土、栽分为五股，每股该钱二千四百二十二文。地主占三股，该钱七钱二百六十六文，以作十二股分派，每股该钱六百零五文，开列占山人名列于后。

姜世龙占山一股

姜登熙占山一股

姜登文占山一股二

江引连占山一股

姜元贞占山一股二

姜周礼占山一股

朱家煜占山三股六，又占栽手二股，四千八百四十四文。

各名收清，日后土股照依清单股数管业无异，恐口无凭，立此清单为据。

凭中：姜兴贵、姜登儒

朱家煜、姜周礼、姜登熙各存一纸。

中华民国八年六月初一日　家煜笔　立

---

① 《清水江文书第一辑》（12），第170页。

文斗寨保留下来的这 8 份林业契约,只从单份的契约上看,我们只能看到一个林业经营的事实,而且契约文书的签订只是几个小时的事而已,不能看出党宜这块林地林业经营的长期性。如果把这 8 份契约串联起来,这块林地在乾隆、嘉庆、道光、光绪和民国年间都立有林业契约,我们就可以看到一个立体的历史性网络,而且是一个经历了 151 年的历史网络。在这个历史的网络中,党宜这块林地都是一座家族公山,而且实行招人佃种,分块作业,出现了青山股份的买卖现象。文斗寨的林业经营的一个周期都是 18—25 年。我们能从契 17 和契 18 两份林业经营分享利益的契约中看到两份契约签订的时间差为 24 年,正好是林业经营的一个生产周期。虽然这块林地从文献中所能提供的契约中,这样一个生产周期和另一个生产周期相连的契约只留下这两份,其他相关的分银单没有被全部保留下来。但从契 11 到契 16 的 6 份股份转让和租佃契约中,我们可以看出在这块林地经营的趋势,党宜山一直是被林农长周期作为林地使用,没有作其他生产资料使用。

三、林业契约文书与林木生产的社会控制

(一) 保证林木生产的长周期性

人工营林业是一种超长周期的产业。人工营林业具体生产周期的长短因林区的自然地理特征而异,也因经营项目和经营目的不同而别。在寒冷地带,以原木生产为主要对象的用材林生产周期最长,一般要 30 年左右,最长的要半个世纪。在芬兰,由于人工林经营得很好则稳定在 25 年为一个生产周期。如果经营的对象不在原木,而是以提供造纸材料为对象,则生产周期相对较

短。如美国杜邦公司造纸的专用林区往往以 8-18 年为一生产周期[1]。无论差异多大，林业生产周期至少也得以 18 年为一个生产周期。在清水江流域，由于自然地理条件优越，境内气候温和，土壤肥沃，雨水充沛，具有发展用材林业生产得天独厚的自然生态条件。再加上当地林农有丰富的营林经验和知识技巧，林木的生长周期与其他地方相比虽然已经大大缩短，创造了人类林业史上的"八年杉"和"十年杉"的奇迹。但大规模的人工林成熟仍然也需要 18 年左右[2]。

为了保证林业经营的有效和正常运作，人工营林的长周期性势必要求对林业经营的林地产权要拥有高度的稳定性。如果在林木生长期内林地产权出现波动，那么就会对林农造成损失，甚至对整个林业生产造成毁灭性的打击，林农利益得不到实现。就拿林业和农业相比，虽然二者的生产在很大程度上都是依靠特定的自然条件，但二者的生产周期相距却存在极大的差别。农业一般是以一年为一个生产周期，在条件比较好的地方，农民在稻田中还可以进行轮种轮收。在农业生产过程中，若是遇上自然灾害，粮食歉收，危及农民生存的时间也是相当有限的。上半年生产的粮食可以储蓄接济到下半年粮食的收获时节，有时也会出现所谓的青黄不接的情况，仅仅只是"青"与"黄"的不接而已，其间的时差不是太长。但由于林木生长周期长，若其产权不稳定，其生产的环节一旦出现脱钩问题的话，带来的就不仅仅是一个青黄不接的问题，而是会导致整个产业的失败。

为了保证林区土地产权的长期持续稳定地存在，清水江流域村寨实行了林地家族公有制。这样一来，林区林地产权不允许个

---

[1] 龙宇晓：《少数民族林业经济市场化的桎梏何在——湘黔桂边区林业生产传统与现状的剖析》，《贵州民族研究》1993 年第三期，第 38 页。

[2] 罗康隆、黄贻修：《发展与代价—中国少数民族发展问题研究》，民族出版社 2006 年版，第 64 页。

人或家庭出卖，只允许林地使用权的转让，而出卖的也是活立木。即令林农是仅仅出卖活立木，还必须征得本家族和家族之间的认可和支持，林区土地所有权仍然牢牢地控制在家族手中。因而，林区林地产权可以长期持续地得到充分的保证，产权的波动被降到了最低的限度。关于这一点，我们还可以从清雍正时期以来，文斗寨林农保留下来的关于林地青山买卖与转让的林业契约中得到充分的佐证。如契19就是乾隆年间文斗的青山买卖契约。

契19①：立卖契人姜九龙因家中缺少用度，将自己亲手所栽杉木一块，土名坐落党胸，凭中出卖与富宇名下为业。三面议定，价银参两参分整，当日亲手接银归家用度是实。其木上凭岭，下凭沟，左凭凹，右凭冲。今将四境分明，任凭买主管业，恐后无凭，立卖契存照。

立卖契人：九龙

说合中人：艮姑

依口代笔人：胡青文

乾隆十九年七月二十日立 吉

由于林业是一个长周期经营的产业，林木生长周期比较长，林木在生长过程中由于活立木的拥有人往往会出现经济拮据，家中出现紧急情况时，急需金钱使用。因而经常会导致一块青山多次买卖，几易其主，保证林业经营的长周期的特性。但这些转让仅只是活立木，林地产权仍然是家族公有。在《清水江文书》第一辑中就收录了文斗寨这样的林业契约近200份，林农把自己林地亲手栽种或从佃农手中购买回来的青山出卖，而且都是出卖给

---

① 罗康隆：《侗族传统人工营林业的青山买卖》，《贵州民族学院学报》，2006年第6期，第5页。

了本家族内的成员。这些林业契约有一个共同的特点，就是转让的只是林地的产品——活立木。虽然活立木转让，无论经过几次转手转让，而作为生产资料的林地的产权是不动的，仍然作为家族公有的生产资料。这样就确保了林地产权在家族内稳定延续，因而就满足了林业长周期生产的要求，林业经营得以正常进行。如下一份文斗寨的林业契约：

> 契20[①]：立卖字人，朱替保为因先年所买之山，污堵溪头，党加一处，培丁污列鸠，概卖与本房姜启才、映龙、映翔三人名下承买，蓄禁管业。当日面议价银三分五钱，亲手领回应用。其山作二十八股均分，替保占一股。会银、山场一概无分。今欲有凭，立断卖山场约存照。
>
> 凭中：姜央连、周杰、荣先
> 代书：姜周隆
> 乾隆五十年十二月二十八日立

在这份契约中，地名为党加培丁污列鸠这块山林，是卖主朱替保先年从别人手中所买。在朱替保买之前，这块林地已经投资造林，他买到的仅是活立木二十八股中的一股，而且这一股最后又卖给了本房姜启才、姜映龙和姜映翔三人，三易其主。这种转让既没涉及卖方朱替保在造林时的投资，又没涉及林地产权，因此契约中写明"会银、山场一概无分"。可见，虽然在契约最后写有"立断卖山场约存照"，这份契约买卖的仅是活立木的股份，林地仍然是家族公有；契约虽然涉及的内容复杂，有"会银"投资造林、栽手等股份，但仍然是体现了林地封闭经营，林地产权稳定，满足了林业生产的长周期的特点。

---

① 《清水江文书第一辑》(12)，第29页。

锦屏林木生长周期一般为18—25年，林木在其生长过程中，活立木发生多次买卖，几易其主。虽然有时会发生纠纷，但一旦纠纷发生之后，一般当地的家族族长、寨老及有声望的人会及时出面排难解纷，或将其调解结果录于原契之上，以保证产权稳定，保证长周期经营，维护各方利益。如契21：

契21[①]：立断卖山场杉木约人，上房姜怀德、朝相，今因家下缺少银用，无处得出，自愿将祖遗山场杉木一块，土名刚晚，山场分为三股，又分为六股，本名占一股，出卖与姜伟公名下承买为业，当面凭中议定，价银四两三钱，亲手收回应用。其山场杉木，自卖之后任凭买主修理管业，卖主不得异言。倘有不清，俱在卖主理落，不干买主之事。恐后无凭，立此断卖山场杉木契存照。

凭中：余可升　潘绍芳

嘉庆十八年十月初三日　朝相　亲笔立

刚晚之山，姜朝相弟兄先卖与姜伟后，重卖与岩湾范献琳，献琳复卖与姜重英，于道光十四年九月内，卖与陈老五砍伐，二比争论，蒙中劝解，依契断此股山地与姜齐太管业，凭中所批，日后发管业不得争论。

凭中：本清，肖六爷、朱镐

钟华批

这是一份嘉庆十八年的林木买卖契约，最先是姜怀德、朝相兄弟将祖遗山场杉木出卖给姜伟，后来姜伟将林木出卖给范献琳，尔后范献琳又出卖给姜重英，最后姜重英于道光十四年出卖给陈老五，才砍伐原木出售，其间有21年，刚好是杉木自栽到

---

① 贵州省编辑组：《侗族社会历史调查》，第16页。

成林的时期。因为几易其主而发生了纠纷,后来经凭中调解,而将调节结果附于原契之后。可见,这块杉木在成长期间四易其主,虽然出现了纠纷,但是在地方性制度的保证下,活立木产权最终得以维护,必须长周期生长的木材得到可靠的林地产权稳定保障。不管如何出售,整个林地一律作为育林使用,实现了封闭经营,长周期经营,能使林木以顺利地砍伐出售。出卖青山是清水江流域人工营林业发展过程中最为普遍的现象。

这种以文字形式形成的林业契约来转让活立木,稳定了产权,维持了林木长周期生长的特性,解决了林业生产环节青黄不接的问题,解决了林业生产长周期经营的风险性。这对于清水江流域的林业生产为主体,靠"以木换粮"的当地民族来说,是一种最好的解决办法。它既确保家族内短期的调剂和长周期的林木商品价值的实现,又确保了长周期的人工林业生产得以稳定。

在文斗寨林业契约的中,可以看到每一块林地一直都是长周期稳定地进行林业经营。如以下关于"番故德"这块林地的五份契约:

契22①:立卖山场约人,中房姜番保、姜番薮,为因家下要银使用。亲身问到将祖遗山场一处,土名坐落番故德,占得左边,其山原作五大股均分,今出名下一股断卖与姜富字名下承买修理、栽植,蓄禁为业。当日凭中面议,价银一两四钱整。亲手领用。其银交明,不得短欠。自卖之后任凭买主子孙管业,卖主兄弟及外人不得异言番悔。若不清,俱在卖主上前理落,不与买方何干。今若有凭,立断卖山场约存照。

外批:股数分明,中房二股,固薮、资章占二股,元德

---

① 《清水江文书第一辑》(12),第10页。

占一股。固藐、资章作三股,固藐占一股出卖与富宇。番保所栽秧木,富宇补银一钱五分。

　　卖主:姜番保,姜番藐
　　凭中:姜蔼番
　　代书:姜文焖

　　　　　　乾隆三十二年十二月十二日立

　　契23①:立卖杉木约人,姜剪保、姜金关为因费用无出,自愿将到祖业一处,土名坐落番故得山,出卖与姜映飞、姜映祥等承买为业。当日凭中议定,价银三两整,亲手领回应用其银之后,任凭买主修理管业。此杉之界,左凭冲,右凭冲,上平买主为界,下与路为界,四至分明。卖主兄弟二人不得异言,今恐无凭,立此卖约是实。

　　凭中:龙德才
　　代书:通义

　　　　　　嘉庆四年十二月十一日立

　　契24②:立合同字样文斗地主姜绍韬、通义、士荣,士标等有山场一块,土名番故得。界至,上凭龙三保所栽之木,下平沟,右平岭。先年招到天柱县岩寨龙绍远、光华二人入山栽杉,先议定五股均分,地主占三股,栽手占二股。今木植欲将成林,宾主二比立书,不得异言,务要努力修理,此木不得荒废,如有荒废,栽手是否栽有,日后并无系分。候木砍尽,合同缴归地主。今欲有凭,立此合同各执一纸,以为存照。

----

① 《清水江文书第一辑》(12),第37页。
② 同上书,第64页。

笔：姜士标

嘉庆二十三年三月初六日立发

契 25①：立分合同字人姜绍吕，绍熊，钟英，济泰，济川等之山场一所，地名白号山，名番故得。我众山内若有招外人栽的，本山人所招的，今众等共议：凡外人并有分内我所栽，俱作五股分，地主占三股，栽手占二股，日后各照股数均分，不得争多论少，恐口无凭，立分合同字为据。

外批：因绍吕兄弟于道光十八年十月内，卖山内栽手一块俱作五股分，日后不论内外人所卖栽手，地主原照五股分不得异言。

姜绍吕存一纸，姜济泰存一纸　共二纸

毓翠笔

道光十八年十月三十日立

契 26②：立分合同字人姜世清，世龙，世法，世美，世臣，登熙，登津，登杭，登文三老家等，今有对门河山场一块，地名番故得南，另名皆垢沟坎下。界限，上平水沟盘路，下抵黎嘴，左、右凭冲，四字分清。此山因今年三月内卖与上寨姜松长，姜得相二人砍伐下河，卖价二十一两八钱整。土栽五股均分，得相先年得买高元和姜恩顺二人之栽手二股。土占三股，又分为二十股，恩临、如相公孙等占山三股半，我三老家占山十六股半。因世清父子尚未寻出契据，只执佃字簿子为凭，是世清父子私业，是以世清之长子登儒执此簿据。现出绍齐公写有道光年间佃贴，系是三老家所共

---

① 《清水江文书第一辑》(12)，第 84 页。
② 同上书，第 151 页。

之山。因此对簿，系三老家管业，世清父子退价与众等分派，心干意愿无异。今凭亲族朱冠梁、吴纯祖、姜正牙另分合同。日后三老家子孙照此合同永远管业，与恩临等共山。世清簿据、老佃字贴、新佃字贴一概取销，倘在寻出具是故纸。恐后无凭，立此合同字为据，三纸存照。

  登津存一纸，世美存一纸，登熙存一纸
  凭中：朱冠樑，吴纯祖
  代笔：姜正牙
          中华民国三年三月二十八日 立

  以上番故德林地买卖、租佃、分合同和分银单的五份契约，在时间上看，从乾隆三十二年（1768）到民国三年（1914），历经146年，番故德这林地一直都是种植杉木，进行林业经营。在林地产权上看，这块地为姜富宇及其后代"三老家"子孙所共同所有的公山。虽然在民国时期（契26），其经营过程中出现了纠纷，但由于契约维护了产权的稳定，从而也就保证了林业经营的长周期性。

（二）保证林木生产的连片性

  人工营林是一种需要大规模大面积连片经营的行业。稻作农业可以小到在一亩甚至几分的土地上独立地进行经营，但人工营林必须在数十甚至数千公顷的大面积林地上经营。这是由于林业生产周期长，为了保证生产的连续性和劳动力投入均衡，需要对所有林地进行分片、分块操作管理，按生产周期不同阶段分片分阶段经营。如果经营面积太小，每一个生产阶段的作业片区无法满足劳动力投入所需要的最低值，经营起来也就无利可图。

  林业经营中，林木生长的不同阶段，劳动力投入的差距十分明显，育林期间劳动力投入最大，收获期长。据调查，在锦屏县

人工营林过程中育林的劳动力投入最大,从整山炼地到林木封郁要占去总劳动力的70%。而林木封郁后到林木砍伐期只占劳动力投入的30%,但这一段时间要占林木生产周期的70%的时间。其次就是林木积材量有限,在清水江流域好的山林每公顷才达3—5立方米,一般的山林只达1立方米。如果没有大面积和大规模的生产,劳动力投入在林业经营不同阶段的差距就会难以弥合,林农的粮食供给也会遇到困难[1]。同样,没有一定的生产规模,就无法完成合理、有序地组织劳动力进行有序的劳动生产。林区劳动力投入的组织任务。因此人工营林必须是每一个生产单位必须拥有大面积林地和规模性的生产组织。这就要求林地产权不能分割过于细小,要保证林业经营权的归属十分清晰明确。如果林地过于细小不能连成一片,也就不会大面积、大规模生产,不能统一管理和利用。

林地产权稳定,人工营林连片大面积大规模生产恰好就有众多好处能解决林业经营中的一些问题。第一,能利用林木自然生长的生态规律潜势,减少林业经营的人力投入。第二,成片的大规模林区,便于保护和管理,防火、防虫等措施可以凭借极少的劳动力就能妥善做好。可以集中人力、物力来统一执行管护作业,也能大量节约劳动力。第三,便于合理利用气候、土地、水源等自然资源,减少因分散经营所造成的资源浪费。第四,便于发挥林业自身的长处,在资金的融通上实力较大,因而能适宜等待市场价格行情加以采伐利用,从而提高经营的实效。第五,成片地经营才能利于人工营林向加工的深层次化发展,从而提高木材的使用效益,达到产品在本经营集团的增值[2]。最后,连片经营后能给采伐造成方便,降低经营成本。现有契约文本恰好能够

---

[1] 《发展与代价——中国少数民族发展问题研究》,第64页。
[2] 《少数民族林业经济市场化的梏桎何在——湘黔桂边区林业生产传统与现状的剖析》,第38页。

证明它能够对这种连片经营提供有利的社会保障。

清水江域地区林地的村寨家庭公有制正好确保了林区经营的规模化和大面积化。在文斗寨的林业契约中我们可以看出，他们在林业经营中，当地苗族的人工林地是连片经营，即使是青山买卖转让活立木、林地股份买卖和租佃林地给别人栽杉种粟，都必须考虑林地的连片性。如以下几份契约可作证：

契27[①]：立断卖杉木字人姜文灿、姜番所父子因家中要银使用，无处寻出，自愿将到土名眼（因）堆亲手所栽杉木一块。上凭映翔、绍望得买刘朝元木，下凭溪，左凭得买姜明二姓之木，右凭水冲，四至分明。凭中出卖与姜映翔、姜绍望二人，当日议定价银五两八钱整，亲手收回，分厘不欠。其木自卖之后任凭买主修理管业，日后木长大砍伐不得异言。如有不清，卖主上前理落，与买主无干。恐后无凭，立此卖字为据。

凭中：李有梅

笔：阳肇伦

嘉庆十六年七月初五日立

契28[②]：立断卖山场杉木约人姜六生、友祥父子，为因家中要银使用，无处得出。自己将到主遗山杉木一块，坐落九龙山，出卖与本房，姜映翔、映飞、绍吕父子承买为业。当面议定价银十一两，亲手收回应用，其山上平顶，下平映翔三家木，左右平映翔三家木。自卖之后，任凭买主修理管业，卖主房族兄弟不得异言。如有异言，俱在卖主上前理

---

① 《清水江文书第一辑》（13），第347页。
② 《清水江文书第一辑》（12），第49页。

落,不与买主何干。今恐无凭,立此卖字是实。

族中:姜寿元、姜晚三

凭中:姜映周

代书:姜绍怀

嘉庆十四年七月十五日立

以上两份林业契约均为青山活立木买卖契约。在契27中,我们可以看到姜映翔、姜绍望所购买姜文灿、姜番所地处因堆山的这一块青山,"上凭映翔、绍望得买刘朝元木,下凭溪,左凭得买姜明二姓之木,右凭水冲"。通过这次青山买卖,买主把以前所购买刘朝元和姜明二姓的青山连在一起,成为一大片。在契28中,姜映翔、姜映飞和姜绍吕三老家所购买姜六生、姜友祥地处九龙山一块杉木,"上平顶,下平映翔三家,左右平映翔三家木",三老家把在九龙山所有的杉木连在一起,最终实现了连片经营,连片砍伐。通过这些青山买卖契约可以看出,林业经营的连片性日益得到了强化和巩固,使林业经营顺利地进行。

契29①:立卖杉木山场人,文堵寨姜贤德、士凤、得宇、老陆、老安、老福,今因家下要银使用,无处得出。自愿将到土名干石杉木山场一块,左凭六房(木),右凭冲,下凭富宇(木),上凭坪,四至分明。请中间到本房姜富宇名下承买为业,凭中三面断价,纹银一两八分整,亲手领回应用。其山杉木任凭买主修理管业,卖主不得异言。如有来历不明,俱在卖主理落,不干买主之事,今恐无凭,立此卖约存照。

外批:此山杉木并地分为二大股,富宇约内有一大股,

---

① 《清水江文书第一辑》(13),第23页。

九堂一大股。

卖主：贤德、士凤、得宇、老陆、老安、老福

代笔、凭中：姜文青

乾隆四十一年正月初十日立

契 30①：立断卖山场字人姜昌宗，昌基等，为因要银使用，无处得出。自将到祖遗山场一块地名乌号，界限上平内十两山为界，下平溪，左平冲以买主十两山为界，右平岭，四至分明。今将出卖与姜绍齐兄弟名下承买为业，当日凭中议定，价银□□□。亲手收足应用，其山场自卖之后，任凭买主修理管业，我卖主不得异言，倘有不清，卖主理落，不干买主之事，恐口无凭，立此断卖字为据，是实。

凭中：姜老福

代笔：姜老齐

光绪二十八年十二月十二日 姜昌连 押立

以上两份林业契约为林地使用权买卖契约。在契 29 中，买主姜富宇所买的干石山场，"左凭六房（木），右凭冲，下凭富宇（木），上凭坪"，把自己山场和所买山场连成了一片。在契 30 中，姜绍齐所买山场乌号，"上平内十两山为界，下平溪，左平冲以买主十两山为界，右平岭"，也与买主之旧山场连在一起。通过这些契约的纵向分析可以发现，在活立木流转的过程中发现，已经培育的林木日趋连片，因而充分展现了林业契约对于稳定林业连片经营所发挥的社会事实，体现了林农在林业经营中不断地强化连片经营的趋势。

---

① 《清水江文书第一辑》(13)，第 27 页。

契 31①：立合同人辰溪县张德元、张有元，麻阳县滕万明、滕海明，黄世龙等。因先年佃到文斗寨地主姜弘文、廷理、绍望等山场一处，土名因堆，种地栽木，今木已长大成林。我等客主原议作二股均分，地主占一股，栽手占一股，日后木砍伐出河，得价照股收银，不得争论。自立合同之后各执一张永远为据。

计开山内所栽：张德元一团，张有元四团，滕万明六团，黄世龙一团。

凭中：陆廷珠、姜廷智

笔：张有元

嘉庆十三年三月十二日立

契 31 是一份嘉庆十三年（1808）三月十二日签订的佃地栽杉成林后的分成合同。契约中明显说明，因堆山的林地是文斗寨姜弘文、廷理、绍望等家族公山。佃主考虑到林地面积大，把林地租佃给一家，可能在短期内不能完成植杉造林任务，又考虑到山林的管理和效益。因此佃主把山地分成十二块，分别租佃给张、滕、黄四家栽木：张德元一团，张有元四团，滕万明六团，黄世龙一团。佃主让他们在同一时间分块植杉造林，更新林地，这十二块林地就连成了一大片。显然这是在林地产权公有的前提下，招来劳动力分个体农户协作分块人工营林的模式。这个营林的结果同样可以保证林地是连片的。同样是取得了保证林地连片经营的作用。因为林木的采伐，极少零星地进行，经常是成片，甚至是一座大山、一个岭同时砍伐原木出售，所以必须成片更新林地。再次就是林木的管理不像农田庄稼，薅修管理，防火防盗，单家独户做起来是很困难的，所以佃主招来劳动力联合造

---

① 《清水江文书第一辑》（13），第 339 页。

林，形成大规模连片经营的林业生产形式，而且这种形式一直延续下来。

根据现场踏勘，因堆这块林地有近1200亩，可见这块林地实行了大规模连片经营。至于它面积的大小，我们可以从另两份契约中略知。

契32①：立卖杉木字人，麻阳县高村寨滕万明，海明弟兄二人因先年佃栽文斗上、下寨、中仰寨所共之山，地名因堆山。万明、海明二人亲手所栽木六团，今将木一团在平熬姜文烂屋下边大岭一条，出卖与地主姜映辉、映祥、绍望、绍宏二家承买为业。当日凭中面议，价银十七两五钱整，入手收回应用。今卖之木一团，界至右凭有元之木为界，左凭岩冲为界，上凭顶有元之木为界，下凭乌堵溪为界，四至分明。其山自卖之后，任买主修理管业，卖主房族弟兄并他人不得异言。恐有不清，卖主向前理落，不干买主之事。其有合同内黄、张二姓所共，未得缴与买主，立字是实。

凭中：刘朝元，姜应科，黄学正

代笔：张有元

嘉庆十四年四月初七日立

契33②：立卖杉木字人，辰溪县张有元，德元弟兄二人，因他年佃栽文斗上下寨、中仰寨所共之山场，地名因堆山。有元亲手所栽木四团，今将木一团，在平熬姜文烂屋下边，大岭一条出卖与地主姜映辉，映祥，绍望，绍宏二家承买为业。当日凭中面议，价银十七两五分整，入手收回应

---

① 《清水江文书第一辑》(12)，第341页。
② 《清水江文书第一辑》(12)，第342页。

用。其卖之木一团,界至左凭滕万明之木为界,右凭岩冲为界,上凭岭万明之木为界,下凭乌堵溪为界,四至分清。其山自卖之后,任买主修理管业,卖主房族并他人不得异言。如有不清,俱在卖主上前理落,不干买主之事。其有合同内有滕、黄二姓所共,未得缴与买主,立字是实。

  凭中:黄学正、刘朝元、滕万明、姜应科
    嘉庆十四年四月初七日 有元 亲笔立

  以上两份契约都是出卖活立木股份的契约,而且也都是佃农于嘉庆十四年(1809)四月初七日签订的。在契31中可以知道,这块林地的佃主与佃农于嘉庆十三年三月十一日立分股合同,签订分成合同差不多才一年。滕万明、海明兄弟和张有元、德元兄弟就各将的因堆林地一块栽手出卖给佃主姜映辉、映祥和姜绍望、绍宏二家,而且价格都是一样,他们各获银十七两五分,而且只占因堆山林地活立木的十二分之一。按照文斗寨租佃林地栽杉的规定,一般佃主要求佃农在三年或五年栽杉成林,可见这块林地只经营了四年或六年,每块林地佃农的活立木就有这样高的现金收入,可见因堆山实际经营面积相当大。

(三)保证林木生产的综合性

  人工营林业是一种综合经营产业,其产品不像稻田农业那样单纯,除了主要产品原木以外,林副产品、天然动植物产品的收益也十分可观。在国外,林业生产同时兼营狩猎、旅游、自然保护、林副产品粗加工、畜牧、珍稀动物放养和药材采集加工等经营项目。如朝鲜的人参、泰国的人工象和猴的放养、美国松节油和高级芳香油的提取、澳大利亚的桉叶油生产、我国台湾早年的樟脑生产、斯洛伐克的林区狩猎、旅游业都是林业多种经营的成功范例①。

文斗寨的人工营林业也是实行综合经营。文斗寨林农在人工营林业的过程中实行林间套种农作物的耕作方法,俗称"林粮间作"。"林粮间作"主要是在林地里套种小米、黄豆、玉米、红苕、土豆等;其实,"林粮间作"在贵州古代的地方典籍中就已经有记载,如道光年间的《黎平府志》就记载了林农在林地里套种玉米的情况:"玉米,包谷也,即是蜀黍,又曰玉米。高山可种,砲以为米,可做饭,并堪酿酒,其糜能酿饴饧,比米制更佳。今黎郡栽杉之山,初年尚未遍种,凡有隙地,俱种包谷,俟树枝盖地方止。以生高山,又名高粱"②。有些不了解内情的人总是认为,既然种植人工林,就不应当间作粮食作物,那样只会妨害人工林的生长。我们调查后发现,这种做法是对的。林农在人工营林中掌握了清水江流域杉木的生长特点,成功地掌握了林粮间作的营林技术。

杉木是浅根型树种,主根不发达,而侧根发育旺盛,以侧根横向伸展为主。一年内,其根系扩展不深。杉树还是中性略偏阴的树种,幼年阶段喜光但又经不起强光的照射。从第四年开始,幼杉才进入速生期,杉树之间的枝叶相距1米左右,其地底的根也基本接拢。林农在育林前3年的林粮间种,种植玉米、粟等农用物,能为幼杉遮阴,避免阳光直接晒到幼杉地的土壤,使幼杉地湿度下降,为幼杉既能有阳光的照射,又能为幼杉生长提供合适的湿度,保证幼杉的成活率;林粮间作也有利于增加幼杉林地的地表覆盖率,避免林区地表的土壤流失,防止土地板结。套种的粮食作物分泌出的抗生素,有益于防止有害杉树生长的微生物的蔓延,粮食也可以引来各种鸟类觅食,保证危害杉树的害虫有

---

① 杨庭硕:《相际经营原理》,贵州民族出版社1995年版,第202页。
② 中国社会科学院历史研究所清史研究室编:《清史资料第七辑》,中华书局1989年版,第101页。

足够的天敌加以抑制。杉树封林后，粮食作物的根须腐烂后留下的空隙，又成了杉木苗侧根延伸的通道，这种空隙中既有空气又有养分，可以确保杉木苗侧根的旺盛生长①。

可见，清水江流域的侗族和苗族人民在与当地生态系统互动的过程中，充分地了解了生态系统的特性，在人工营林中建构起了"林粮间作"这种地方性知识。"林粮间作"加快了杉木的生长速度，提高人工林木的积材量。在清水江流域，如果林农在林地不实行林粮间作，林木反而长得不好。因为在清水江流域，其地表为多种植物并存，林农实行林粮间作的目的就是要使用林地接近自然地表植物的结构。可以说这是清水江林农长期在人工营林生产实践过程中得出的一种经验，也可以说是当地林农世代积累中得出的一种创造。这里的"十八年杉"每年能达到每亩2.7立方米的产量，稳居世界同类林木生长量的前列。在新中国成立后，人民当家做主，国家鼓励林农植树造林，二十世纪五十年代锦屏林农利用林粮间作还培育出了有名的"八年杉"，从定植到主伐只需8年，每亩蓄积12.34立方米，引起了国际上林业界的注意②。正是依靠这种取法于自然的生态智慧，人工营林才获得了成功。

"林粮间作"同时还给林农们提供了数量可观的粮食收获，这对于从外地来文斗寨佃地种杉，缺少粮食的佃农来说是十分重要的。正如林农所编的民谣那样："种树又种粮，一地多用有文章，当年有收益，来年树成行。"③"林粮混种好，办法实在强，树子得用钱，粮食养肚肠。""林粮混种好，一山出三宝，当年种小米，二年栽红苕，三年枝不密，再撒一年荞"、"栽树又种粮，

---

① 赵大华、罗洪洋：《财产所有权保障与清代锦屏人工林业经济繁荣》，《贵州警官职业学院学报》，2005年第5期第36—37页。
② 《黔东南苗族侗族自治州志·林业志》第68页。
③ 同上书，第93页。

山上半年粮"①。这些有关林粮间作的谚语反映了林农对林粮间作的基本认识,充分地反映出"林粮间作"在人工营林业综合经营中的地位和作用。林农对幼杉地进行精耕细作,实行林粮间作,使幼杉能茁壮成长。而且还可以使外来少粮的林农获得粮食赖以度日。林粮间作可以说是林农在人工营林生产过程中无法承担长周期生活压力的具体表现。通过林粮间作达到"以短养长",从而缓解林业生产长周期性与日常生活之间的矛盾。

　　林粮间作是林业综合经营的一个部分,清水江流域的林地必须林粮间作,只种植杉树是不行的,必须得进行综合经营。对于林农来说,他们在林中种的粮食不全部是自己食用,有一部分是用来喂养家禽家畜的。文斗寨的林农在家就养有猪、鸡和鸭等家禽家畜,在林区做有畜圈养有牛。林农一般是在林粮间作的几年中割草养牛或者是在浅草带牵牛食草,幼林封林后他们便在林地放牛食草,清除林中杂草,让林木长得更好。林农在林地实行林粮间作就解决了家禽家畜的饲料问题,可以说也是一种综合经营,促进了林区畜牧产业的发展。但林区的畜牧产业并不是林农主要产业,是一种林业经营的副带产业,规模并不是很大。在文斗寨每家每户养的牛也最多只是一到三头,养猪只是在二到四头而已,没有对林业生产带来负面的影响。

　　在林业经营中,文斗寨历来实行的"林粮间作"生产方式,大量的外来的栽手向山主租佃林地栽杉,先开垦种植粮食作物,在收获1—3年后"退耕还林,栽杉抵租"。正是这种林粮间种的综合经营,吸引了佃农租佃林地,解决劳动力再组织、再分配的问题。佃主不仅解决了林地空置的问题,而且可从杉木中获得更大利益。佃农也可暂时减缓无地可种,特别是缓解了从外地来的

---

① 黎平县林业志办公室:《黎平县林业志》贵州人民出版社1989年版,第103页。

佃户无粮可食的困境，佃户还能通过青山活立木的买卖获得一定经济利益，这样也就提高了林农造林的积极性，在清水江流域这种山多田少的地方，是促成了人工林业兴旺不可缺少的重要因素。

由于林业生产大规模、大面积、连片性经营，生产具有间断性，劳动力在林业经营中的一个生产周期投入量就有很大的反差，在育林时期劳动投入量最大，从幼木郁林后到砍伐的劳动力投入相对要少一些，因为是综合经营，因此在林业生产的一个周期中需要对劳动力进行调剂。这就需要当地的制度来进行劳动力的组织，缓解林业生产中劳动力投入的不均衡问题。于是在锦屏县文斗寨等地方佃主把林地租佃给佃农种杉，有本地的林农，也有从外地来谋生的农民实行林粮间作，这其实就是在林业生产中组织劳动力，使劳动力在林业经营的一个生产周期中得以调剂，缓解了劳动力在林业生产投入中的不均衡问题。

佃主和佃农在商定租佃时签订林业租佃契约，契约是规定了双方的权利和义务。因为是综合经营，在文斗寨的租佃契约中绝大部分主佃双方林木分成是三比二，佃主拥有林木收成的五分之三，佃农拥有三分之二。这在一些人的眼里说是对佃农不公平，实际上可带来令佃主和佃农"双赢"的局面，是林农们对林地市场合理的估价。因为这里的林地必须林粮间作，这一点在林业租佃契约中就体现得非常清楚，如契36和契37中说注明佃农"种粟栽杉"进行综合经营。佃农在种植幼苗期间拥有三年的林粮间作综合经营的收成，是作为一种回报形式给佃农的，而且还有幼木成林后五分之二的分股收成。佃主在幼林成林的几年中其实也付出了管理林地的劳动，但他并没有育林前三年综合经营的报酬，只是拥有幼木长大后五分之三的分股收成。在佃农精心的培育下幼杉成林，主佃双方再写合同分股，共同管理林地，双方付出的都是一样的劳动。这样主佃双方的收益就达到了平衡，没有存在不公平的现象①。

因为林地是综合经营,所以在股份的分配上就出现了差异,在租佃契约中主佃双方规定林木分成是三比二。这种情况在文斗寨林业契约中记载很多,如下面的两份契约:

> 契36②:立租字人湖广省岑阳县蒋玉山、景春弟兄二人,因租佃到文斗下寨主家姜朝瑾、朝甲弟兄等之山,土名坐落鸠怀。此山,上凭姜朝琦,下凭路,左凭朝瑾本人山,右凭冲,四至分明,佃与蒋姓种粟栽杉。言定五股均分,地主占三股,栽手占二股,限定五年木植一起成林,若不成林,栽主毫无系分。玉山、景山自愿将先年佃栽姜光前的鸟救略之山栽手作抵,任凭朝瑾弟兄仰当管业,而蒋姓弟兄不得异言。今恐人信难凭,特立佃字为据。
>
> 凭中、笔:姜士光
>
> 嘉庆十九年七月十六日立

> 契37③:立佃山场栽杉人九佑林荣科、荣清因无地栽杉种粟,难渡生活。今登门佃到文斗寨山主姜世美、姜熙候、姜登沼、姜周礼、姜登津、姜登熙、登儒,登宰、登廷、姜超腾、超焕、姜永丰、永韬等卖与客人姜化贤砍伐生理之山,地名党加界。上凭田以上均系山主之山,下凭水沟抵世美女叔侄之山,左凭岭路,右凭斜岭,四抵分清。此山自佃之后,务要努力挖栽,栽杉分为五股,地主占三股,栽手占二股,限至五年成林,如不成林,栽手无分,若成林另分合

---

① 吴声军:《锦屏契约体现的林业综合经营实证及其文化解析》,《原生态民族文化学刊》,2009年第4期,第39页。
② 《清水江文书第一辑》(12),第347页。
③ 同上书,第171页。

同，不准卖与别人。恐口无凭，立佃字是实。

佃字三张：姜熙候、姜周礼、姜登熙各存一张

凭中：姜登相

代笔：姜肇彬

民国九年旧历二月初七日立

在以上这两份租佃契约中，都体现了林农的林粮间作。契36中的佃农为从湖南省黔阳县（今为洪江市安江镇）到文斗寨谋生的农民；契37中佃农为文斗寨相邻的九佑村林农。两份契约中佃农租佃林地的目的都是"栽杉种粟"，实行综合经营。主佃双方分成都是三比二，为什么不是三比三，佃农要少一股，就是因为林地要实行综合经营，佃农获得了综合经营中林木以外的收成，这些收成就作为佃主少占林木一股的补偿。为了防止佃农只顾自己的补偿，以"林粮间作"综合经营中的"粮"为重点，而疏于林木的管护，因此在契约还强调了"限至五年成林，如不成林，栽手无分"，佃农经过三年的林粮间作综合经营后，还要进行两年的管护，保证幼苗成林。在契约36中，佃主还以佃农"先年佃栽姜光前的乌救略之山栽手作抵"，促进了佃农"努力挖栽"，使幼杉成林，保证主佃双方的利益的实现。

在文斗寨的林业经营中主要的产品是杉木原木，同时还在杉林中兼有其他的产品的经营，如松、油茶、油桐、黄木、樟树、檀木、杨梅和板栗等经营项目。在文斗调查时，当地苗民说，他们营造杉木林时还按15%的比率套种了其他树种和和经济作物，如油桐，油桐在前三年长势快，但不结果无收获，林农可以种植其他农作物。三年以后林地不能实行林粮间作，油桐树也开始结果了，四年后可以大收，就补偿了停止林粮间后的经济损失。八年以后，杉树逐渐地长大，油桐树也逐渐地失去了它生长优势，林农就砍掉桐树，让杉木自由生长。砍伐的油桐树林农用来培育

木耳和作燃料,又是一笔收入,真正地做到了综合经营。

从林农的综合经营中我们可以看出,林农在人工营林中并非构建单一的杉木林,他们在林地更新中会有意识地培育经济价值并不大的阔叶树,且比率不低于15%。目的在于形成人工混交林,支持多种动植物的生长与繁殖。这样做的好处在于:一是在杉林主伐前,他们可以有充足的天然动植物产品,可供养殖、狩猎和采集,实现以短养长,均衡获取;二是在人工林封林前,他们还混合种植多种旱地农作物,在于保持林地生物群落的物种多样性,确保他们在不同时段均能获取一定的生物产品;三是是林农仿照了当地的自然生态系统的结构,人工混交林增加地表的草木覆盖率,从而降低直接降水对地表的冲刷,维护生态系统正常运行,不至于造成人为的生态灾变。

在文斗寨的林业契约中,我们可以找到林农的杉木林中套种其他经济树种,实行综合经营的实证。如下几份契约:

> 契38[①]:立卖茶油山人姜廷珍,今因缺少银用,无处得出,自愿将到土名皆背龙坡油山一块,分为二股,廷珍占一股,出卖与本房姜映辉、姜映祥等三人名下承买为业。凭中认定价银一两二钱整。亲手收回应用。其油山自卖之后,任凭买主管业,卖主不得异言。如有异言,俱在买主上前理落,不干买主之事。恐后无凭,立此卖约存照。
>
> 外批:此有杉木在内
>
> 凭中:姜映友、姜启谓
>
> 亲笔:姜廷珍
>
> 乾隆五十年十二月二十五日立

[①] 《侗族社会历史调查》,第26页。

在这份契约中,业主姜廷珍把自己一块油茶山股份出卖给姜映辉等三人,但在契约的外批中特别注明"此有杉木在内",转让双方所转让的对象明显为杉木和油茶。业主在转让过程中,不仅把油茶转让了,而且也转让了油茶中的杉木,林地杉木和油茶的管理权受益权一同转让给买主。可以证明这块林地是油茶和杉木混种在一起,是林地综合经营。

契39①:立卖茶油山人姜廷珍,今因缺少银用,无处得出,自愿将到土名包谷董茶油山一块,上凭顶,下凭杉木,左凭岭,右凭保富,四至分明。今出卖与姜映祥、映辉等三人名下承买为业。当日凭中面议,定价四钱五分整,亲手领回应用。茶油山自出卖之后,任凭买主管业,卖主不得异言。如有异言,俱在卖主理落,不干买主之事。今恐无凭,立此卖字是实。

外批:此有杉木不卖
凭中:姜九启
代笔:姜廷珍

乾隆五十八年三月初十日立

在契39和契38中,卖主都为姜廷珍把自己的油茶山出卖给姜映等三人。但对比这两契约,契约38是姜廷珍把油茶和杉木一起出卖给买主,而契约39姜廷珍只出卖包谷董茶油山一块给姜映祥等三人,山界"上凭顶,下凭杉木,左凭岭,右凭保富",契约的外批中还明确写有"此有杉木不卖"。不过在这次买卖中,卖主只出卖油茶,不出卖杉木。买卖成交后,买卖双方共同经营,他们分工合作,同时对此林地负责,卖方收获杉木原木,买

---

① 《清水江文书第一辑》(12),第245页。

主收获油茶,直到杉木砍伐。以上两份契约证明此林地也是油茶不是独立栽种,杉木也不是独立栽种,而是互相混种,出卖时林地股份时可能是只出卖油茶或杉木,也可能同时出卖油茶和杉木,真正属于综合经营。

总之,清水江苗族和侗族人民在长期的人工营林过程中形成的林业契约,大量记录和反映清代以来到民国时期锦屏林区山林土地使用权流转、佃山造林、股份合作造林、活立木买卖、山林管护等林业生产形式的民间林业契约文书,确定了不同家庭、家族和村寨的林地产权和经济权属。有效地保护和平衡人工育林环节各方的权益,保障了各方的林地所有权、林木所有权。有效地调节和管理当地林业劳动力市场,达到了产权的稳定,规范了育林期的产品分配,最终保证了林地大规模连片经营、长周期经营、封闭式经营和综合经营。

(四)保证林木生产的封闭性

人工营林必须是实行全封闭作业。由于林木栽培的大面积和成长的长周期,林区火灾和林木盗伐等的防范在人工营林业生产过程中是极为重要的,全封闭经营可以使林区管理单纯化和统一化,这是有效防止林区自然灾害的先决条件,同时又是降低护林成本最有效的手段,更是杜绝人为破坏缺口的必需手段。反之,如果不对森林进行封闭式经营的话,任何人都可以自由进出林区,则森林火灾的防范就会出现困难。一旦出现森林火灾,所造成的损失不仅是单个家庭无法承担,就是整个家族也难以承担。由于经营者实行全封闭式作业,其他产业和人员的干扰被降到了最低限度,从而确保了林业经营的长期稳定和高效益的实现。如果不能对森林进行封闭式经营,那么对林木的盗伐以及对林地植物和林副产品的采集也难采取有效的措施,实现林业价值的最大化就潜伏着危机。如果这些潜伏的危机不能得到根除的话,林农

在人工营林业生产过程中经济收入也就在危机中处于不确定,由此加重林农家庭经济的脆弱性。由于实行了大面积的全封闭式经营,对林地里的各种林副产品如森林药材经营者进行统筹安排,可以进行成批采收,进而从大面积上汇集起来,转化为批量的商品,这既不影响积材量,又增加了林副产品收入。

要确保人工营林的综合经营、实现全封闭经营,那就得使林农对林区拥有完整的领有权和经营权,保证林业经营的相对独立性。对进入林区的人员可以进行监管,未经林农的允许,外界部门和人员不得进入林区。在林火高发区可以无条件谢绝一切参观,可以严格管制非林业工作人员的野外用火。只有完整的林地产权,就使护林工作不仅简捷易行,而且十分有效,有效地防止了林区动植物资源的盗猎、盗采和人为火灾,使林农利益不受人为的损失。

由于文斗寨林地实行的是家族公有制,而且是大面积、大规模地人工营林,这样就为林业生产封闭经营打了良好的基础。在文斗寨大部分的林业契约中,我们可以发现他们的林业生产实行的是封闭经营。林业契约中的家族林地的地界上、下、左、右四至往往采用了自然的分界。一般情况下以山脊、水沟、溪流、山冲为界。只有在万不得已时,才以人挖的坑沟或路为界。这些自然疆界不仅起到分隔各家族的林地,明确林地产权的作用。同时还能有效地防止山火的蔓延以及盗伐、盗采林木,这对维护林区的封闭经营是不可或缺的。人工林封闭经营的特点可以从如下道光十一年(1832)的一份林业契约中得到证实。

契34①:立断卖栽手约人,盘沙寨杨邦元、刘绍荣、绍礼,为因家中缺少钱用,自愿将到先年佃栽主家姜映辉、姜

---

① 《清水江文书第一辑》(13),第2页。

伟山场一块,坐落乌格溪冉松农,此山上凭凹,下凭溪,左凭岭,右凭冲,四至分明。栽手、地主分为五股,地主占三股,栽手占二股。今将栽手二股出卖与主家姜伟、映辉、绍滔、绍吕承买为业。当日凭中议定,价银肆拾陆两陆钱整,亲手领回家中应用。其栽手自卖之后,任凭买主修理管业,卖主房族弟兄不得异言。尚有不清,俱在卖主上前理落,不干买主之事。今欲有凭,立此断卖栽手契,永远存照。

凭中:姜大受

代笔:王占魁

道光十一年正月二十三日立

在这份契约中,其林地的四至分别"上凭凹,下凭溪,左凭岭,右凭冲",很显然这是一种自然的界限。林地以凹、溪、岭、冲这种自然界限为界限,这与清水江流域的林业经营方式是相关的,因为当地的侗族和苗族的林场更新都采用火焚的方式,林地更新时以这种自然界限可以有效地防止山火的蔓延。以凹、冲、溪等界限来划分林地,保证了林地更新时,各林地可以相对独立,互不干扰,林区就可以独立综合经营。对幼苗的培育,青山的管护,木材的砍伐和采运和林业和综合经营创造了良好的条件。可见这乃是保证人工用材林业既有规模性的综合经营,又能封闭操作的必备条件。

在文斗寨的林业契约中,我们看到的林地几乎都是以这样的自然分界为界限,保证了林业经营的封闭性。在实地踏勘文斗寨乌堵溪林区时,就确实看到了这里的林地为小溪、水沟、山冲、农田和山凹为界。现在乌堵溪西面的这一大片林区被文斗村民统称"九里盘",因为村民从凉亭坳走到九龙山一共要走九个山岭,八个山湾。每一个山岭为一处林地,如翁扭,下边为农田,农田下就是党宜林地;上也为农田,农田以上为凉亭坳;左为一山冲与白斗林地相隔；右为另一山冲与乌冉相隔。这样翁扭这块林地就与其周围的林地的界限非常明确，即使发生了山火也不会蔓延到其他的林地，保持了经营的封闭性。

林地的封闭性除了其地界的特殊之外，还有文斗寨社区制度的保证。为了防止人为的破坏林业经营的封闭性，文斗寨形成了一种良好的保护林地，爱惜林木的习惯，并制订了严格的规章制度，形成文字刻于石块上，成了一份石契。这份契约内容如下：

> 契35：众等会议开列于左：
> 一禁不俱远近杉木，大小树木，不许大人小儿砍削，如违罚艮十两。
> 一禁后龙之阶，不许放六畜践踏，如违罚艮三两修补。
> 一禁四至油山，不许乱伐乱捡，如违罚艮五两。
> 一禁各甲之阶分落，日后颓坏者自己修补，不遵禁者，罚艮五两，兴众修补，留往后世子孙遵照。
> 一禁不许赶瘟猪牛进寨，恐有不法之徒宰杀，不遵禁者众送官治罪。
> 一禁逐年放鸭，不许众妇女挖前后左右锄膳，如违罚艮三两。
>
> 乾隆三十八年孟冬月立　姜弘道题

这份石契被当地村民称之为"六禁碑"，今立于文斗上寨后龙山的凉亭边，此凉亭为文斗寨林农往乌堵溪林区的必经之路，随时告诫他们遵守制度，不准乱砍滥伐大小树木，不准流放六畜践踏树木，不准乱捡林中的茶、桐，甚至不准进山乱挖虫草，轻者违者罚款，重者送官治罪。虽然石契约形成于乾隆年间，这种爱护环境，珍惜树木的习俗一直延续，到今天当地村民仍然还遵守。文斗寨每家养的牛一般都是圈养，有时牵在浅草带吃草，或放在自家快成林的林地里吃草,以代人除草;茶、桐等经济作物在没有放山之前,一律禁止随便进入别人林地乱捡乱拿;除了林地更新时修有防火带烧地以外,平时一律禁止在野外用火,就是在林地边的农田里烧稻草在田内也不准,否则要受罚,这样就排除了林地不安全的隐患。

由于人工林营林是连片地大面积和长周期经营,这样一来,全封闭经营就可以使林区管理单纯化和统一化。对进入林区的人员和牲畜可以进行监管,未经经营者许可,外界人员不得进入林区,牲畜严禁入内。防止了山林火灾的发生、森林的盗伐和林副产品的盗采,降低外界的干扰,使林农的损失达到最低限度,确保林业经营的长期稳定和高效益的实现。

四、总结与讨论

在本文中,笔者以清水江流域锦屏县文斗寨林业契约为研究对象,凭借调查资料和前人研究的成果,在理论上运用了功能学派和生态人类学的一些基本理论,探讨了林业契约的社会控制功能。笔者认为以锦屏为中心的清水江流域三百多年来木材贸易的繁荣,除了当地有取之不尽、用之不竭的木材资源和使木材向外运输的清水江的便利交通之外。最关键的是能够有严格的社会控制体系,而这种社会控制体系就体现为林业契约,这种社会控制就是一种制度化控制,而且是一种积极性控制。林业契约的签订确保林地的所有权和经营权清晰明确,使林农有利可图。

笔者通过整理和实地考查林业契约所涉及的内容,证实了林业契约对林农进行林木生产的社会控制是全面的。林木生产必须产权稳定,而在林业契约中,林地使用权买卖转让、林地租佃契约和青山买卖契约都把林地的四至,双方的权利、义务及利益分

成都规定得非常清晰,这样就导致林业经营中的主体明确,权责分明。林业契约有效地调整和维护了林地产权,可以说是"林定权,树定根,人定心",使林农在林业在长周期经营中有一种稳定的预期收入,而且这种预期经常是长达十八年以上,林业契约的签订能够保证这种预期收入兑现。如在租佃契约中,通过股份分配对林木产权的分割,将主佃双方的利益捆在了一起,这样就刺激了双方的精心种植、认真维护和管理林地的林木。对佃农来说,其经营得好,木材质量越高,其拥有的股份价值越大。对于地主来说,通过这种机制有效地减少了地主对佃种者的监督成本,从而也极大地提高了经济效益①。

在对林业契约的文化解读中,清楚地认识到清水江流域的苗族、侗族地区的林地实行家族—村寨公有制,林地使用权实行家庭股份责任制,避免了因产权不清晰的难题,又能有效地组织了劳动力进行育林,保证林地大面积连片经营。因林地是家族公有,林农只能转让林地使用权,本地及外地农民可以向地主租佃林地造林,实行综合经营,幼苗成林后青山股份还可以转让,并且可以多次转让,这样可以以短养长,青山砍伐后,林地仍然归家族所有,维护了林地的产权的稳定。这些情况都体现在林农的林业契约里,而且通过林业契约这种制度性的保障来保证林农利益得以实现。

本文中,笔者以文本资料和田野调查资料相结合进行研究,得到的结论表明:林业契约保证了林地产权的稳定,符合了林业经营中的大规模大面积、长周期、全封闭和综合经营的四大基本要求,从而才使得清水江流域苗族侗族的人工营林业得以不断发展壮大,最终发展成为我国南方最大的人工营林区,促成了人工

---

① 罗洪洋、张晓辉:《清代黔东南文斗侗、苗林业契约研究》,《民族研究》,2003年第3期,第101—102页。

营林和木材贸易数百年的繁荣。

当今的林业经营是以林权证作为保障,意在让林农吃下定心丸。但是这种模式是把集体林地划成块小块承包给林农经营,使林农拥有了林地的使用权,这种做法出发点是好的,林农的积极有了提高,但他们在造林过程中所有的利益并没有得到保障,这主要还是因为这种经营模式没有保证林业经营的大面积大规模、长周期、全封闭和综合经营的四大要求,导致森林火灾,乱砍滥伐现象时常发生,林农的积极性受到打击。可见林业契约在当今的林权改革中还存在着一定的借鉴和参考价值,在林权改革中怎样参考林业契约,从契约中得到启迪,是值得我们探讨的问题。

根据多年以来林业改革的得失,笔者认为在清水江流域苗族、侗族地区进行林权改革,恢复和发展人工林业,应当从以下三个方面入手:

首先,因地制宜,尊重民族传统文化。清水江流域的地理环境适宜人工营林,历史上这一地区林木贸易十分繁荣,为了发展林业,当地居民还形成了丰富的林木种植经验。而且这一地区的居民,在林木种植的过程中还逐渐形成了一套林粮间作的经验,这一经营方式很值得借鉴,这不仅有利于生态环境的稳定,也有利当地经济的发展。而且他们自有一套林业经营的制度性保障机制,而且这套机制是经过几百年的不断模塑完善,自有它的有用之处。因此在林权改革中如果机械地套用外来文化,必然会产生不良的结果,必须立足于当地的民族、文化与生境的关系,因地制宜,处理好国家的宏观政策与民族文化的关系去建构一套林业发展的制度。

其次,产权明晰稳定,利益保障有力。立足于民族、文化与生境建构起来的制度必须确保林地的使用权长期明晰稳定,林地产权在国家、集体和农户三者之间必须明晰,林地所有权和使用权应该承担的责任与义务必须得到落实,林农必须拥有完整的经营权和支配权，使林农成为林地真正的法人代表。因为明晰资源产权根本目的在于明确资源所有权和使用权者应该承担的责任与义务①。

再次，尊重林业经营的规律。林业经营要求林地有规模性、长周期性、封闭性和综合性经营，这一客观规律是林农必须尊重的，而且也是清水江流域的林农在传统的林业经营中实践过的。新中国成立以来的历次林权改革就是没有注意到这一问题，才导致林农造林的积极性不是很高，利益得不到保证。因此，在当前的林权改革应当要注意这一问题，林地要求保持一定的规模性，杜绝林地过分分散现象，使林业经营的封闭性和综合性得到满足。这样的林业产权体制形成之后，他们的林业长周期生产预期收入就可能不会落空，也就提高了林农的积极性，清水江流域传统的人工营林业就可能获得新生的机会，从而使得林区的经济走上持续健康发展的道路，社会变得更加和谐。

---

① 中国科学院国情分析研究小组：《两种资源 两个市场——建构中国资源安全保障体系研究》，天津人民出版社2001年版，第48—49页。

清水江借贷契约初探

◆ 史达宁

一、引 言

　　清水江下游流域苗、侗等少数民族村寨保存的清代民间文书，乃是反映贵州东南部商品经济较发达，受中原文化影响较深的民族地区社会生活的重要资料，其中围绕山林种植与买卖展开的买卖与租佃契约数量最多，其他类型文书数量相对较少，却同样反映了当地社会发展的一般情况，借贷契约就是其中较为重要的一种。本文即以黔东南苗族侗族自治州锦屏县文斗寨的借贷契约为个案进行研究。文斗寨"是一个苗、侗、汉杂居的村寨。其地近清水江，属山林地带。地面受清水江切割较深，山清水秀，风景旖旎，气候温和，雨量调匀，适宜林木速生丰产。江岸巍巍群山，翠林排山寨谷，绵延不断，是锦屏县的重要林产地之一。"① 是黔东南苗疆地区较早接受中原文化，并在雍正年间改土归流之前已向中央王朝输粮纳款的村寨。

当地的一份《姜氏族谱》记载：

> 先辈自宋末从军至银矿坡，散居各处，大垦田土。……于明正统初年同移居此……万历年……只知开坎砌田，挖山栽杉，不肯迎师教读，搬子求名，问之四礼，皆昧然罔觉。……迨国朝顺治十一年，吾太高祖春黎公由铜鼓迁至此……能以大义率众人，约众延师，劝人从学，求婚令媒妁，迎亲令抬乘舆，丧令致哀，必设祭奠；葬须择地，不使抛悬。蒙天深庇，前人顺从，而芥蒂之心于是乎化。②

又《黎平府志·武备志》云：

> （康熙）三十三年八月，清水江韩世儒、米元魁等作乱，官兵往戡之，贼遁走。冬，知府宋敏学、副将罗淇清请巡边，以弭奸匪。于是平鳌、文斗、苗光、苗馁等寨生苗皆纳粮附籍。③

---

① 贵州省编辑组编：《侗族社会历史调查》，贵州人民出版社1988年版，第11页。

② 《姜氏族谱》，载杨有赓《〈姜氏族谱〉反映的明清时期文斗苗族地区经济文化状况》，贵州民族研究所、贵州民族研究会编《贵州民族调查（之六）》，1988年11月，第346—347页。转引自张应强撰：《木材之流动：清代清水江下游地区的市场、权力与社会》。生活·读书·新知三联书店2006年版，第201页

③ （清）俞渭修、陈瑜纂：《黎平府志·武备志》。巴蜀书社《中国地方志集成·贵州府县志辑》影印光绪十八年黎平府志局刻本，2006年版，第17册，第577页。

文斗寨是黔东南苗疆接受中原文化较早的部分苗族村寨的一个典型,可代表周边地区的同类现象。文斗寨的借贷契约所反映的借贷手续,借债与还债情况,以及借债担保方式,或许可以视作当地社会发展水平一般情况的代表。

二、文斗寨借贷契约中所见的借贷手续

文斗等保存有大量契约文书的村寨属于黔东南少数民族地区中接受中原文化较早,程度较深的部分,随中原文化而来的建立在契约基础上的一套信用体系也被当地少数民族人民接受,这些地方的少数民族在日常生活的各个方面都用契约规定双方的权益与义务,维护各自的利益,借贷活动中也不例外。从契约可以了解文斗寨的借贷手续,以乾隆五十六年的一份契约为例:

> 立借当字人姜发元,为因生理缺少银用。无从得出,自己借到姜仕朝、映辉名下实借过银叁两五钱整,照月加叁行息,不拘远近相还,自愿将到分下先年得买田一坵坐落地名也丹抵当。日后本利交还,如有不归,仰当头发卖。恐后无凭,立此借当字为据。
> 　凭中　姜周杰
> 　依口代笔　朝佐
> 　　　　　　　　　　　乾隆五十六年八月初四日立①

---

① 陈金全、杜万华主编:《贵州文斗寨苗族契约法律文书汇编——姜元泽家藏契约文书》。人民出版社2008年版,第45页。

根据契约，不难看出文斗的借贷手续是由双方商定借款数额、利息、归还期限、抵押物品（文斗借贷过程中规定抵押物品的情况十分普遍，一般称为借当字或当字，与未规定抵押物品的借契略有区别），多数情况下要请中人，然后签订契约，其格式与全国其他地区同类契约基本相同。

与文斗等地不同，部分受中原文化影响小的黔东南苗族村寨在借贷过程中虽对利息、归还期限、抵押物品等有所规定，但大多不形成文字，如剑河必下的借贷手续是"一无字据，二不请中人，三无抵押（也有极个别在贷款时说好以某项财产作抵押的），全以借贷双方口说为凭"[①]，又如从江县加勉，债主在借贷时会对借款人基本经济状况进行调查，"有钱的人家'老板'""看你有田，有房子，不怕你还不起，所以用不着立什么字据。如果你没有房子，没有田，你去找他，他才懒得理你哩！"[②] 这一方面归因于苗族对借贷等事务有本民族的一套信用体系保障，且借贷双方对各自情况比较了解，再加上苗族本无自己的文字，多数人并不识汉文，便造成了以口说为凭的借贷现象。

三、文斗寨借贷契约中的借债与还债

清水江文书中的借贷契约可分为实物借贷与货币借贷两种。其中以货币借贷为主，但仍有部分实物借贷契约，这说明清两代地方商品经济已占有相当重要的地位，这与当地交通发达，木材贸易繁荣，从而较多接受中原文化的影响是分不开的。现以文斗寨为例，列表如下，然后逐项加以分析。

---

① 贵州省编辑组编：《苗族社会历史调查》（二）。贵州人民出版社1987年版，第173页。

② 同上书，第37页。

文斗寨姜元泽家藏契约借贷契约表

序号	时间	借债人	债主	借贷物品	利息	归还形式	规定归还期限
1	乾隆四十二年十二月二十二日	朱老连	姜应魁	纹银陆钱正	照月加四行利	银	乾隆四十三年正月
2	乾隆五十一年十一月二十四日	岩湾寨范世珍	文斗寨姜映飞	本银四两整	无	银	乾隆五十一年十二月
3	乾隆五十六年八月初四日	姜发元	姜仕朝、映辉	银叁两五钱正	照月加叁行息	银	
4	乾隆五十八年十二月十二日	姜万镒	姜映辉兄弟	文银贰拾两整	照月加三	银	
5	乾隆六十年十一月二十日	岩湾寨范文澜	姜绍望、映辉	本银一两九钱整	四行息	银	
6	嘉庆十三年十月初八日	龙老富	姜映辉	本银一百两整	照月加三行利	银	
7	嘉庆十三年十月初八日	龙富美	姜映辉	本银壹百五拾	加三行利	银	
8	嘉庆十三年十二月十五日	姜天九、老瑾父子	姜映飞	本银拾柒两三钱五分	照月加三行息	银	

续表一：

序号	时 间	借债人	债主	借贷物品	利息	归还形式	规定归还期限
9	嘉庆十五年正月初十日	姜老士	姜映祥叔	本银四两正	遇限照月加三行利	银	嘉庆十五年五月
10	嘉庆十五年二月初十日	阳通显	姜绍熊、姜绍华	本银十两六钱	照月加三行利	银	
11	嘉庆十五年五月初五日	姜光周	李兴才	本银五两	照月加三行利	银	
12	嘉庆十五年十一月十六日	岩湾寨范锡畴	文斗寨姜绍贤	本银二十六两整	照月加三行利	银	
13	嘉庆十九年十二月二十八日	禾香	文斗下寨姜映辉	本银十五两正	每年稻谷四百斤		
14	嘉庆二十二年四月二十五日	姜老二、金简	堂伯应辉	本银七钱整	照加三行利	银	
15	嘉庆二十二年十一月十二日	范绍芬、绍粹、姜绍略	姜映辉	本银三十两	照月加三行利	银	
16	嘉庆二十四年五月二十八日	岩湾寨范锡畴	杨武庙李先和	本银贰两正	照月加三行利（每钱作谷三十六斤抵利）	银	

续表二：

序号	时间	借债人	债主	借贷物品	利息	归还形式	规定归还期限
17	嘉庆二十四年八月二十四日	范宗尧	兄姜映辉	本银壹拾两整		银	
18	道光二年二月二十三日	上寨姜光齐	姜映辉大爷	本银三十两正	照月加三利	银	
19	道光二年二月二十三日	上寨姜光齐		本银三十两正	照月加三利	银	
20	道光二年十月初五日	姜魁元	姜绍略	伍拾两	逐月加三行息	银	
21	道光十年十月初五日	姜生乔	姜绍熊	四两八钱	照月加三行利	银	
22	道光十年	文斗寨姜权	黎平城李魁老爷	本利银陆拾叁两四钱		银	
23	道光十一年十二月初三日	文斗寨姜少齐	沉（沈）万昌宝号	足钱四十四千文		钱	道光十二年正月
24	道光十八年五月初三日	姜光宗	姜钟彝	谷玖拾斤	谷玖拾斤	谷	秋收之时
25	道光十九年三月十八日	姜显智	姜绍齐	谷九十斤	谷九十斤	谷	道光十九年八、九月

续表三：

序号	时间	借债人	债主	借贷物品	利息	归还形式	规定归还期限
26	道光二十四年二月十七日	姜相荣、相弼、昌宗、钟芳、世禄、钟□、焕彩、李正通、如葵	姜绍吕三爷	纹银一两正		银	
27	咸丰肆年六月二十七日	姜钟英	姜老祥	本银柒两正			
28	光绪十四年正月二十三日	姜世珍、世龙、世法、登泮	本家祭祀会	肆拾玖两捌钱玖分	照月加三行利	银	
29	光绪十五年十月十一日	姜世官	姜卓□	本银叁两整	其银逐年每两□谷五十斤	银	
30	光绪三十一年正月十三日	姜世臣	姜恩临	本银七两零二钱	逐月加三行息	银	
31	光绪三十三年秋月十七日	姜世官、世风	姜恩临	壹拾叁两二钱九分正	照月加三行利	银	光绪三十三年十二月之内归还

续表四:

序号	时间	借债人	债主	借贷物品	利息	归还形式	规定归还期限
32	光绪三十四年二月二十五日	下寨姜世美父子	上寨潘继宗	新宝银陆两四钱正	照月加三行利	银	光绪三十四年十二月内归还

上表所列总计32份契约,上至乾隆,下至光绪,基本涵盖清代中后期一百余年时间,其中绝大多数借贷都是货币借贷,以借银为主,只有第23号契约是借铜钱。借贷的本银与利息大多数也是以货币形式归还,然而从第13、16、29三份契约可以看出,当地借贷货币,归还时以货币支付本银,以粮食充当利息的现象数量亦不少。此外,实物借贷在文斗仍占有一定比例,第24、25两份是典型的实物借贷契约。

由借贷物品的种类可以看出当地商品经济已有一定程度的发展,而借贷的利息则反映了国家法律的影响。文斗的货币借贷大多收取利息,唯有少数情况,双方规定某一期限前还清者免收利息,此类情况多出现在亲族之间,如第9号契约就是侄向叔借银。借贷的利息根据借款额多少略有差异,从表中所列契约可以看出,凡是借款数额较大,在二两银以上的,利息均为"三行利"或"三行息",相当于每月百分之三,数额较小的则收取百分之四的利息。

清代国家对私人借贷的利息有严格规定,《大清律例·户律·钱债·违禁取利》云:

> 凡私放钱债及典当财物,每月取利并不得过三分,年月

虽多,不过一本一利,违者笞四十,以馀利计赃①。

表中的第 8 号和第 15 号契约都注明了债款归还情况。第 8 号契约本银拾柒两叁钱伍分,利息为照月加三行息,借款人于借款次年归还银六两六钱六分,又于第三年归还银三两,但不清楚所还为本银或利息,即使是利息,也未超过一本一利的限度。第 15 号契约借银数额为三十两,嘉庆二十二年十一月十二日借出,照月加三行利,每次还款契约上都有注明,总计嘉庆二十三年十一月八日还银八两三钱,二十四年十二月二十九日还银九两,道光元年九月九日还银十两四钱,二年八月二十日还银二十一两四钱,连本带利共归还四十九两一钱,至此还清,亦未超过一本一利的限度,可见文斗的民间借贷活动很大程度上遵守了当时国家法律的规定。

黔东南其他苗族村寨的情况,如取与文斗相较,则不难看出,位于改土归流之后才正式纳入中央王朝统治,逐渐接受中原文化影响地区的苗族村寨,在借债与还债形式上与文斗相当接近,而且存在货币借贷逐渐增长,取代实物借贷的情况。台拱县巫脚交的苗族,至迟在清光绪年间,已有周边台江县城关镇、巫梭、反排、交毗等地的人到本地放债,或本地人到外地借债,而借债的方式是外地人"拿点银子在这里来买稻谷然后以稻谷在此放债"②,借贷方式长期以稻谷借贷为主,直至"解放前夕银币借贷稻谷计息跃居第一位"③。从江加勉主要是借银毫或银两,"借贷谷物的数量每次数均很少"④,还债方式主要有三种,即

---

① 《大清律例》,台湾商务印书馆影印文渊阁《四库全书》本,第 672 册,第 608 页。
② 《苗族社会历史调查》(一),第 68 页。
③ 同上书,第 69 页。
④ 《苗族社会历史调查》(二),第 37 页。

"一种是借银毫,本息皆还银毫;一种是借银毫,还本银,上利谷;一种是借谷子,本利皆用谷子偿还"①,与文斗的情况相似。又如剑河必下,"1910年的借贷几乎没有货币,1928年以后货币借贷才普遍起来"②。当地的谷物借贷,"借谷定利的期限虽为一年……有的在青黄不接时借谷子吃了,秋收时即还,但利息仍是百分之八十",③与文斗的情况也颇为近似,不同之处在于文斗的谷物借贷利息为百分之百,相对较高。

四、文斗借贷契约中的担保措施

文斗寨的借贷活动,多数情况下借债人要向债主提供担保物品,以田地与山林为主,也有房屋之类不动产,如道光十年姜生乔的一份借当字:

> 立借当字人姜生乔,因要银使用,无处得出,自愿将到屋地基上一块,界至:左凭故保年之屋,右凭玉美之屋,下凭坎,上抵阳沟,四至分明。今凭出当与本房姜绍熊名下实借本银四两八钱,亲手领回应用。其银照月加叁行利,不拘远近相还。今欲有凭,立此借当字为据。
> 　代笔　姜邦彦
> 　　　　　　　　　道光十年十月初五日　立④

当地有相当一部分不能按期还债,将担保物品抵债的情况,上文文斗寨姜元泽家藏契约借贷契约表中第22号契约即是一例。

---

① 《苗族社会历史调查》(二),第37页。
②③ 《苗族社会历史调查》,第173页。
④ 《贵州文斗寨苗族契约法律文书汇编——姜元泽家藏契约文书》,第267页。

当地也有极个别情况是请人担保,目前仅见一份契约:

"立限字人加池寨姜世元、世英二人,今限到文斗寨姜映辉、相系、相弼等名下银二两正,蒙姜元连、相生二人耽代,限二月廿五日备办足数归还,不得有误。如有违误,任凭木主追取相生、元连二人。恐说无凭,立此限字是实。

凭中　李正应
代　　世继笔

道光十六年二月二十七日　立①

五、结　语

从借贷手续、借债与还债方式和担保措施三方面可以看出,受中原文化影响较深,商品经济较发达的锦屏县文斗寨与受中原文化影响浅,自然经济占主导地位的部分苗族村寨可见文斗作为苗、侗、汉杂居的村寨,虽然至迟从清代乾隆年间,其借贷活动已带有很深的中原文化烙印,但仍不失其民族与地域特点,而受中原文化影响浅,自然经济占主导地位的部分苗族村寨随着时代的前进和商品经济逐渐发展,其借贷活动与文斗等地日益相近,但不立契约等做法说明这些地区仍坚持着本民族的行为方式,这些现象是中原文化和少数民族文化融合的结果,这种互相融合的过程是我们发展今天的民族文化应当借鉴的先例。

---

① 《贵州文斗寨苗族契约法律文书汇编——姜元泽家藏契约文书》,第325页。

民族文化研究

◆ 英雄祖先与一体宇宙观
　　——布依族《造万物》古歌的文化哲学探析

英雄祖先与一体宇宙观

——布依族《造万物》古歌的文化哲学探析

◆ 罗正副

在布依族众多的民歌中，从名称来看，叙事歌显然是记述布依族神话、历史、传说等事件的民歌文本。布依族的叙事歌按内容可以分为古歌和苦情歌两类①。古歌中有部分歌曲以生动的语言、大胆的想象描绘宇宙生成、开天辟地、创造万物、人类起源等事件的发生，其代表作主要有《造万物》、《力嘎撑天》、《十二个太阳》、《兄妹成婚》等。其中的《造万物》，与《兄妹成婚》、《十二个太阳》等与中国西南许多少数民族共有的古歌不同，它详细地叙述了布依族的宇宙观、生态观、信仰世界以及生活劳动场面等文化面象。布依族独特的文化底蕴非常显著。从萨林斯

---

① 《中国民间歌曲集成》全国编辑委员会、《中国民间歌曲集成·贵州卷》编辑委员会编：《中国民间歌曲集成·贵州卷》（上），中国ISB中心1995年版，第564页。

"历史的隐喻与神话的真实"[①]的角度来看,这些充满神奇、神秘但却神圣的创世古歌,内蕴着丰富的民族文化意涵,并体现了布依族深层、内核的社会文化结构[②]。布依族正是以口语传承的方式,通过这类古歌一代一代地将自己的文化——不管时代的发展与变迁——作接力赛似地传承下去。本文以《造万物》为研究对象,细致地梳理古歌的内容,一方面是因为古歌的每一部分,都蕴含着布依族社会文化信息;作为一个整体,缺少哪一部分,都会使读者失去对布依族相关文化的认知和了解。另一方面,古歌的叙述非常清晰,随着歌声细细品读内容,英雄祖先的信仰体系与"一体"宇宙观的哲学基础历历呈现,格外凸显。

《造万物》是布依族的一部叙事古歌和长篇史诗,除了序歌

---

① 萨林斯以夏威夷土著的神话传说与英国库克船长的历史事件之间的结构关系为例,打破传统历史与真实,神话与想象对应的叙事观念,从而证明夏威夷土著神话的真实性和历史的隐喻性这种貌离神合的事实。参见 Marshall David Sahlins: Historical Metaphors and Mythical Realities: Structure in the Early History of the Sandwich Islands Kingdom, Ann Arbor: The University of Michigan Press, 1981;[美]马歇尔·萨林斯:《历史之岛》,蓝达居等译,上海人民出版社 2003 年版。另外还可以参考彭兆荣:《神话叙事中的"历史真实"——人类学神话理论述评》,《民族研究》2003 年第 5 期;彭兆荣:《人类学仪式的理论与实践》,民族出版社 2007 年版,第 248—253 页。

② 在结构主义人类学代表人物列维-斯特劳斯看来,神话是不受时间影响的"冷"的社会文化,蕴藏着深层的文化结构和内在的文化模式,从中可以探寻到人类普遍的逻辑或思维原则,即原始逻辑或野性思维。"对于没有文字、没有史料的社会而言,神话的目的在于使未来尽可能地保持与过去和现在相同的样态"([法]列维-斯特劳斯:《神话与意义》,杨德睿译,台北:麦田出版公司 2001 年版,第 49 页),事实上,"神话思维的逻辑与实证思维所依赖的逻辑同样严谨,而且本质上没有什么区别"。([法]列维-斯特劳斯:《结构人类学》(1),张祖建译,中国人民大学出版社 2006 年版,第 247 页)

民族文化研究

和尾歌之外,正文由 21 节(部分)构成,总共 3400 余行诗句,条理清晰,层次分明地叙述布依族始祖布灵和勒灵创造宇宙万物的宏伟业绩。英雄祖先布灵和勒灵所创造的宇宙万物图,既有天地、日月、星辰等天上各物,也包括山川河流、飞禽走兽、花草树木等陆地万物,甚至包括江河湖海及其生活于其中的鱼虾,还有年月、季节、稻麦、弓弩、乐器等等人造之物。对于"万物"的吟唱,既有神话的丰富想象,传说的离奇怪诞,又有故事的曲折跌宕,诗歌的婉转韵律,更不乏活生生的现实生活的描写,整部作品气势磅礴,结构恢宏,逻辑严密,不管就篇幅、层次、结构和叙事,还是内容、主旨和思想,在布依族文学史,乃至世界民族史诗中均堪称一绝。《造万物》不只是描绘布依族社会文化的一幅写生长卷,更可以当做一部完整的布依族宇宙万物起源学说来看待,从中我们不仅读到布依族许许多多的社会文化信息、观念和思想,而且其深邃的哲学智慧对当今世界,甚至未来人类社会的生存应对和生态建设等方面,都有积极的借鉴意义。

古歌的开篇是"序歌",娓娓道来的是歌唱的内容、主旨和目的等,歌者唱道:

> 滚滚南盘江,日夜把歌唱,唱支古老调,子孙记心上,要像老祖先,治理好家园,要学老祖辈,治理好田庄。这支古老调,让它像盘江,日夜不停息,永远地流淌,一代传一代,万世不能忘。这支古老歌,唱的是个啥?不唱大榕树,不唱攀枝花,不唱绿蕉海,不唱红山茶,不唱芭蕉甜,不唱橙子圆又大。唱的造天地,唱的造日月,唱的造天河,唱的造雷电,唱的造风雨,唱的造云造人烟。唱的造河造大海,唱的造坡造山岭,唱的造花造茅草,唱的造树造葛藤。唱的造雀鸟,唱的造狮造虎,唱的造鱼造虾,唱的造弓造弩,唱的造火种,唱的造歌造木鼓。唱的造棉造蓝靛,唱的造麦造

— 525 —

香稻,唱的造月琴,唱的造姊妹箫。大家不要吵,大家不要闹,这支古老歌,就要开始了。吃烟的吃烟,喝茶的喝茶,还在站着的,找板凳坐下①。

这首歌流传于黔西南安龙、册亨等县,地望属南盘江周围一带,是布依族的主要聚居区之一。因为布依族历史上没有自己的文字,口耳相传在文化传承中占有重要的地位和特殊的作用,他们的史诗和古歌,就通过"唱"的方式,将自己的文化"一代传一代",如同母亲河盘江水一样,永不停息。歌的开场白,首先让大家听了这首"古老调"后要知道,祖先造万物的"聪明"、"勤快"、"能干"和"艰辛",要求子孙"要学(像)老祖先,治理好家园",这是矢志"记心上"的头等大事。然后告诉听者,这支古老歌的主要内容,使到场的人先对歌有所了解。即将正式唱歌时,用歌的形式阻止在场的人们别再吵吵嚷嚷:"大家不要吵,大家不要闹","吃烟的吃烟,喝茶的喝茶,还在站着的,找板凳坐下。"这种宛如看话剧、听戏曲、评书一样,作为表演的口头艺术的情境化行为②,既生动地描绘了布依族聆听演唱古歌前的热闹、轻松和悠闲场景,也刻画出正式歌唱时的认真、庄严与肃穆的布道般场面。

---

① 韦正邦、陈亨禄演唱,汛河搜集整理:《造万物》,《民间文学资料第六十四集(布依族古歌、丧葬歌)》,中国民间文艺研究会贵州分会 1984 年编印,第 1—2 页。原文有明显字句错误者。径改。

② [美]理查德·鲍曼:《作为表演的口头艺术》,杨利慧、安德明译,广西师范大学出版社 2008 年版。

一　造天上万物

（一）造天造地

在洪荒时代，布依族的世界既没有地，也没有天。那么，后来的天、地是如何生（造）成的呢？古歌唱道："从前那时候，古老那些年，世间空荡荡，世上广无边。"在无边无际、空空如也的混沌里，"有那么一次，有那么一回，在远远的宇宙间，在遥遥的苍穹里，飘来一个圆砣砣，飞来一团红东西，'呼呼呼'地飘，由东向西飞。就在同一时，就在同时候，在荡荡的苍穹，在空空的宇宙，飘来一个扁块块，飞来一团绿怪物，'呼呼呼'地飘，由西向东游"。绿扁块和红圆砣相向飞来，两物碰到一起，撞出一堵火，那场景火花四散，金光闪闪。就在金光和火花中现出了布灵①。"布灵出世时，没有地和天，只有清清气，飘来飘去像火烟；只有浊浊气，飘来飘去如火烟。浊气和清气，紧紧同相粘"。布灵收拢清气和浊气，揉搓成像糍粑和汤圆一样的"团团"，二者相粘不分散，就丢在苍穹里，慢慢晾干。然后，"布灵

---

① 布灵：布依语，人名。不管是汛河搜集的版本（《民间文学资料第六十四集（布依族古歌、丧葬歌）》，中国民间文艺研究会贵州分会 1984 年编印，第 5 页），还是韦兴儒等整理出版的版本（韦兴儒等编：《布依族摩经文学》，贵州人民出版社 1997 年版，第 75 页），注释都认为布灵是人猿或猿猴。尽管"灵"在布依语里是"猴"的意思，《造万物》也有"布灵汗毛多，布灵下巴尖，爱蹦蹦跳跳，眼睛一闪闪"类似猿、猴形象的描绘，但从整篇长诗的内容来看，布灵与人猿或猿猴关系不大，在英雄祖先的形象中也没有必然联系。因此，笔者认为布灵就是布依族英雄祖先的名字而已。

拿来大神斧,布灵扛来神竹竿,竹竿慢慢撑,神斧轻轻砍。砍了三七二十一夜,劈了三七二十一天,清气和浊气,分成两半边"。结果清气和浊气分别像一口圆锅,一半向上升,一半往下沉。布灵称上升部分为"闷",下落部分叫"惹"①,从此世间上就有了天和地。可正当布灵沉浸于造出天、地的高兴和喜悦时,"天又往下落,地又向上升,清气浊气两口锅,快要合拢在一起"。古歌反复唱颂布灵"真能干"(或"真勤快"),"最聪明"②,又扛来神竹竿,"忙把天地撑"。可是,"神竹实在少,撑天天不稳,撑了南面北面垮,撑了西边东边倾"。布灵很着急,好不容易找到四根大神竹,"一方撑一根,才把天撑住"。接着神竹显灵,一节一节地往上伸,伸出十二节,于是布依族的"天"就有了十二层③,而且十二层天永远与地分离开了。造天、地一节古歌,最后唱道:"布灵造的天,布灵造的地,布依族子孙,永远不忘记。"告诫子孙后代,不能忘了祖先的丰功伟绩。

在布依族的创世神话里,英雄始祖布灵是由不明不白的红圆砣和绿扁块撞击生成。如此看来,布依族的宇宙起源,宛如今天太空中的星球相撞奇观一样,既有神秘的不可知性,在某种意义上又与天体科学探索存在暗合。始祖的出世,意味着宇宙已生成,为什么要创造这个世界?我们不得而知。但如何制造这个世界?无疑具有布依族自己的一套宇宙观和文化观,这一切都将由聪明、能干而勤快的祖先布灵及其继承者来创造完成。

---

① 闷、惹:布依语。分别是天、地的意思。
② 布依族的英雄祖先"最聪明","最能干",无所不能,什么事情都能解决,而且心肠好,有求必应。正是人们这种完美的理念和思维逻辑,使祖先成为布依族宇宙的创始者(本体)。
③ 布依族古歌就有对十二层天的详细描绘,参见岑老荣、祝登雍演唱,岑玉清整理的《十二层天十二层海》(韦兴儒等编:《布依族摩经文学》,贵州人民出版社 1997 年版,第 91—95 页)。

（二）造太阳月亮

布灵造了天和地，可"苍天黑漆漆"，"大地黑沉沉"，于是他"眨眨眼"想主意，要让大地光明，想让天上发亮。他"搬来一堵红石岩"，推到平地来，接着拣来些小石子，将红岩垫稳，就开始不停地忙活。布灵敲敲打打九十九个日夜，不停歇地把红岩磨成大南瓜一样的圆东西，即使手掌起血泡也不在乎。圆东西磨好后，他坐在旁边琢磨，给它取什么名字呢？想了半天，突然眼前一亮，想出一个"实在好"的名字，就叫"当万"①。可惜"当万"不会发光发亮，不能实现让天地光明的初衷。布灵煞费苦心，绞尽脑汁，不知想了多久，终于想出一个好主意："扯来酸草棵，拔来酸草根，酸草有酸性，酸草有水分。用酸草棵来搓，拿酸草根来擦……搓了一道又一道，擦了一回又一回，红红岩球大当万，闪闪放光辉。"当万既红又亮，所发的光刺眼睛，所散的热炙烫人。布灵不敢摸，也不能靠近，围着当万干着急。"正在这时候，东边天角闪红光，飞来一条大黄龙，盘在红红当万旁"，黄龙用角掀，用身缠，用尾扇，接着张开大口，衔住当万，"呼"地直上蓝天。从此以后，"天上有太阳，大地有亮光，万物得生长"。

布灵造出的当万，在天空来回旋转，可"太阳转到天中央，大地得光明；太阳转到天边去，大地黑沉沉"。"布灵又来想办法，布灵又来出主意"，他既想让天空永远放光明，又不让大地阴森森，于是就"搬来一堵白石岩"，用青石块磨起来，如同制造太阳一样，不分昼夜地敲、打、磨，历经艰辛将白岩磨光，擦亮，制成像一把大水瓢的圆东西，取名叫"蓉莲"②，并希望

---

① 当万：布依语。即"太阳"。
② 蓉莲：布依语。即"月亮"。

"它光亮亮,永远照夜晚"。遗憾的是,蓉莲既不反光,也不发亮。布灵有制作太阳的经历,不慌不忙,心中自有主张:"扯来茅草叶,拔来茅草根,用石块捶绒①,绒成细粉粉。用细粉来搓,拿细粉来擦……搓了九十九道,擦了九十九回,白白岩球大蓉莲,闪闪放光辉。"布灵想把蓉莲抬上天,可它太重,怎能抬起?"正在这时候,西边天角闪白光,飞来一条大白龙,盘在白白蓉莲旁"。像黄龙衔太阳的过程一样,用角顶,用身缠,用尾扇,张开大口,径直将蓉莲衔上天。此后,"月亮在天上,夜晚照大地,白天赶太阳"。太阳和月亮的性情如何呢?古歌唱到:"太阳性子暴,太阳当哥哥,白天天上游,晚上就睡觉。月亮最温柔,月亮当妹妹,夜晚天上游,白天就去睡"。从此,布依族的"天空"有了当万(太阳)和蓉莲(月亮),人们根据二者的"脾性",不仅区分它们的"性别",而且也确定了它们的"关系"。事实上,这种性格、性别和关系的划分,蕴含着布依族的男女性别、性格观念,及兄妹(血缘)不能婚配的婚姻制度等文化因子。

(三)造星星造天河

太阳和月亮在天空轮回转动,使"地下亮晃晃,天上明朗朗",布灵实现了光明的世界。但不久,就听到太阳和月亮的埋怨,太阳天天不满地说:"独我一个人,游荡在蓝天,实在太寂寞,实在是孤单,没有人说话,不得人做伴。"月亮也夜夜抱怨道:"独我一个人,游荡在蓝天,没有人对歌,不得人陪伴,实在闷得慌,实在太可怜。""布灵心肠好",又是"最能干",把这一切听得清楚明白,就决心想办法解决太阳和月亮的苦恼。他"拣来亮晶石,堆了一堆又一堆",不停息地将亮晶石敲砸成指头

---

① 绒:贵州汉语方言,粉末状的意思。

民族文化研究

般大小的碎石子,这样不知敲了多少天,砸了多少时,得到千千万万颗小圆石,闪闪发光地堆了一地。接着"布灵手捧亮石子,一捧一捧撒上天,好比如今撒谷种,一颗一颗落满田,石子往上飞,颗颗嵌蓝天。……一颗更比一颗亮,闪闪放光明"。布灵把满天的亮石子命名为"号丽"[①]。蓝天繁星点点,既消解了太阳月亮的抱怨,又打破了天空冷冷清清的局面。美中不足的是,"圆圆小石子,没有酸草擦,细细碎石子,没有茅草洗",所以就成了我们今天看到的,既没有太阳亮,也不抵月亮明的现状。

即使太阳和月亮有星星做伴,仍然感到不满意,埋怨没有河钓鱼,没有水洗澡、洗脸和洗衣服;星星也难过,诉苦说"太阳光太强,晒得真口渴,天上没有水,口干无水喝"。"布灵是个顺风耳,耳朵实在灵,太阳想洗澡,月亮想洗衣,星星喊口渴,他都全听清",凭着自己的"好心肠"和"最聪明",又想办法解决天上没有水的难题。他想了一会,心里就有了解决问题的路子,自言自语道:"这个也不难,等我上天游一游。"于是"布灵鼓足气,踏着太阳洒的光;布灵吸足气,踩着月亮洒的亮,'呼呼'向上升。来到蓝天上,东边瞧一瞧,西边看一看,瞧了南面看北面,心中暗盘算",转眼间计上心来,得意地眯着眼睛笑,于是"翻动两只大脚板,在蓝天上来回跑"。布灵在蓝天上"跑了九十九天,踏了九十九道",使平整的天空现出一条大槽;槽里装满水,清水碧绿碧绿,波光粼粼。布灵见了心里很高兴,要为槽水取一个美名,因为水槽在天上,就叫它"打闷"[②],并使之永远不息地流淌。天上有了河,太阳、月亮和星星都欢天喜地的到河边,洗澡的洗澡,洗衣的洗衣,喝水的喝水,蓝天呈现出一派喜气洋洋、生机勃勃的样子。布灵造好天河后,告诫它们在天上,

---

① 号丽:布依语。即"星星"。
② 打闷:布依语。即"天河"。

要一个帮一个,不准打架斗嘴;他把话说完,就"顺着阳光柱,拉着月光索",回到地上。

(四)造雷造闪电

太阳天天在天上发光,从东方惹来一位美丽的姑娘,他们经过"浪哨"①,最后配成婚,一起过了九十九年,姑娘孕育期满,生下一个男崽;月亮夜夜在天庭放光,也从西方惹来一个英俊的后生,彼此历经"浪哨"过程,双双成亲,之后月亮怀孕,过九十九个冬春,生下一名女婴。太阳和月亮都生了孩子,心里特别高兴,相约到地下向布灵公公报喜②,并邀请布灵上天给他们的孩子取名。布灵得知这个好消息,满口答应太阳月亮,和它们一起有说有笑地上天庭。

布灵"先到太阳家",太阳给他引见自己的妻子说:"这是布灵老公公,是他把我们造成,不晓费了多少工?布灵老人家,就是我们的老祖宗。"太阳的妻子忙向布灵行跪礼请求:"难得祖宗

---

① 浪哨:布依语,与"浪冒"相对。浪是"坐"的意思,哨、冒原来分别指姑娘、小伙,后来专指女情人、男情人。浪哨、浪冒直译成汉语,分别是"与姑娘(或女情人)坐"和"与小伙(男情人)坐"。前者是从男方的角度而言,后者是由女方的角度来说。这种男女青年之间的活动,有谈情说爱的成分在,通过长期交往最终往往二人能够成婚。但事实上,浪哨、浪冒是一种社交和娱乐活动,其主要目的并非一定要找对象,而是锻炼年轻人口才、胆量和交际能力等。很多人将布依族的浪哨、浪冒等同于"谈情说爱",是因为不了解其中的深意。参见周国茂:《一种特殊的文化典籍:布依族摩经研究》,贵州人民出版社 2006 年版,第 167—172 页;周国茂:《贞丰布依族的几种社交形式调查》,贵州省民族事务委员会、贵州省民族研究所编:《贵州"六山六水"民族调查资料选编·布依族卷》,贵州民族出版社 2008 年版,第 352—353 页。

② 孩子一出生,立即向外婆(家)报喜,是布依族生命仪式的重要礼节;刚出生的孩子,由老人取名,也是布依族的传统习俗。

民族文化研究

上天来,保佑娃崽长得乖,劳烦公公取个名,美名传万代。"布灵根据小孩的个性,对太阳的妻子说:"这个小娃崽,成天都嚎叫,真是像他爹,脾气一定暴,就取名叫雷,你说好不好?叫他在天庭,常把天鼓敲。"帮雷取了名,太阳夫妇感激不已,急忙向布灵磕头作揖答谢,布灵也弯腰答礼,并向他们辞行。布灵跟随月亮到她家,月亮的丈夫早已等在大门口,月亮上前对丈夫说:"这是布灵老祖先,他造了当万,又造我蓉莲,如今祖先上天来,你快施礼同相见。"月亮的丈夫行礼毕,也请布灵为他们的孩子取名。布灵听后,随口即说:"这人勒梦最乖巧①,闪着一双灵灵眼,不用再多想,把她取名叫闪电,叫她在天庭,时时把灯点。"闪电有了名字,她的父母高兴得磕头作揖感谢布灵,布灵答礼后就向他们辞行了。"自从那以后,天上有了雷,只要听到鼓声响,声声震耳脆,大家就晓得,这是雷哥在发威;自从那以后,天上有闪电,只有看见天边亮,光柱像金鞭,大家就知道,这是闪电姑娘把灯点"。可见雷和闪电是太阳和月亮的晚辈。

布灵走出月亮家,"到天河边洗手,到星星家喝茶",在天上玩了好几天,可心里总惦记着地下,就对太阳月亮说:"你们快发光,你们快发亮。我好顺着亮光柱,回到大地上。"太阳和月亮急忙挽留道:"公公安下心,不要再多想,就留在天庭,不必回地上,留在天上当神仙,我们把你来奉养。"但布灵怎么也不答应,说"地上好多事,还等我去做"。太阳和月亮进一步劝说:"公公当天神,留住在天上,天上看得宽,天上看得广,既可管天庭,又可管地方。"最终布灵认为太阳和月亮说得有理,就答应永远住在天庭。

---

① 勒梦:布依语,与后文的"勒赛"相对。前者即是"小姑娘",后者为"小男孩"。

（五）造风造雨

古歌唱了造雷造闪电之后，接下来唱道："唱了闪电妹，唱了雷大哥，我们转个弯，我们磨个角，来唱造风调，来唱造雨歌。"随后发问"风雨哪里来？"听古歌我们知道"风出自星星，雨来自天河"。但具体如何出自星星和天河呢？布灵造好星星，星星撒满天，夜夜放光芒，逗来远方的一群姑娘，她们与星星们对歌、答话，唱得情投意合，于是结配成一桩桩婚事；这一对对一双双，过了九十九年之后，分别生出了许许多多的"勒梦"和"勒赛"。再说天河挂在天上，日夜翻银浪，也从很远很远的地方惹来了一个俊小伙。彼此对歌恋爱之后，慢慢加深感情，双方就结为夫妻，经过九十九个春秋的孕育，生下了一个小勒梦。"勒梦生下了，成天都哭泣，汩汩眼泪流，淌成一条溪"。星星和天河又请来布灵给他们的孩子取名。布灵见星星的后代繁多，到处都是，就通通把他们叫风，"让他们到处吹，吹遍每个落"；布灵瞧见天河的小孩"总是爱哭泣，眼泪淌不干，颗颗往下滴"，于是就给她取名叫雨。布依族的风、雨就是这样来的。

（六）造乌云和彩云

尽管天上增添了雷、电、风、雨，可太阳、月亮、星星和天河还是抱怨，认为"除了蓝蓝天，还是蓝蓝天"，苦于"没有人做伴，成天不说话"，觉得很可怜，就一起去找布灵老祖宗，向他诉苦说："我们在天上，实在太腻烦，月亮和太阳，天天对着看，天河和星星，夜夜对着看，更可怜蓝天，没有人做伴，大家闷得慌，个个都孤单。我们赤着身，游逛在天庭，没有包头帕，不得遮身衣，洗脚无脚帕，洗脸无手巾。布灵老祖宗，你是最聪明，快快想办法，赶忙拿主意。"如前所说，布灵心肠好，有求必应，得知它们的苦情，捋捋胡须，眨眨眼睛，想了一会，笑着

民族文化研究

应道：从前我造太阳月亮时，用青石磨红石、擦白石，摩擦出朵朵亮花。现在你们一起出力，快去拾柴来，越多越好，我自有安排和妙用。于是，太阳、月亮、星星和天河等，一齐卖力拣柴，堆成几堆，只等布灵拿主意。布灵拾起两块红石头，慢慢走到柴堆边，用二石块相互敲碰得"卡卡"直响，碰得火花迸出。结果"光花四处飞，点燃了柴堆，柴堆'噼啪'响，烟雾随风吹，呛得个个咳嗽，熏得人人流泪"。布灵见了喜形于色，对大家说："你们都注意，好好仔细听，这股股浓烟，就叫他乌云。让他跟你们，相伴在一起；让他为你们，当帕当衣裙。"眼看柴堆将燃尽，浓烟四散，青烟缕缕，缓缓上升，布灵一见，又对大家说："这些青青烟，实在是美丽，又轻又透亮，就叫他彩云。让他和你们，做伴在天庭；让他为你们，当洗脸手巾。"太阳、月亮、天河和星星见到乌云彩云，兴高采烈地将它们当自己的衣、裙、帕、巾，并伴在它们的左右。古歌唱到这里，天上的各物大致造成，形成了人们对天认识的基本结构，于是布灵总结训诫它们说："太阳呀月亮，天河呵星星，我来说件事，你们要记清：天上有闪电，天上有了雷，天上有了风，天上有了雨，天上有乌云，天上有彩云，他们同是姊妹，他们同是兄弟，不准乱争吵，一定要和气，以后对大地，要同齐出力，给大地雨露，给大地光明，给大地送凉，给大地遮阴。"事实上，布灵就是要训导天上万物团结互助，齐心合力，要求大家为大地"服务"，"造福"大地，并确定它们之间的关系。从中我们也看出布依族团结和气、互助友爱的交往诉求和为他人着想、乐于奉献的精神隐喻。

二、造人世间

（七）造人烟

布灵造好天上万物，使天空充满了生机和活力，一番热闹熙攘的情状；相对而言，大地则是悄无声息、死气沉沉、冷冷清清的景况。太阳看到"大地宽又广，处处好地方，没有人居住，实在是荒凉"，一见布灵就提起话头说："宽广的大地，无边又无际，没有人耕种，没有人料理，让大地丢荒，实在是可惜。布灵老祖宗，你拿个主意，快快造人烟，有人就好耕地。"月亮见到布灵也劝告布灵造人烟，要不大地太荒凉，好好的地方又没有人耕种。其实布灵与太阳、月亮有同样的想法，于是打定主意，想办法造人烟，"造人好种地"。"布灵天天想，布灵夜夜思，不知想多少久，不晓思多少时，想不出办法，打不定主意，想得实在累，昏昏沉沉就睡去"。布灵在昏睡中，"只觉身子痒，汗毛渐渐长，全身直发抖，汗毛全落光"，随后"汗毛一根根，落地就打滚，滚了三个滚，接着站起身，一根根汗毛，变成千万人"。布灵见状，高兴得不禁大喊："这下可好喽，已经有了人！"随着喊声，布灵惊醒，哪里有人？原来是黄粱一梦。但布灵认为，梦的征兆"一定有道理"，就按照梦中的提示试了试：他拔下一根汗毛，在嘴边吹了三口气，就往地下抛去。眼见"汗毛落下地，一股青烟往上升，青烟刚散尽，现出一人人"，布灵一见果然如梦里一样造出人来，兴奋不已，就将身上的汗毛全部拔光，"呼呼"吹气，抛向大地。只见汗毛落地，青烟四起，到处是人，仰面扑身的都有，"仰面的是女，扑面的是男。自从那以后，世上有人烟，男女同相配，子孙得繁衍"。可见，布依族人由英雄祖先布

民族文化研究

灵的汗毛造成,情景颇为类似《西游记》中孙悟空用毫毛吹出猴子猴孙。

(八)造年造月

与天上有太阳、月亮和星星等的热闹喜庆场面,及有秩序规律的环境不同,"地上有了人,季节不分明,大家无事做,到处乱纷纷"。太阳和月亮见到地上没有季节,人们无所适从、无所事事,一片混乱,心里难过,又请求布灵老祖先出主意:"快为地上分季节,免得人们到处跑。"布灵听罢,伸出左手,五指散开,数着指头骨节,数了半天,就对大家讲:

如今地面上,像我这巴掌,大拇指为头,头就叫做香①。剩下四指头,每个有三节,一共十二段,就叫他做月。一个指头为一季,一季三个月,四个指头为四季,四季就有十二月。食指最灵活,紧挨拇指生,他为第一季,取名叫做春。中指头最长,骨节粗又大,他为第二季,取名叫做夏。无名指不长不短,生的稍靠后,他为第三季,取名叫做秋。小指头最短,是个小弟兄,他为第四季,取名叫做冬。

布灵依据自己的五指情况,"科学"地定了年和月,补充说"一月共有三十天,一年共有二十四节"。随后又想了想,"伸出两巴掌,掐着手指节",仍然仔细琢磨着手掌里的(年历)"学问",具体列数着每个月与二十四节气:

正月是立春,接着是雨水;二月是惊蛰,接着是春分。三月是清明,接着是谷雨;四月是立夏,接着是小满。五月

① 香:布依语。即"年"。

是芒种,接着是夏至;六月是小暑,接着是大暑。七月是立秋,接着是处暑;八月是白露,接着是秋分。九月是寒露,接着是霜降;十月是立冬,接着是小雪。冬月是大雪,接着是冬至;腊月是小寒,接着是大寒。

布灵慢慢数完二十四节气,把太阳叫到跟前,仔细地吩咐它的运行路线和节奏快慢说:"就从今天起,你要按我说的做。你在蓝天上,从东向西走,照我指头的长短,你去慢慢游。哪个指头短,你就走捷路,很快过蓝天,时间就短促。哪个指头长,你就慢慢走,叫这个季节,时间最长久。特别是小指,最短要数他,到他的季节,你就大步跨。"就这样,布依族的始祖布灵,根据自己的手掌,不仅造了年和月,而且"规定"了四季和二十四节气,并分清一月三十天,一年三百六十日,"吩咐"太阳运行速度要以手指的长短为据,还明确季节的天气冷暖凉热变化等。

(九) 造山造岭

地上有了人,又有了年节时令,可"地上平坦坦,地上无遮拦,云到处乱飘,风到处乱窜,有时云太厚,什么看不见,有时风太猛,吹得人打旋,大家都叫苦,个个都埋怨"。人们的埋怨声随风飘到太阳月亮的耳朵里,它俩把所听到的一五一十地告诉布灵,并请他赶快造山峰山岭,以避风挡云。布灵听完笑了笑,提起大神斧,"咔嚓"一声砍下自己的脚趾。"脚趾甩下地,冒一根烟柱,烟柱一消散,变成了山峰,山峰一座座,挡住了狂风。脚丫甩下地,一股青烟起,青烟一散尽,变成了山岭,山岭一座座,隔住了乌云"。太阳和月亮看到这情况,吓得伸长舌头,急忙劝阻道:"布灵老祖宗,不能把脚砍,砍了脚趾头,走路就困难。"布灵不是不知道砍脚趾之痛,更清楚这样以后走路的艰难,

但想到"地上人更苦,地上人可怜",所以他说:"为地上做好事,疼痛我甘愿。"太阳和月亮听了,点头称是,非常敬佩布灵老祖宗。这样,地上就有了山,一座连着一座,此后无论风如何狂吹,大山也能阻拦,那山上的红岩,即是布灵砍脚时流出的鲜血所染;从那以后,地上也有了岭,山岭排对排,遮拦住乌云。布灵的脚背和脚踝又分别变成山梁和山岗,地上山梁连山梁,山岗接山岗,既挡风又遮云。古歌唱到这里,老祖宗布灵以英勇献身的气魄和胆识,舍己为人的情操和精神,甘愿牺牲一体之躯,造就布依族世间万物,为实现"人人都高兴,个个喜洋洋",过上安宁幸福日子的历程已经开始,并慢慢延续和展开。

(十) 造树造藤

尽管布灵砍下脚,造就了山、岭,但山岭都是光秃秃的一片,既没有一棵树,也不见一根藤,"实在是荒凉"。太阳和月亮见状,对布灵说:"布灵老祖宗,你造了山岗,你造了大坡,又造了山梁。只是太可惜,山上没有树,岗上没有藤,坡岭光秃秃。山无大树遮,像人没有皮,岭无藤蔓爬,如人没有衣。你快想办法,你快拿主意,给山添皮肉,给岭添绿衣。"正因为树和藤对山岭是如此重要,犹如人的皮肉衣服一样,所以布灵敢说"这事不难",毫不迟疑地拿出大神斧,"咔嚓"一斧砍下他的左手,又将手指分开,梳理好筋脉,放到嘴边吹三口气,就扔到地上。只见"手指落地上,冒一股烟柱,烟柱一散开,就变成大树,长遍山遍岭,生满山满谷"。更神奇的是,布灵的各个指头变成不同的树种,各种树在布依族的世界里又有不同的用处,比如大拇指变成不老松,长年郁郁葱葱绿化景观;食指变成大榕树,生在寨中给人们遮风纳凉;中指变成白杨树;无名指变成枫香树,人们可以用枫香叶浸泡染食,染出的食物既黑又亮,吃了还能治伤寒;小指头变成楠竹,楠竹不仅可以用来编篱笆,拦猪鸡等牲畜家禽,而且还能够编打鱼捞虾的撮箕等等。而布灵的筋脉,"一根又一根,变成了蔓藤"。大筋变葛藤,小筋变青藤,分别用于捆柴、草。至此,我们才看到连绵起伏的山脉,呈现出藤缠树、藤树相依做伴的生态环境;更让我们明了的是,在布依族人的眼里,山岭与藤树等万物之间的生态理念是彼此依赖,互为唇齿的关系。

(十一)造花造草

布灵造了树和藤,使地上有树有藤的地方,葱郁翠绿,可没树没藤的地方,却仍然是荒凉的一片泥土。太阳和月亮看到这种情景,建议布灵说:"地上只有树,荒坝还在多,若是造些花,栽在大树脚,大树也有伴①,荒坝有花朵;地上只有藤,还是太荒凉,若是造些草,栽在青藤旁,藤蔓也有伴,大地就不荒。"布灵听到后,认为太阳月亮说的有理,就决定为地上造花造草。布灵边想边摸着自己曲卷如花状的耳朵,突然一狠心,将耳朵揪落,对着扯落的耳朵吹三口气,往地下丢去。随着耳朵落地,只见"一股黄烟起,见风就消化,黄烟刚散尽,处处都是花"。布灵在天上,低头看见满地开花,心里有说不出的高兴,但转念一想,"只有一种花,显不出春光",念头一闪过,只见地上的"花朵直是变,有的变朱红,有的变紫蓝,有的变雪白,有的颜色淡,有的花色深,有的花色浅,有的颜色浓,有的颜色暗,有的花绚丽,有的花灿烂,有的颜色鲜,有的颜色艳,一年四季里,遍地百花妍"。一转眼的工夫,花簇似锦,花香四溢,百花烂漫的景象展现在人间。美中不足的是,"有花没有草,还是不算好,

---

① 古歌反复多次唱到"做伴",做伴是布依族与人相处的习俗和诉求,前文提到的浪哨、浪冒也是一种方式。一般而言,布依族人的性格比较合群,孤立独处者并不多见。

地上象癞头①,处处光堡堡"。布灵想了又想,想到丝丝如草状的头发,于是一把将头发拔光,捏在手心里,吹足三口气,猛然放开手,头发随风满天飞,"头发一着地,烟雾遍地绕,风吹烟雾散,就变成青草";"只因头发多,遍地是草棵,长满谷满坝,长满山满坡"。遍地绿茵茵的青草,在布依族的生活世界里,用处既多又广,如喂牛马,养猪羊等等,此乃后话,兹不赘述。

(十二) 造雀鸟

在布依族的生态观念里,大自然的万物是相辅相成,唇齿相依的。基于此,古歌唱了造树造花之后,仍然感到"有树没有鸟,大树枉自好","有花没有雀,鲜花枉自红",所以太阳和月亮告诉布灵:"地上大树青,世间鲜花香,只是配不全,还缺少一样。若是造雀鸟,雀鸟树上叫,树林添喜气,山坡也热闹。"布灵听了捋捋胡须说"我来掅酌掅酌",话音未落,他"就把鼻子摸,摸了鼻孔孔,又摸鼻梁脚,狠劲猛一扯,鼻子往下落"。布灵拿着鼻子,顺风一吹,鼻孔"叽哩叽哩"地响,于是眯起眼睛笑着说:"这鼻孔会叫,让他变雀鸟。"布灵将鼻子扔下地,鼻孔一着地,"一股白烟起,飞出万只鸟,闪翅叫不停。雀鸟叫喳喳,有小也有大,有红也有白,有绿也有花。有的尾巴短,有的尾巴长,有的叫声脆,有的叫声昂②。有的脖颈麻,有的素囊花,有的翅膀小,有的翅膀大"。古歌所唱到的鸟类,有孔雀、锦鸡、斑鸠、岩鹰、铁鹞、画眉、黄豆雀、啄木鸟、燕子等等,不仅唱出这些鸟的形象,而且还唱明它们的生活习性和特点,"还有许多雀,名字叫不出,点也点不清,数也无法数"。可见,布依族生存的环境,飞禽数量之多,种类之繁;更可贵的是人们

---

① 癞头:贵州汉族方言,意为疙疙瘩瘩的样子。下文的光堡堡,有光秃秃的土包之意。

② 昂:贵州汉语方言,有响、响亮等意思,读平声。

对它们是如此的了解，如数家珍一般，亦见布依族人与它们的关系格外密切。

（十三）造狮造虎

世间有飞禽，而没有走兽，也不符合布依族的生态观，"还不算齐全"。尽管"林中的雀鸟，'喳喳'飞上天"，但是"莽莽山林里，到处都冷淡"。于是太阳和月亮又央求布灵"造些野兽"。布灵听了没说话，伸出右手拔下自己的牙齿，吹过三口气，"猛力往外抛，颗颗落下地。牙齿落地上，'乒乒乓乓'响，冒了几股烟，有黑也有黄，有白也有青，烟雾窜四方"。只见"黄烟一消散，现出一头狮"；"黑烟一散尽，现出一头熊"；"青烟一消散，现出一只虎"；"白烟一散尽，现出一只兔"；"有了暴牙齿，变成了老豹"。布灵各颗牙齿及其特点，都变成与之相类似的野兽，如门牙当头变雄狮，座牙坚硬变猛虎，板牙瓣大变野牛，"有一颗嫩牙，变成一只獐"，"有一颗细牙，变成了山羊"……牙与兽的类比与隐喻，在布灵造野兽一节表现得淋漓尽致，随后古歌总结唱道："野兽多又多，都是牙变成，野兽凶得很，都是牙齿生，一直到如今，兽都会咬人。"最后还强调，"只有小獐子，他是嫩牙来变成，由于牙齿嫩，他不会咬人"。这样，世间就有了野兽，及其我们所见到的：它们之间的互相争斗咬食与伤人等习性。

（十四）造河造海

前面古歌唱过，布灵老祖宗，造了云又造雨，但雨水落到地上，眨眼就流淌消失，因此，他所造下的人烟男女、树藤花草、飞禽走兽等万物，都因为没有水而艰难地度日，生存问题被缺水困扰，万物都叫苦不迭。太阳见到地下缺水的困境，"忙把布灵找，请他造江河，快把江河造，江河好装水，莫让雨水跑，人们

有水喝,树木鲜花有水浇,雀有水润喉,兽有水洗澡";月亮见状也赶来找布灵,"请他造大海,大海像个盆,把雨水装下,让人有水饮,让人有水喝,救活人性命。给树把水浇,给花把水淋,给雀洗羽毛,羽毛亮晶晶,给野兽洗澡,给野兽洗身,免得他们再撕咬,莫让他们再相争"。布灵听罢,想了想,微微一笑,"右手挥一挥,把肚皮撕开,拉出肠和胃,再使劲一扯,又拉出了肺,哈了三口气,抬手猛一挥,肠胃落下地,股股白烟飞"。白烟散尽,"大肠变成河","小肠变成江","岔肠变成沟","胃变成大海","肺变成大湖","肚脐眼最小,变成一口井"。从此,人世间有了江、河、湖、海,甚至沟、井等水源。布依族的"水世界",都由布灵用自己的内脏造成,看来,布依族依水而居的生存环境和水文化的特点,受惠于老祖宗的恩赐。

(十五)造鱼造虾

既然布灵造就了江河湖海,接下来当然要造水里的生物,否则于"理"不符。布灵将拿自己身体的哪个部位造水生物?又如何造成它们呢?让我们随着歌声,慢慢听下去。

太阳和月亮看到"河水翻浪波","江水'哗哗'淌","沟水细细流","海水蓝茵茵",但可惜的是,都没有鱼虾,"心里急如火",于是相邀到布灵跟前,叙说它们的遗憾。布灵听了点点头,伸出右手,拔下眉毛,吹上三口气,随手往外抛。眉毛落下河,"变成大虾胡须多":大根眉毛变大虾,细根眉毛变小虾;长根眉毛变长须虾,短根眉毛变短须虾。布灵停下来休息一会,又用右手抠下自己的眼睛,吹三口气,丢向大海,转眼工夫,眼睛落到大海,变成了鱼,使"海里有生气"。虽然江海的"鱼类实在多,数也数不清",但布依族人对它们的习性、特点和用处了如指掌,古歌唱得清清楚楚,兹不厌其繁,摘抄一段如下。

长着红尾的,就叫做鲤鱼,煮汤最新鲜,鱼肉也鲜嫩。身子扁大的,就叫做鲫鱼,鲫鱼味道美,吃了最补人。身子细小的,就叫白条鱼,白条鱼的胆,大得真出奇,足有黄豆大,鱼肉不好吃,只有拿喂猫,只有拿喂鹰。身子细长的,就叫做鳝鱼,鳝鱼好打洞,住在烂泥里。全身起花斑,就叫七星鱼,七星鱼真怪,专门吃蚂蚁,只要出太阳,他跳上河堤,蚂蚁一群群,嗅着鱼腥气,爬满鱼身上,都不肯离去,就在这时候,七星鱼跳起,跳有三尺高,落在河水里,蚂蚁浮水面,填饱鱼肚皮。这是后来事,这里就不提。

古歌如此细致生动地描写各类鱼的特性,不难看出布依族生活于水边,存在着与之对应的渔业生活,因此谈到各种鱼,才如数家珍,一一呈显。古歌末尾交代"鱼是眼睛生,鱼是眼睛变,所以到如今,鱼死不闭眼",道出鱼与其他物类的不同之处。

自从布灵造天、地、年、月起,直到造出江、河、湖、海,以至小虾、大鱼,他"整整活了九万春","整整活了九万年",更让宇宙世间感动的是:"为了造万物,为了造天地,布灵老祖先,献出了整个身躯。"在这里,让我们回顾一下,布灵所献出自己身体的各个部位,都变成了些什么?他周身的汗毛,变成了人;脚趾变成高岗峻岭;左手变成树和藤;耳朵变成鲜花;头发变成青草;鼻子变了飞禽;牙齿变成走兽;献出的大肠变成了河,小肠变成江,岔肠变成沟,还有胃变成海,肚脐变了井,肺变成湖;献出的眼睛变成鱼;眉毛变了虾。伟大的布灵老祖宗,"肢体全分散,来把万物变,一直到如今,世间样样全"。布灵的躯体全部被解散,造出万物,现在就只剩下一颗心,这颗心将作何用处?其归宿或最终结果是什么?带着这些问题,我们还是继续聆听古老的歌声吧。布灵剩下的这颗心,"拿来变勒灵①"。有了这个决定,布灵用右手捧出自己的心,吹上三口气,"让他跳下地","心一飞出手,布灵断了气"。布灵断气之后,所剩的右手丢在天庭里,月亮拾回去,栽在自己的后园,长成梭罗树;还有一直没有用过的舌头,最终变成了彩虹。"自从那以后,天上无布灵,布灵的周身,全献给大地"。从布灵老祖宗献出自己身体造万物的整个过程,我们不难看出,在布依族的价值体系和精神世界里,有一股浓浓的献身意识。远、大者如布灵一样,为造万物不惜肢解自己的身躯,以实现世间的"热闹"和"欢喜",一直努力弥补造一物而缺另一物的"美中不足";就观念层面来说,修桥补路、乐善好施、互助相济而不计个人报酬和利益的行为举止,被布依人视为行善修德的工夫,在他们的观念里,这种称为"修荫功"的奉献精神被认为能造福于子孙后代,因此布依族以良善为最普遍的个性特点;落实到日常生活上,表现在接待客人时,都倾其家里所有认为好的东西来款待,如此慷慨好客的缘由是什么呢?此时户主会对家人和孩子说:"客人好不容易来一次,要好好招待,自己(及家人)平时吃什么都可以过。"因为这一句慷慨好客话,往往使待客人家陷入一定的生活困境,或打乱自己的生计安排,倾其所有的待客方式和好客风俗,推衍引申何尝又不是一种献身精神呢?

---

① 勒灵:布依语。勒是孩子、儿子女儿的总称。勒灵从布依语所有格前置的语法特点来说,即是"灵之子"。当然,勒灵也有小孩的意思。

三、造日用百物

(十六) 造弓造弩

我们回头来看看,布灵剩下的心,究竟如何变成勒灵?勒灵与布灵是什么关系?以及勒灵的出世意味着什么?他往后将有何作为?上面提到,布灵捧出心,让它"跳"下地,"布灵那颗心,直往地下落,落到地面上,一道光闪过,站出一个人,两眼闪烁烁"。只见这人搔耳朵,眨眼睛,开口说出话来:"我名叫勒灵,就是布灵的子孙,布灵的事业,让我来继承。"原来布灵最可宝贵的心,变成了他的继承者勒灵,勒灵将要肩负着布灵未竟的事业。

勒灵出世的时候,"地上乱纷纷,豺狼豹子多,经常伤害人,世间人也多,吃的是野果,穿的树叶叶,时时都挨饿"——古歌对勒灵的赞美,如同布灵一样,称他"心聪明"、"最能干",也只有这个前提,才能引(领)导人们,造福人民——勒灵见到人们经常遭受野兽的侵害,摘采树叶野果又难以御寒果腹,于是"他来教大家,制弓制利箭":"岩桑树最绵,砍来做弯弓,任随怎样扳,他都往回绷①。上山扯葛藤,拿来做弓弦,砍来小金竹,削尖做利箭。"人们按照勒灵所说的方法造好弓箭后,勒灵又教导大家说:"我们用弓箭,射豹射狐狸,吃他们的肉,穿他们的皮。"弓箭的制成,虽然解决了人们的吃穿问题,但"可惜箭太小,只能射老豹,若是遇大熊,无法把他来射倒"。随后,勒灵又和大家一起想办法:"砍下青杠树,拿来做硬弩。"硬弩力

---

① 绷:贵州汉语方言,即弹(tán)的意思。

量大，射程远，足以射杀老熊和野猪等大型兽类。弓弩制造成功后，人们"遇到小野物，就用利箭射，遇到大野物，就用硬弩射"，既解除了遭受野兽侵袭的困境，也解决了穿衣御寒和食不果腹的难题。

（十七）造　火

勒灵带领布依族人造了弓和弩，使人们吃上了野兽肉，但生肉吃多了，"嘴腻肚不饱"，加上生吃鱼虾，久了"心里也烦腻"。勒灵最聪明，于是和大家一起想办法，当主意拿定时向大家说："我们来造火，造火来煮肉，造火来煮鱼，把鱼肉煮熟。熟肉味道好，熟肉味道香，吃了心不腻，吃了把身养。"接着提醒大家从劳作生活中看到火花的启示说："大家记得不？我们射弓弩，箭头碰岩石，碰出火一堵。"勒灵进一步解释，只要大家拣石块来碰、撞、磨、搓，时间久了"一定会出火"。人们听罢，立即找石块，"咔嚓咔嚓"不停地敲打，碰出"火花四处飞，点着了干柴，干柴'呼呼'烧，火光映山岩，大家见了火，欢喜跳起来"。火燃起来了，人们的高兴劲是不言而喻的，但如何保存火种？又成了一个难题。对布依族的先民来说，他们对于保存火种有自己的一套方法和智慧，即是"等柴快烧完，就刨灰来壅①。第二天起来，把火灰刨开，火子还在红，急忙架干柴，干柴'呼呼'燃，映红了山岩"。他们就是通过用灰烬来掩埋火种，避免火种烧过，日复一日地保存下来。有了火（种），人们就吃上了熟肉，吃熟肉"最养身"，与从前生食肤色不好相比，现在脸色也是"红朴朴"的了。

---

①　壅：贵州汉语方言，即掩、盖和埋等意思。

（十八）造稻造麦

造出火,对人类自身的发展无疑具有巨大的意义和深远的影响,可是,"世间人太多,世上人太广,果子不够吃","世上人烟密,世间人烟稠,射的野兽少,大家吃不够",结果出现互相打抢争食的现象,导致死的死,伤的伤。英雄祖先勒灵看到这种情况,跳到高处对大家说:"大家不要吵,大家不要闹……我们想办法,开田种谷稻,谷稻舂成米,煮成米饭用棍挑。米饭扑鼻香,人人吃得饱,大家不挨饿,免得再争吵。"人们听了都觉得好,但哪里有谷种?什么地方有谷秧啊?勒灵得知大家的困惑,急忙答道:"我是顺风耳,我是千里眼,看到蓝天上,看到天河边,天河祖奶奶,在那里种田。我们到天上,去找天河祖奶奶,讨点稻谷种,拿到地上栽。"人们听罢,更加迷惑,齐声问勒灵:"天河这么深,蓝天这么高,路程这么远,谷种虽然好,咋个要得到?①"勒灵告诉人们,他能腾云驾雾,自愿上天讨谷种。考虑到天狗凶猛,勒灵决定带一只小狗去,以防天狗来犯时,让小狗对付天狗。

勒灵说完,"抱着一只狗,运足全身气,'呼'一个跟斗,直往天上跳,站到乌云头。勒灵歇了气,再一个跟斗,又往天上跳,站到彩云头。勒灵憋足气,又一个跟斗,跳到天河边,站到天门口"。勒灵三个跟斗,越过不同的云层,架云踏雾来到天河边,笑盈盈地走近天河老祖奶,作揖开言道:"天河祖奶奶,我名叫勒灵,是布灵的后代,是布灵的子孙,来要点谷种,请你赏个情。"并说明拿谷种下地栽种,解决人们食不果腹的困境和争抢不休的混乱局面。勒灵为了解救人们吃不饱的境况,不畏艰难

---

① 咋个:贵州汉语方言,即"怎么"、"如何"。此句意为怎么拿到的意思。

险阻，千里迢迢上天来的勇气和精神，让天河祖奶奶的"心里乐滋滋"的，开口便答："勒灵小后生，你真好良心，不怕路程远，不怕天狗狠，为了得谷种，来到了天庭。你为大家好，最肯出气力，要要稻谷种，只管拿了去。"勒灵听到天河奶奶的话，心里很高兴，就匆匆忙忙去拿谷种，慌忙中忘了带东西去装。天河奶奶见状，就给他出主意说："你那小狗崽，全身是毛衣，他在谷堆里，打上两个滚，颗颗稻谷种，裹进他毛衣，然后你带他，回到地上去，从他毛衣里，再把谷种取。"勒灵按天河祖奶奶的话做，抱小狗在谷堆里滚了又滚，使小狗的全身裹满谷子，自己还贪心地抓两把在手里，才向天河奶奶致谢道别。

勒灵拿到谷种，高兴的劲儿不用多说，一心想早早回到人间，好让人们种上稻谷，正是这急切的心情，让勒灵翻跟斗回地面时，用力过猛，一头栽进大海。"勒灵落水中，心头有点慌，两脚直是蹬，两手猛一张，用巴掌划水，稻种全掉光"。等勒灵游上岸，拿回的谷种一粒都不剩；看看小狗身上的谷种，也被海水冲洗殆尽。失掉了千辛万苦得到的谷种，"勒灵很丧气，坐在河岸上，眼泪不住滴"。正在这时候，小狗摇起尾巴来到勒灵跟前，用舌头舔着他的脚，勒灵低头一看，见到小狗的尾尖上，"藏着黄谷米"，这可乐坏了勒灵。人和狗都在水里游很长时间，被海水冲刷这么久，小狗的尾尖上怎么还留下谷种？古歌接下来唱着，"原来是这样：这只乖小狗，他落在海里，就在水中游，尾巴翘得高，谷种才保留"。正因为布依族的谷种，最终由随从的狗保存下来，所以"一直到如今，布依有风规，每年谷熟吃新时，先要把狗喂"。从此以后，布依族的生计方式和谋生手段主要以栽种水稻为主。人们种上庄稼，解决了吃饭问题。可有些人在栽种的时候偷懒，没有用心耕种，导致谷种变成麦子。布依族麦子的来源，是由没有栽种好的稻谷变成，这与他们少种麦子，不擅长制作面食甚为吻合。从这个例子，我们又可以证实，一个民族的神话古歌，绝非空穴来风，而是有深厚的社会文化基础的。

（十九）造棉造靛

勒灵带领人们造谷造麦，勤劳耕种庄稼，吃上粮食，有了相对稳定的收成，"吃的倒不焦，吃的倒不急，只是没有衣，只是没有裙，人人挂树叶，个个裹树皮"。这可不是办法，于是勒灵告诉大家："山上有种花，叶子真大张，叶片圆又圆，真像大巴掌，拿花慢慢捻，丝丝细又长，结实不易断，好比蜘蛛网。大家快去采，大家快去拣，拣来野花花，姑娘就捻线，线子挽成团，就把布来编，这花有韧性，就叫他做棉。"人们听了勒灵的话，就一齐上山采摘野棉花，"姑娘捻成线，后生做木架，棉线牵成排，横竖岔着拉"，编织出一匹匹棉布。接着人们从织布机上"剪下白棉布，做成百褶裙，姑娘穿在身"，"做成对襟衣，后生穿在身"，大家喜气洋洋，勤勤恳恳地穿着白衣服参加各种劳作。不知过了多少年月，"人人穿的一个样，个个穿的一个色。男的穿白衣，女的穿白裙，白色不经脏，脏了难得洗"。因为这些原因，时间一久，让人们产生了不少烦恼。勒灵下决心要给大家想办法，解除天下一色的苦恼。他见到世上鲜花绚烂，色彩斑斓，红黄白绿青蓝紫缤纷美丽，格外惹人，尤其是山上的一种草，名字叫蓝靛，叶大根青，倒进水里浸泡，水就会变成深蓝色。于是勒灵建议大家上山采蓝靛，放进水缸里浸泡，"等水变绿色，就拿染布匹"。姑娘们听了勒灵的话，兴冲冲地上山，"采来蓝靛草，用石碓舂绒，拿木棒来捣，泡在水缸中。泡了整九天，沤了九夜整，蓝靛全烂了，靛水蓝茵茵。缸缸蓝靛水，用来染布匹，布匹染透了，拿到河里清。蓝靛放得多，水少颜色浓，染出的布匹，颜色就深重。蓝靛放得少，水多颜色淡，染出的布匹，颜色浅好看"。人们造出蓝靛，染出各色衣服，姑娘们"穿上新衣裙，像花开满山"。

（二十）造歌造木鼓

古歌唱到了人们吃好穿暖，欢天喜地地过日子的时候，可惜的是，人们日出而作，日落而归的辛勤劳作，每天做得"腰痛腿脚酸"，却无事消遣，无法解除疲劳，更没有任何娱乐的活动。勒灵看见人们在地里干活，听着满山遍野鸟叫的情状："人人静静听，越听心越乐，听得入了迷。"以至于"忘记了做活"，就对大家说那是鸟雀在唱歌，提议大家一起来学雀鸟唱歌，这样"做活唱起歌，就不会疲劳"。大家听了都说好，"就学鸟叫声，人人把歌造。有的造长歌，就叫做排调；有的造短歌，就叫做散调"。布依族的民歌长调声音婉转柔美，宛如山泉流水，"愈听愈好听，越听越有味"，"白天做活路，手累腰杆酸，晚上唱首排排歌，力气又增添"；散调声音高亢嘹亮，"就像河水淌"，"只要开口唱，山山都回响，这山映那山，直传到远方"，即使是在做活路的时候，也可以即兴歌唱，在歌声中让人不知不觉、不知疲倦地完成劳动。从此"世间有歌调，唱歌解劳累，唱歌解心焦"，整个布依族世界，"处处都是歌"。

古歌唱完造歌的事，接着唱造鼓，让我们看看布依族如何制造木鼓？有一天，天气太热，勒灵躲在大树下乘凉，突然看见一只啄木鸟，用尖嘴在树干上"咚咚"敲啄，"声音很好听，听起心舒服，好比那水井，冒水'突突突'"。勒灵因此获得灵感，要"学鸟啄树子，造一个木鼓"，于是走到人们跟前，对大家说："我们上山去，砍一根大树，截下一节来，把树心挖空，再在树两头，用兽皮来蒙，拿竹钉来钉，用葛藤来箍，敲起笃笃笃，像鸟在啄树，因他声音笃笃响，就叫他木鼓。"人们按照勒灵所说的，造出了木鼓，此后姑娘们就可以唱着歌，踩着鼓点跳起舞。这样，布依族的"世间有了歌，世上有了鼓，五谷得丰收，大家

就跳舞,逢年和过节,大家就击鼓,人人享太平,个个得幸福"。

(二十一)造月琴姊妹箫

布依族在英雄祖先布灵和勒灵的带领下,造出世间百态,造成宇宙万物,人们敲鼓唱歌,载歌载舞,享受太平世界和幸福生活。但热爱音乐的布依族人,不满足于只有鼓这样一种乐器,他们感到"只唱歌打鼓,光踩鼓跳舞,觉得还单调"。勒灵与大家的想法一样,觉得应该要"再造些乐器","单独敲木鼓,声音闷沉沉,要是乐器多,声音定好听"。勒灵为此冥思苦想了很久,却怎么也"想不出名堂"。有一天晚上,月色明朗,月光皎洁,勒灵独自一人,慢慢走在村里的小路上,不知不觉来到一股清泉旁,听见泉水跌落在水潭里,发出"咚咚"的响声,勒灵眼前一亮,自言自语道:"天上有月亮,地上有水凼,泉水从高岩,股股往下淌,叮当泉水声,好像在歌唱。照这个情景,仿这个模样,来造一把琴,弹起叮咚响,拿来配木鼓,用来伴歌唱,大家定欢喜,个个会赞扬。"勒灵如此想定,就将想法告诉父老乡亲,人们听后,称赞不已,认为是个好主意。于是"大家齐动手,砍来白杨树,白杨树质软,解板把琴做。仿照着明月,琴盘做得圆,狮子毛最长,扯来做琴弦。琴把像岩壁,琴弦像水股股滴,一拨动琴弦,琴声把人迷"。琴已造好,可取什么名字?人们拿不定主意,又找到勒灵,勒灵想了半天说:"这琴像月亮,就叫他月琴。"布依族用于排忧解愁、伴歌伴舞的月琴,其制作方法和来历即如古歌所唱的一样。

常言道,无巧不成书。有一天早上,勒灵来到村头的风口坳,"见根小筛竹,被野牛擦倒。筛竹骨节长,太阳晒黄了,飞来七只小蜜蜂,歇在筛竹梢,钻了七个孔,风吹'呜呜'叫",这声音悠扬婉转,优美动听。勒灵听了又想听,舍不得离开,他听了许久,自语道:"我们学蜜蜂,筛竹上钻孔,一共钻七个,

风吹响嗡嗡。"勒灵想罢,急忙转回村,吩咐大家照他看到的情景和想到的方法,准备制造新的乐器。人们"砍来了筛竹,截成一节节,节节一样粗。每节筛竹上,钻了七个眼,有风他就叫,无风就哑然"。造出来的乐器,无风就不响,也不能把握它的音律,这可怎么办?当人们正在愁眉不展时,勒灵发现了问题所在,"只因(筛竹节)没有哨"。勒灵想了想,就对大家说:"竹节没有哨,大家莫心伤,割下我喉管,安在竹节上,不用风来吹,口吹他就昂。"讲完他的想法,接着说道:"这是七只小蜜蜂,教我们来造,七只蜜蜂七姊妹,她们都相好,这种竹笛子,就叫姊妹箫。"勒灵说完,就割下自己的喉管,割断喉管岂还能活?"勒灵已死去,留下了喉管,喉管安竹上,箫声映(应)满山"。姊妹箫布依语叫勒友,是布依族独有的一种乐器,尤其是年轻人谈恋爱时常用的一种乐器,那场景是"后生吹箫笛,和姑娘浪哨,浪哨找情侣,知心就相好,结伴成夫妻,同把幸福造"。

　　从上文我们看出,勒灵不断地引领布依族人,排除万难,制造出日常生活不可缺少的万物,造福子孙万代,最终献出自己的生命,制成了姊妹箫,从此人们"一听箫笛叫,就想到勒灵",永远把他记在心上。

　　古歌唱到这里,天上地下,宇宙万物已经造完。唱者不忘回顾和强调歌的主题思想:

夜已经深了,雄鸡要开叫,这支古老歌,这只古老调,就唱到这里,唱到这里算完了,可惜我的嗓子哑,唱得很不好,大家不要嫌,大家莫见笑。只愿这支古老歌,只愿这只古老调,一代传一代,永远忘不了。布依族后代,要学老祖先,为了求幸福,不惜把身献。布依族子孙,要学老祖先,要想吃饱饭,就勤快耕田;要想穿衣裙,就勤快种棉;要想衣裙美,就勤快种蓝靛。双手勤劳动,日子才会甜,祖先的

榜样,永远记心间!

是的,如此气势恢弘的长歌,不唱到深夜,不唱到鸡鸣,不唱到嗓哑,怎能结束?古歌最后再一次提醒布依族子孙后代,"要学老祖先"勤劳、献身的榜样和精神,并把"这支古老歌,一代传一代",永志不忘歌的史事及祖先。

四、英雄祖先与"一体"宇宙观

显而易见,《造万物》古歌具有很高的文学价值,其叙事方式有描述(写),有对话,有议论,每造一物的来龙去脉,原因结果均条分缕析,清清楚楚。不管是叙事逻辑,还是造物的逻辑和次序,从天上到地下(飞禽—走兽—河海/天—地—海等),从天然到人工,从树木到花草,从野生到家养,从生存到艺术,从饮食到装饰,层层推衍,循序渐进,脉络分明,有条不紊。但是,仅将它停留在文学分析的价值层面,无疑是远远不够的。从男女性别的区分、婚姻制度的隐喻、生态观念的体现、团结互助的警示、和谐共处的诉求、祖先崇拜的根源,到世间万物的来源、日常劳作的场面、日用百物的来历,以及着装服饰的体现……这首古歌所蕴含的布依族文化之丰富,是极其罕见的。仅从英雄祖先"造万物"的角度来看,它也翔实、生动、形象地描绘了一部宏阔的布依族宇宙万物生成图。

从布灵由东西相向飞来的"不明飞行物"相撞出世开始,其"不可解性"必然使后世子孙对祖先产生了神秘感,这种神秘感正是宇宙生成哲学里,混沌世界逐渐明朗化的开端。从布依族现实的信仰世界(体系)来说,祖先创业之地,即是"美好的天堂",人世间没有任何地方可与之相比,因此,布依族人都希望

民族文化研究

通过今生的"德"、"行",期待来世与祖先同在。笔者认为,这也正是为什么布依族没有继续追问,祖先之前的世界是怎样的世界的话题。他们的宇宙、"历史"从祖先开始,从祖先开出,从祖先开启,一切源于祖先的"一体"之中。布灵通过自己的智慧,事实上即是布依族的智慧,善于从身边取材:他出世时只有清气和浊气,就将二物先造成天地;随地搬来石岩,锲而不舍地打磨,摩擦,造出给天地光明的太阳和月亮;以造日月的方法,用小石子又造了满天的星星。在此需要说明的是,石头不仅是布依族宇宙生成的元素材,也是生存和生活的重要材料①,这就是布依族的祖先传给后代因地制宜、因地取材的生存智慧。随后布灵所造出的天上各物,各自生儿育女,都由布灵命名。命名如同"主权所有"、"贡献所在","以某某人"命名、题词一样,是权威认证和许可的体现。质言之,没有布灵,天上后来的各物都不存在。也就是说,布灵是天地及天上万物的源头,用哲学术语来说即是"本体"。

世间的人类、历法、山河、飞禽走兽、花鸟虫鱼等万物,不是祖先布灵按自己身体的构造,就是直接由身体的部位造出来。是什么逻辑、理念、哲学?什么价值、思想和信仰让布灵做出这样的决定?其哲学智慧与献身精神从何而来?不禁让人反复发

---

① 关于布依族的石头文化,详见马启忠:《布依族石头建筑与民俗》,贵州省布依学会、中共毕节地委统战部编:《布依学研究》(之六),贵州民族出版社 1998 年版,第 222—233 页;另揭载于贵州省安顺地区民族宗教事务局编:《布依族文化研究》,贵州民族出版社 1998 年版,第 77—97 页。马启忠:《布依族石头文化之我见》,贵州省布依学会、黔南布依族苗族自治州布依学会编:《布依学研究》(之七),贵州民族出版社 2004 年版,第 151—155 页。这些研究虽然从考古发现、文字构成等方面溯源,并从现实生活中观察到了石头在布依族文化中的重要(性)体现,但却忽视了创世神话的根源和意义。

— 555 —

问。不管是汗毛变人,还是头发变草,数量之多,都是如此形象;不管是依据手掌推制日历,还是牙齿变野兽,都是如此符合逻辑和有理有据;不管是内脏变江河,还是眼睛眉毛变鱼虾,都仿佛是根据万物的特性来"附会"人体……一体之躯与世间万物是如此契合,令人感到不可思议,如果没有古歌清晰的演唱,我们会发现和体悟到"一体"的奥妙吗?更让人折服和感怀的是,布灵老祖先不仅智慧地造出万物,更以超凡的献身精神为布依族的福祉牺牲一切。感觉正如希腊人的价值尺度那样:"第一流的英雄主义是智慧和节制的。"① 不得不说,将祖先视为英雄,绝无溢美之私,确实是因为布依族的始祖,凭借他们的智慧和献身精神,而不仅是节制,为他的民族创下了丰功伟绩。如前所述,以至于时到今天,每个布依人仍然深深地景仰着自己的祖先,并期盼死后能回归到祖先创业之地,与祖先一起重新"新"的"生活"。

布灵的继承人勒灵,是由前者最"核心"的部分变成,注定或暗示了他将引领布依族人完成布灵未竟的事业。勒灵是要带领广大人民解决日常生活的必需品的。他们齐心协力,以生活经验、身边事物等为素材和资粮,共同创造生活所需的事事物物。不仅反映了以勒灵为首的布依族人解决问题的能力和智慧,而且在我们眼前描画了一幕幕栩栩如生的劳动场面和生活场景。祖先勒灵不畏艰难的勇气和献身精神,与始祖布灵如出一辙,秉承了先辈的优良传统,以个人的"一体"成就了"人人享太平,个个得幸福"的布依族世界。难怪古歌反复唱颂"要学老祖先",并要求子孙将他们的英雄事迹和不朽精神"永远记心间"。

不管是布灵造就天上、地下万物,还是勒灵引领布依族人造

---

① [法]朱利安·班达:《对欧洲民族的讲话》,佘碧平译,上海人民出版社 2005 年版,第 79 页。

民族文化研究

世间万物，在每个阶段的结尾，古歌都再三强调和谐共处，互助友爱的主题。这既是布依族思想、价值和精神的一个诉求，也是人类本为"一体"的终极表现。世间万物由布灵肢体的各个部位变成，内理暗含世间万物本来即是"一体"，可见布依族的宇宙万物（学说）都是一个统一体，一物也不可或缺，犹如人体缺哪一个部位都不健全一样。所谓"一体"：一方面布灵、勒灵都是"一"个人，一个始祖，就这个意义上说，是一个完整的"一体"；他们又各以一体之躯创造了布依族世界的万物，其哲学依据（命题）是本体本原的。在这一前提下，即万物由布灵的躯体变成，布灵与天地、布灵与万物、万物与万物之间是一个有机的统一体，换句话说，祖先与万物，进一步推衍，人与万物都归于"一体"，其整体链接、环节缺一不可，是一体的统一。不论是以万物、肢体各部位为一体的复数，还是以总体"一"（祖先、一元）为单位的单数或复合复数，"一体"的祖先都是布依族宇宙生成的哲学依据。

事实上，细心的读者应该发现，古歌所用的人称代词，尤其是第三人称代词都是用"他（她）"或"他（她）们"，即使从布依语语法研究成果和日常口语来看①，代词同样没有物性指称的"它（们）"，在某种意义上，这也是布依族与万物"平等"的观念，并不存在物/我之分，更没有"优胜劣汰"的优劣区别。也就是说，并不像今天人们无知的观念（尼采的观点）那样，认为人比万物高一等。换句话说，物并不是"非我"另类，进一步证实布依族的万物一体哲学，亦即一体宇宙观。相较而言，基督教

---

① 喻世长：《布依语语法研究》，科学出版社1956年版；喻翠容：《布依语简志》，民族出版社1980年版等。

的神"创世记":"身体只有一个,圣灵只有一个。"[1] 这"一个"都同归于耶稣基督的身体里,且万物都由"神"说了算,即神说什么宇宙万物就成什么[2]。对于此类宗教的记忆,包括创世记忆,哈布瓦赫直截了当地指出:"无论如何,宗教记忆都声称自身是对外封闭的,而且,我们可以看到,宗教记忆为了维持下去,是如何尽可能地使自身面向内部的。"[3] 质言之,基督教的一切都属于内部的"一体"。与基督教不同,布依族的哲学智慧是不以己设限的、开放的、具有广阔视野和宽宏胸襟的宇宙万物"一体"哲学。整部《造万物》古歌,就是以布灵和勒灵根据"宇宙"的需要来造物为线索,步步深入地刻画英雄祖先的光辉形象和献身精神,从而书写了布依族深层的"一体"宇宙观和哲学智慧。这种"一体"的宇宙观和哲学智慧,对当今的生态危机、能源危机、生物危机甚至人与人的信任危机,以及教育和政策等重此轻彼的现象,无不具有积极的借鉴意义。

---

[1] 《新约全书·以弗所书》第四章,普及版第202页。事实上,基督教宣称上帝只有一个,所包括的圣父、圣子和圣灵三个位格,虽各有特定的位份,但都完全同具一个本体,同为一个真神,即人们所称的三位一体。这种一体性也是该教的基本信条之一。

[2] 《旧约全书·创世记》第一章,普及版第1页。

[3] [法]莫里斯·哈布瓦赫:《论集体记忆》,毕然、郭金华译,上海人民出版社2002年版,第159页。

学术动态

◆ 近五年来原生态文化研究综述

近五年来原生态文化研究综述

◆ 李红香

从 2004 年"CCTV 西部民歌大赛"唱响，到 2006 央视青歌赛"原生态唱法"登堂；从张艺谋"印象刘三姐"原生态元素的大胆尝试，到杨丽萍"云南印象"少数民族原生态文化的精华荟萃；从（原）文化部部长孙家正有关民间文化保护的提倡，到全国非物质文化遗产保护申报工程的启动；"原生态文化"一词迅速蹿红，引起了广泛关注并热议，一时间许多事物都与"原生态文化"关联起来，兴起了一股"原生态文化"热。不少学者亦纷纷撰文发表自己的观点，以推动我国的"原生态文化"研究。笔者通过对其研究成果梳理发现：近来学界有关"原生态文化"的研究主要集中在"原生态文化"的界定、"原生态文化"的保护和利用等方面。然就何为"原生态文化"、如何保护、利用"原生态文化"可谓众说纷纭，莫衷一是，一定程度上影响了我国当前正在进行的非物质文化申报和保护工作。因此搜集、整理、系统探讨近五年来"原生态文化"研究的相关成果就显得非常重要了。

一、何为"原生态文化"

"原生态文化"这一概念,近年来在文艺界广泛使用,在理论的反思中已经进入了哲学、人类学等诸领域,成了一个时尚且具有前沿性的学术话语。但是何为"原生态文化",智者见智,仁者见仁,尚是一个需深入研究和梳理的问题。从百度网来看,有关"原生态文化"的解释是基于文化的生态性,主要表现在从地理、环境、自然、地域的角度来看文化,认为海洋、内陆、高山、平原、森林、草原、热带、寒带、温带、潮湿、干旱等等都会产生迥然相异的文化,文化的多样性依赖于自然与物种的多样性,依赖于原生态的自然环境。"原生态文化"是来自于大自然的文化,是前工业时代的、自然的、野生的、乡村的、朴拙的、边远地区的、非城市化的、非市井的、非商业化的文化。2004年,当"原生态文化"成为一热门词汇时,怎样保护和发展中国"原生态文化"也引起了学者们的普遍关注,他们开始对"原生态文化"热进行冷思考。厦门大学石奕龙教授认为在现代社会中已经不存在所谓的"原生态文化",而只存在着各种传统文化,它们所代表的是那些还未受到现代文明急剧冲击而变迁的文化面貌。可见石教授所说的"原生态文化"应该指某一民族或族群迁徙进入某一个地区后,在那里适应自然环境而形成的文化。因此,"原生态文化"通常指那些在历史上形成的文化的原初状态,或指那些在现代才突然被外界所知的某种文化形态。

然而,在今天中国这样的社会中,即便是十分封闭的地区,实际上也找不到这种原生态的文化了,无论是多么封闭的地区,都已或多或少的受到了现代社会生活的影响,只不过这种影响有

学术动态

的少些,有的多些,有的已变化得快已看不出传统的面貌了①。中西部地区的所谓"原生态文化"也不大可能有真正的"原生态文化",有的只是较少受到现代文明冲击的该民族或族群的"次生态"传统文化。所以,石教授认为,用"原生态文化"的概念去界定那些还保留有较多传统的文化似乎不大妥当,至少,这一概念与我们现存的社会实际有一些差距。对这些保留有许多传统的文化,我们用"民族传统文化"界定即可,因为,传统文化主要是指现代之前的文化形态,它既可以包括"原生态"的,也可以包括"次生态"的或"再次生"的,更富于包容性,也不容易引起误读,至少它比"原生态文化"这样的概念更能接近现存的社会实际状况②。

社会科学院叶舒宪教授进一步升华了这一观点,他不仅表述了自己有关原生态文化的观点,亦表达了当前学者就此问题应有的态度,他认为我们当前的"原生态"是种想象的"原生态",作为学者应本着其对社会特有的历史责任感和使命感,冷静思考客观研究,还事实本来面目,而非助长某种功利需要,或盲目跟风人云亦云,学者应保持其独立性。对此观点笔者很是认同,我们应冷静客观地对"原生态文化"这一现象进行深入研究,透过现象追其根源,而非在随大潮中丢了学者的本职③。

社会科学院翁乃群教授认为近来的所谓"原生态文化"是"被"时代中的"被"文化,与网民关于"被"的主体性感受不同的是,此种被主流媒体、文化掮客和官员等广泛使用的"原生态"标签则是基于"客位"视角,即以主流(强势)话语对非主

---

①② 石奕龙:《浅谈民族传统文化保护的若干问题》,《中央民族大学学报》(哲学社会科学版),2005年第1期。

③ 《人类学与原生态文化——第九届人类学高级论坛暨首届原生态民族文化高峰论坛论文集》,凯里学院、人类学高级论坛秘书处,2010年10月编。

流事物的评判。从非主流事物社会主体来看,他们所实践的事物是"被"贴上"原生态"标签的,被归为"原始"的、"落后"的、"野蛮"的、"与世隔绝"的、"不变"的文化。此种所谓的"原生态"、"活化石"、"原始"等只不过是全球化时代、消费化大背景下,文化产业营销者基于消费者的品位喜好和欲望需求所创造的广告词,随着时代和文化的变迁,其亦像其他曾流行的广告词一样,虽红极一时,亦难逃流逝的宿命。"原生态文化"可作为一种社会文化现象探讨,但其与学术概念无关,与人类学学理亦相违背。

长江学者纳日碧力戈教授认为孤立、隔离的"原生态"并不存在,它只不过是想象者的"洪荒时代",是由原始到现代之间遥远距离的另一端,其即便被想象出来,也只是现实中的"死生态"。现实存在的应是"活生态",它是一个开放的连续体,它们互为对象、互为环境、互为主体。我们人类生活存在的正是这样的"活生态",我们或许不能共享同一个时间系、同一种价值观,但我们可以跨时间系、跨价值观交流,并在交流中共生。我们的生活正是这样的共生态。

厦门大学彭兆荣教授对"原生态"的内涵进行了深入阐述:他认为首先是"原初"性,相当于人类学原生的界定,假定西方文明是现代的,其他是野蛮的;原始的,强调某一种东西产生时的原生状态,关于此义他认为不能完全表达;原生的,最早产生的某种价值和后面的价值,比如原生的纽带,某一个民族在最原始的东西里去找服饰、语言,强调我群与他群的区别;原型,形态和类型上的差别;原真,在旅游过程中,旅游目的地的人给游客看的文化是有选择性的,是舞台的真实和部分真实,一些游客在找寻真实的原生文化;原著,联合国强调原生文化的归宿,2007年,联合国讨论通过一个原住民的文化权力;原创性,什么是原创性,哪些是原创性的,哪些是从他文化借来的;原思性，现在所有的文化从现代的逻辑性产生，与历史上的思维逻辑有鲜明的区别。用现代人的思维去理解过去，有很大偏差。原始思维，又叫前思维或者神思维，主流话语思维，貌似有逻辑、有道理。以富裕作为评价生活的幸福感，所有的价值感以经济衡量，是外界强加的。外界告诉"原生态文化"群落："你的生活不幸福，你要像我一样。"概而言之，原生态是一个特指的历史和文化存续体，一个特殊的地方知识和民间智慧，一个特别的文化表述类型和范式，一个特色的艺术系统和技术魅力①。

　　杨庭硕教授指出："原生态文化"这一提法本身是一个缩写形式。既然是一个缩写，单就字面理解，会引起歧义和纷争本来是一件十分自然的事情。足以引起歧义的字仅在于"原"字。斯图尔德一再强调，文化是针对所处的生态而建构起来的，文化一定会适应于所处的生态环境，那么这里的"原"字，只能理解为"原本"或"植根于"的意思，因而其正确的写法应当是"源"字，而不是"原"字。然之所以称作"原生态文化"而非"本生态文化"或"源生态文化"也是考虑大众的接受心理。杨教授进而认为还是遵守约定俗成的好，我们关键是要澄清它的内涵而不必追究各方是非得失。"原生态文化"本身是指本土的生态文化，而不是其他。之所以要强化对本土生态文化的研究，是因为"原生态文化"内容具有很高的稳定性和长效性，即使到了今天，其仍然具有不可替代的价值，特别在生态维护和生态建设上面②。可见杨教授在此处指的是传统的地方性知识。这与广西民族大学徐杰舜教授的观点有异曲同工之妙。徐教授认为，就像文化的界定虽纷繁但并不影响大家的理解一样，原生态文化虽然定义繁

---

　　① 彭兆荣：《论"原生态"的原生形貌》，《贵州社会科学》，2010年第3期。
　　② 杨庭硕：《"原生态文化"疏证》，《原生态民族文化学刊》，2009年第1期。

多,但从人类学的视野来看,其指的就是文化相对论他者视角中的地方性知识①。

对于人类学界"原生态文化"定义的分歧。张云平教授则采取较宽容的态度。他认为"原生态文化"虽在概念的界定上有不严格之处,但从实践的角度看,有其存在的合理性,由此提出"原生态文化"的大概念观点,包容"原生态文化"概念的模糊性,承认"原生态文化"存在的现实合理性、通俗性。无论是次生态,还是次次生态,甚至是艺术化了的次生态,与其"犹抱琵琶半遮面"似的半遮半掩,对其回避,还不如承认"原生态文化"有其存在的现实合理内核②。

以上有关何为原生态文化基本属于学理层面的探讨,很少从实践的角度来界定"原生态文化"。国家民委吴仕民先生基于本身职责,他认为"原生态文化"是指文化的一种初始的、质朴的、更贴近艺术源头的状态。"原生态文化"具有质朴、少加工、与生产生活直接联系等特点。他说,"'原生态文化'就好像一块玉石,未经琢磨时的就是原生态的,而经过加工后的就是非原生态的。"进而还指出"原生态文化"应具有以下四个特点:其一,就其主体来说,创作、表演、传承的主体是普普通通的民众,而非专业人士。其二,就其内容而言,主要表现和反映的是特定地域、特定民族的历史和生产、生活。其三,就其表演形式和方法看,质朴而少加工。其四,就其生存形式论,生存于民间、存活在人们的日常生活之中,而非舞台之上、荧屏之间③。

---

① 《人类学与原生态文化——第九届人类学高级论坛暨首届原生态民族文化高峰论坛论文集》。

② 张云平:《原生态文化界定与保护》,《云南民族大学学报》(哲学社会科学版),2006年第4期。

③ 吴仕民:《原生态文化摭谈——兼谈少数民族传统文化的保护与发展》《西南民族大学学报》(人文社科版),2006年第11期。

学术动态

徐新建教授以侗族大歌为例,从历史和生命两重维度来解读"原生态文化",它是相对于工业化、现代化、都市化而言的"前现代文化",接近于未污染的本真类型,相当于与"礼"相对的"野",其最重要的意义在于具有人的原初性、本真性和天然性,当下人们在全球,尤其在欠发达地区,找侗族大歌和阿凡达那样的各色"原生态文化",实际是寻求那些存留了生命本源活力之类型对人类因文明而失落的支持和救助。侗歌的入世和入史(入选联合国非物质文化遗产名录),其意义不仅表现为对边缘弱民的尊重或对濒危遗产的利用,而更将是对文明异化的抵抗和对自身生命的尊重①。

上述列举的是一些有代表性的观点,关于原生态文化的定义还有很多,由于篇幅有限笔者在此不一一枚举,笔者力图通过这些有代表性观点的叙述使大家能一管窥全豹。上述观点有其道理,但绝非不可挑战的真理,它有其历史性和局限性。天地自然万物都在变化,没有绝对的静止和永恒。自然中的人如此,人类所创造的历史和文化亦如此,然而今天的人类的体质特征没有继续进化到让人觉得是另种生物,今天的人还能穿越时空理解历史的人或说昔日的文化,我们可以看到在这绝对的变中还有其相对不变的东西,由此我们可以说原生态文化的存在与否和界定应立足历史和现实,没有绝对的"原生态"和"原生态文化",但有相对的"原生态"和"原生态文化"。笔者在此无意作一个审判官来判定是非对错,学术本来就是一个开放的空间,我们应允许不同的见解,如此才能百花齐放,我们无须太过执著于追寻一个有关"原生态文化"概念的明确界定,我们所要做的是把握住"原生态文化"内核,在现实中更好地保护我们的"原生态文

---

① 《人类学与原生态文化——第九届人类学高级论坛暨首届原生态民族文化高峰论坛论文集》。

— 567 —

化",使其更加发扬光大。

二、"原生态文化"的保护和利用

随着全球化和现代化的到来,在我们享受了物质繁荣的同时,我们又遭遇了另一种现实困境,我们的精神生活似乎越来越单调、越来越整齐划一,昔日的精神空间受到多种侵袭,文化的多元性和物种的多样性一样受到越来越多的威胁,不少优秀的"原生态文化"更是处于一种濒临灭绝的状态,文化如同灵魂对个人而言是一个民族的灵魂,保护民族的"原生态文化"刻不容缓,为此我们国家已经开始启动了几项传统文化保护的大型工程,许多学者也为此贡献自己的所能。

他们从"原生态文化"的保护和利用的关系、如何保护和利用方面做了很多的研究,如石奕龙先生指出要抢救、整理出这些民族传统文化的资料,应由专业人士来从事,这样才能真正实现目标。而在保护民族传统文化的行动中,应注意与可持续发展结合,以达成在低成本的状态下,既保护民族传统文化,又使该族群有所发展的最佳效果①。云南大学尹绍亭教授主张在保护民族文化的过程中,文化赖以生存的生态环境也必须保护。只重视文化的保护而轻经济的保护不行,反之只强调生态环境的保护而忽略文化的保护也不行,所以文化和生态虽然是两个概念,然而两者之间却有紧密的联系,只有使文化与生态和谐共生,才能达到有效保护的目的②。

与前两位学者比较而言,吴仕民先生做了较为全面的阐述,

---

① 石奕龙:《浅谈民族传统文化保护的若干问题》。
② 尹绍亭《全球化现代化背景下的民族文化保护探析——以民族文化生态村建设为例》,《原生民族文化学刊》,2009年第1期。

学术动态

"一是对原生态文化产生的故地和创造、继承了这些文化遗产的民族及地区加以重视,充分认识"原生态文化"的价值,精心呵护,给予滋养,把她留在生活之中,使她活在民间。要特别重视年轻一代传统文化保护继承意识的培养,使"原生态文化"成为动态的文化、活着的文化代代承传。在进行文化开发、旅游开发时,要重视原生态、保护原生态;二是政府部门要采取措施,包括法律和行政措施,积极推动"原生态文化"的保护。如制订有利于"原生态文化"保护、发展的政策措施,设立"原生态文化"保护区,实施"原生态文化"抢救工程,建立"原生态文化"博物馆,开展对"原生态文化"的研究收集活动,加强"原生态文化"的展示和交流等等,这些皆是功德无量的举措;三是社会有关方面要持久地关注、关心和支持"原生态文化"的挖掘、保护工作。比如文化工作者可通过研究、收集、创作、表演等形式保护传统文化;喜爱"原生态文化"的慈善家可通过经费资助等善举保护传统文化;新闻媒体则可通过有效的新闻宣传和舆论引导来推动对于"原生态文化"的挖掘、保护工作。希望大家都来珍惜"原生态文化",因为她不仅属于某一个民族,也属于整个中华民族,甚至属于全人类。"①

关于如何保护"原生态文化",其实早在非物质遗产保护工程启动以前的 2004 年中西部民族"原生态文化"学术研讨会上,许多学者就已关注到民族传统文化的保护问题,他们认为在现代化的背景下,民族传统文化的"消解"是无可奈何的,只能是"消解"性的适应。少数民族传统文化的生命力来自民间,传统文化保护传承的主要动力源于民族本身,政府和学者只能引导和帮助各民族人民树立自信,唤起其文化自觉。关于现代化背景

---

① 吴仕民:《原生态文化撷谈——兼谈少数民族传统文化的保护与发展》。

下,少数民族文化保护含义的问题,大多数学者认为:传统文化的保护应是发展式的保护。所有的民族文化都存在文化断层,呈现出一种片面的、部分的文化样式,要找到文化的衔接点,文化才能得到发展和保护;也有学者认为,保护原汁原味的"原生态文化",才能保持少数民族文化的精髓。关于保护与开发的问题,学者多注重文化的保护,而地方政府则注重文化的开发。但经济是无孔不入的,作为不力改变现状但又关注现实的学者,只能提出可能的解决方案,大部分学者认为,关键是处理好保护与开发的辩证关系,当时虽已提及在少数民族文化的保护与开发的过程中,如何发展当地人民的经济利益,涉及文化产权、发展权、公平性等一系列复杂的问题,但在这次会议上还未形成具体方案,然尽管如此,却为后来研究提供了方向[①]。

在2009年的遵义"原生态文化"国际论坛上,贵州铜仁地委副书记李再勇先生指出"原生态文化"进行适度开发是保护的一种手段,有利于文化的传承和保护。通过对"原生态文化"的适度开发与有效控制,体现其传承文化(祖先文化)的经济价值,社会价值,提升群众对自我传承文化的认知度,增强自我传承文化的自豪感,提高对自我传承文化的自觉保护意识,增强自我传承文化保护的精神与经济的支撑,拓展"原生态文化"的发展空间,从而实现对"原生态文化"的最大保护[②]。

贵州民族学院李辅敏教授也认为保护民族"原生态文化",不能忽略其文化发源地原住民的生存状况,他认为少数民族"原生态文化"的整体构成和少数民族"原生态文化"发源地原住民改变贫穷落后面貌,跟上现代化步伐,享受现代文明成果的愿望

---

① 金少萍:《"中西部山区民族原生态文化学术研讨会"综述》,《思想战线》,2004年第6期。

② 王小梅:《原生态文化价值的贵州体验——"原生态文化国际论坛:价值·保护·开发"解读》。

学术动态

是"原生态文化"传承和发展的内在动因,传承是少数民族"原生态文化"发展的应有之义,发展是少数民族"原生态文化"传承的必由之路。保护好民族的根源文化、精神植被和实现少数民族原生态文化发源地原住民现代化愿望不是非此即彼,而是辩证统一的①。

如果能如上所说,做到保护与开发协调当然是两全其美,然问题是有许多地方为了短期的经济利益和 GDP 的增长过度开发、过分利用,如一位学者所说,很多地方打着文化保护的旗号,做的却是文化破坏甚至毁坏的工作,真担忧现在的文化保护工作是继"文革"后最后一轮传统文化毁灭工作。中山大学非物质文化遗产中心的阎江《非物质文化遗产保护与"原生态"》中指出原生态的词源意义表示一种历史上与现实中生活的真实状况,而原生态在时间意义上不可能回溯,在它的论证背后表现了一种文化心态的复古性。当下的口头与非物质文化遗产保护中更多包含历史的想象与观光旅游的经济驱动性,代表了文化危机中人们的某种悲剧理想诉求②。

不管对原生态文化和原生态文化的保护和利用持何种观点,当今的原生态文化保护、民族文化保护、非物质文化遗产保护工作仍可谓开展得如火如荼,然究竟有多少是为了纯粹的文化传承?政府要 GDP,以文化搭台、经济唱戏,当地村民要发展,要改善生活,所有这些都可视之为正常需要,原无可厚非,然他们利益的获得却是以文化的过度开发、滥用甚至被濒危为代价的……文化保护和经济发展真如某些学者所说不共戴天?还是如另一些学者所言可互相成就?就笔者个人而言,任何事情都不是

---

① 李辅敏:《少数民族原生态文化传承中的伦理思考——以贵州为例》,《贵州民族研究》,2008 年第 5 期。
② 阎江:《非物质文化遗产保护与"原生态"》,《重庆文理学院学报》(社会科学版) 2007 年第 2 期。

绝对的好和坏那么简单,既然我们无法改变以经济为中心的发展模式,我们只有立足现实,探究在文化保护与经济发展之间如何实现共谋?

2010年6月在凯里学院举办的第九届人类学高级论坛暨首届"原生态民族文化"高峰论坛上,来自全国各地的专家学者再次就"原生态文化"的相关问题进行了深入的探讨,与之前不同的是这次会议不只对"原生态文化"的界定、保护和利用作了许多理论层面的探讨,还以许多活生生的个案为例进行现实层面的讨论和反思,尤可喜的是会议东道主凯里学院欲举全院乃至全省之力投入到"原生态文化"的理论研究和现实保护利用上。虽然这次会议未能在"原生态文化"的界定、保护和利用方面达成共识,形成一套系统有效的理论和实践机制,但我们可看到大家为此所做的努力。

三、结　语

综观近五年来有关"原生态文化"的研究,多徘徊于对"原生态文化"概念的界定,然何为"原生态文化"尚未能达成共识。总体来看这些研究成果介绍性质的多,进行系统探讨的少;谈开发利用的虽多,对"原生态文化"本身固有的价值研究少,进而影响了"原生态文化"的保护和利用,现实一点说,至今尚未能形成一套完美的保护和利用机制,当今社会流行或提倡的文化保护模式和机制是否是真的安全有效,仍有待历史检验。此外,学者基于何种态度和高度来研究"原生态文化"亦值得深思,基于此,笔者认为我们对"原生态文化"的研究还有待深入,仍需学界同仁继续努力。

编后记

贵州大学中国文化书院之所以长期重视阳明学的研究,乃是因为我们认为未来的精神(心灵)哲学应成为人类的第一哲学。精神哲学很难以二分式的外部切割方法来获得整体性的认知,必须以内观的语言道断的方式才能全面如实地了解或把握。尽管理性化的语言叙说最终仍为必要,但方法论的差异或多或少总会导致理论取向上的微妙不同——甚至毫厘之别便有千里之差——当也是屡见不鲜的客观事实。无论传统津津乐道的"渐修"或"顿悟"方法论原则,首要的环节都是心灵的艰难跋涉或精神的迅猛飞升。方东美先生的机体主义哲学取径,就与西方的二元方法论迥然异趣,不仅反映了东方智慧,有裨于理解人的心智精神,而且代表了统合式的整体观察取向,有助于熔铸广大和谐的思想体系。陈复正是从机体主义的立场入手,揭示了方先生对阳明心学的看法。王阳明兼容各家而不丧失儒学立场的做法,便在方法论上与方东美颇为相契,振叶寻枝,剥蕉至心,实际仍是中国哲学前后相续的发展,体现了一种先江后海逐渐壮阔的返本开新关系。王路平详细分析"龙场悟道"对今人的生命启示,着眼点亦在人的精神世界的重塑或再造。金满银疏理王阳明对贵州文化的

影响,从中更可窥见精神传递的连续性历史谱系。王门后学支系的衍生壮大与变迁分化,实际亦与精神修炼哲学一贯重视的入手方法(工夫)的客观差异密不可分。邹东廓作为江右王门的代表性人物,当然也提供了重要的典范分析例证。诸如此类的文章都值得推荐互读互诠。

儒家思想长期以来都是中国文化核心价值的主要来源,不能不引起关心价值重建和文化复兴的有识之士的特别重视。韩星认为经乃常道,代表了永恒超越的价值。尽管经典及其所代表的价值仍需要在历史文化中不断具体化和丰富化,但决然不能以抛弃打倒的方式轻易地将其掏空剥离。一个民族的生存发展毕竟离不开价值中枢的凝聚或协调,缺少价值依归便意味着灵魂的散乱游荡,严重者甚至会出现花果飘零的现象,导致生存论意义上的困惑迷茫,酿成四分五裂的精神错乱危机局面,引发严重的社会不安定问题。社会的乱源既有可能来自生存危机,也有可能源于精神失序,不能不引起有识之士的高度重视,重新寻找强化升华核心价值的有效路径。缺少了价值与意义便意味着精神的空洞化或虚无化,不能不将其纳入精神哲学优先关注的范畴。陈寒鸣、欧阳万钧认为儒学仍有创新发展的内部调整能力,实为现代社会开展建构工作必不可少的源头活水。敖素梳理了分属于传统儒家与社群主义的"社群观",无论是异是同都值得进一步深入思考和挖掘。张宏敏对刘基思想的分析,谭佛佑对李端棻的评价,则提供了历史的具体的人物研究成果,都有助于重新澄清或认识儒家思想与中国社会复杂的结构关系。

贵州大学中国文化书院长期坚持会讲活动,演讲内容将陆续以专栏的形式向世人公布。张新民与任林的演讲都关涉精神哲学深度体验的问题。前者认为良知是人类精神和道德生活的本体论源泉,是意义与价值创造的灵性活泼机藏,总是以天然实存的方式与一切疏离和异化对立,时刻都在召唤人们步入广大和谐之

编后记

路。回归良知自我，实际即是实现人人皆有的真实自我，不仅能成就真正的生命抉择自由，而且也是人类唯一的自我拯救之路。后者依照科学实证的分析方法探讨了精神现象与物质现象的密契一致。人类非但不能在物质开发取舍多寡的选择问题上放纵自己，同时更不能在精神实现的染净升降的自我负责问题上欺瞒自己。人类行为的作祟与环境变迁的恶化是一体的，一切存在都以"波"的运动方式产生互感互应的作用。精神意志的微妙波动力量或缘起转化作用，或许目前的知识体系的认知成果仍显得肤浅。因此，如同与客观世界有关的一切知识体系都需要扩大和丰富一样，有关主观世界的知识体系也应不断深挖和开掘，如此才能最终获得人类不能不始终面对的内部主观存在及外部客观世界的全面性知识。类似的表达精神价值问题的研究论文，尚有庄子蝴蝶梦的解析，陶渊明固穷诗的诠释等等，足证或经或史，或文或诗，古人都凭借自己的人生经历和体悟观察，开拓出一个浩瀚广袤的精神价值的天地。

精神现象学的复杂多样与文化现象学的灿烂丰富是密契应合的。为了将世人导入无滞无碍的精神世界，禅宗采取了各种各样的方便说法形式，其中最突出的便是刘益详细论及的"手"的姿态符号言语，其所蕴含的"不空之空"奥旨颇值得与西哲海德格尔的类似说法相互比观，值得推荐给关心人类精神自由发展的读者认真一读。大乘佛教在历史文化的传播过程中所呈现的多样性地域形态面相，则涉及人类时空环境多种复杂因素相互缘起的各种具体历史内容。黄诚考察黔地三教互动的历史进程及其巫化现象，展示了大小传统交流融合的文化形态特征；张明辨析梵净山高僧事略史迹，疏理佛教支派流裔；都有助于精神文化现象学和民族文化现象学的揭示，扩大宗教信仰世界形成过程中的地缘学知识体系的认知范围。

尽快公布区域文化研究的最新成果，乃是本刊一贯倡导的主

旨和风格。林芊、马国君、袁轶峰、罗正副、史达宁等人的研究，都内涵着建构共同的地缘学研究学科的理论自觉，完全有可能为早已呼之欲出的黔学，提供别开生面的创造性学术激活力量。近年来清水江流域陆续发现了数量可达三十余万件的契约文书，引起了学术界各方面朋友的高度关心和重视。以文书为关键性核心资料，整合其他史志文献或活态文化资源，集中力量开展资料整理和学术研究两大方面的系统工程，完全有可能形成与敦煌学、徽学鼎足并峙的新型学科——清水江学。本刊为此特设了清水江学研究专栏，希望通过有意识的引导推动，激发学科建设热情，结出预流果实。必要时我们尚会以丛书的形式推出相应的扎实成果，欢迎一切有识之士源源不断地惠赐佳篇新作。

《人文世界》编辑部
2010年11月30日

图书在版编目（CIP）数据

区域·传统·文化/张新民主编.—成都：巴蜀书社，2011.3
（人文世界，4辑）
ISBN 978-7-80752-775-6

Ⅰ.①区… Ⅱ.①张… Ⅲ.①中华文化—研究—文集
Ⅳ.①K203-53

中国版本图书馆 CIP 数据核字（2011）第 030299 号

人文世界——区域·传统·文化（第四辑） 张新民 主编

策划组稿	何　锐
责任编辑	何　锐
封面设计	何东琳
封面题签	章维崧
内文设计	古　蓉
出　　版	四川出版集团巴蜀书社
	成都市槐树街2号　邮编 610031
	总编室电话：（028）86259397
网　　址	www.bsbook.com
发　　行	巴蜀书社
	发行科电话：（028）86259422　86259423
经　　销	新华书店
印　　刷	成都东江印务有限公司（028）82601551
版　　次	2011年6月第1版
印　　次	2011年6月第1次印刷
成品尺寸	210mm×148mm
印　　张	18.625
字　　数	480千
书　　号	ISBN 978-7-80752-775-6
定　　价	52.00元

本书如有印装质量问题，请与工厂调换